熊本藩の地域社会と行政

近代社会形成の起点

吉村豊雄・三澤　純・稲葉継陽 編

思文閣出版

はじめに――熊本大学拠点形成研究の成果として――

本書は、熊本大学拠点形成研究「世界的文化資源集積と文化資源科学の構築」(二〇〇三―二〇〇七年度)の成果の一部をなすものである。

熊本大学拠点形成研究は、文部科学省の二一世紀COEプログラムへの申請と連動させつつ、世界水準の研究拠点を構築するという観点から創設された学内共同研究の制度である。COE採択の共同研究を拠点形成研究A、次期COE・グローバルCOEをめざす共同研究を拠点形成研究Bとし、本研究「世界的文化資源集積と文化資源科学の構築」は、人文社会科学系の拠点形成研究Bとして採択され、二〇〇三年度に発足したものである。

熊本大学には、前近代最大級の組織体文書たる「永青文庫」(細川家の大名家文書)を中心に、個別大学として世界的にも卓越した地域文書群・考古資料等を蓄積しているが、本研究は、こうした地域資料群の重積メカニズムの解析を通して、社会の団体的編成を基本特質とする日本型社会=伝統日本社会の仕組みと形成・確立過程、近代日本社会の形成・移行過程を解明し、そのことを通じて文書学・資料学の方法的深化をはかり、また本学所蔵の資料群の意義を広く社会に還元していくことを基本目的としている。

本研究の組織は、日本史・中国史・ヨーロッパ史の歴史グループ、考古学グループ、語学・文学・民俗学グループに分かれる。各研究グループは、この二〇〇三年度からの五年間、「東アジアの社会と文化」研究会のもとで共同研究を行い、各グループ、各領域でさまざまな成果を生んできた。

そのうえで拠点形成研究が五年目の完成年度を迎える二〇〇七年度には、共同研究の成果を二分冊の書物として出すことにした。一冊は、日本史を中心とした歴史グループによる本書であり、もう一冊が考古学グループ、語学・文学・民俗学グループによる『東アジアの文化構造と日本的展開』（二〇〇八年三月、北九州中国書店）である。

二冊の共同研究論集のうち、本書は研究成果の集約度をあげるべく、まずは報告書としてまとめ、二〇〇八年度の刊行をめざすことにし、『東アジアの文化構造と日本的展開』の刊行を先行させることにした。

本研究の理解によると、伝統日本社会＝日本型社会は、歴史的に中国の強い影響を受けつつ、中国の周辺・辺境に位置したこともあって、非団体的な中国とは対蹠的な団体型社会がつくりあげられるが、『東アジアの文化構造と日本的展開』において、考古学グループは、こうした中国と日本との分岐をなす農耕社会形成から国家形成にいたる歴史過程を扱い、語学・文学・民俗学グループは、中国の強い影響と日本社会の分岐・形成のもとでの観念・文化表象の実態解明を行っている。

本研究は、二〇〇七年度をもって終了したが、本研究組織を母体とした共同研究が平成二〇年度から始まる第二期の拠点形成研究に採択され、「『永青文庫』資料等の世界的資源化に基づく日本型社会研究」（二〇〇八―二〇一二年度）として継承されている。

第二期の拠点形成研究の中心を担う日本史研究班は、第一期以来、「永青文庫」細川家文書のうち「覚帳」「町在」という熊本藩の二つの藩政記録帳簿群に着目し、組織的解析を進めてきた。「覚帳」は、藩庁の民政・地方行政担当部局＝郡方の記録であり、藩制初期から明治初年にいたる長期系統的な記録帳簿群である。「町在」は、藩庁の人事考課担当部局＝選挙方の帳簿であり、文字通り「町在」に居住する住民の社会活動・行政活動など種々の功績・功業を評価し、褒賞した厖大な記録群である。記録された住民は延べ五万人を下らない。こうした前近代の住民記録は世界的にも類例はあるまい。

この二つの藩政記録群の検討を進めた結果、「覚帳」「町在」が揃う、明治初年にいたる一九世紀段階の領主制・領主政治というものが、村・町を基盤とした地域社会の自律的運営能力に立脚し、「町在」住民の多様な社会活動・行政活動を取り込むことによって成り立っていたことが明らかになった。そして「覚帳」「町在」という藩政の基幹文書と社会諸階層の多様な地域文書を体系的に分析することで、日本型社会＝伝統日本社会の団体重積メカニズムの確立・成熟化、領主制廃絶＝明治維新を可能にする日本社会の近代化の道筋も明らかにできるものとの見通しを持った。本書は、こうした研究課題に向けた共同研究の成果の一つである。

「覚帳」「町在」という藩政基幹文書群のうち、「町在」については、約二万件の事案についての悉皆解析を終了し、本学附属図書館の協力を得て、二〇〇九年三月に主要解析情報を活字化し、『一九世紀熊本藩住民評価・褒賞記録「町在」解析目録』（熊本大学附属図書館）として刊行する。そして二〇〇九年秋には「町在」の解析情報の検索システムをインターネットで公開する予定である。

以上のような共同研究の成果を受けて、今春、二〇〇九年四月には、地元、肥後銀行・熊本県、および永青文庫の助力を得て、永青文庫資料の学術研究と社会還元・公開をめざす施設として、熊本大学文学部附属の「永青文庫研究センター」が立ちあがる。第二期に入った拠点形成研究も、さらなる進展を図っていく所存である。

熊本大学拠点形成研究「世界的文化資源集積と文化資源科学の構築」
「『永青文庫』資料等の世界的資源化に基づく日本型社会研究」
代表　吉村豊雄

熊本藩の地域社会と行政

序章　本書の課題

稲葉継陽

(1)研究史的諸前提

本書は、財団法人永青文庫所蔵「細川家文書」（熊本大学附属図書館寄託）の藩政関係史料群を主たる分析対象として、熊本大学文学部のスタッフ等を中心に組織された共同研究「熊本大学拠点形成研究B　世界的文化資源集積と文化資源科学の構築」(1)の成果を総括する目的で編まれたものである。

二〇〇三年に発足した私たちの共同研究は、科学研究費補助金(2)も取得しながら現在まで継続されている。ここでは、その間に共同研究組織内の日本史グループ（本書執筆者集団）において明確なかたちで共有された研究目的の研究史的前提、熊本藩地方行政の制度的特徴を必要な範囲で確認し、併せて、本書の各論が扱う課題について言及しておくこととしよう。

私たちが多くを学んだのは、近世後期を対象とした「地域社会論」の成果である。

近世幕領では法的主体性を備えた中間団体を基礎とした自主的で重層的な地域管理体制（村―組合村―郡中）が機能しており、そこで培われた代議制の論理や行政能力、さらに政治参加の事実が、近代行政制度発足の前提となったことを明らかにした諸研究(3)である。

また、重層的に存在し機能する自律団体による地域管理体制の発展が、前近代日本社会の世界史的な特徴であることを指摘した足立啓二の研究(4)も、理論的な導きの糸となった。

「地域社会論」を起点とした近世史研究の現段階における研究状況を私たちの共通課題に引きつけて整理すれば、以下のようになろう。

第一に、「社会的権力論」の提起を契機とした「地域社会論」批判の出現である。それは、かつての「豪農―半プロ論」を尊重する立場から村役人層（中間層）の経済的存在形態を重視し、幕藩制構造論・身分制論の定説からみて百姓は「行政」には食い込めても「政治」への参加はあり得ないとする見解の表明である(5)。いまや、村役人層の存在形態と百姓的地域管理体制（中間団体）の近世社会における位置とを相互に関連づけながら、より深く追究することが、近世社会論にとっての喫緊な課題であることは明らかである。

第二は、「地域社会論」の成果を非領国地域に限定して捉えようという傾向である。それは、村共同体を基礎とした重層的な地域管理体制は、領主制の領域的展開がない地域において、本来領主制が果たすべき機能を「代行」させたものと理解する傾向によくあらわれている(6)。また渡辺尚志は近年、「地域社会論の新たな展開方向」であり、「戦後近世史における諸成果の再点検と総合化」という遠大な課題に接近するための有効な方法として、「藩地域論」を提起した(7)。私たちもそうした提起の積極性を評価するものだが、渡辺自身もいうように、藩領地域社会論はまだ出発したばかりであって、共有可能な蓄積もごく限られている段階にある。藩政史料群と地方文書とを併せた分析を通じて、藩領地域における中間団体の実体と地域管理体制の本質に接近する作業を開始することが急務である。

第三は、近世地域社会から近代社会への移行過程、換言すれば百姓的中間団体―地域管理体制の活動が領主制にもとづく身分制国家の構造を解体させていく過程の具体的な追究が、充分でないという問題である(8)。この問題について「地域社会論」が提示してきた、近世の地域運営から代議制へ、地域入用から地方税へ、村役人層から近代の行政官僚集団へ、さらに中間団体から近代初期地方行政機構へ、という諸々の見通しについて、移行期の行政制度・人的要素・財政等の具体的な構造分析を進展させることが必要である。

本書収録の諸論文はいずれも、以上を共通課題として確認したうえで執筆されたものである。

（2）熊本藩における地方行政制度

次に、本書のフィールドとなる熊本藩地域における地方行政制度について必要な範囲で示しておこう。(9)

熊本藩（表高五四万石）の領域支配体系は、次のようなものであった。宝暦改革（一八世紀中葉）以降、藩政全体を統括する家老衆・奉行衆のもとに一六の部局が順次再編・整備されたが、そのうちで領域行政を担当した部局が「郡方」であった。

肥後・豊後の藩領は一四の「郡」に区画され、それぞれに数名の武士官僚が「御郡奉行」（のちに「郡代」）に任命され、各郡の民政を担当した。御郡奉行（郡代）は、郡方によって直接監督された。

各郡は村々によって構成されるが、郡と村の中間には「手永《てなが》」と呼ばれる地域行政機構が設置された。一郡一手永であった山本郡を例外として、各郡には二から六の手永が置かれ、その規模は五一八石四升余の久木野手永を最小とし、最大の竹迫手永は二万六七〇〇石であった。手永制は加賀藩の「十村」、長州藩の「宰判」、諸藩に見られる「組」等の名称で呼ばれる地方行政単位と共通する制度であり、その呼称は「手の届く範囲」の謂たる九州地方の方言に由来するとされる。全五二手永が一七世紀後期までに整備され、幕末にいたるまで固定された（図1参照）。

各手永には手永管理の責任者たる「惣庄屋」が置かれたが、初期にはほとんどの場合、在地の土豪的な有力者に知行を与えてその任に充てることが多かった。物庄屋の執務場所であった手永会所には役宅のほか年貢収納用

図 1

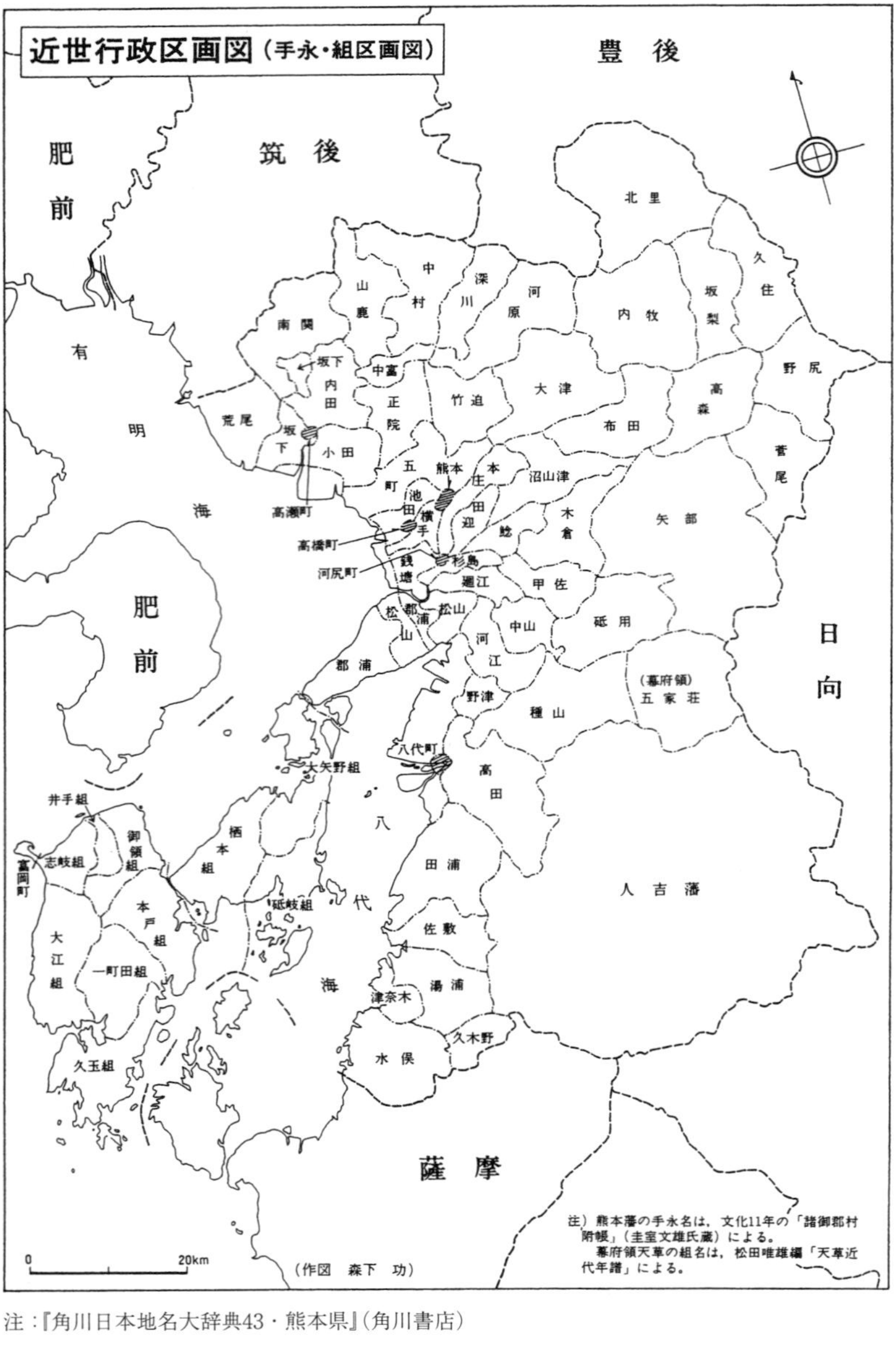

注：『角川日本地名大辞典43・熊本県』（角川書店）

図2　肥後藩における地方支配機構の概略（文化頃）

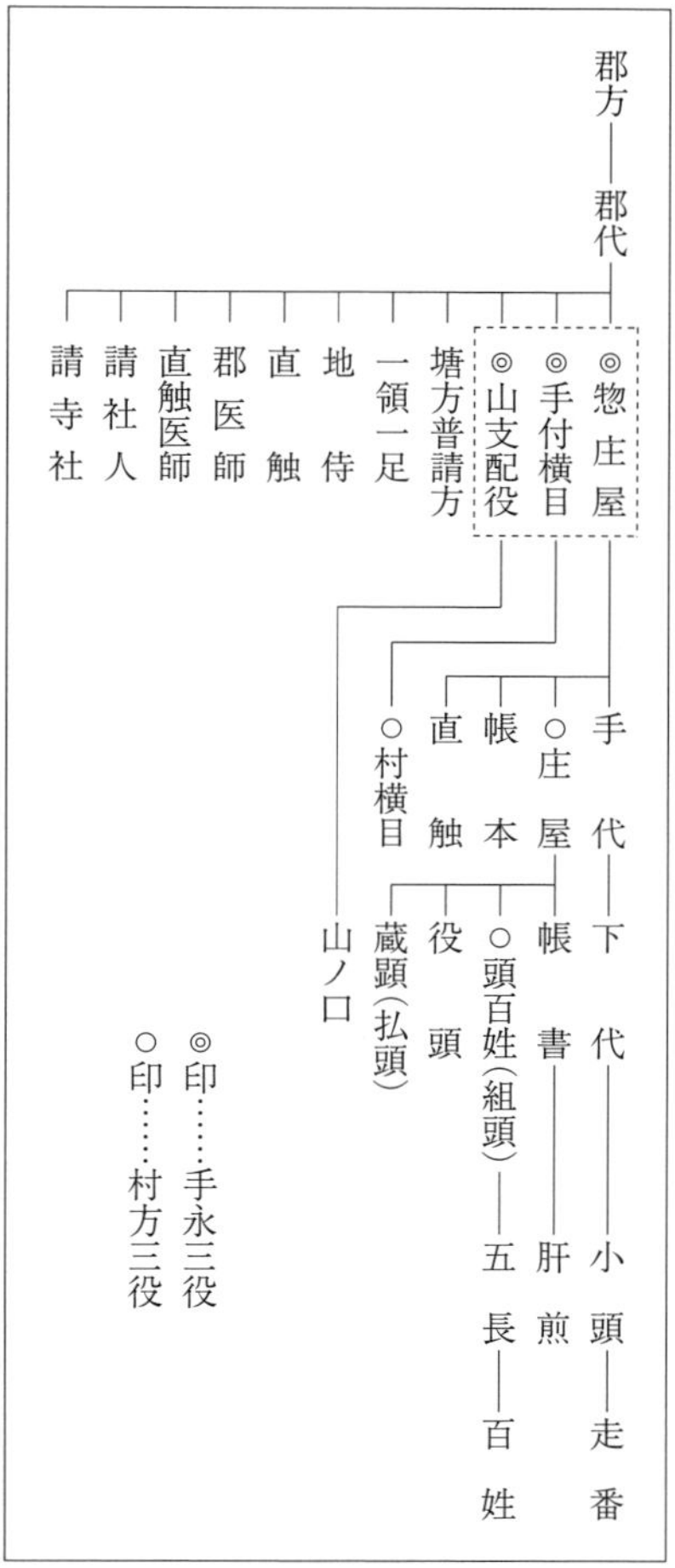

の蔵や籾蔵、さらに籠屋などが設置され、そこは地域行政の中核として機能した。さらに、各手永内の村々には村庄屋・村役人が存在し、その責任のもとで村は手永内における年貢・諸役の請負主体として位置づけられていた。

このように熊本藩領においては、村—村庄屋・村役人、手永—惣庄屋などの役人、郡—御郡奉行（郡代）、藩庁—郡方、そして奉行・家老衆という、村庄屋・村役人を基底において重積的に系統だった行政機構が編制され、機能していた（図2参照）。

(3)手永を基礎に置いた地方行政の動態

こうした制度において注目されるのは、地方行政の基礎単位たる「手永」の性格である。すでに本共同研究の成果の一部を先駆け的に公表した、稲葉継陽「日本中世・近世史研究における「地域社会論」の射程」(『日本近世社会形成史論』、校倉書房、二〇〇九年、初出は二〇〇七年)、吉村豊雄「日本近世における津波復興の行政メカニズム」(『文学部論叢(熊本大学)』八九、歴史学篇、二〇〇六年)、同「近世地方行政における藩庁部局の稟議制と農村社会」(国文学研究資料館編『藩政アーカイブズの研究』、岩田書院、二〇〇八年)で示した内容をもとに、手永と藩行政の動態を確認しよう。

第一に、一八世紀半ばにおける惣庄屋―手永制の大きな変革である。

(1)変革の最大の注目点は、いわゆる宝暦改革における世襲惣庄屋制から転勤惣庄屋制への移行である。改革期を境に、戦国出自の惣庄屋家の多くがその職をはずされ、百姓出身の惣庄屋が最大でも一〇年程度で転出・転入する制度に転換し、手永運営は下代・小頭など多くの固定的な百姓出身の会所詰めスタッフに担われるようになったことが知られる。これは、世襲惣庄屋制では複雑・肥大化する地域行政課題に対応できない段階が到来したことによるものと考えられる。

(2)次に重要なのは、一九世紀初頭における年貢収納手永請(「請免制」)の導入と、手永の共有財産としての実質を持つ「会所官銭(手永備)」の形成である。手永が年貢収納の請負い主体となることによって、手永の共有管理財源としての会所官銭が形成され、手永による地域管理活動の財源や百姓成り立ちのために運用されるようになった。会所官銭についての基礎的で重要な研究を発表した前田信孝によれば、その五二手永総計額は天保一四年(一八四三)の時点で、じつに金二五三八両・銀四三貫・銭五二七〇貫文・米穀八万五五八五石にのぼった[10]。その財源は手永が徴収する雑税(年貢付加税)、寸志銭と呼ばれる百姓からの一種の寄付金、そして手永が立案して実施された新地開・干拓事業などからの収入であり、会所官銭は地域管理体制=手永運営の物質的基礎として機能したのである。また、請免制の導入によって、藩庁役人の出在が一切停止され、それによって、地域管理の全てが惣庄屋と百姓出身の手永会所スタッフによって担われることになったのも重要である。[11]

(3)会所官銭すなわち手永による地域運営の物質的基礎が形成されたことによって、手永の惣庄屋・村庄屋・百姓による地域管理体制が領主制から実質的に自立化し、地域政策の立案主体となる条件が醸成された。転勤制惣庄屋と百姓出身のスタッフによって実務を担われ、地域社会における百姓の共有財産を運用するにいたった手永は、一九世紀には百姓による地域管理体制として画期的な成熟度に達していた。

第二に、一九世紀初頭からの熊本藩の地方政策における政策決定・実施過程である。

(1)この時期以降の熊本藩地方行政の実態を示す史料群に、永青文庫細川家文書に大量に遺された藩行政の部局（郡方）年次記録たる「覚帳」がある。年次ごとに綴じられ、ものによっては厚さ三〇センチを超える大冊となっている覚帳には、藩庁から郡代を通じて手永会所に配給されたとみられる規格的な料紙が用いられている。地域社会側は惣庄屋あるいは村庄屋・頭百姓の名で、配給された所定の料紙によって、藩庁郡方にさまざまな願筋・事業要請・問題処理を立案申請する。内容は公共的な水利・土木事業の実施編制や財源措置要求が頻繁に申請され、郡代からこれを受理した藩庁郡方は、所定の料紙に記された手永からの申請書・上申書の現物をそのまま起案書として郡方官房の回議に付し、回答原案を作成して部局長たる郡方担当奉行の決裁を仰ぐ。郡方担当奉行は回答を郡代に示達し、これを手永（惣庄屋）が請合えば、それが藩の地方政策として執行されるのである。「覚帳」はこれらの各段階で作成された手永の起案書をはじめとする諸文書の原本と、回議および手永と郡方との交渉記録文書を綴じ込んだ、年次ごとの行政記録綴であった。こうした「覚帳」の形態と内容は、一八世紀後期の熊本藩地方行政において手永を基底に置いた稟議制が確立し、藩の地方政策形成の基幹となっていたことを示している。辻清明によれば、稟議制とは日本行政の意思決定のきわだった特質であり、「行政における計画や決議が、末端の者によって起案された稟議書を関係官が順次回議してその印判を求め、さらに上位者に回送し最後に決定者に至る方式」と規定される(12)。

(2)宝暦改革以後における惣庄屋・村庄屋などの行政役人・官僚化という事態。当該期の惣庄屋・村庄屋は百姓出身の行政役職であって、藩への献金によって獲得可能な「在御家人」（郷士）身分とは区別される役職であった。各手永の会所は将来有望な少年を見習いとして確保し、彼らは二〇歳前後で村庄屋となって現場経験をつみ、三〇代後半には手永会所の幹部役人となり、惣庄屋もその中から登用されるケースが多かった。このように惣庄屋や村庄屋は、村社会が生み出した行政役人・官僚たる性格を持っていた。したがって、彼らが地域社会（手永）の管理運営に対して担うべき職務が果たせなかったり、運営方針に問題ありと判断されたりした場合には、村庄屋連判による惣庄屋罷免要求、逆の場合には転勤反対要求が郡代に提出された。同じように、百姓による村庄屋排斥騒動・一揆も頻発していたことが知られている。

(3)このような惣庄屋の性格を明瞭に示すのが、やはり一八世紀初頭に構築された惣庄屋の職務業績評価（褒賞）制度である。これは惣庄屋・郡代からの申請をもとに藩庁「選挙方」が業績評価を行うもので、当該の惣庄屋が具体的な地域課題についていかに適切な政策立案を行い、成果をあげたかを評価し、それをもとに褒賞・転勤・免職が決定されるという制度であり、結果的に惣庄屋の転勤が繰り返されることになった。この評価制度は、惣庄屋以下の役人の人事に手永内部の百姓層の意向が色濃く反映されるシステムであった。故に惣庄屋は地域利益（具体的には担当の手永の利益）を実現する限りで行政役人たりうる地域代表者的性格を有するようになっていった。惣庄屋が官僚として栄達するか地位を失うかは、地域課題への対処実績に関する「選挙方」の評価如何にかかっていた。

(4)こうして、地方行政における百姓出身の官僚でありながら地域代表者的性格を強める惣庄屋によって統括され、百姓出身の会所スタッフによって実務運営される手永が、地域社会諸階層の利害を調整して共通利益を実現するための公共的事業を立案し、それを藩庁に申請し、それが稟議制を通じて藩の地方政策となって実施される行政制度が確立した。しかも、この制度においては手永と藩庁郡方との間で稟議制を形骸化させないような緊張関係が維持されていた。一九世紀初期の宇土郡郡浦手永の津波災害復興計画の復興法と財源についての政策決定過程では、財源を藩庁支出とするか手永の会所官銭支出とするかが中心的論点となり、郡方奉行が決裁した決定は手永作成の原案を大幅に修正したものとなった。ところが、これに手永が四度にわたって異議を唱え、大幅な修正を獲得した上で政策が最終決定されていた。稟議制の実質が維持され、藩庁トップ・ダウンの政策決定が地域社会の側から厳しく規制されていた事実を知ることができる。

(4)本書の課題と収録論文

以上の研究史的前提と熊本藩地域および文書群に密着した研究の一定の成果とを前提に、私たち研究グループは以下のような研究目的を共有するにいたった。そして、それらは本書収録の各論の課題でもある。

その第一は、熊本藩地域および近隣に視点を定め、熊本藩政史料群、わけても地方行政記録綴たる膨大な「覚帳」や、村役人層をはじめとする住民の評価・褒賞記録綴たる「町在」の系統的分析に立脚し、百姓による地域管理体制たる実体を持つ「手永」制を基礎とした一九世紀段階の近世行政システムの全容を解明することである。

この課題は私たちの研究グループが最も力を注いだものであり、本書にも多様な視角にもとづいた論文を収録することができた。

手永制の成立過程を一六世紀以来の地域形成のあり方に即して分析し、熊本藩政の成立を論じた稲葉継陽論文、八代海干拓事業の政策立案にかかる手永内・手永間における合意形成過程を分析した内山幹生論文、村役人層をはじめとする住民評価・褒賞制度の全容を基幹記録たる「町在」の分析によって明らかにし、一九世紀における村役人層の社会的存在形態を浮き彫りにした吉村豊雄論文、幕末内乱にさいしての「農兵」「郷兵」組織設置政策が手永レベルからの立案提言によって形成される過程を分析した木山貴満論文、幕末維新期に行われた領内の全物庄屋による合議・献策活動の実態と歴史的意義を論じた三澤純論文、そして、町住民の自治活動を基礎にして一九世紀に確立する熊本城下町行政のあり方を分析した松崎範子論文である。

また、前掲の吉村豊雄「近世地方行政における藩庁部局の稟議制と農村社会」、稲葉継陽「日本中世・近世史研究における「地域社会論」の射程」もこれらの論文と密接に関係するので、併せて参照されたい。

第二は、明らかにした行政システムを、百姓団体の成立を起点とした封建社会の成熟・展開過程のうちに位置づけるとともに、行政システムを支えた各段階の意思決定方法、人的資源、財源、民衆運動、あるいは幕末維新期の政治変動にさいしての地域諸階層の対応活動などが、領主制の廃絶と近代行政の成立、地域近代化の進展等にとっての、いかなる前提条件を準備することになったのかを解明することである。

本書には、近世的な地方行政が明治初年から大区小区制期までの時期に改変されることの具体像を分析することでこの課題に迫った上野平真希論文、近代移行期の地方行政における熊本藩地方役人の「連続」性について実証し、その存立構造（集団性）を踏まえたうえで、大区小区制期の地域社会運営に与えた影響を論じた今村直樹論文を収録した。なお今村直樹「近代移行期の地域資産をめぐる官と民」（『史林』九一―六、二〇〇八年）は、近世期の「会所官銭」の存在形態から三新法体制化での「郷備金」のインフラ投資までを通して考察した最新の成果であるので、本書収録論文と併せて参照されたい。

また、本書末尾には全体を総括した「終章」（三澤純執筆）を配置した。

私たちが究極的にめざすところは、本書に示した作業をより精密なレベルでもって積み重ねることを通じて、近代化の推進力となった伝統的な日本社会の構造の特殊性を明確にし、もって、それが崩壊する過程にある現代日本社会の歴史的位置を把握しようとすることにある。そのためには、なお未着手の膨大な熊本藩政史料群と惣庄屋・地方文書群とを有機的に関連づけながら解析する作業を継続するとともに、ひろく諸藩・諸地域を対象とした研究成果との比較・討論・総合化を試みることが不可欠であろう。

読者諸賢には、そうした観点からのご批判・ご助言をお願いするものである。

（1）「拠点形成研究」は、文部科学省の二一世紀COEプログラムへの申請と連動させつつ、研究拠点を構築するという観点から創設された熊本大学の共同研究の制度である。COE採択の共同研究を拠点形成A、次期COEを目指すレベルの共同研究を同Bとし、本研究は人文社会系の拠点形成研究B（拠点リーダー・吉村豊雄）として二〇〇三年に発足し、二〇〇八年度からは二期目に入っている。

（2）科学研究費補助金基盤研究（B）「永青文庫細川家文書の史料学的解析による近世民衆生活・行政実態の比較史的研究」（研究代表者・吉村豊雄、二〇〇四年度採択）、同「藩政文書・地域文書の体系的分析にもとづく前近代日本社会到達形態の解明」（同、二〇〇七年度採択）。

（3）藪田貫『国訴と百姓一揆の研究』（校倉書房、一九九二年）、久留島浩「近世後期の「地域社会」の歴史的性格について」（『歴史評論』四九九、一九九一年）、「「地方税」の歴史的前提」（『歴史学研究』六五二、一九九三年）、「百姓と村の変質」（『岩波講座日本通史一五　近世五』、岩波書店、一九九五年）、同『近世幕僚の行政と組合村』（東京大学出版会、二〇〇二年）、平川新「地域経済の展開」（前掲『岩波講座日本通史一五・近世五』）、同『世論と紛争』（東京大学出版会、一九九六年）、同「転換する近世史のパラダイム」（『九州史学』一二三、一九九九年）、奥村弘「「大区小区制」期の地方行財政制度の展開」（『日本史研究』二五八、一九八四年）など。

（4）足立啓二『専制国家史論』（柏書房、一九九八年）。

（5）志村洋「地域社会論における政治と経済の問題」（『歴史学研究』七四八、二〇〇一年）。

（6）例えば山﨑善弘『近世後期の領主支配と地域社会』（清文堂、二〇〇七年）参照。

（7）渡辺尚志『近世の村落と地域社会』（塙書房、二〇〇七年）第三編を参照。

(8) この点は志村洋「地域社会論における政治と経済の問題」(前掲注5)にも指摘がある。
(9) 熊本藩の統治機構の全体像については鎌田浩『熊本藩の法と政治』(創文社、一九九八年)を参照されたい。
(10) 前田信孝「郷備金の研究覚書」(『市史研究くまもと』八、一九九七年)、同「続郷備金の研究覚書」(同前・九、一九九八年)。
(11) 西村春彦「宝暦~天保期における肥後細川藩の農政と請免制」(『熊本史学』八二、二〇〇三年)。
(12) 辻清明『新版　日本官僚制の研究』(東京大学出版会、一九六九年)。なお、近世大名家における意思決定の稟議制的な構造については、笠谷和比古『近世武家社会の政治構造』(吉川弘文館、一九九三年)を参照。熊本藩地方行政における稟議制の際立った特色は、起案者が百姓的中間団体と団体統括役人としての惣庄屋であった点にある。

第一章　熊本藩政の成立と地域社会——初期手永地域社会論——

稲葉継陽

はじめに

百姓による地域管理体制たる「手永」を基礎に据えた、熊本藩における地域行政の歴史的到達点を明らかにしようとする本共同研究にとって、中世・近世移行期の社会状況を踏まえながら手永制の成立過程を検討することは不可避な作業である。しかし、「太閤検地＝小農自立政策＝兵農分離制」説以来の時代区分論に規定され、この作業への取組みは従来、充分ではなかったといわねばならない。こうした状況を克服するため、本論は戦国期＝一六世紀における地域社会の形成実体を踏まえて手永制成立の過程にせまり、藩政成立の歴史的意味に接近しようとするものである。留意するのは以下の三点である。

第一に、すでに一四・五世紀段階から生業経営の主体となる永続的な団体たる百姓の「家」が成立し始めており、その連合体としての「村」や「町」が形成されていたことが明らかにされている中世史研究の水準を踏まえて、成立期手永制の特質を検討することである。

第二は、百姓による地域管理・地域改善活動のユニットとして長く機能した手永が[1]、一六世紀末に肥後に入国した加藤氏や小西氏によってではなく、加藤忠広の改易をうけて寛永九年（一六三二）に豊前小倉から熊本に入った細川氏によって制度化されたという事実である。近世史研究において寛永期は、幕藩制成立期の国持大名領における「本城—支城（備）制」という軍制・地方知行制と一体化した領国支配が克服されて、近世の行政体系＝藩政が確立される画期と位置づけられている。(2) 加藤氏の領国支配を論じた吉村豊雄が、「藩政・藩制・藩体制」といった「用語を使用することを躊躇させるような加藤氏の大名権力と領国体制の実態が想定」されると述べているのも、この点にかかわる評価である。(3) 加藤期の領国体制が抱えていた構造的問題を確認したうえで、細川氏の入封以後制度化される手永の領域が、一六世紀段階の地域社会の枠組みをどのように引き継いだのかを追究することで、成立期手永制の本質にせまりたい。

第三は、移行期の在地社会に関する文献史料の欠を補うために、地域に残存する石造物の銘文を史料として活用することである。中世・近世移行期の百姓や地域社会に関する文献史料の欠如は、熊本地域における移行期社会の研究が充分に進展してこなかった大きな理由の一つであるが、本論はそうした条件を打破するための試みでもある。

一　加藤期における領国支配の特質

本節では加藤期における領国支配の特質を確認しよう。

(1)百姓安堵政策

天正一六年（一五八八）に国衆一揆の戦後処理の上使衆の一員として肥後に入った加藤清正は、秀吉から正式な知行宛行をうける前に、肥後の大名権力として百姓に対する統治行為を開始した。現存する同年閏五月六日付の清正定書(4)によれば、その特質は次の二点に集約される。

第一は、「平百姓の御免」と「御検地」の実施である。豊臣政権は肥後国衆一揆に参加した領主階級の者たち（「国侍」）を徹底的に処断した。しかし、一揆に与同したとはいえ百姓身分（「平百姓」）には咎めなく、清正はかえってその帰村と生産活動を安堵（保障）するところから肥後の統治を開始した。耕作と年貢・夫役納入の前提に位置づけられている「御検地」、すなわちこの定書に先立って同年三月から五月に実施された豊臣上使衆検地（石高制）の実態については、松本寿三郎の論文「近世初頭の村落把握についての覚書」(5)における次の分析が確認されなければならない。

秀吉の肥後検地令は天正一六年一月に発令されたが、これをうけた上使衆九名の肥後入部は三月上旬、清正らへの領知宛行が閏五月半ばであるから、上使衆の検地実施期間は二か月ほどであった。その間の上使一人あたりの検地ノルマは五～一〇万石、約一〇〇～二〇〇村にもおよんだ。例えば、玉名・山鹿両郡担当の生駒親正は一〇万七〇〇〇石・一五四村を検地している。したがって、検地奉行が耕地一筆ごとに竿入れ（実測）する時間的余裕などなく、村役人らに命じて検地帳を指出させるのが精一杯であったことは明らかで、それは検地帳登録耕地に五反、一町といった規模のものが少なくないことからもうかがわれる。以上から松本は、天正一六年検地は上使衆監督のもとで村役人が作成した「指出」にもとづく検地であり、作成された検地帳は「指出検地帳」と規定されるべきだとした。指出とは、領主が交替したときに村の百姓中が前の領主に対する年貢・公事の納入と控除の実績＝「先例」を書きあげて新領主に提出した文書であり、村共同体の成立とともに一五世紀頃には定着し、その提出と受理はその後の領主―村関係の基礎を規定した。その意味で天正一六年検地は中世以来の慣行にのっとって実施されたものとみることができる。松本は、この指出検地で豊臣政権が把握した耕地面積は、測量で得られたものではなく、村における日常の耕作のなかで村内において計上され、すでに百姓たちによって認識されている数値が上申されたものであったと指摘し、従来の太閤検地像の修正の必要性を提起している。

こうして豊臣政権—加藤清正は、国衆一揆弾圧の過程で混乱・荒廃した村社会に対して、村共同体に帰属する百姓らの申告にもとづいて村としての年貢・夫役負担基準値たる村高を決定し、そのもとで百姓の還住・耕作の継続を保障して新たな領主—百姓関係を構築するという、百姓安堵の政策を極めて迅速に展開することで、肥後の統治をスタートさせたとみられる。

第二は、検地実施直後の清正が阿蘇郡小国郷の土豪であった北里氏に宛てたこの定書において、麦年貢の徴収率について「百姓共堪忍続き候様」に配慮する、と明言していたことに示される、百姓の経営の成り立ちへの配慮である。

この時期、年貢・公事・諸役の徴収は百姓の再生産=「百姓成立」を阻害しない限りでなされるべきだという原則が存在していた。それは中世（荘園制段階）の「庄家の一揆」から近世（幕藩制段階）の「百姓一揆」にまで一貫して百姓によって主張された仁政・徳政要求を通じて、日本の封建社会において領主と百姓とが共有する政治思想として定着したものであった。(6) 領主階級の末端に出自を持つ清正が大名権力として成熟するためには、百姓成り立ちの保障を柱とした支配体制を全領国的に展開し、石高制と村請制にもとづいた年貢・夫役の安定的収取を実現する必要があった。

(2) 本城—支城制

しかし、清正が百姓の成り立ちを保障しながら朝鮮出兵への動員を継続するには大きな壁が存在した。清正の肥後における領知高一九万五〇〇〇石のうち半分を占めたとみられる給人知行地である。清正は、とくに出兵期を中心として領国支配に関する指示を家老に与えた多くの書状を残しているが、そのほぼ全てが自身の直轄領=蔵入地支配についてのものに限られている。(7) これは、給地に対しては給人が一領主として独自の年貢・夫役徴収権を行使していたことを示すものである。

関ケ原戦と連動して展開した九州の内戦の過程で、敵対した小西行長の所領を実力で当知行して家康からこれを宛行われ、五四万石大名となった清正は、慶長一二〜三年（一六〇七〜八）に旧小西領を含む領国全域で検地を行った。しかし、一国大名期の加藤領国においても、清正蔵入地の脆弱性は克服されなかった。「加藤家分限帳」(8)によれば、清正がこの検地で確定した実高七三万一八四〇石余のうち、給人知行の総計実高はじつに五三万石余にもおよび、蔵入地は二〇万石ほどで、その年貢収納実高は毎年八万石程度にすぎなかった。こうした条件のもとで、清正は幕府からの公儀普請役を負担し、熊本城をはじめとする領内の城郭普請等も継続せねばならなかったから、その役負担は蔵入地の村々だけでなく給人を通じて給地の村々へも転嫁され、結果的に苛政が常態化することになったのであった。

こうした領国支配構造が軍事的な本質を持つものであったことを示すのが、本城―支城制である。本城たる熊本城のほかに、南関・内牧・矢部・佐敷・水俣・宇土・八代の各城を普請して重臣たる一族・同族を城代として配置したのである。注意すべきは、地域支配の拠点となるべき城と並んで、領国境目の管理を担う城が目立つことで、支城の軍事的性格は明瞭である。「加藤家分限帳」に明らかなように、城代クラスの重臣は城を拠点に独自の軍団（与力衆と鉄砲衆）を維持し、城まわりの給地から百姓夫役を徴収して支城を普請し、陣夫にも宛てようとしたから、給地における百姓支配を規制しようという清正の意思に反して、彼らの給地支配は独自性を強める方向性を持つことになっていったものと推察される。慶長五年の内戦の過程で一国大名としての自己を形成した清正の領国支配には、なお軍事的な特質が色濃く残されることになったのである。

このように、給人が城を拠点にして給地に対する独自の支配権を行使し、それを基礎に軍団＝「備」を維持しているという、いわば個別領主家分立的な領国支配のもとでは、蔵入地・給地の別を越えた領国一円的な藩政が機能する余地はなかったといわざるを得ない。

ただ、大名家当主としての加藤氏が領国一円的な藩政を成立させようという意思をまったく持たなかったということではない。例えば慶長三年（一五九八）一〇月、秀吉の死によって第二次朝鮮出兵が終わると、清正はまだ帰国する前なのに、肥後の領国に高札を立て百姓に次のように呼びかけるよう国元の家老に指示していた(9)。

数年百姓等に公役彼是相懸け辛労の条、帰朝の上を以て、年貢等の外、人夫諸役二三ヶ年免許せしむべきの条、これを悦び相待つべき事、

この数年、百姓には「公役」（軍事動員）によって「辛労」を与えてきた。戦争が終わって熊本に帰ったら、百姓の人夫役を二〜三年間は免除する。軍事動員態勢の解除と同時に、清正は本来の百姓安堵・百姓成り立ちの保障という徳政・仁政路線への回帰を強調し、熊本城の普請を進めながらも百姓夫役（築城労働）を免除するという異例の措置をとろうとした。

注目されるのは、翌年三月に家老三名が「各郡御□□《奉行》中」に宛てた連署状(10)において、この措置を給人知行地の百姓支配にも適用し、諸給人が熊本城の普請に百姓を動員していることを「沙汰之限」（もってのほか）として強く咎めている事実である。清正が動員態勢の継続による領国の荒廃と百姓の批判の高まりという危機に乗じて、給人の百姓支配に介入する姿勢と制度（給人を監督する郡奉行の設置）をついに明確にしたこと、しかしそれに対して諸給人がみずからの基本権の一つである夫役徴収権を容易には譲ろうとしないという、厳しい状況を看取することができよう。

慶長八年（一六〇三）の加藤正方宛て清正書状で、清正が正方による阿蘇内牧城の堀普請への百姓動員に規制をかけているように(11)、給人の給地の村々（百姓）に対する恣意的支配の抑止は、朝鮮出兵・関ケ原戦後に五四万石大名となった清正にとって重大な課題となったと推察される。しかし、現存する文献史料からは、加藤清正期にお

いて郡奉行等の広域行政担当者が継続的に活動した事実は看取することができないのである。

(3)加藤忠広期における幕府の介入

このように、大名家当主と有力給人らの領主権が相互不可侵的に並立し、それぞれが城を拠点として軍団＝「備」を維持しているという権力構造は、容易には解体し得ないものであった。これは、熊本藩の特殊事情であったわけではなく、慶長期までの国持大名の多くに共通する領国支配上の一般的特徴であったとみられる[12]。

慶長一六年（一六一一）六月に清正が死去すると、幕府は八月には幼少の虎藤を忠広と改名させて肥後領を相続させたが、同時に熊本藩への公然たる介入を開始する。その決定的なものは、翌年六月に幕府が加藤家の家老五名に対して示した九か条の掟書[13]である。

内容は、①水俣・宇土・矢部三城の破却、②「肥後国百姓」が「困窮」しているので年貢等の「古未進」（累積した未納年貢）を破棄して「土民憐愍」（徳政）を加えること、③「家中諸侍」の国許における役儀は、清正の時の半分にすること、④支城の城代を幕府の指示通りに移し、それら重臣への知行配分をも幕府の指示通りに行うこと、の四点に集約される。すなわち、蔵入地・給地の百姓に対する苛政排除＝徳政の実施（②③）と、軍事的な支城制の緩和および重臣統制（①④）という、一国大名たる加藤氏が本来は自律的に取り組むべき問題への対応が、加藤家代替りを捉えた幕府の介入によって実現されたことになる。

忠広と加藤家が近世大名として存続できるか否かは、幕府から突き付けられたこれらの変革課題に継続的に対処してゆけるかどうかにかかっていたといっても過言ではない。幕府の側もまた元和元年（一六一五）の一国一城令にみられるように、戦時態勢の緩和と百姓への徳政・仁政を基調とした政策を体制的に推進していった。しかし、忠広による家臣団統制はまったく不十分であり、大坂陣の直前には加藤美作らが大坂城に兵粮米を送っているとの噂が立ち、幕府から監察使を派遣され、忠広は大坂への出陣命令を得られない始末であった[14]。それはすでに元和四年の御家騒動へとつらなる家臣団構成の構造的な問題点を露呈させたものであった。さらに蔵入地の脆弱性も改善されず、寛永期には忠広自身が蔵入地の百姓を鉄砲で脅して年貢を徴収するよう命じる状況となっていた。忠広は大坂米相場に蔵入地から徴収した年貢米を投下し利潤を得ることで財政の脆弱性をフォローしようとし、相場の乱高下に応じて年貢収納のあり方が大きく変化するという有様であった[15]。

徳政・仁政を基調とした百姓支配のあり方は、イデオロギーの面でも政策実体としても、成熟期にあった日本の封建社会に根を下ろしつつあった。こうした情勢に適応できない肥後加藤氏に、幕府は見切りをつけざるを得なかったのではないか。加藤忠広改易は「将軍代替り御仕置始め」として断行されたが、それは将軍家の代替り徳政たる性格を持ち、幕藩体制の確立過程における画期の一つをなす措置となった。

二　細川氏入国期の地方政策と手永領域の成立

本節では、藩政―手永制の確立にむけた細川氏入国期の地方政策の基本部分を確認したうえで、手永内部の地域構成に着目しながら、手永領域の成立実態に接近してみたい。

(1)細川忠利入国時の地方政策と知行割

加藤忠広改易のあとをうけて、寛永九年(一六三二)一二月九日に熊本城に入った細川忠利は、その日付で「国中庄屋」に対して花押をすえた三か条の「覚」[16]を公布し、その第三条で次のように述べた。

正月中ニ国之仕置可申出候、訴訟之事書付、郡奉行へ可上候、それまてハ少之間に候条、何事も肥後殿之時のことくニ可仕候、年が明けたら「国之仕置」すなわち百姓支配の基本法を公布し、百姓からの訴訟は「郡奉行」が受け付けることにする、というのである。細川氏の熊本藩政を通じて地方行政において重要な職務を担った郡奉行（のちの呼称は郡代）の初見は、じつに細川忠利の熊本入城当日付の発給文書であった。忠利による、蔵入地・給地の別を越えた地方行政制度の確立方針の明示であったと理解してよいであろう。

翌寛永一〇年春、予告通り忠利は惣奉行田中兵庫らを通じて「御郡奉行中」に宛てて相次いで法度を発布した。わけても重要なのは「庄屋中」に写を公布するよう特記した四月七日付の「被仰出候条々」[17]における、第五条の内容である。そこでは村庄屋の役高等を規定するとともに、

　物庄屋被仰出候者ハ、似合ニ知行・御扶持方、其者之依御奉公ニ可被仰付候、

としている。知行を得て藩の地方行政に「御奉公」する「物庄屋」の設置である。

このように、広域行政の単位として郡を利用して郡奉行を置き、郡内の行政基本単位を統括する惣庄屋を在地社会から登用し、そのもとに各村の庄屋を位置づけ、これら全体を藩の奉行が管轄するという熊本藩の地方行政の系統は、細川忠利の熊本入封と同時にその骨子が固められたのであった。

次に、加藤期において一円的な藩政の展開を妨げる要因となっていた給人知行地の存在形態、本城—支城（備）制について、細川氏の対応はどうであったか。

忠利入国期の知行割については、鈴木寿の「物成詰知行」論[18]をうけた吉村豊雄の詳細な研究がある。[19]豊前小倉から熊本への国替による知行割替は、細川家中において「惣知行割替」と呼ばれたが、その最大の特質は、給人知行地に「惣国並」の「撫高知行」制を適用したことにあった。すなわち忠利は知行割にあたって加藤氏から引き継いだ物成目録と、庄屋から申告させた過去三年間の物成実績とを基礎資料として、寛永六・七・八の三か年の物成をならして「納米四ツ成」との数値を公定し、それをもとにして給人知行高を設定した。これが「撫高知

行」制である。つまり、「撫物成高÷知行高＝0.4」となるように給人の知行高を設定するもので、まず知行高があり、個々の給人がみずからの意思で年貢率を決定するという中世以来の知行制ではなく、知行対象となる村々の過去三年間の物成実績と、その平均値として公定された「四ツ物成」という数値とによって、給人の知行高を逆算する方式である。

したがって、加藤期の検地によって確定されていた村高の合計（現高）と給人知行高（撫高）には乖離が生じるのであり、このことは、知行宛行の本質が「高」の宛行から「物成」から逆算された擬制的な知行高の宛行へと転換したこと、さらにいえば、給人が領主権の基礎たる年貢率決定権を喪失したことを意味する。また、この方式では個々の給人の知行地全体からの物成額が「四ツ物成」となるように、いくつかの知行区画・村を組み合わせて宛行う必要があり、必然的に著しい相給知行形態や給地の存在形態の分散状況が現出することとなった。

このような「撫高知行」制による給人の個別領主権の実質的否定は、地方知行制を形骸化させるものである。そして、それが郡奉行や惣庄屋の設置とセットで進められたことは、藩領一円の行政制度すなわち藩政の確立のための基礎的条件を獲得することを意図した政策であったことを示している。また、こうした意味での地方知行制の「形骸化」が寛永期の諸藩において進展したことを重視し、一連の措置には給人の年貢取り米の安定保証という性格がともなっており、知行制の転換には家臣団側からの要望が強かったとする見解も提出されている[20]。これにあえて付言するなら、知行制転換の要因に給人による恣意的な年貢等収取を排除しようとする百姓の要求をも想定しておく必要があるだろう。

しかし、忠利には難問が存在していた。熊本城の他にただ一つ存置された支城たる八代城に入った細川忠興（三斎）の隠居領支配である。吉村によれば、「撫高知行」制の施行当初、忠利は八代の隠居領三万七〇〇〇石については三斎独自の年貢率決定権を認めざるを得ない状況であり、三斎とその後継者立允の八代を拠点とした家産

＝権力の永続・独立化志向は、立允を給人一般並みの扱いにしようとする熊本の当主忠利・光尚との間に鋭い軋轢を生じさせるにいたった。結果的に正保二年（一六四五）における立允・三斎の相次ぐ死去をうけた当主光尚は、八代城を筆頭重臣の松井氏に預けたのである。

この措置は、本城―支城制の最終的解体を意味した。松井氏の知行地は八代郡および益城郡の要地に配されたが、そこには当然「撫高知行」制が適用されたし、松井氏には八代の軍団の備頭たる地位が付与されたが、その権限は熊本から派遣された「城付衆」による規制を受けることになった。そして、松井氏の給地からの年貢収取は給地百姓のうちに任命した「帳本」が担い、その他の地方行政権一般は庄屋がこれを末端で担当し、手永惣庄屋を通じて熊本の郡方に帰属することになったのである。八代城は主に異国船来航に対応するための軍事拠点として存置されることになったのだが、一七世紀半ばにおける城代松井氏の権限はこうした非常時における半自立的な軍事動員権のほかは「撫高知行」制下の給人一般並みに制限されるにいたったのであった(21)。

こうして、熊本の地方行政担当部局たる郡方に統括される郡奉行―手永―惣庄屋―村庄屋制を導入し、「撫高知行」制の導入と本城―支城制の止揚により、かかる地方行政制度を現実に機能させる条件を調えた細川氏は、手永制の具体的な編制過程を通じて当該期の地域社会と対峙することになる。

(2)手永領域の前提形態

一九六九年に熊本県総務部地方課（当時）がまとめた『熊本県市町村合併史』は、細川忠利入国から寛文期に至るまでの手永制の領域完成過程を行政制度史的観点からあとづけたものとして貴重な文献である。そこで得られた知見は概ね以下の通りである。

第一に、全藩における手永創設の貌が見られるのは正保元年（一六四四）頃であり、これが寛文・延宝期の藩政整備期に整理統合されてゆき、五二ないし三の手永数に固定されて幕末にいたる。例えば葦北郡は、初期には九手永であったものが、寛文期に一部が統合されて六手永となり、そのまま幕末期にいたるごとくである。

第二に、細川氏は入国直後に「人畜帳」を作成するが、それは「組」と呼ばれる地域単位ごとに作成された。史料が良好に残存する合志郡の場合、寛永一〇年（一六三三）の「組」数は一〇で、同一二年作成の「地撫帳」によれば六に減じ、つづく正保期にはこれらが竹迫・板井・大津の三手永にまとめられ、さらに寛文期には板井手永が竹迫手永に吸収されて一郡二手永となって幕末にいたる、という過程を経た。細川氏入国期の「組」は、加藤期の地域枠組みであったとみられるが、村の帰属単位であったということ以外、その実体はまったく不明である。

第三に、こうした経過からみて、創設期の手永数は固定後の約二倍、一〇〇以上あったと考えられ、さらにそれ以前の「組」数は一五〇程度であったものと推察される。

このように、熊本藩政の在地における基礎単位となった手永の領域は、加藤期の地域単位である「組」が数次の統合を経て一七世紀半ばには固定化されることで完成し、手永がいわば百姓による地域管理体制として成熟する前提が準備されたことが明らかである。かかる基礎的な成果を踏まえたうえで追究すべき問題は、初期の「組」の歴史的性格と、複数の「組」が地域的に統合されて手永領域が形成されることの歴史的必然性であろう。むろん、これらを直截に示す文献史料は皆無なわけだが、ここでは肥後国中央部の中山間地に位置する中山手永（下益城郡、六頁の図1参照）を事例として、絵図や石造物史料を用いながら検討を試みたい。

近世初頭の地域枠組みの態様と性格を考えるうえで重要な史料に、熊本県立図書館所蔵の肥後国絵図（目録番号〇〇一）がある。同図書館の複数の肥後国絵図写を含む絵図類は、かつて熊本藩が管理していたものが明治になって熊本県庁に引き継がれ、同図書館に入ったものである。この絵図は破損していて、ほぼ肥後国北部が失われているが、同館所蔵絵図の目録を作成した圭室諦成は、記載様式から考えて加藤時代のものと判断している

（熊本県立図書館『肥後藩絵図目録』）。永青文庫細川家文書の慶長国絵図写と記載内容の共通点が多いことも、この判断を裏づけている。戦国期的な様相を示す部分もあり、本論にとって貴重な絵図である。

この絵図の情報のうちでまず注目したいのは、「村」の記載と、その村一つ一つに付された「郷」「庄」の肩書きである。中山手永地域の村々には、すべて「甲佐郷」「豊田郷」および「中山郷」という肩書きが付されている。いま、それを示そう。

【戦国期堅志田《かたしだ》領地域】

甲佐郷

ⓐ大沢水村　馬場村　中小路村　神園村　萱野村（以上、戦国期堅志田城下）

ⓑ下郷村　中間村　上郷村（以上、中世小熊野郷）

豊田郷

安見村　山崎村　巣林村　糸石村

【釈迦院門前地域】

中山郷

原田村　都留村　小市野村　白石野村　松野原村　木早川内村　小筵村　小岩野村　大岩野村　長尾野村

中村　椿村　払川村　坂本村　野中村　九尾村　坂貫村　今村

「甲佐郷」とされている村々は、いずれも「阿蘇家文書」において中世初期からの甲佐社領の中心部分たることが明らかであり、絵図における甲佐郷の名称もこれに由来するものと推察される。そして、甲佐郷の村々は上掲のように二つの地域グループに大別される。

ⓐグループは戦国期の堅志田城の麓の家臣団集住地であり、戦国期堅志田城周辺の領主的知行の対象たる「堅

志田領」ともいうべき領域の中心にあたる。

この戦国期堅志田城下の内部は、二元的な構成になっていた。

第一は、山城の麓にあった領主館および家臣団集住地である。領主館は神園村内の「栫《かこい》」集落に存在したとみられ、その周辺には「大手」「味噌御殿」「舞御殿」といった領主関連施設に因む地名が存在している。[22]『上井覚兼日記』天正一三年条の堅志田攻めの記事によれば、島津軍はまずこの栫を占拠したうえで山上の「詰城」に攻め入ることで城の奪取を実現していた。栫の北に隣接する馬場村や中小路村の地名は、領主館の北を固める家臣団集住地にかかわる名称であろう。

第二は、栫の北方約一・五キロの地点に位置する堅志田町である。この町は、入国した細川氏によって寛永一〇年（一六三三）に市立を許可された「在町」であるが、後述するように、堅志田町は周辺の町場とつながる交通路が集中する要地であり、それら道沿いには大永八年（一五二八）のものを筆頭に三基の中世六地蔵が存在している。[23]文献史料は現存しないものの、堅志田町の起源が家臣団集住地の至近に形成された戦国期の町場にあったことは確実であろう。なお、永青文庫細川家文書の慶長肥後国絵図写によれば、堅志田町は慶長期の段階では公式には大沢水村に含まれていた。

このように、堅志田町（大沢水）・中小路・馬場・神園（栫）の各村によって構成される広義の堅志田城下は、中世甲佐郷の中心地域であった。同城は一六世紀前期から阿蘇氏の益城郡における拠点となって、中小路・馬場・栫を中心とした家臣団集住地と堅志田の町場とが相互依存関係のもとで発展したとみられるが、城じたいは天正一三年（一五八五）に島津氏の猛攻により落城した。しかし、城が廃絶しても堅志田の町場は近世期には下益城郡の経済的中心として繁盛し続けた。

(β)グループは中世の小熊野郷を構成した村々で、のちに示すように、堅志田城と益城郡の有明海沿岸地域とを結ぶ要道上に位置するという地理的特質がある。中世小熊野郷が近世初頭の甲佐郷に包含されたのは、堅志田城および堅志田町との交通・経済上の不可分な関係によるものと考えられる。「豊田郷」の四村は、中世の王家領豊田荘の中心地域にあたる村々であり、慶長期の豊田郷の名称がこれに因むことは明らかである。のちに示すようにこの地域は、堅志田城下・町場と松橋・宇土といった八代海沿岸の町場とをつなぐ要道上に位置し、なおかつ堅志田城下・町場に隣接していた。

ところで、堅志田城が阿蘇氏の益城郡における拠点の一つとして戦略上の重要性を高めた一六世紀中葉、城を拠点とした当知行の単位として、「堅志田領」ともいうべき地域単位が形成されていた。一六世紀の領主制は、こうした城領を単位として領域的な発展を遂げていったものとみられる。[24]『八代日記』に散見される堅志田関係記事によれば、ほぼ一五四〇年代の阿蘇惟前知行期の堅志田領は、広義の城下たる甲佐郷ⓐ地域を中核として、甲佐郷ⓑ地域の中世小熊野郷と豊田郷とを含む領域であったことが判明する。[25]

このように、戦国期における国人領主制の発展とそれを経済的に支えた町場の形成によって、中世的な荘郷を一部分割・横断する形態で城と城下を中核とした領域が成立していた。甲佐郷・豊田郷地域は、このような戦国期の領域支配の対象となった地域単位（城領）の典型であった。

次に「中山郷」の村々をみよう。この郷の性格を理解するうえで注目すべきは、佐俣阿蘇神社にある近世の棟札の記述である。同社には本殿・拝殿の再興・修造にともなって作成された近世の棟札六枚が現存するが、最古の寛文一〇年（一六七〇）のものは次のように記す。

奉再興鎮西路肥之後州益城郡中山郷佐俣村大明神社殿壹宇

また、安永三年（一七七四）の拝殿再興にさいしてのものには、

益城郡中山手永山付郷氏神佐俣村年禰社之拝殿

とあって、施主として中山郷の全ての村々の村役人が名を連ねている。つまり、中山郷の範囲は佐俣阿蘇神社（佐俣村大明神・年禰社）の氏子圏に重なることが明らかとなる。中山郷は、近世中期にいたっても「中山手永山付郷」として、同じ中山手永内でも堅志田を中心とした甲佐郷や豊田郷地域とは区別された地域意識と住民結合を維持し続けていたのであった。

同地域のまとまりを支えるもう一つの条件に釈迦院の存在が指摘できる。釈迦院は益城郡と八代郡との境界にあたる釈迦院岳の頂上に位置し、八世紀末の創建とされる天台宗寺院（現在は禅宗）であり、所蔵の木像神像には「釈迦院……仁治三年壬寅七月十六日」との墨書があり、『八代日記』の天文期（一六世紀中葉）の条には「釈迦院之衆徒」が八代を訪問したことや、本堂普請の記事がみられる。のちに示すように、中山郷の村々の多くはこの中世顕密系寺院の「表参道」といわれる谷あいの道筋に沿って分布している。同院は近世初頭に所蔵の文献史料を散逸させており具体的なことは不明だが、中山郷地域に中世釈迦院の寺領が存在していた可能性は高い。

以上のように、近世初頭の中山手永地域は、戦国期に発展した国人領主本拠城郭と町場を中核とした領域である北部地域と、戦国期に繁栄した顕密寺院たる釈迦院との関係が深い南部地域とによって構成されていた。以下、本論では前者を「戦国期堅志田領地域」、後者を「釈迦院門前地域」と呼ぶことにしよう。

堅志田城や釈迦院の歴史からみて、これら地域は少なくとも一六世紀には実体化していたものと考えてよい。今後、旧藩領全域についての考察が必要であることはいうまでもないが、細川忠利入国時の地域単位であった「組」は、このようにして一六世紀に形成された地域社会たる実体を持つ枠組みであったとみてよいのではないか。

(3)戦国期地域枠組の集約による手永領域の形成

中山手永は戦国期堅志田領地域と釈迦院門前地域とが、いわば合併集約されることによって成立したものだが、その歴史的必然性はどこにあったのだろうか。ここでは地域を地域たらしめる交通体系に注目したい。両地域を結び、そして隈本・八代・宇土・御船といった大名権力・国衆の拠点となった周辺地域に通じる道は、いかなる体系を持つものだったのか。次頁に示した「中山手永地域交通体系概念図」は、同地域在住の方々から得られた古道に関する情報と、若干の中世文献史料とによって作成したものである。

この図によれば、周辺からの道が集中する交通の結節点として、堅志田町・中小路・馬場・椊（神園）の各村によって構成される広義の堅志田城下、釈迦院門前地域北部に位置する小市野村、そして同地域南端の終着点たる釈迦院の、あわせて三か所が注目される。

【堅志田城下】

堅志田城下には四方からの道が集中し、また石造物調査によれば、城下の家臣団集住地と近世在町との双方に一六世紀段階の石造物が集中している[26]。同地が交通の結節点であったことが明らかであるが、これらの多くが戦国期から使用されていた要道であったことも文献史料によって証明される。

①大沢水・西山経由隈庄道

堅志田から大沢水村・西山を経て隈庄へと通じる道である。隈庄には近隣大名の取り合いの対象となった隈庄城があった。天文一二年（一五四三）五月、矢部の阿蘇大宮司惟豊勢に攻撃された阿蘇惟前の堅志田城は落城し、その翌日、隈庄城も落城している（『八代日記』）。阿蘇一族中からはじき出された阿蘇惟長・惟前父子は隈庄城の国人目方能登守とともに阿蘇大宮司やこれに同調する益城郡の在地領主と対立し、結果的に敗れて同時に没落したのであり、したがって堅志田城と隈庄城とを結ぶこの道が要道として機能していたことは確実である。

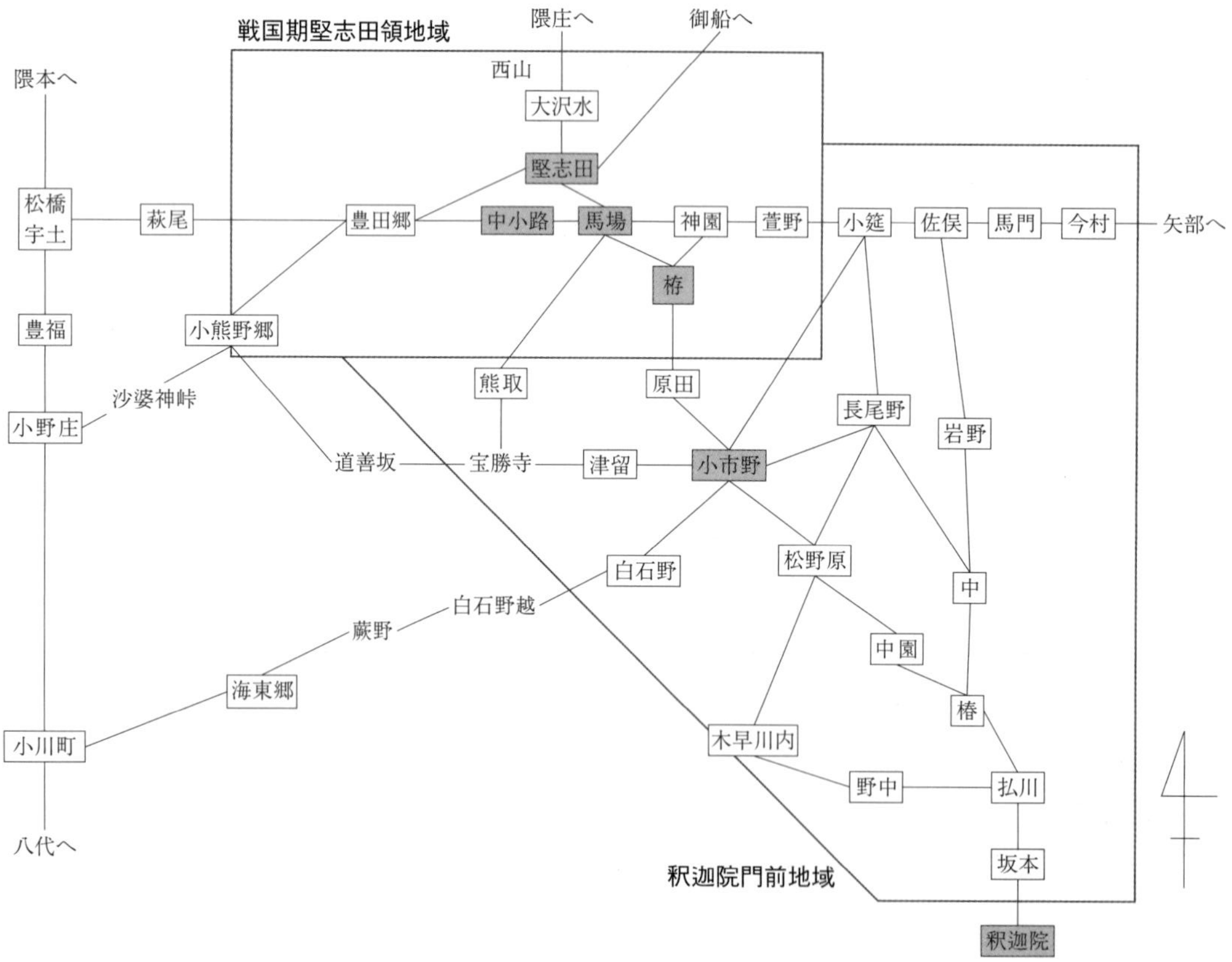

中山手永地域交通体系概念図

②御船道

堅志田から緑川沿いに北上し御船方面にいたる道である。『八代日記』の天文一〇～一二年条には、以下のような記事が散見される。

ⓐ八月廿五日　裒衆堅志田に動候、八代人数小野まで立候、廿六日ニ小野ヨリ帰宅候、

（『八代日記』天文一〇年条）

裒衆というのは益城郡一帯に勢力を持つ、阿蘇大宮司惟豊に与動する国人領主・小領主の一揆的結合態であり、その中心は御船の甲斐氏であったと推察される(27)。彼らは矢部に本拠を持つ大宮司惟豊に敵対する堅志田の阿蘇惟前をたびたび攻撃し、上述のように天文一二年五月には堅志田城を落城させるが、この道はその攻撃ルートとして用いられたに違いない。

③矢部道

堅志田城下から東方に神園・萱野・小筵・佐俣・今の各村を経由して、中世後期における阿蘇大宮司の拠点たる矢部へと通じる道である。途中の小筵村で小市野村からの道と合流していることには注意が必要である。

ⓑ惟前壬三月廿五日ニ現形、四月三日ニ勢田尾城取、五月二日セト口ニおゐて合戦、豊州衆六十人打取、四月卅日甲左(佐)ニ陣取、七月十五日ニ開陣、マカト陣同前、

（『八代日記』大永三年条）

この記事は大永三年（一五二三）四月に阿蘇惟前が「勢田尾城」＝堅志田城を確保して普請し、豊後大友氏と結んだ矢部の阿蘇大宮司惟豊の攻撃を防御するために、四月末から七月半ばまで「甲佐」と「マカト」に陣取したと伝える。堅志田城の文献史料上の明確な初見である。ここで陣取の場所となった「甲佐」は堅志田の緑川対岸に位置するが、「マカト」は矢部道沿いの佐俣村と今村との境界で道が都留川を渡る地点の地名「馬門」をさすと考えるのが妥当である。阿蘇大宮司の軍勢はこの道を通って矢部から堅志田に攻め込んできたのである。

④小熊野郷・娑婆神峠越え小野庄経由八代道

堅志田から峰尾原を通って小熊野郷へと抜け、娑婆神峠を越えて小野庄で有明海沿岸をはしる薩摩街道に入り、小川町を経て八代に通じる道である。この道については、次のような史料がある。

ⓒ同十日　小熊野小畠ニテ長唯様惟前ニ御参会、十一日ニ御帰宅候、（『八代日記』天文一〇年五月条）

ⓓ廿七日　阿そ・宇土・当家、さはかミねにて、三家之老者会読《(談)》、（同右・弘治二年六月条）

前引の史料ⓐに明らかなように、八代から堅志田に行くには薩摩街道上の小野庄を経由するルートが機能していたが、史料ⓒは堅志田城主の阿蘇惟前と八代の相良長唯が小熊野郷において会談したことを、同ⓓは堅志田城の阿蘇氏と宇土の名和氏そして八代相良氏の老者たちが「娑婆神峠」で会談した事実を伝えている。『八代日記』には、相良氏と堅志田城の阿蘇惟前が天文期には同盟関係を結んでおり、堅志田と八代の間を盛んに使者が往来し、両家の当主同士も行き来し、相良氏が堅志田に援軍を派遣した経緯が克明に記録されている。そのとき利用されたのが小熊野郷を経由して娑婆神峠を越える、この道であった。

⑤豊田郷・萩尾経由松橋・宇土・隈本道

『上井覚兼日記』によれば、天正一三年（一五八五）閏八月一三日、島津軍は「堅志田萩尾之栫」を破って堅志田城下に侵攻して、ついに堅志田城を落とした。この侵攻ルートとなった道は豊田郷から萩尾を抜け、松橋で薩摩街道と合流し、宇土そして隈本へと通じていた。堅志田城と豊田郷とは、隈本や宇土との交通のうえでも切り離せない関係にあったことが理解される。

⑥原田経由小市野道

堅志田城下の南、搦め手の方角には原田村と熊取村にそれぞれ通じる道があるが、このうちで注目したいのは原田経由で小市野村に通じる道である。甲佐・豊田郷地域と中山郷地域を結ぶ交通路であり、明治期に開削された新道以前の古道が残っている。

以上のように、甲佐郷地域の中核である堅志田の地は、隈庄・御船・矢部・八代・隈本に通じる道が集中する、交通の結節点であった。戦国初期に阿蘇惟前が堅志田城を拠点とし、町場が発展したのは、こうした堅志田の交通環境によるものであったとみてよいだろう。

【小市野村】

⑥の道によって堅志田城下と結ばれる小市野村は、藩政下で市立が許可されたわけでもなく、中世の状況を示す文献史料も皆無で、現在の景観は山間の農村そのものである。しかし「小市野」という地名は、かつて中世に小規模な定期市が立った地であるとの想定に私たちを導く。実際にここには中世の要道が通っており、明応三年（一四九四）の結衆六地蔵板碑をはじめとして、そのほか九点もの一六世紀の石造物が集中している。[28]

⑦白石野越経由小川町・矢部道

有明海（八代海）沿いを南北に走る薩摩街道上にある小川は、一六世紀半ばにはすでに「小河町」と呼ばれ、この者が馬に乗って八代城下に出入りしていた。[29]この小川町から海東郷を抜けて「白石野越」と呼ばれる峠を越えれば、そこは中山郷白石野村である。さらにこの道は小市野村を経由して小筵村で③の矢部道と合流し、矢部方面へと通じている。

注目すべきは、前掲の熊本県立図書館所蔵の国絵図において、小川町から発して小市野を経由して矢部へといたるこの道が、朱線によって表現されていることである。この道は慶長期には同地域の主要往還であったわけで、八代城下—小川町—矢部浜町を結ぶ重要な交通路であった。そして、この道の存在は次の史料によって一六世紀初期にさかのぼることができる。

ⓔ正月四日壬午ノ日　蕨野カコイ破、相良ノ大蔵方打死、　（『八代日記』大永七年条）

大永三年（一五二三）に堅志田城に入った阿蘇惟前と敵対した相良氏は「蕨野」に「カコイ（栫）」すなわち小規模城郭を構築して惟前に対抗したが、攻撃を受けて栫は破壊され、相良大蔵方が討死したというのである。蕨野は白石野越の八代側の麓にある地名であり、この道がすでに戦国初期には小川の町場から中山郷に入る要道として機能していたことを示している。そして小市野から道⑥で北上すれば甲佐郷の堅志田城下に、小筵に抜ければ矢部方面に通じることは前述した通りである。

⑧道善坂経由小熊野道

小野庄から娑婆神峠を越えて小熊野郷に入り、堅志田への道ではなく南方の道を進むと「道善坂」を越えて中山郷内宝勝寺・都留村に達し、小市野村にいたる。道善坂の麓にあたる小熊野郷仲間村には道善寺があり、境内には中世後期の六地蔵幢が現存している。また、『上井覚兼日記』天正一一年一一月二日・五日条等によれば、堅志田城を攻める島津軍は道善寺付近に軍勢を駐屯させ、堅志田領をうかがっていたことが明らかである。この道もまた一六世紀の要道であった。

⑨釈迦院表参道

小市野村から松野原・中園・椿・払川・坂本の各村を経て、坂本村から急坂をのぼり釈迦院へと至る道は、現在もこの地域において「釈迦院の表参道」と呼ばれている。坂本から釈迦院までの急坂には一九八八年に敷設された著名な三三三三段の石段がある。この道は谷あいを釈迦院川に沿ってのぼり、村々はこの参道沿いの小平地ごとに集村形態を呈している。後述のように、この道は中世以来の釈迦院参道であった。

このように往時の小市野は、⑦の白石野越えで八代・小川方面からやって来る人々、同じく⑦の道で矢部方面から、⑧の道善坂越えで益城郡沿海地域から、さらに肥後北部や宇土・松橋方面から堅志田を経由してやって来る人々が、出会う地であった。そして、これら地域から釈迦院に参詣する人々はすべて小市野を通り、⑨の表参道を南にのぼり、参詣をすませれば、また小市野を通ってそれぞれの道で帰路に散っていく。山間の道の交差点たる迫にひらけた小平地である小市野には、山地と海辺からさまざまな産物が持ち寄られ、交易が行われたであろう。そして、これら道の交差点を見下ろす山地の突端には、小市野集落の鎮守である大明神社が鎮座している。同社は中世の市神であった可能性がある。

【釈迦院】

先述のように、釈迦院には文献史料が残っておらず、中世における寺領の分布や信仰圏などは不詳であるが、近代においても花祭りのときなど、熊本県中北部一帯の人々が上述の表参道を連なるようにして参詣したという。坂本村から参道石段を二〇〇段ほど登った地点にある「牛王堂」には牛にまたがった木像大威徳明王像が安置されており、その股下（像底）には応永三三年（一四二六）の墨書がある。また、石造物調査によれば、釈迦院参道石段には一六世紀の信者が奉納したとみられる石殿が九基も現存し（うち一基は天文一九年銘）、戦国期の釈迦院の隆盛と参詣者の多さを示す。さらに、表参道（旧道）沿いの払川村には、文明一四年（一四八二）九月の銘を持つ大型の六地蔵板碑があり、釈迦院への参詣が一五世紀後期に一段と盛んになり、同院聖域への入口である払川の地で衆生救済・成仏の祈りが捧げられるようになったと推測せしむる[30]。

これらの墨書・銘文は、中世に益城郡一帯や八代郡・宇土郡・熊本平野地域（「国中」）から釈迦院に参詣する人々が、小市野を経て⑨の表参道を登り、坂本村で牛王堂の木像と結縁して参詣し、牛王宝印を手にして、小市野経由で帰路につくという情景を物語ってくれるものである。小市野と釈迦院を両極とし、両者を結ぶ参道を軸に展開する中世の中山郷＝釈迦院門前地域は、信仰と交易のために往来する人々に依存して成り立ち、同時にそれが地域の一体性を支えていたのであろう。

以上から、交通の結節点で戦国期城下町たる堅志田町、顕密寺院釈迦院の「表参道」の起点となる中世の町場たる小市野、そして参道終着点の釈迦院が、戦国期堅志田領地域と釈迦院門前地域とによって構成される中山手永地域の戦国期段階における三つの核であったことが理解されるであろう（三二頁の概念図参照）。

戦国期堅志田領地域と釈迦院門前地域（中山郷）との合併によって近世中山手永が成立したことの必然性を理解するうえで最も重要なのは、小市野の交易上の位置である。小市野は隈本・隈庄・御船・八代・松橋・矢部といったすべての方面にひらかれた町場であったが、北方の隈本・隈庄・御船方面とは堅志田町を媒介せねば交流し得ない位置にあった。したがって、肥後北部からの参詣者との交易に依存する釈迦院門前地域（中山郷）の住人にとって、参詣者の玄関口である小市野とともに、北部方面からの参詣者が必ず経由する堅志田町との関係は必要不可欠なものであり、一七世紀段階でも、戦国期堅志田領地域と釈迦院門前地域とは小市野を接点として交易上の強い相互依存関係にあったものと考えられるのである。

このように、一七世紀中葉に完成期をみる手永領域は、戦国期に町場等を核にして形成された地域社会――それが細川氏入国期の「組」として史料上にあらわれた――を、それら地域の成り立ちを支える交易関係等によりながら順次合併集約することによって成立したものであったと考えられる。

三　初期手永会所と惣庄屋

前節では中山手永の一事例によって、手永領域が戦国期起源の地域社会の枠組みを基礎に成立したとの見通しを得たが、本節では完成期各手永の会所の設置場所や、初期惣庄屋と地域社会との関係に注目することによって、この点に関する理解を深めたい。

(1)戦国城下の町場と初期手永会所

戦国期に形成された城下の町場と手永会所の設置場所には、以下に述べるように深い関係が認められる。まず、戦国期の城・町場・城領の歴史的関係について確認しよう。

戦国期堅志田城下は城（領主館）に付随する家臣団集住地と、城とは一定の距離を保った地点に発展した商工業者の町場とによる、二元的な構成をとっていた。こうした戦国城下の構成的特徴は、中世東国の城郭・都市研究において早くから指摘されていたものと共通し[31]、肥後国地域においても以下のような事例によって一般化することが可能である。

一六世紀に相良氏・島津氏の領域支配の拠点となった八代古麓城の城下は、山城麓の領主居館を基点にして家臣団を集住させる空間を配していたが、商工業者の町場は城郭と一定の距離を保った地点にある妙見宮（郡鎮守）の門前と球磨川河口の徳淵津とに展開するという複合的な構成であった[32]。

宇土半島基部に領域支配を展開した国人領主名和氏が一六世紀に拠点とした宇土城（西岡台）は、台地上の城郭と麓の家臣団集住地とによって構成されたが、城から約一キロ北東の地点には近世宇土町の前身たる町場が形成されていたと推察される[33]。

また、益城郡の隈庄城の城下は、一三世紀に建立された能仁寺の門前町たる性格をも併せ持つと評価されている[34]し、中世隈本城段階の町場もまた藤崎宮門前町と城氏の城下町との双方の性格を併せ持っていたとみられている[35]。

以上の状況から、戦国期の城郭と町場との関係は次のように理解されよう。国人領主制における城下への家臣団集住を可能とさせたのは城近傍の交通の要所や寺社門前に発達した町場の機能であったが、それは近世都市のように領主権力が建設したものではなく、地域における社会的分業の集約点として独自に成立・発展したものであった。中世城と町場とは近接しながらも一元化されず、経済的・政治的に相互依存関係にありながら、ともに発展した、と。

城郭と町場とのこうした関係を基礎として成立するのが、堅志田領に代表される城領であり、その文献史料における表現上の特徴は、「豊福二百四十町」（「相良家文書」）、「宇土千町」「熊庄千町」（「甲斐宗運記」）というように、城名を冠した地積記載でもって領域の規模を素朴に表現したところにある。城領は国人領主による領域当知行の単位であるとともに、百姓層にとっては町場を中核とした社会的分業の基礎単位たる性格を有していたものとみることができる。

中山手永の場合で重要なのは、手永の役所たる手永会所が戦国期の城領の中核たる町場に起源を有する堅志田在町に置かれたことである。これは中山手永の領域が戦国期の地域社会（城領）を基礎として編制された事実とともに、当該地域社会における戦国期以来の経済的中心地が手永行政の拠点とされたことをも明示している。そして同様な初期手永会所のあり方は、以下に示すように少なからざる手永において看取されるのである。

【木倉手永】　この手永の会所が置かれた辺田見村は日向往還沿い、中世御船城跡から南東約一・五キロの地点にある東禅寺を中心とした村で、近世在町たる御船町に隣接する。御船城は阿蘇氏家臣から出た国人領主甲斐氏が拠点とした城郭で、益城郡における戦国期阿蘇氏の戦略拠点の一つであった。注目すべきは東禅寺で、『八代日記』には甲斐氏が相良氏に派遣した使僧としてこの寺の名が散見される。日向往還沿いの辺田見が戦国期の御船城に対応する町場であったことはほぼ確実で、城とは御船川をはさんで対岸にある御船在町の本格的発展は近世段階のものであろう。

【矢部手永】　矢部手永は一五世紀以降に阿蘇大宮司が本拠地とした「浜の館」の近隣に位置する浜村に会所を置いた。「浜の館」は五郎ケ滝川と千滝川にはさまれた台地の東端にあり、浜村は台地の西部にあって、両者の間には一定の距離があった。元禄一四年（一七〇一）に浜村の東部に新町がつくられて以降、近世の在町たる矢部浜町の発展をみるが（『肥後国誌』）、戦国期の町場機能は台地西側の浜村地域が担っており、そこに手永会所が設置されたとみられる。

【甲佐手永】　この手永の会所は下早川村に置かれたが、ここには早川城と呼ばれる中世城が存在し、城主は阿蘇氏臣下の在地領主渡辺氏であった。注目すべきは『八代日記』天文一九年（一五五〇）一〇月二九日条における次の記述である。

　同廿九日ニ裒衆、早河之内長谷と申所ニテ相談のよし、隈荘ヨリ注進、

前述のように「裒衆」とは、益城郡北西部一帯に分布していた阿蘇氏方在地領主の一揆的結合態であり、この時期には八代に本拠を持つ相良氏と鋭く対立していた。この記事の「早河」は、近世の下早川村をも含む地名と考えられるが（「長谷」については未詳）、一揆の有力成員たる渡辺（早川）氏の城下でもあった早川は、在地領主の地域的一揆が集会を開催するような、地域の政治的中心地であった。緑川沿いの要地で矢部と隈本とを結ぶ往還上にあった早川には、戦国期に小規模であっても町場が形成されていた可能性が高い。なお、甲佐手永内の近世町場たる岩下町の発展は一七世紀後期以降である（「岩下根元」『甲佐町史』）。

【廻江手永】　この手永の会所は、緑川と浜戸川が交差する地点の廻江村に置かれたが、中世隈庄城の城下に起源を持つ隈庄町に置かれた時期もあった。なお廻江村は一六世紀末期には「廻江之渡」と呼ばれ（『城南町史』）、中世の河川流通との関係が強い町場的な在所であった可能性が高い。

【沼山津手永】　初期の会所は沼山津村に置かれたが、近世中期には木山町村の小村たる迫村に移された時期があった。木山町村は隈本方面と阿蘇方面とをつなぐ要道沿いに位置した中世木山城に対応してほぼ一六世紀に形成された町場であり（『益城町史』）、近世には在町となったが、迫村の位置は木山城の麓にあたる（『肥後国誌』）。

【水俣手永】　葦北郡水俣手永の会所は一貫して陣町に置かれた。ここは中世水俣城から一定の距離を保った薩摩

街道沿いに形成された町場として戦国期には発展をみており、近世にも水俣手永の中心地たる在町として継続的に発展していった（『新水俣市史　上巻』）。

【津奈木手永】　この手永の会所が置かれたのは中世津奈木町の城下にあたる津奈木村内中村であった。同村内の小村には村の東部の「大手村」、西部の「町村」、西南部の「浜崎村」があり（『肥後国誌』）、同村が中世城の大手口から一定の距離を保った地点に形成された町場・湊であったことを物語っている。その後、中村は近世を通じて津奈木手永の中心であり、明治以降には村役場もここに置かれている。

【田浦手永】　田浦手永の会所が置かれた田浦村もまた、中世田浦城の麓付近で発展した町場に起源を持ち、海岸部は元禄期には浜村町として在町化された（『田浦町誌』）。

【正院手永】　正院手永は山本一郡一手永という形態をとったが、初期の手永会所は岩野村に置かれた。岩野村北方の丘陵上には、一五世紀以降に国人領主宗氏（「事蹟通考」所収「宗氏系図」）が拠点とした岩野嶽道祖城と呼ばれる大規模な中世城跡がある。同村はその麓で東西交通路の結節点に形成された中世の町場であり、「市場」の小字を残す。近世中期以降に手永会所が置かれた植木町は、本来はこの岩野の町場が山鹿—熊本大道沿いに南に拡大して形成されたもので、一七世紀末には「植木原」の「新町」と呼ばれていた（「井田衍義」）。この手永でも中世城に対応して形成された町場に手永会所が設置されたことを知り得る。

【南関手永】　南関手永は肥後国北側の境目として重要な位置にあったが、会所は関町におかれた。関町には御茶屋も設置され繁盛したが、同町は慶長六年（一六〇一）に加藤清正が南関新城を構築するにさいして中世南関城（鷹嶽城）麓の五五軒を移して町立てしたものだとされる（「南関紀聞」）。すなわち、関町の前身は国人領主大津山氏の拠点であった山城麓の町場であり、それが近世城の構築にともなって移動・再編を受けて近世城下となり、次いで元和期の廃城後には在町として発展したことになる。ここでも会所設置場所となった在町の起源を戦国期に見出すことができる。

【河原手永】　菊池郡河原手永の会所は隈府町に置かれた。隈府町が肥後国守護菊池氏の居所たる隈府城の城下町として発展した中世都市であったことは、よく知られている。

【竹迫手永】　合志郡竹迫手永の会所は竹迫町に置かれた。同町は菊池往還沿いの交通の結節点に展開した在町であったが、永青文庫細川家文書にある一九世紀の竹迫城跡絵図（目録番号二五・一一・一）によれば、竹迫町は竹迫城の主郭から約六〇〇メートルの距離にありながらも、城の最外郭の空堀（惣構）の内側に位置していたことがわかり、それは現況からも確認できる。竹迫城は戦国期に合志郡一帯に大きな勢力を持った合志氏の拠点であったが、こうした城郭遺構と竹迫町との関係は、手永会所が置かれた在町が戦国期の城郭に対応して発展した町場に起源を持つことを示す明確な一事例となる。

【内牧手永】　阿蘇郡内牧手永の会所が置かれた内牧町は、加藤期の内牧城下で発展し、廃城後も在町として繁栄した。詳細は検討の必要があるが、『肥後国誌』によれば戦国期の内牧城には阿蘇氏家臣の辺春氏が在城したと記されるから、内牧町の起源もまた戦国期城下の町場に求められる可能性があろう。

以上、中山手永も含めた完成期の手永一四について、初期の手永会所が戦国期に形成された町場を起源とする在町等に設置されたことをみた。勿論、これらの事例は本論の課題との関係で比較的理解が容易な場合に限られるから、結論もいまだ限定的にならざるを得ないけれども、熊本藩政における地方行政の基本単位たる手永の領域が、戦国期に町場を核に社会的分業の一次的な圏域として形成された現実の地域社会——それは政治的には城領として戦国期の史料上に表現された——を基礎にして成立したという見通しに、一定の妥当性を付与するデータとなり得ることは間違いないであろう。

(2) 初期惣庄屋と地域社会

ところで、戦国期に城と町場を核に形成された地域社会を地方行政の基礎単位とする方式は、戦国城下の「麓」に地域行政の役所を置いて、地頭や代官を派遣して管理させる人吉藩や鹿児島藩の制度に共通する。しかし、熊本藩の手永制度がこれらと異なるのは、地方行政単位=手永の管理責任者が藩から派遣された地頭・代官ではなく、当該の手永地域に拠点を持つ百姓身分の者であったこと、そして一八世紀中葉の藩政改革まで、それら惣庄屋の地位・職務が世襲された点である。

花岡興輝が永青文庫細川家文書の「先祖附」等によって示したように、これら初期惣庄屋の殆どは旧加藤家臣や、大友・阿蘇といった大名・国人領主の家臣たる中世の武士身分に出自を持つと主張しており、惣庄屋任命時に細川氏から知行を宛行われ、また初期の手永会所には惣庄屋の居所が充てられる場合もあった[36]。これらのことから、自治体史等においては、手永の本質はこれら領主階級に出自を持つ兵農分離後の土豪百姓(小領主)の支配圏であり、細川藩政は在地社会において卓抜した土豪を組織化することで藩政を成立させた、という理解が示されるのが一般的である。

こうした大名領主制の側からの主従制的組織化(封建的ヒエラルヒーの構築)による藩政の確立という理解は、一八世紀半ばの藩政改革以降にならないと百姓層一般の動向を明確に示す文献史料がまとまってあらわれてこないという状況ともあいまって、初期世襲惣庄屋の地位と権限の絶対性というイメージをかたちづくっている。しかし、主従制的権力編制のみから統治権の実態を理解することはできないし、何より、加藤期の領国支配がすでに百姓一般=小経営の成り立ちの保障を課題とせざるを得ない段階にあった事実をみれば、村々の百姓層の地域社会における自治的な活動と初期惣庄屋の存在形態・活動との関係こそが問われねばならない研究段階にあることは明らかである。

まず、中山手永の初期惣庄屋中山氏の存在形態を、現地における石造物調査の成果から確認しよう。[37] 先述の戦国期堅志田領地域には、初期惣庄屋に直接かかわる貴重な石造物が存在する。

その第一は、近世堅志田在町の惣墓である堅志田共有墓地に存在する、元禄六年（一六九三）に中山手永第二代惣庄屋の中山甚衛門（正念）[38]が造立した父次郎左衛門（初代惣庄屋）および母・妻等の墓碑、それに正念自身の墓碑等あわせて六基である。そのうちの二基の碑文は次のように記す。

a（表）寛文十庚亥　南無阿弥陀仏　十一月二十四日

（裏）俗名　中山次郎左衛門年七十歳　中山正念父

元禄六年七月十三日　願主　中山正念

b（表）南無阿弥陀仏釈正念　元禄六年十月六日

（裏）中山宗円四世　俗名中山甚右門　釈正念　六十七歳　卒

まずaによれば、中山次郎左衛門は寛文一〇年（一六七〇）に七〇歳で死去したことが判明するから、彼は慶長六年（一六〇一）生まれで、入国した細川忠利が惣庄屋を任命した寛永一〇年（一六三三）時点では三二歳であったことがわかる。しかし、彼の墓石は死後二〇年以上たった元禄六年七月に、子息正念の手によって手永会所がある堅志田在町近傍の墓所に、妻等の墓とともに改めて建立されたものであった。そしてbによれば、家族の改葬を行ってから三か月後、正念自身も死去しており、この改葬事業が死期を悟った中山正念によってなされたことを推測せしめる。さらにbをみれば、中山手永第二代惣庄屋中山甚右（衛）門正念は、中山宗円なる人物から四代目に位置づけられている。宗円の生年が一六世紀中葉にあたり、この初期惣庄屋家の勃興時期が戦国期であることを確認しうる。なお、「田上家系図」なる史料によれば、中山氏は阿蘇氏庶流とされる。[39]

この碑文で重要なのは、戦国起源の中山家の墓地が一七世紀末期になって堅志田に改めて整備されたことを示している点である。あるいは、二代目惣庄屋の死期にあたって他所から移されたものであった可能性もある。それがどこであったかは不明だが、中山手永初期惣庄屋家の戦国期におけるルーツは、会所が置かれた堅志田在町以外の在所に求められる可能性が高い。

第二は、二元的な構成をとる堅志田城下の一方の中心たる栫（戦国期阿蘇氏家臣団集住地）の近傍にある、高さ一七〇センチに達する大型板碑で、その碑文は次のように記す。

慶長十二年　丁未　三月九日

釈　妙金　雄心

第一　因幡　二　大膳　三　源右衛門　四　源太郎　五　次郎左衛門

六代目　中小路村庄屋隈部兵庫助

慶長一二年（一六〇七）は関ケ原戦後に小西領から加藤領へと編入された益城郡一帯に本格的な検地が実施された年であり、その時、戦国期の堅志田城下たる中小路村の庄屋であった隈部兵庫助が父母の供養のために建立した板碑であること、さらに兵庫助はこの隈部家の「六代目」に位置づけられ、この家の成立が一六世紀初期まででさかのぼることを知り得る。この板碑は周辺の戦国期の板碑に比較すると特段に大きく、しかも馬場村中央部の旧道三つ辻に立っており、城下地域における隈部氏の存在の大きさをうかがわせるに充分である。

堅志田領の隈部氏に関する文書・記録史料は皆無であるが、堅志田城の領主館跡にも比定される梅林神社の神像（阿蘇氏家臣で堅志田城主の西金吾なる人物の木像と伝える）を慶長六年（一六〇一）に寄進した人物として、「中小路庄屋隈部兵庫允」「甲薗庄屋大膳允」の名が墨書されている（『町誌中央』）。彼らは当地域が加藤領となった直後から庄屋に任命されていたことが明らかであるが、以上の状況から、隈部氏は堅志田城下の家臣団集住地に拠点を持ち、堅志田領内に給地を有した阿蘇氏被官であったものが、近世初期にも同地域に居住し続けて加藤領国下で村庄屋に任命されたものとみてよかろう。しかし、細川氏入国時に惣庄屋に任命されたのは、旧家臣団集住地に伝統的ともいうべき拠点を有した隈部氏ではなく、比較的新しく堅志田の町場に影響力を持ち始めたと推察される中山氏であった。

このように、現地に残存する石造物史料を通してみれば、戦国期に領主階級に属した家が世襲惣庄屋となったことは事実としても、一六〜一七世紀初期段階の城領地域においては、特定の土豪＝小領主家が町場機能を掌握するという状況にはなく、複数の小領主家が競合関係にあり、結果的に、一六世紀末の廃城以降も発展を続けた町場の小領主家による拠点化は惣庄屋への登用を契機としたものであったことをうかがい知ることができる。なお、戦国期国人領主家中の一揆的（団体的）な構造(40)が、こうした小領主家の競合関係の歴史的前提に存在したものとみられる。

こうして初期惣庄屋となった中山氏が一七世紀後期の中山手永における地域運営で果たした役割を明示する史料が存在する。次に掲げるのは、やはり中山手永地域における石造物・金石文調査で確認した磨崖碑文である。

惣　庄　屋　中山孫左衛門
普請奉行　樋口惣兵衛
此井手天和三年癸亥出来　佐俣村畠方田成
熊谷儀兵衛
郡奉行
嘉悦市兵衛
□右衛門
□
仁右衛門

同　次左衛門
同　初左衛門
同　与七郎
佐俣村庄や
久右衛門尉

碑文は、天和三年（一六八三）に開削された「佐俣用水」が最大の難所にさしかかった地点の岩肌にあり、その下には現在も農業用水が流れている。文面に見られるように、この用水は畑の水田への転換を課題とした佐俣村をはじめとする百姓層の関与のもとで推進されたものとみられ、手永内の他村から取水し四キロにもおよぶ水路のうち、岩盤開削が必要とされた工事の最大の難所において、工事完成を祝う通水式が挙行され、その記念に刻まれたものと考えられる。惣庄屋中山孫左衛門は、元禄六年（一六九三）に堅志田共有墓地に中山家墓地を整備して程なく死去した中山甚右衛門正念その人である（永青文庫細川家文書「御奉行所日帳」天和三年九月三日条によれば、この年に改名している）。また藩の普請奉行、益城郡奉行二名とともに名を連ねているのは、受益者の佐俣村庄屋らであり、彼らはそれぞれの立場からこの用水開削事業に関与した者たちであった。

この用水開削事業についての文書史料は一切残っていない。しかし、碑文に佐俣村庄屋とともに名を刻む次左衛門の子孫とされる家には次のような言い伝えがある。次左衛門は佐俣村に隣接する小筵村の庄屋であったが、当該用水の受益地帯に耕地を持ち、普請工事に尽力したために、子々孫々にいたるまで佐俣用水の祭りに招かれたという。一七世紀の地域改善事業として注目すべきこの用水開削事業が、畑地の水田化を望む中山手永佐俣村および近隣地域の強い希望によって企画・実現された経緯とを伝える口碑である(41)。

注目すべきは、「此井手天和三年癸亥出来　佐俣村畠方田成」とあるように、この用水開削事業が中山手永内の佐俣村という一村落ないしは周辺のごく限定された地域の利益実現のために実施され、そこに郡単位の行政担当者たる郡奉行や藩の普請奉行が関与しているという事実である。このようにミクロな地域にのみかかわる事業の具体案を、藩当局やその一員である郡奉行の側が立案するとは考えがたい。してみれば、同用水開削事業の企画・立案過程は以下のように理解し得るであろう。

畑地の水田化という佐俣村およびそのごく近隣地域の百姓層の強い希望は、まず佐俣村庄屋や碑文に名を刻む五名の有力百姓らを通じて惣庄屋中山氏に申請され、惣庄屋のもとで具体的な開削プランが取水地や水利上の関係村との具体的な調整をともないながら、ある段階まで練りあげられ、それが惣庄屋から郡奉行に申告され、水路床となる耕地の高除、夫役の編成、飯米の給与等、藩の地方支配にかかわる事項との調整が図られ、しかるのちに計画が郡奉行から藩に上申されて、藩は一定の条件のもとでこれを認可するとともに当事業担当の普請奉行を任命し、藩の事業として普請が開始された、と。この事業は文書・記録史料を残していないものの、村レベルで必要とされた地域改善事業の計画が手永を基礎とする行政制度を通じて藩当局に申請され、それが藩の事業という形態でもって実現されるという地域行政の構造を一七世紀段階から想定することを可能とする、重要な事例と位置づけられる。

そして、こうした過程のうちで最も重要なのは、手永内の村落相互の利害調整と郡奉行との折衝をともなう、惣庄屋の地域運営の力量と、これを規定する手永百姓層の自治的活動であろう。したがって、初期惣庄屋の地域＝手永運営に問題があることが明らかとなった場合、彼は次のような百姓による運動に晒されることとなった。

正保三年（一六四六）六月、益城郡赤見与（赤見手永）の「御百生中」は、惣庄屋赤見仁左衛門（出自は小西氏遺臣という）の罷免を求める目安を隣りの杉島手永惣庄屋の屋敷に立て置いた(42)。その内容は、年貢免率決定・勘定の私物化や百姓成り立ちを阻害する行為の数々に始まり、仁左衛門の百姓に対する暴言や、彼と親しい村庄屋に対する批判にいたるまで、一三か条にわたる惣庄屋弾劾条項で埋め尽くされている。この目安は杉島手永惣庄屋から郡奉行に提出され、郡奉行は目安に「名判」がない「落とし文」の如きものである点を問題視し、目安の再提出を赤見手永の村々に命じた。すると村々は目安の「筆取」すなわち執筆者数人の名を明らかにするとともに、「御せんさく埒明申迄ハ仁左衛門一類家内共ニ私共ニ預り申候」との請状を六月末に郡奉行に提出し、じつに惣庄屋赤見仁左衛門一類を実力で拘束して郡奉行の穿鑿下に置くという挙に出たのである。最終的に仁左衛門は藩当局から「非道」「横道」と断罪され、三人の子息とともに誅伐されている。

以上、極めて限定的な史料からではあるが、初期惣庄屋の存在形態を考察してみた。戦国期の領主階級出身であったことは間違いないにしろ、彼らは地域社会における土豪家の競合関係の中に置かれつつ、手永＝地域社会における百姓成り立ちの実現を軸とした地域行政の担い手たる力量を常に百姓層から問われる存在であったとみてよい。

ところで、惣庄屋中山氏が元禄六年（一六九三）に整備した同家墓地の墓石が残る竪志田共有墓地は、世襲惣庄屋の一八世紀以降の動向を反映した様態を示している(43)。元禄六年の中山氏関係墓石がある区画は、竪志田墓地の集落側からの入口付近にあたる。調査によれば、元禄期の銘文を有する墓石は、中山氏のものの他にはまだ数基しか存在しない。手永会所が置かれて元禄期には中山氏の本拠地化した竪志田在町の共有墓地が、惣庄屋中山氏の墓地整備を出発点として形成されたことが推測される。町衆の墓石は続く宝永〜享保期から格段に増加し始め、家ごとに墓域を占有し代々の墓石を建立する墓制がこの時期に開始され、町の「共有墓地」たる規模と実体が備わるにいたる。しかし惣庄屋中山家の代々の墓域は形成されず、ただ、元禄六年の一連の墓石が入口の一角に忘れ去られたかの如く存在するにすぎない。中山家の墓地が有力町衆の墓地に占拠されて埋没することで、町共有の墓地が成立した格好である。

こうした状況は世襲惣庄屋中山氏の元文三年（一七三七）における惣庄屋御免という事実を反映していると考えられる。一八世紀の在町と村方における商人・百姓経営の発展、それにともなう手永行政の複雑・高度化は、多くの手永に世襲惣庄屋制の存続を許さなかった。ある種の能力・評価主義による転勤惣庄屋制への転換は、いわゆる「宝暦の改革」によって体制化されることになるが、それは初期世襲惣庄屋が手永＝地域社会に家父長制的ないし領主制的な権力として定着することを許容しなかった村々・在町の百姓層によって、断行を要請された一面を持つものと考えられるのである。(44)

おわりに

戦国期における百姓の家、村共同体、町場、そして地域社会の形成という状況を前提に肥後に入封した加藤・細川両氏は、百姓経営の再生産を体制的に保障する藩政の実施を社会的に要請されながら、それぞれの領国支配を展開した。軍団編制と知行制とが一体となった権力編制をとらざるを得なかった加藤氏は、藩政を実質的に展開することができずに肥後を去ったが、国替を契機にそうした伝統的な権力編制を解体し得た細川氏は、戦国期に形成されていた地域社会を基礎にすえ、交通および地域における社会的分業の集約状況に依拠してそれらを順次合併することによって、藩政＝地方行政の枠組みを獲得し得たのであった。

最後に、中山手永における佐俣用水開削事業の年代に再度注目しよう。この用水路が完成した天和三年（一六八三）は、幕末まで続く五二手永体制が固まったとみられる寛文・延宝期からわずか一〇年あまり後のことであった。すでに手永完成期の時点で、惣庄屋は手永内の一地域の百姓層が発した地域改善要望を、手永内地域相互の利害を調整して合意を形成しながら具体化させるという、地域行政の主要な担い手としての活動を現実に開始していたのであり、ここに初期世襲惣庄屋の地域代表者的性格を読み取り得るのである。手永が現実の地域社会を制度化したものである以上、惣庄屋自身もまた、みずからの社会的地位を藩の権力機構ではなく地域社会における合意形成過程との関係で自己規定せざるを得なかったのではないかと考えられるのである。

いささか冗長になった以上の考察を、ここではひとまず「初期手永地域社会論」として提示し、一八世紀中葉以降における手永を基礎とした地方行政の飛躍的発展の様相を具体的に分析し、それが近代行政の成立や地域近代化に付与した規定性を解明しようという、本拠点形成研究の主題の前提に供したいと思う。

(1) 稲葉継陽「日本中世・近世史研究における「地域社会論」の射程」(稲葉『日本近世社会形成史論』、校倉書房、二〇〇九年、初出は二〇〇七年)。
(2) 笠谷和比古『近世武家社会の政治構造』(吉川弘文館、一九九三年)。
(3) 吉村豊雄「加藤氏の権力と領国体制」(谷川健一編『加藤清正』、富山房インターナショナル、二〇〇六年)。
(4) 「北里文書」(『新熊本市史』史料編第三巻　近世Ⅰ、二三号)。
(5) 松本寿三郎『近世の領主支配と村落』(清文堂、二〇〇四年)。
(6) 稲葉継陽「中世民衆運動から百姓一揆へ」(前掲注1『日本近世社会形成史論』、初出は二〇〇七年)。
(7) この点、『新熊本市史』通史編第四巻　近世Ⅱの叙述も参照。
(8) 中野嘉太郎編『加藤清正傳』(一九〇九年、一九七九年に青潮社から復刻)所収。
(9) 「下川文書」(『熊本県史料』中世篇五、三四号)。
(10) 「下川文書」(『新熊本市史』史料編第三巻　近世Ⅰ、七四号)。
(11) 「島田美術館所蔵文書」(同右、八九号)。
(12) 笠谷和比古『近世武家社会の政治構造』(前掲注2)。
(13) 「家忠日記　増補」(前掲注8『加藤清正傳』所収)。
(14) 『新熊本市史』通史編第三巻　近世Ⅰ。
(15) 「本妙寺文書」(前掲注10『新熊本市史』史料編第三巻　近世Ⅰ、一二一号)。

(16)「花岡氏所蔵文書」。『熊本城築城四〇〇年記念　激動の三代展(図録)』(熊本県立美術館、二〇〇七年)参照。
(17)「寛永十年ヨリ御国中江申渡条々并諸役人江被仰渡帳　寛永十九年迄」(永青文庫細川家文書　目録番号一〇・九・三〇)。
(18)鈴木寿『近世知行制の研究』(日本学術振興会、一九七一年)。
(19)吉村豊雄「地方知行制と知行割替」(同著『近世大名家の権力と領主経済』、清文堂、二〇〇一年)。
(20)笠谷和比古「知行制と俸禄相続制」(前掲注2『近世武家社会の政治構造』)。
(21)千野公嵩「藩政成立期における肥後八代地域支配の特質」(熊本大学文学部卒業論文、二〇〇八年)
(22)熊本県下益城郡中央町文化財調査報告第一集『堅志田城跡・四十八塚古墳』(一九八九年)。
(23)堅志田の六地蔵については『下益城郡中央町金石文遺物調査報告書　石は語るⅡ』(熊本大学文学部日本史研究室、二〇〇五年)参照。
(24)稲葉継陽「室町・戦国期の宇土」(『新宇土市史』通史編第二巻、二〇〇七年)参照。
(25)『八代日記』天文一〇年五月一〇日条、同六月一九日条、天文一一年閏三月四日条、同一二年二月七日条。
(26)『下益城郡中央町金石文遺物調査報告書　石は語るⅡ』(前掲注23)。
(27)鶴嶋俊彦「裳衆考」(『ひとよし歴史研究』五、二〇〇二年)。
(28)『下益城郡中央町金石文遺物調査報告書　石は語るⅡ』(前掲注23)。
(29)『八代日記』天文二四年正月一三日条
(30)『下益城郡中央町金石文遺物調査報告書　石は語るⅡ』(前掲注23)。
(31)藤木久志「戦国の城と町」(同著『戦国史をみる目』、校倉書房、一九九五年)。
(32)鶴嶋俊彦「中世八代城の城郭と城下」(『南九州城郭研究』二、二〇〇〇年)
(33)稲葉継陽「戦国期の城と地域社会」(前掲注24『新宇土市史』通史編第二巻)。
(34)『日本歴史地名体系』四四　熊本県(平凡社)「隈庄村」の項参照。
(35)『新熊本市史』通史編第二巻　中世参照。
(36)花岡興輝『近世大名の領国支配の構造』(文献出版、一九七六年)。
(37)『下益城郡中央町金石文遺物調査報告書　石は語るⅠ』(熊本大学文学部日本史研究室、二〇〇三年)。
(38・39)花岡興輝『近世大名の領国支配の構造』(前掲注36)。

(40) 稲葉継陽「室町・戦国期の宇土」(前掲注24)。
(41) 吉村豊雄「近世水利事業の歴史的変遷をめぐって」(前掲注23『下益城郡中央町金石文遺物調査報告書　石は語るⅡ』)。
(42) 吉村豊雄「村と手永」(前掲注24『新宇土市史』通史編第二巻)。史料は九州大学九州文化史研究所所蔵「宇土細川家文書」(『新宇土市史』史料編第三巻五七〇頁以下)。
(43) 『下益城郡中央町金石文遺物調査報告書　石は語るⅠ』(前掲注37)。
(44) 花岡興輝『近世大名の領国支配の構造』(前掲注36)。

第二章　城下町の土地台帳にみる都市運営の特質

松崎範子

はじめに

近世都市の運営について明らかにする場合、運営費用をどのように調達していたのかという点は、不可欠の検討課題であるといえよう。本稿は、都市の財政は町人によって支えられており、町人が土地台帳にもとづいて諸費用を負担して自律的に運営されていたことを明らかにするものである。

近世期における農村の支配制度は、土地台帳としての検地帳をもとに農民が領主への年貢諸役を負担することで確立している。しかし大半の近世都市では地子が免除されており(1)、原則として土地にかかる領主への負担はない。町人は町役(2)として運営費用を負担した。それは町人が共同生活をするために自主的に徴収する費用と、社会対策費としての救済資金が主なものである。ところが町人の土地所有の特質として、都市では農村と異なり家屋敷の売買が禁止されてないことで、土地の多くが商売上の信用の源泉、利潤を引き出すための手段となり、絶えずその所有者が変化する(3)。したがって諸費用を確実に徴収するためには、土地台帳を日常的に管理することが必要となるが、それは町役人の主要業務の一つであった。

そこで本稿では、熊本藩の熊本城下町を素材に、次の二点を中心に検討する。まず農村とは異なる都市の土地台帳についてである。熊本城下町では領主に対する地子や諸役が免除されていたことで、[4]「軒帳」という土地台帳をもとに町人は運営費用を負担しているので、諸費用の賦課基準となる「軒帳」の機能について明らかにする。次に、土地台帳にもとづいて行なわれる城下町の運営についてである。一八世紀末に農村から城下町となった新出町は、編入された時点では「軒帳」を作成していたが、その後、「軒帳」の管理業務が停止する。再開にあたってはその訂正に着手していることから、「軒帳」にもとづく町人の負担について考察する。

主に用いる史料は、新出町が所属した出京町懸の別当、荒木氏に関する諸史料である。荒木氏は新出町が農村における町場の段階から主導的役割をはたしていたため、荒木氏に関する史料を通して農村段階の新出町の運営について知ることができ、また編入後に出京町懸の別当となってからは、町役人として藩と対応する記録を残しており、[5]農村とは異なる城下町の町役人の業務が明らかとなるので、新出町をもとに、近世期における都市運営の特質を導き出したいと考える。

一　熊本城下町の土地台帳「軒帳」について

本節では都市の土地台帳について、熊本城下町で作成されていた「軒帳」をもとに検証する。そして城下町の運営において、「軒帳」にはどのような機能があるのかを明らかにする。

(1)「軒帳」の記載内容とその取り扱い

熊本城下町では町側が「軒帳」という土地台帳を作成して、この記載内容を諸負担の賦課基準とすることで城下町を運営するための諸費用が徴収されていた。この形態は町行政の進展とともに確立するので、「軒帳」の検討に入る前に、熊本城下町の行政システムについて確認する。

熊本藩では一七世紀後期に藩政機構の整備が進み、農村に中間行政区域＝「手永」を中心とする支配制度が確立すると、これに対応して熊本城下町には「丁（個別の町）―懸《かかり》（中間行政区域）―惣町（町全体の運営組織）」という内部編成に対応する「丁頭―別当―惣月行司」という行政管理機構が成立する。すると、住民に関する実務業務は「丁―懸」を単位に、行政管理機構となった町役人が藩と対応しながら処理するようになり、町役人には住民の意向を取り入れて受け持ち区域をまとめることができ、かつ実務能力がある者が任命されている(6)。宝暦期の藩政改革で中央行政機構が確立すると、熊本城下町の町役人は藩庁奉行所町方部局の根取と対応しながらその業務にあたるようになる(7)。

町役人の業務は、「影踏帳」と「軒帳」という二つの帳簿を基本台帳として行なわれていたことが、町方部局が作成した熊本城下町の支配大綱のうち、次の三か条に記されている(8)。

【史料1】

一、家屋敷売買者相対ニ而直段究候上五人組ニ沙汰し、別当・丁頭手元にて故障有無相糺候上軒帳に記し、筋々役人印形を相用相達、町御奉行所官印をうけ候上見図帳引直候、仍而家屋敷之出入り者都而軒帳前を以裁断仕候事

一、熊本町別当已下町役人屋敷者、在勤中惣而御免軒ニ而諸公役指省き置候処、宝暦二年より別当役者五間口、丁頭役者弐間口御免軒ニ相究り、其余之間口者町並公役相勤せ候事

一、切支丹宗門改之影踏、熊本町者毎年正月十一日より同十八日迄人別踏方申付、町方根取・同横目踏場江指出見届せ候、其節踏残り之もの者三月ニいたり猶又影踏申付候

順不同となるが第三条には毎年影踏による人別改めが行なわれると、「影踏帳」という人別帳が作成されていたとある。これに関して簡単に説明すると、熊本藩では毎年二月に影踏という人改めが領内全域で実施されると、

農民は「村」ごとに、熊本城下町の町人は「丁」ごとに登録された[9]。第一条には熊本城下町には家屋敷に関する台帳として「軒帳」があり、町人は「軒帳」にもとづき城下町の運営費用を負担したこと、第二条にはその徴収における特典が記されている。つまり町役人は二つの帳簿を基本台帳として町の業務にあたっていた。そのため藩では、「軒帳」については「町御奉行所官印」で町役人の業務を確認した。

これより熊本城下町で作成されていた「軒帳」の検討に入る。しかし現在では一冊も残っていないので、同じく藩庁奉行所町方部局の管轄にある高瀬町で作成されていたものを用いることにして、そのうち検討に必要な部分を次に提示する[10]。

【史料2】

（表紙）

天明元辛丑年 高瀬新町組軒帳 五月改　古庄理左衛門

（中略）

新町筋西光寺前角より上町組境迄西側軒並左之通

西側

高弐間之内壱間引間

一、表役口壱間　　権三郎
西側
一、表口壱間五合　　権次郎
同
一、同壱間八合　田（ママ）中町ニ居申候　　伴次
西側
一、表口三間五合　　茂助
同
一、同弐間五合　中町ニ居申候　万屋　宇左衛門
西側
一、同弐間八合　右同　同人
同
一、同壱間五合　綿屋　次郎兵衛
西側
一、表口弐間　綿屋　次郎兵衛
同
一、同三間五合　油屋　宇兵衛
西側
一、同弐間　綿屋　次郎兵衛

同

一、同五間　　光浄寺家代　　善兵衛

西側

一、同弐間　　油屋　万次郎

高三拾間壱合

軒数〆拾弐軒　役口間数〆二拾九間壱合

（中略）

惣軒数合百八拾間（軒カ）

高四百六間六合五尺

此役間数合三百拾壱間壱尺

右者、新町組之者共所持之家屋舗軒帳名前、当時迄者左右入レ違ニ書記有之候得而、紛敷御座候ニ付、今度相改組内軒並一側宛仕分ヶ仕、則当時家主名前判仕せ差上申候、尤売買之節者双方組頭共立合願□（書カ）を以相達申上候而、御達之上軒帳引直相改候名前ニ印形差上申儀ニ御座候、猶後年相違為無之帳面二冊相□（調カ）御印申請、壱冊者私共手前ニ預置申候処、如件

志方弥十郎殿

提示した史料は、三つの部分で構成されている。その一つは表紙で、表題は「高瀬新町組軒帳」である。これは天明元年（一七八一）五月に「軒帳」の改正が行なわれ、古庄理左衛門が作成した新しい帳簿である。

二つ目がその内容である。一行目に「新町筋西光寺前角より上町組境迄西側軒並左之通」とあるように、高瀬新町組の中には「軒並」という区分がある。史料の軒並は高瀬新町筋の西側に位置する一二軒で、家屋敷ごとに

表口の間数と人名がそれぞれ記載されている。しかしそれは居住者ではない。三番目の伴次には「中町」に居住するという注記があることから、「軒帳」とは家屋敷ごとにその間口・入りとその所有者を記載したもので、役負担をする家持の台帳ということが判明する。また最初に記載されている権三郎には、「高弐間之内壱間引間　表役口壱間」という記載がある。これは権三郎の所有する家屋敷の間口は二間であるが、そのうち一間は御免軒で、権三郎の役負担は残りの一間分であるという意味である。したがって、「新町筋西光寺前角より上町組境迄西側軒並左之通」にある一二軒の総高は三〇間一合であるが、この分を引いて「役口間数」、つまり役負担の基準となる間口は、合計二九間一合ということを明らかにしている。

そして各軒並が明らかになると、最後の部分に高瀬新町組全体の集計がある。高瀬新町組全体では一八〇軒の家屋敷があり、惣高は四〇六間六合五尺、そのうち役負担の対象となる役間は三二一間一尺であった。そして「右者」以下に、「軒帳」改正の経過が記されている。二行目に「家主名前判仕せ差上申候」と、「軒帳」の改正にあたっては各家屋敷の所有者を押印で確認したということ、そして家屋敷の売買にあたっては組頭＝五人組が請人となって立会い、別当が「軒帳」を奉行所に提出して、所有者の訂正確認を受けたとある。高瀬町は上町・新町・下町の三組で編成され、各組に別当一名、丁頭二名、丁横目一名が置かれていることから(11)、高瀬町では熊本城下町のように丁が町行政の基礎単位ではない。したがって組ごとに「軒帳」を作成して、高瀬新町組の別当である古庄理左衛門は高瀬町奉行である志方弥十郎へ提出した。それで高瀬町では、別当と奉行所に一冊ずつあったとある。

ここまで高瀬町で作成されてい「軒帳」をみてきた。熊本城下町と異なる点をあげれば、熊本城下町では丁が町行政の基礎単位で、懸が丁を束ねる中間行政区域であることから、熊本城下町では丁頭が丁ごとに高瀬町と同じ様式の「軒帳」を作成して、別当が丁ごとに作成された「軒帳」を町方部局の根取に提出した。したがって丁と懸、そして藩庁奉行所に一冊ずつと、合計三冊あったということになる。

一般に、土地台帳にもとづく賦課基準は間口と認識されている。しかし熊本城下町には間口にかかる負担のほかに、家屋敷の売買にかかる負担があった。それぞれどのような目的で費用が徴収されているのかを説明する。

(2)「軒帳」の機能

①間口にかかる負担

間口を賦課基準とするものとして、以下のものがある。まず町の業務をするために必要となる人件費や諸経費である。熊本城下町ではこれを「貫銭」といっており、別当が試算した金額を毎月丁頭が徴収して、懸に集まるしくみとなっていた(12)。惣町が町人から徴収していたものとして、「両座銀」「踊銀」「御用馬銀」がある。「両座銀」とは、熊本の氏神である藤崎宮や祇園宮の祭事に必要となる費用のことである。「踊銀」というのは、熊本城下町には藩主や重臣に対して、毎年、盆明けに町人が踊りを披露するという行事があり、それにかかる費用のことである。また「御用馬銀」とは、熊本城下町では町馬五〇疋を御用馬として用意することを請け負っており、これで宿場町としての機能を果たすことができた。その維持・管理にかかる費用が「御用馬銀」である。家屋敷を所有する町人は以上のような「貫銭」「両座銀」「踊銀」「御用馬銀」を負担しており、「両座銀」以下は惣町の寄合で決定した金額を、丁頭が毎年一二月にまとめて徴収し、懸から惣町の運営組織に届くようになっていた。

以上の負担が熊本城下町の運営に必要な諸費用のすべてではない。これらは定式入用である。定式入用で不足する分は不時入用として徴収されている(13)。定式入用・不時入用はすべて間口が賦課基準であった。

また間口にかかる負担の二つ目として、町人には番公役がある。これは町内の治安を守るための見廻りや、施設の維持・管理の労役に出ることである。実際には銭で負担しており、史料1の第二条にあるように、別当や丁頭という町役人、そして御免軒の特典が認められた者は免除されていた。そのため史料2の高瀬新町組の権三郎の場合は「高弐間之内壱間引間」と、一間は御免軒であることが記載されている。

さらに間口にかかる負担の三つ目として、藩から求められる協力金がある。これも「軒帳」に記載されている間口をもとに割り当てられている。(14)

②家屋敷の売買にかかる負担

家屋敷自体が賦課の対象となるのは、その売買が行なわれて所有者が変わった時点である。どういう目的で徴収されたのかは、次の史料に記されている。(15)

【史料3】

一、当御町家売買之節、買候ものより五歩銀出し候様令沙汰置候、然処ニ此後ハ以前之通十歩銀被仰付候、此内五歩ハ今迄之通中古町別当方相納、残五歩ハ懸り々為町用銀其所々之別当へ被預置候、掛(懸)り中貧窮之もの家居及大破難儀之体有之候、右用銀を以可取繕候、若又右之外ニも無拠筋有之候、相伺可受差図候、勿論家売買之儀弥以明白ニ申出、早速軒帳書記之可相達候、毎月廿九日々々ニ家売買有無之儀懸り々より可相達候事

但、町用心銀仕立、追々五歩銀受取候分付置、出方ニ相成候節も帳面書記之可差出候、見届印形を用可差返候事

十一月六日　　奉行所

この史料は、宝暦四年（一七五四）一一月に藩庁奉行所から出された通達である。熊本城下町には、家屋敷が売買されると新たな所有者から売買金額の五％を「五歩銀」として徴収するという規定があった。その徴収目的は「五歩銀取立被仰付候儀ハ、其所之便利ニ成候ため」(16)と、住民への対策費を確保するためであった。宝暦四年一一

月にはこれをもとに、五歩銀を「町用心銀」とする救済制度が確立する。半分は町全体の備えとして惣町を代表して中古町懸の別当のもとに集まるようにし、残りの半分は懸ごとに別当のもとに置いて、家が壊れて難渋している貧窮者などに藩の許可を受けて貸し出すことができるようになる。

ここまでとりあげたものが、町人の負担のすべてではない。しかし熊本城下町では原則として「軒帳」をもとに、城下町の運営にかかる諸費用や、住民への社会対策費を確保できるしくみとなっていた。

二　農村と都市の土地台帳の違い

熊本城下町で作成されていた土地台帳についてみてきたので、これより新出町をもとに農村と都市の土地台帳の違いについて検討する。

(1) 農村段階の新出町の土地台帳と住民の負担

新出町は天明九年(一七八九)に熊本町に編入されるまでは、在郷の町場であった。しかし熊本城の北側台地を通る豊前街道沿いに位置し城下町と町並みが続いていたため、農村ではあるが実質的には城下町の一部となっていた。その形成は、上級武士の下屋敷を飽田郡池田手永岩立村に建設するために、正徳元年(一七一一)に対象地区の百姓を街道筋に移したことに始まる。[17] したがって農村における商品生産の発展とともに、この地区は次第に町場化することになった。その変化は享保期(一七一六〜三六)ごろから顕著となっており、同時期、城下町の周辺では商売を願う者が増えていたが、岩立村近辺でも草鞋・木の実類の販売許可を求める者が続いている。[18]

その後さらに都市化が進んでいることが、次の宝暦九年(一七五九)一一月の史料で明らかとなる。[19]

【史料4】

一、在町絵図被仰付指上置候事
一、町並八竈京町村之内　新出町
一、同六拾六竈岩立村之内　同町
一、同五竈津浦村之内　同町
東西二十五間　南北百弐拾弐間半

この年、藩から「在町絵図」の提出を命じられており、新出町でも提出したのであるが、史料の内容から宝暦段階になると「新出町」と称するようになっていること、そしてその内部構成が明らかとなる。新出町の町並みは街道の両側に奥行二五間、長さ一二二・五間、その内訳は京町村から八竈・岩立村から六六竈・津浦村から五竈、合計七九竈である。また京町村と岩立村の所属は飽田郡池田手永、津浦村は同郡五町手永であることから、新出町は岩立村のある池田手永を中心に町並みが拡大していることが判明する。

新出町の地面は二つの手永にまたがるが、天明九年（寛政元年＝一七八九）までは行政的には池田手永に所属している。池田手永の惣庄屋は新出町をどのように治めていたのかというと、熊本藩では在郷の町場を管理するために担当者が必要となれば、村の行政機構の中で農村においても別当や丁頭を設けており、新出町でも宝暦段階には丁頭が設置されている。[20]それで在町絵図の作製ができ、住民の合意により間口と賦課基準として共同費用を徴収することも可能となっている。

しかしその地面は検地帳に記載されており、住民は商売を営んでいても農民であるので、検地帳にもとづき年貢に相当する地子を負担した。そのための土地台帳として、熊本藩では宝暦改革期に年貢負担の公平を図るために土地と対応できる帳簿として、村ごとに土地に番号をつけて「地引合見図帳」が作成されている。「飽田郡池田手永岩立村本方田畑地引合見図御帳[21]」には、新出町の地面は「町居屋鋪」として、地番でいえば二五六番から三一三番に登録されている。その内容を整理したものが表1である。

記載内容は土地の種類と格付け、広さ、それに家屋敷の有無と土地の所有者である。二五六番から三一三番までの地面は五八区画であるが、そのうち家屋敷が建っているのは四八区画である（○印）。新出町のうち岩立村の竈数は宝暦九年の段階で六六竈であるから（史料4）、町屋を建設するために土地は分筆されており、検地帳の記載にみるよりも、現実はさらに都市化が進んでいることが判明する。しかし所有者は村の管轄下にある農民であり、その地面は検地帳に登録されているため、四八区画の土地の所有者はその記載にもとづき領主に対して地子の負担をしたのである。

ところが、農村の制度では次第に新出町の支配は困難となっている。村の管轄にあるため住民は商業活動をするうえでは在町の適用を受けており、取り扱う商品は制限された(22)。また丁頭だけでは新出町の業務は処理できてもその運営は困難となっていた。そのため明和七年（一七七〇）六月に池田手永惣庄屋から新出町に別当を設けることを要請されると(23)、藩では同年九月に市三郎（荒木氏の先祖）を新出町の別当に任命している。こうして「丁頭―別当」という在町役人を新出町の中に組織して、池田手永惣庄屋のもとで新出町を受け持つようにする。

在町別当の役割についてみる前に、ここで別当となった荒木氏について述べる。荒木家は新出町の発展とともに成長した商家である。元文元年（一七三六）九月に新出町に移り住み商いを始めると、紙屋という屋号を掲げている(24)。新出町に入った仁兵衛を初代とすると、荒木氏の商売が発展するのは二代目市三郎の時期である。宝暦四年（一七五四）二月に麴本手という商売株の交付を藩に願い出る記録があるが(25)、当時はまだ「表向ハ少々商売仕御百姓相勤、弐間ニ三間半萱葺之物置致所持候処、屋敷狭ク殊ニ家せき之所ニ而(26)」と、家の込み合うところに住んで、農業をしながら商売をするという程度であったようである。ところがわずか八年の間に商売を発展させて(27)、宝暦一二年には表1にみるように二六八・二六九番の広い土地を所有して家屋敷を構えており、商人として成長

表1　「検地帳」に見る新出町　　（宝暦12年）

地番	畠	畝.歩	町居屋鋪	氏　名	地番	畠	畝.歩	町居屋鋪	氏　名
256	中	6.　09	○	喜右衛門	285	上	0.　15	○	次右衛門
257	上	2.　18	○	〃	286	〃	0.　18	○	〃〃
258	〃	1.　00		源兵衛	287	〃	0.　18	○	長左衛門
259	中	3.　09	○	庄右衛門	288	〃	0.　21	○	〃
260	上	1.　09	○	〃	289	〃	0.　09	○	〃
261	〃	2.　06	○	惣　吉	290	〃	1.　12	○	十右衛門
262	〃	2.　03		宇　吉	291	〃	0.　18	○	勘右衛門
263	中	7.　24		平三郎	292	〃	0.　18	○	〃
264	〃	2.　18	○	徳左衛門	293	〃	0.　24	○	安左衛門
265	上	1.　00	○	久左衛門	294	〃	1.　03	○	〃
266	〃	0.　15	○	〃	295	〃	1.　18	○	甚三郎
267	〃	0.　21	○	〃	296	〃	0.　21	○	新　吉
268	〃	4.　06	○	市三郎	297	〃	0.　21	○	〃
269	〃	1.　03	○	〃	298	〃	0.　24	○	惣　助
270	〃	1.　00		十右衛門	299	〃	0.　26	○	十三郎
271	中	2.　27		彦　助	300	〃	0.　18	○	源　吉
272	〃	0.　24		庄　助	301	〃	1.　27	○	〃
273	〃	0.　27		〃	302	〃	2.　18	○	理右衛門
274	〃	1.　18	○	〃	303	〃	2.　09	○	伊兵衛
275	上	0.　24	○	〃	304	〃	1.　15	○	源兵衛
276	〃	0.　15	○	十三郎	305	〃	1.　21	○	善兵衛
277	〃	1.　06	○	仁左衛門	306	〃	1.　24	○	文右衛門
278	〃	0.　12	○	十三郎	307	〃	0.　27	○	伝兵衛
279	〃	0.　21	○	平次郎	308	〃	0.　15	○	十三郎
280	〃	0.　21	○	〃	309	〃	1.　18	○	伝兵衛
281	〃	1.　06	○	忠右衛門	310	中	5.　24	○	文右衛門
282	〃	0.　27	○	甚三郎	311	〃	1.　21	○	善五郎
283	〃	1.　15	○	平次郎	312	〃	5.　15	○	伊兵衛
284	〃	0.　15	○	次右衛門	313	〃	3.　00	○	惣　助

注：「飽田郡池田手永岩立村本方田畑地引合見図御帳」（熊本県立図書館蔵）より作成

すると町内での基盤も確立させている。

明和七年に市三郎が新出町の別当となってどのような役割を受け持っているのかというと、これについては「新出町別当市三郎兼而役儀勤方之様子并貧窮之者江心付、且又親養育之様子見聞之趣左之通御座候[28]」という、池田手永の惣庄屋池田立蔵が安永六年（一七七七）六月に、市三郎に関して郡代へ提出した報告書で判明する。このうち市三郎の「役儀勤方之事」の条には、「新出町之儀前廉ハ別当役無御座、村庄屋より支配仕居申候処、御府中出入口ニ而、不段喧嘩口論等絶不申御難題ニ茂相成申儀而已多、村庄屋押抱も届兼申候ニ付、去ル明和七年別当役御立被下候様奉願候処願之通被仰付、右市三郎江別当役被仰付候、然処彼者心懸厚宜取計申候事ニ付、近年右町中静謐ニ相成申候事」という記載がある。ここには市三郎が新出町の別当となったことで、「御府中」つまり城下への出入り口にある新出町には村庄屋の手が届かないため、「不段喧嘩口論等絶不申」という状況であったが「静謐」になり、住民が落ち着いた生活をするようになったということが記されている。

市三郎が新出町の別当として住民の問題にどのように取り組んだのか、これについても「役儀勤方之事」の条に記されているので、以下に簡潔にまとめる。まず貧窮者に対して手厚い保護をしたとある。葬儀を出し、衣類の世話をするだけでなく、病人が出れば薬を与えて養生をさせ、年越しの準備や商売の元手の世話もした。また住民の身上が立つように講を仕立て、疫病が流行する兆しがみられるとその対処をし、出火による類焼被害を受けた者にはその支援をするなど、住民の生活が成り立つようにしたとある。したがって在町別当の役割とは、受け持ち区域の住民の生活を支えることであったことが判明する。

つまり一八世紀中ごろになると、在町である新出町には城下町の五歩銀のような住民のための対策費がないので、惣庄屋は富裕商人を別当とすることで、町場となった区域を治めることができたのである[29]。

（2）城下町編入による「軒帳」の作成と負担の変化

別当を設けたことで新出町は落ち着きをみせるようになったが、天明九年（一七八九）正月には熊本城下町に編入されている。これは一八世紀中ごろになると城下町側の商業が衰退しているのに対して、城下町の入り口に位置する新出町の発展が出京町懸に影響をおよぼしていたためである。[30]特に新出町が編入された天明期というのは、飢饉による米価高騰が民衆の生活を直撃したことで全国各地で打ちこわしが発生し、急激な社会変化が都市運営の問題となった時期である。この状況は熊本藩でも同じで、[31]同七年五月には城下町で打ちこわしが発生していた。[32]同年一二月から翌年にかけて、藩では民衆の生活が安定するように町役人の業務に対して指導を強化するが、[33]そのなかで土地台帳に関しては、「熊本町惣間高」の調査を始めて町中の絵図の引き直しをさせ、その内容が「軒帳」と照合するように「軒帳」の改正をさせている。[34]こうした町役人の業務に対する藩の指導が強化された時期に新出町は城下町に編入されている。

これは新出町が村の管轄にあっては町側の目が行き届かないという、治安上の問題だけではないようである。熊本城下町には宝暦期に五歩銀による救済制度が確立していたことで、景気のよい新出町を城下町とすることはその運営上利点が多いことから、新出町の編入を藩に要請した。また新出町にとっても村の管轄にあっては商業活動が制限されるため、両者の利害が一致して城下町への編入が決まったものとみられる。

新出町が城下町に編入されて「軒帳」を作成するまでの経過であるが、すでに在町役人が任命されていたことで、移管手続きはスムーズに進んでいる。具体的には、翌八年七月に「出京町構外池田・五丁両手永之支配出小屋之者」（まだこの段階では、新出町は正式な城下町の町名ではない）を城下町の町人として登録するために、「人別帳」を村方から町方へと移すことから準備が始まっている。[35]次に住民の移動手続きがすんだところで、同九年正月二一日に町方根取は、その区域を受け持つ丁頭を任命したことを町中に知らせる。[36]そして翌月朔日には、「出京町人数ニ被差加旨、今日申渡有之候間、此段懸り々々え可被達候」[37]と、「出京町構外池田・五丁両手永之支配出小屋之者」が正式に出京町懸に所属するようになったこと、前年八月一八日には池田手永惣庄屋のもとで新出町の別当をつとめた仁三郎（市三郎の倅）をいったん解任していたが、出京町懸の別当として新たに任命したことを表明する。同年五月一五日には「新出町」という通称をそのまま採用することを公表して[38]、新出町を城下町に編入するための事務処理は完了した。こうして新出町に関する業務は、これ以後、城下町のシステムで処理されるようになる。

そして城下町の運営組織からは、諸費用の負担を求められることになる。そのため新出町では表1の検地帳のように土地の一筆ごとに土地の広さと所有者を明らかにした農村のものとは異なる、高瀬町の「軒帳」でみたように家屋敷ごとに所有者とその間口・入り、賦課基準となる役間を明らかにした都市の土地台帳をみずから作成することが必要となる。

ただし、熊本城下町は地子免除であるので領主に対する負担はない。しかし新出町の地面はすでに検地帳に登録されている土地であるため、領主に対する年貢負担があり、城下町となっても地子は免除されない。したがって編入にあたっては村段階にすでに町役人が設置されていたことで移管手続きは滞りなく進んだが、城下町を運営する費用という新たな負担が加わったことで、新出町は城下町との負担格差という問題を抱えての出発となっている。この問題の解決にあたっては「軒帳」が必要となるが、その経過については次節で検討する。

三　土地台帳にもとづく都市運営の展開

新出町は熊本城下町に編入されるとすぐに「軒帳」を作成して、運営費用を負担した。ところが城下町となってもその地面は検地帳に登録されているため地子の負担は続いており、さらに負担が増えると「軒帳」に関する業務が停止している。新出町ではどのように業務を再開して、負担格差を平準化させるのであろうか。

(1)負担問題による「軒帳」に関する業務の中断

新出町が熊本城下町に編入されて九年後の寛政一〇年（一七九五）正月一四日に、隣接する池田村から左義長という旧正月の行事で正月の飾り物などを集めて焼いていた火が出京町まで燃え広がり、新出町は直接的な被害を受けていないが、「出町迄七十軒程焼失」[39]と出京町懸の約三分の一が焼失する。[40]同年六月には「出京町類焼之家建料拝借願之控帳」[41]が作成されていることから、ようやく火災から半年後に藩から資金を借用して復興が始まる。しかしこの混乱はこの後長く、出京町懸全域の業務に支障をきたすことになる。

新出町で「軒帳」に関する業務が停止していることは、文政一三年（天保元年＝一八三〇）一一月から翌年三月にかけての復興費用返済問題で明らかとなる。発端となる史料は長文であるが、以下の検討で必要となるので全文を提示する。

【史料5】

乍恐奉願口上之覚

一、去ル寛政十一年出京町為御取立銭百貫目、内町江拝借被仰付、内五拾貫目者内町より返納、相残五拾貫目者新出町より引請、三十ヶ年賦上納ニ被為仰付置、其砌者新出町之儀商売方繁昌仕、兎哉角と仕候者多ク御座候処より、右年賦銭御請申上年々上納仕候、其後新出町之儀者一統次第ニ不繁昌ニ相成、商売之基手を失ヒ、諸所より借財を以店棚取続居申候内、年々利払等打重り弥ケ上之不商売ニ相成、既ニ質店・俵物・小間物・太ト物等商売仕居候者、船越理右衛門を初煙草屋甚太郎・美濃屋儀平・油屋茂吉・茶屋源兵衛・磐田屋安平・綿屋儀左衛門・久米屋甚之助・船津善次郎・坂本屋庄右衛門等、纔之丁所ニ而必多と零落仕、其外今日茂相立かたく成果候者も御座候、其上右年賦銭御請申上候役前之者、皆私共親共代ニ而、当時者何れ茂病死仕候、引続跡役之儀私共へ被為仰付、誠ニ以冥加至極難有奉存、当時迄御陰を以勤上居申候、然処所柄之儀次第ニ零落ニ相成、於私共重畳奉恐入候、右ニ付文政七年申十一月年賦銭之儀、壱ヶ年ニ四百目宛之上納ニ被為仰付被下候様奉願上候処、五十ケ年賦ニ年延被為仰付候付、難有年々上納仕候、既ニ去ル子之暮風災ニ付、年賦上納之儀一統半高上納ニ被為仰付難有上納仕候、猶以近年之処茂店々零落仕兎哉角押移居申候、私共手元を初、天満屋理兵衛・播磨屋新兵衛・薬屋安次郎・田中屋儀三次、何れ茂身代衰微仕候、ケ様ニ町所一統之零落ニ相成、当時者俵物・小間物・太卜物等押張商売仕候者茂無之時節とハ乍申、甚以歎ケ敷次第ニ奉存候、其上近年諸色高直ニ而、小前々々日々之暮方難渋仕候儀ニ而、私共町所之儀ハ町並諸出銀之外、地子米四石弐斗余、毎年岩立村江相納申候儀ニ御座候、右申上候通、町所一統之零落ニ付、当時者右年賦銭引請償上納仕候儀、如何様とも難申上唯々奉恐入候、右年賦銭之儀、乍恐何卒御畳置之儀奉願上度奉存候得者、御時節柄と申、且又私共親共代ニ御請申上候儀ニ付、成丈ケ上納仕度奉存候得共、只今之成行ニ而者往々之儀当惑至極ニ奉存候、右ニ付御時節柄何とも重畳乍恐入候儀ニ御座候得共、何卒新出町之者共乍恐御救御取立と被為思召上、格別之御憐愍を以、去ル子之暮分上納仕候通、当暮より何卒半高上納ニ被為仰付被下候様重畳奉願上候、願之通御免被為仰付候ハヽ、此以後町所一統商売方格別ニ心懸出精為仕、少々宛ニ而茂建直し申度奉存候、左候ハヽ、聊無滞償上納可仕と奉存候、何卒乍恐格別之御慈悲を以、願之通被為仰付被下候様重畳奉願候、為其私とも引取書付を以奉願上候、此段宜御達被成可被下候、以上

寅十一月

丁頭　田中平兵衛

同　桑野十次郎

別当　荒木市三郎

吉田鷹之允殿
河内山助三殿

これは出京町懸の別当荒木市三郎と新出町の丁頭である田中平兵衛・桑野十次郎の三名が、藩庁奉行所町方部局の根取である吉田・河内山に提出した文書の控えである。出京町懸の別当は荒木だけではないが、前節で述べたように荒木は新出町に居住しており、住民との結びつきが深いためと考えられる。

では史料の内容を整理する。荒木と新出町の丁頭は、まず寛政一一年（一七九九）に始まる復興費用の返済経過から説明する。返済が始まった寛政一一年時点での出京町懸内部の取り決めとして、藩から拝借した銭一〇〇貫目のうち、「内町」、つまり被害を受けた出京町が半分の五〇貫目を、そして残りの五〇貫目の返済を新出町では引き受けていた。返済期間は三〇か年賦であった。出京町懸に編入されて間もない新出町がこのような負担を引き受けた理由として、出火場所から一番離れていたために被害が少なかったこともあったが、寛政一一年ごろの新出町の状況は「其砌者新出町之儀商売方繁昌仕、兎哉角と仕候者多ク御座候」と、村の管轄から城下町に編入されたことで商売上の規制がなくなり、新出町の商売はさらに活発となって返済費用を肩代わりできる商人が多くいたため、その負担を引き受けることができたといっている。

しかし文化期になって、藩が財政を立て直すために積極的な経済政策をとるようになったことで、熊本城下町の商業は舟運に利便性のよい地区に集中するようになり、中心部から離れて高台にある新出町は「町所一統之零落ニ相成」と次第に不景気となり、富裕商人が没落していった。したがって当初の計画では、寛政一一年から三〇年後の文政七年（一八二四）には返済が終了しているはずであったが、この年には逆に三〇か年から五〇か年賦に返済期間の延長を求めている。(42) それから四年後となる「子之暮」＝文政一一年には、領内全域が風災による被害を受けたことで米価が高騰すると、新出町の住民は「近年諸色高直ニ而、小前々々日々之暮方難渋」する状況となった。したがってこのころから新出町では町人として納める「町並諸出銀」のほかに、村段階から地子の負担が続いていることを理由に、返済金の一時的減額を願い出るようになっている。しかしこれでは新出町の抱える問題は解決できるはずもなく、文政一三年には史料にあるように、ついに返済費用を半分とすることを藩に願い出たのである。

これに対する奉行所の回答は、翌月一二月に出る。奉行所の回答には、新出町の置かれている状況から仕方のないことと、その願いを承諾するとある。しかしその一方で「聊茂不納無之様心懸」と、新出町に必ず返済することを言い渡すだけでなく、藩では今後はこのような願いは「御取上無之候」と通告する。新出町の要求は聞き入れられているが、藩から確実に返済をすることを言い渡されたことは、新出町にとって大問題となった。

(2)「軒帳」にもとづく業務の再開

復興費用返済資金の目途が立たない新出町では、どのような対策を考えたのか。奉行所からの回答が届くと、荒木と新出町の丁頭は話し合いを進め、意見がまとまったところで、奉行所の回答が届いてから三か月後となる天保二年(一八三二)三月に、次の文書を提出している。

【史料6】

乍恐御内意之覚

新出町之儀、出京町一円ニ被為仰付候已後、軒帳之儀被渡下候段被為仰付候処、新出町之儀、地子米并内町拝借銭引請上納等、家屋敷ニ付年々諸出銀多ク御座候ニ付、先暫御断御内意奉願置候哉ニ伝承仕居申候、右ニ付当時迄軒帳無之、追々家屋敷も移り替りニ相成申候、既ニ去冬、内町拝借銭引請年賦上納之儀も、依願格別ニ年延被為仰付難有仕合奉存候、此儘押移候而者奉恐入候儀ニ付、此已後家屋敷売買之儀軒帳ニ記、御印を請申度奉存候、尤是迄移り替りニ相成居申候分ハ、何卒其分被差置、当時持懸り之居屋敷之儀、家主々より差出仕せ、絵図面等改正仕度奉存候、左候ハ、当年已後家屋敷売買之節ハ、弐歩半銭取立上納仕度奉存候、何卒此節軒帳御渡被下、乍恐私江改正之儀、被為仰付被下候様ニ奉願上候、此段御内意申上候、宜御達被成可被下候、以上

天保二年三月　荒木市三郎

吉田鷹之允殿

河内山助三殿

三月廿五日吉田殿ニ内見ニ入レ、同廿八日印形相用本達仕ル

これは史料の最後にあるように、荒木が奉行所に提出するために作成した草案である。町方根取の一人である吉田鷹之允に「内見」してもらい、それから文書に印形をして「本達」[43]が提出された。

その内容をみると、荒木はまず、新出町では長い間「軒帳」の訂正が行なわれていないことを明らかにしている。理由については次のように述べる。新出町では城下町に編入された時点で「軒帳」を作成して諸費用を負担していたが、新出町には城下町にはない地子の負担があり、これに寛政一一年には出京町の復興費用の返済が増えた。住民の負担を軽くするためにその時点での対応策として「先暫御断御内意奉願置候哉ニ伝承仕居申候」と、「軒帳」の訂正を一時的に中断することを藩に願い出た。それが結果的に「軒帳」に関する業務が停止することになったという。つまり新出町では、寛政一一年から三〇年以上、「軒帳」の訂正が行なわれていないことになる。

荒木が以上の説明をしている理由として、文政一三年一二月の藩からの回答で返済猶予のなくなった新出町ではその対策に困り果てて、荒木と丁頭とが協議した結果、「軒帳」を訂正して「町御奉行所官印」を受ければ五歩銀という対策費を徴収でき、そうすれば懸に残る半分の二歩半銭を復興費用の返済金とすることができるという

結論が出た。そのためには業務が停止していた間の家屋敷の所有者の変化を明らかにしなければならない。そこで「軒帳」の訂正をするために絵図面改正の許可を奉行所に求めているのである。

この要請に対する奉行所の回答は、約一か月後の四月二一日に町方根取から荒木に次のように告げられている。

【史料7】

新出町之儀、是迄絵図等堅不申候間、此節相改申度段、其元存寄之書付被相達、見込之通被仰付候間、可有其取計候、尤是迄売買いたし候分者其儘ニ被閣、当時之有姿を根方ニいたし精々相糺、以後売買之節より御格之通、軒帳御印を受、五歩銀取立方等究之通可有取計旨候、以上

四月廿一日　　　　町方　根取中

荒木市三郎殿

尚々本文之通被仰付候段者、出京町同役中江も知せ可被置候、以上

奉行所では新出町からの要請を承諾して、絵図面の改正を許可する。その作業にあたっては、「当時之有姿を根方ニいたし精々相糺」ようにという指示をする。「当時之有姿」とは新出町が「軒帳」の訂正業務を停止した時期のことで、寛政一一年からの所有者の変化を調査して絵図面を改正し、これをもとに「軒帳」を訂正してその箇所に「御印」=「町御奉行所官印」を受けて、規定通りに買主から五歩銀を徴収するようにと告げている。

ここで新出町が改正した絵図を荒木氏は保管しており(44)、現在でもみることができるので、その内容を整理したものが表2である。表の作成にあたっては、絵図面であるので道筋にそって家屋敷がそれぞれ記載されているので、表記通りに西側と東側とに分けた。その内容については、家屋敷に番号が付されているが、これは表1にある二六八番の市三郎とは荒木氏のことで、表2でも引き続き荒木氏が所有しており、二九九番については表1・2ともに同じ十三郎であることから、検地帳の地番ということになる。しかしこれは城下町の絵図面であるので、

表２　「新出町絵図」の記載内容　（□は不明、―は未記入）

西側					東側				
地番	間口 間.合.尺	入り 間.合	寛政11年の所有者	天保２年の所有者	地番	間口 間.合	入り 間.合	寛政11年の所有者	天保２年の所有者
（旧岩立村）					（旧津浦村）				
290	2．5	5．2	甚太郎		394	3．0	12．0	文右衛門	
〃	2．0	5．2	御買上屋敷	弥　助	〃	2．0	12．0	理　平	
〃	□	□	吉次郎	弥　助	〃	2．5	18．0	茂　七	
〃	3．5	5．2	甚太郎	佐兵衛	〃	3．0	12．0	□	政　七
	3．0	5．2	火除空地		（旧岩立村）				
291	2．6	6．0	嘉平次	佐兵衛	―	―	―	火除空地	
292	2．7	6．0	儀　平		289	1．5	7．5	林　平	
293·294	6．3	18．7	儀　平		〃	2．7	8．5	林　平	
295	4．3	22．0	甚太郎	嘉右衛門	287	2．4	10．0	梶右衛門	
296	2．7	11．3	善　七		286	2．5	9．5	□	利　助
297	2．7	11．3	源太郎		285	2．2	10．0	□	源兵衛
298	3．1	11．3	善三郎		284	2．2	10．0	□	只次郎
299	7．1．5	19．0	十三郎		283	6．2	19．5	田中平十郎	
300	2．5	19．0	十三郎		282	3．3	12．8	十五郎	
301	2．7	―	十三郎	政　七	281	2．4	14．0	茂　吉	
〃	2．2	―	十三郎	政　七	280·279	5．6	14．0	茂　吉	荒木市三郎
〃	2．0	12．0	十三郎	政　七	―	―	―	観音堂空地	
302	7．2	15．1	船越理右衛門		278	2．7	10．0	文　吉	荒木市三郎
303	2．3	―	源次郎		277	4．2	16．5	伊　吉	貞四郎
〃	5．0	15．5	源次郎		276	2．1	10．0	船越理右衛門	荒　木
304	5．0	13．5	□	長右衛門	275	2．0	10．0	□	□
305	5．0	13．5	□	荒木市三郎	270	3．0	13．7	□	
306	2．3．5	―	金次郎		269	3．0	13．7	忠三郎	荒木市三郎
〃	2．3．5	―	弥三次		268	8．0	33．3	荒木和三郎	
〃	2．1	―	嘉　七		267	2．0	―	荒木和三郎	
307·308	4．7	16．0	□	弥七・卯吉	266	2．0	―	惣右衛門	
309	2．0	―	松次郎	仁右衛門	265	3．5	17．0	弥平次	荒木市三郎
〃	3．2．5	12．6	松次郎	仁右衛門	262	3．0	15．0	利三・伊平次	
（旧京町村）					262	2．5	15．0	利三・伊平次	
89	4．2．1	―	□	長　吉	261	3．0	15．0	惣　七	
〃	―	―	□	寿三郎	〃	2．3	―	惣　七	
90	2．5	13．0	□	忠三郎	259·258	11．0	19．3	船越理右衛門	
91	2．5	13．0	儀三次		257	6．0	12．0	御買上屋敷	
92	3．0	13．0	寿吉・忠蔵		〃	3．0	13．0	善三郎	
93	3．0	14．0	庄右衛門	伊　平	〃	2．5	13．0	和平次	
95	3．0	10．0	庄右衛門	増　平	〃	2．5	13．0	忠九郎	
―	3．0	10．0	火除空地		―	―	―	火除空地	
96	2．0	―	伊　七	卯　助					
〃	3．0	13．7	嘉三次						
〃	0．8	―	嘉三次						
97	5．0	20．9	嘉三次						

家屋敷は広さではなく間口・入りが記されている。ここまでは寛政一一年当時のものである。これをもとに天保二年の調査で、所有者が変化している場合には、新しい所有者の氏名を貼り紙で明らかにしていった。(45)その結果、西側では全三九軒のうち二〇軒に貼り紙があり、東側でも三三軒のうち一〇軒に貼り紙があることから、これら三〇軒の所有者が変化しており、貼り紙に名前のある者から五歩銀が徴収されていないことが判明することとなった。この後、荒木氏の「記録」から新出町の復興費用返済に関する内容はなくなる。それは天保二年に五歩銀の徴収ができ、これで復興費用の返済ができる目途が立ったためと考えられる。

ところで新出町で「軒帳」の訂正が一気に進んでいる背景として、出京町が火災に遭った後、熊本城下町では文化四年（一八〇七）に惣町会所が開設されていたことがある。(46)町全体の常設の会合施設としての事務所ができたことで、城下町全域で平準的な業務が展開するようになっていた。それで文化六年からは懸で保有している二歩半銭の使途に関しても、懸ごとに「弐歩半銭受払帳」を作成して、町方根取の配下である町方横目の指導を受けるようになった。(47)また惣町会所の寄合では出京町懸が惣町へ規定の二歩半銭を納めていないことがつねに指摘されていたとみられ、出京町懸の別当にとっては、「軒帳」に関する業務を再開することが職務上の課題となっていた。そこに新出町が復興費用の減額を求めてきたのである。つまり出京町懸の別当である荒木と惣町会所、そして城下町を担当する町方部局の三者の間で、新出町に「軒帳」に関する業務を再開させるという合意ができていることがうかがえる。

(3)負担問題解決にむけての取り組み

新出町が「軒帳」に関する業務を再開すると、負担問題は次の二段階をふんで解決している。どのように平準化が進むのか、段階を追って明らかにする。

まず取り組んだのは、新出町と城下町との負担格差を解消することであった。表2でみたように、「新出町絵図」には検地帳の地番が記載されていた。これは新出町にとっては地子を負担するうえで必要となる地番で、城下町となっても負担格差は依然として続いていた。したがって、出京町懸の二人の別当荒木仁吾次と荒木市三郎はこの問題を解決するために、翌天保三年八月に次の文書を奉行所に提出する。

【史料8】

奉願口上之覚

一、出京町御構口之儀ハ、旅人専ら往来之所柄ニ而、夜中ニハ松明之付消等仕候ニ付、照続之時分、且風立申候節ハ火用心別而無心元奉存候間、先年御内意奉願上、以前新出町中より出銭仕、御土居石垣御築建ニ相成申候節、兼々御行列建之時分、構口殊之外込合申候間、其節在地子買添申候、彼是諸造用銭及不足申候間、拝借之儀奉願候処、早速願之通御免被為仰付、御土居成就仕候、当時迄年賦銭以前新出町中ニ而引請年々上納仕来申候、然処町内之儀二十ヶ年来次第ニ不繁昌ニ相成、近十年之処殊之外零落仕候而万事届兼申候、右御土居床之儀ハ五丁・池田支配在地子買添、御築方ニ相成居申候間、毎年御年貢米之儀、五丁・池田江相払申候儀ニ御座候、新出町中之儀ハ脇丁と違、地子米上納并内町拝借銭年賦償上納等、町所ニ懸り候出銭多ク、彼是当時困窮之折柄、諸出銭取立之儀、町頭共甚迷惑仕候様子ニ御座候、右御土居并水道之損所等御座候節、年々手入之造用銭、且又五丁・池田ニ相払申候御年貢米之手当ニ仕度奉存候間、何卒揚酒場所本手五本程、乍恐永代御免被為仰付被下候様重畳願上候、左候ハ、其恩銭を以年々取賄申度奉存候、願之通御免被為仰付被下候ハヽ、以前新出町中之者共一統難有仕合奉存候、此段私共より引取、書付を以乍恐奉願上候、何卒宜御達被成可被下候、以上

天保三年六月　　　　　　　　荒木仁吾次

荒木市三郎

吉田鷹之允殿

河内山助三殿

右之通相認置申候得共、八月吉田鷹之允殿へ相達、猶次之記録ニ委細控置候事

荒木仁吾次と荒木市三郎は、新出町では村段階から続く地子や寛政一一年以来の復興費用の返済のほかに、さらに負担が増えていたことを説明する。城下町への出入り口である構口は、新出町と農村との境に設けられているが、これは天明九年正月に新出町が城下に編入された時点で、旧出京町懸との境から移されたものである。藩が文化六年（一八〇九）七月に、この構口の周囲に土居を築立することを計画すると(48)、新出町ではそれまでも旅人のために構口に松明を灯してきたが、ここは参勤行列などで混雑する場所でもあるので、新しく土居が築立されたのをきっかけに、火の用心のために藩から資金を借用して周辺の地子を買い広めていた。そのため新出町の丁頭はその返済費用や地子銭を調達するのに大変苦労しているという。

したがって荒木が奉行所に要請したことは、構口の土居や丁内を通る水道というのは新出町だけが使用するものではないという理由から、「右御土居并水道之損所等御座候節、年々手入之造用銭、且又五丁・池田ニ相払申候御年貢米之手当ニ仕度奉存候間」と、水道の損所の手入れに必要な費用や土居石垣に買い添えた地面の地子とするために、藩に揚酒本手（酒の販売権）五本の許可を求めることであった。新出町が揚酒本手の権利を貸し出せば「恩銭」＝収入を得ることができる。これを諸費用や地子に充当したいと考えたのである。この提案は新出町の住民が余計に抱える負担に見合う費用を自分たちで捻出できるように、藩にその対策を要求するものであった。

結果として新出町の要求は認められており、新出町と城下町との負担格差は解消されている。新出町がすでに「軒帳」の業務を再開していたことで、荒木は出京町懸の別当として新出町が必要とする対策を藩に提案するこ

とができたのである。

新出町の負担格差が解消すると、次に荒木が取り組んだことは、出京町懸の別当として懸全域で等しく五歩銀を徴収することであった。そのいきさつは荒木市三郎が町方横目に提出した次の文書で知ることができる。

【史料9】

覚

一、新出町之儀、去ル寛政年中出京町一円ニも被仰付候而より未タ軒帳・絵図面等堅居不申候間、其儘押移候而者自然後年ニ至り家屋敷之申分共起り候節者、甚夕煩敷存当り候ニ付、丁頭田中平兵衛并桑野十次郎内談仕候処、両人共ニ同意仕候ニ付、去ル天保二年卯三月、是迄済来候分者何卒其儘ニ被閣、此已後家屋敷売買之節者軒帳ニ相記五歩銀取立申度、私引取御内意奉願候処、其節当時之家屋敷之有姿を根方ニいたし精々相、以後売買之節者御格之通軒帳御印を受、五歩銀取立究之通取計候様被仰付候、然ル処本町之儀も寛政以来軒張御印を請候儀無御座候ニ付而者、是迄上町同様之儀ニ御座候処、上町迄是迄之五歩銀被成御免候而者片落ニ相成候事ニ付、去年出京町一円当時家屋敷持懸り之面々身代宜敷ものハ三ヶ年、難渋之者者二十ヶ年ニ上納被仰付被下候様ニ奉願置候通、被仰付被下候様奉願上候、右天保二年願書指出置候節、本町之方申談一円同様ニ願出可申候処、上町迄私一名を以願出、且寛政以来是迄一円軒帳御印を請不申候儀者、重畳届兼候次第奉恐入候、以上

天保十三年十月

荒木市三郎　判

御町方御横目衆中

（傍点は筆者による）

荒木は、ここでも新出町が「軒帳」を訂正して五歩銀の徴収をした経緯から説明しているが、後半の「然ル処本町之儀も」以下に記されていることが、本文書の用件である。その内容は、出京町懸では新出町以外の町でも

寛政一〇年の類焼被害の後、「軒帳」の訂正が行なわれていないため、五歩銀が徴収されていないということである。ここまで新出町を中心にみてきたが、史料5でみたように、藩からの借用金を使用したのは主に被害を受けた本町（＝内町）で、上町（＝新出町）と同様に五〇貫目の返済をしていた。そのため本町でも「軒帳」に関する業務が停止して、五歩銀が徴収されなくなっていたのである。

したがって、新出町からだけ五歩銀の徴収をしたのでは負担格差が解消したことにはならないことから、荒木は新出町の問題が解決すると、次は出京町懸の別当として懸全域の負担が平準化するように、本町にも五歩銀を徴収することを求めた。そのため天保一二年（一八四一）には「身代宜敷もの八三ヶ年」「難渋之者者二十ヶ年」と、分割納入できる手段も考えた。しかしそれにもかかわらず本町では引き続き徴収されないため、荒木は町方横目に本町への指導を要請しているのである。

ところで、これまで荒木氏は町方根取と対応していたが、ここでは町方横目に相談を持ちかけている。それは町方横目が町方根取の配下で「弐歩半銭受払帳」の担当者であり、弐歩半銭の会計は町方横目の印形で確認されていたためである。つまり荒木は町方横目が介入することで、本町が五歩銀徴収の前提となる「軒帳」を訂正することを目論んでいるということになる。この荒木の要請に対して町方横目や本町がどういう対応をしたのか、これについて知ることのできる記録を書き残していない。しかし荒木氏の「記録」自体が藩への提出文書の控えであり、記録されていないのは問題が解決しているためで、町方横目の指導で本町でも「軒帳」を訂正して五歩銀が徴収されたと捉えてよいであろう。こうして懸内の負担格差も解消する。つまり、都市は町人の負担で運営されていたため、町人によってその格差は見直されて平準化することができたのである。

おわりに

大半の近世都市では地子が免除されており領主への負担がないため、運営費用を負担したのは町人である。本稿では、都市の運営に必要な費用を町人がどのように負担しているのか、土地台帳に着目して検討してきた。土地台帳をとりあげたのは、家屋敷の所有者が絶えず変化する都市では、賦課基準となる土地台帳を日常的に管理することが必要となる。ここに農村とは異なる近世期の都市運営の特質をみることができると考えたからである。分析の素材としたのは、熊本藩の熊本城下町のなかの新出町という、一八世紀末に農村から城下町に編入された町であった。これより明らかになったことを整理する。

熊本城下町は、一七世紀後期に藩政と対応する行政管理機構が町側に成立すると、領主に対する地子・諸役が免除されていたことで、町役人が賦課基準となる土地台帳をもとに町人から諸費用を徴収して運営されている。一八世紀末には城下町の入り口に形成されていた在郷の町場、新出町が城下町に編入される。この時期、城下町の商業が衰退していたため、町側の要請によるものであったが、中間行政区域を行政単位とする農村の行政システムと城下町の行政システムとが連動していたことで、村段階の新出町の在町役人をそのまま城下町の町役人とすると、住民の移管手続きもスムーズに処理されて、すぐに町並みの土地台帳を作成して城下町を運営する諸費用の徴収が始まった。しかし新出町には村段階から続く地子の負担があり、さらに負担が増えると、土地台帳の管理業務が停止することとなった。

その業務が再開されたのは、新出町が運営に行き詰まってからである。立て直すためには土地台帳を必要とした。熊本城下町には土地台帳にもとづく負担として、間口と家屋敷の売買という二つの賦課基準があった。間口にかかる主なものは、町の業務に必要となる経費や運営組織から求められる共同費用である。家屋敷の売買で生じるものは不動産取得税といえるもので、これは住民のための社会対策費となった。つまり、熊本城下町では土地台帳を機能させて運営費用を確保できるしくみとなっていた。したがって土地台帳の訂正が停止すると、社会対策費の徴収ができなくなった。しかし新出町が土地台帳に関する業務を再開すると、社会対策費でその運営を立て直すことができただけでなく、負担格差の問題も解決することができた。

以上のように、近世都市は町人が土地台帳にもとづいて諸費用を負担することで、自律的に運営されていた。これが農村とは異なる都市運営の特質である。城下町ではこうしたしくみが行政システムの進展とともに確立している。

（1）中部よし子「近世における三都と一般城下町の成立」（『講座・日本の封建都市』第一巻、文一総合出版、一九八二年）。

（2）吉田伸之「役と町」（『歴史学研究』四七一、一九九三年）など。

（3）岩淵令治「町人の土地所有」（渡辺尚志・五味文彦編『新体系日本史三　土地所有史』、山川出版社、二〇〇二年）。

（4）『藩法集七　熊本藩』（創文社、一九六六年）一九三頁。

（5）これは藩とやり取りをした諸文書の控えである。その内容は公私にわたっており、時期的には文政四年（一八二一）から明治三年（一八七〇）までのものが残存する（『新熊本市史』史料編第四巻　近世Ⅱに収録）。荒木氏や出京町懸に関する内容は、特に断らない限り「荒木家文書」による。

（6）「御花畑日帳」元文五年閏七月の項。中古町懸別当の市原屋惣七郎の役儀に関する内容である。特に断らない限り藩の記録は、永青文庫蔵（熊本大学附属図書館架蔵）「細川家史料」である。

（7）「宝暦五年御役所分職」「御条目之控」。

（8）文化九年六月作成「御奉行所局々取計之規律大綱を記し上江指上可被置由、大奉行嶋田嘉津次殿以指図寺社町より相達候書付写」。なお提示史料にある「見図帳」とは、軒帳をもとに作成されていた別の帳簿で、軒帳の内容が更新されなければ見図帳は機能しない。

（9）寛文一二年「御国中邪宗門御改被仰付覚」。

(10) 玉名市立歴史博物館こころピア蔵。
(11) 『玉名市史』通史篇上巻、六一六頁。
(12) 「清永家文書」(仮題)「西唐人町丁頭記録」(熊本市立五福小学校蔵)。
(13) 『熊本藩町政史料二』(細川藩政史研究会、一九八五年)一六七頁。
(14) 宝永六年の公儀普請御用は、「銀〆五百八拾貫役間割」(前同、一二頁)であった。「役間」とは役口間数のことである。
(15) この年から「五歩銀」は「十歩銀」となるが、それは天明八年までの期間である(前同、五一八頁)。なおこの後「五歩銀」は、「五歩銭」(匁銭)となっているが、銀・銭の表記は史料のままとする。
(16) 元禄九年(一六九六)にはすでに徴収が始まっている(前同、一六頁)。
(17) 「正徳元年大木夕岸え岩立村の中に屋敷を賜りしに付、其村の百姓を出京町口より外ニ百五間を作り出し町並となれり、初は村の支配にて出小屋に准じたりしを天明中に議有りて熊本出京町の中に加る」(「官職制度考四」、『肥後文献叢書・第一巻』一八二頁、歴史図書社、一九七一年)とある。
(18) 「覚帳」享保一二年の項。この他にも新出町付近のものでは、室園村無高百姓や五町手永松崎村無高百姓による渡世難儀のため定小屋の設置許可申請(一三年の項)などがある。ほかにも本庄村百姓の出小屋・立田口構外の日小屋(一五年の項)、徳王村山鹿往還筋の定小屋・山伏塚脇往還端出小屋の設置許可申請(一三年の項)など、城下町の周辺地区から多くの出願がある。
(19) 「会所旧記」(「井田衍儀」収録)。
(20) 丁頭の設置時期ははっきりしないが、明和四年にはすでに甚太郎・平次郎の二名がいる(「達帳」天明元年の項)。
(21) 「検地帳」四一一(熊本県立図書館蔵)。
(22) 前掲注(13)『熊本藩町政史料二』四〇頁、元文四年七月の項。
(23) 「年々覚頭書」。
(24) 初代仁兵衛の在世は元禄九〜明和八年。二代目市三郎は享保一四〜寛政三年。三代目仁三郎は宝暦四〜寛政九年。四代目和三郎は仁三郎弟で、明和七〜文政一二年。
(25) 「飽田郡岩立村造出町ニ居候左次郎・市三郎と申者共、時節柄悪敷大勢之従類育兼候付、左次郎者本手壱本、市三郎者麹本手壱本御免被仰付被下候様ニと願之書付再願并岩立村庄屋書付共追々御郡奉行衆より被相達候付、例帳相添御奉行所及讃談候処、右何茂願難叶、書付被差戻候事」(「覚帳」宝暦四年二月の項)と、商売を拡大させている。

(26) 前同、宝暦四年正月の項。
(27) 紙屋市三郎が粟を販売、輸送する記録がある（「覚帳頭書」天明三年の項）。
(28) 「達帳」。
(29) 「在町別当」に関しては、「在町人物并軒別ニ掛候事柄を取捌候役ニ而、村庄屋同格之ものニ御座候」と規定される（「在役人勤方之覚」、熊本県立図書館蔵）。
(30) 「出京町構外池田・五丁両手永之支配出小屋之者、いつとなく商売仕募り内町之障りニ相成、数年中分有之候付、寛政元年詮議之上不残出京町人数ニ指加、当時之通構を町境ニ引直し、地床者御免帳内引ニ被仰付候事」（前掲注8「御奉行所局々取計之規律大綱を記し上江指上可被置由、大奉行嶋田嘉津次殿以指図寺社町より相達候書付写」）。
(31) 天明元年は旱魃、同二年八月は大風、同四年は夏中長雨、同五年は六月の旱魃と九月の大風、同六年六月の大雨洪水は記録的な被害を城下町にもたらしている（『熊本藩年表稿』、熊本藩政史研究会、一九七四年）。
(32) 前掲注(13)『熊本藩町政史料一』四八八頁。
(33) 別当・丁頭の職務に関する「条目」が通達されている（前同、五〇五頁）。
(34) 前同、五一四頁。
(35) 「覚帳」、天明八年の項。

覚

御郡頭江

出京町構外池田・五町支配之出小屋之者共、今度御参談之上出京町之人数ニ被指加旨ニ付、夫々しらへ有之人別帳面を以、藪市太郎江被引渡候様、飽田御郡代江及達候条、左様可有御心得候、以上

七月廿七日

(36) 前掲注(13)『熊本藩町政史料一』五四三頁、天明九年の項。

一、出京町構外池田・五丁支配出小屋之者共今度御参談之上、熊本町一列ニ被仰付、一昨日受取方相済候、依之町中諸触等以来不洩様可被相達候、右町役人左之通

丁頭　田中平次郎

同　甚太郎

右之通候条、此段懸り々々へ可被相知置旨候、以上

正月廿一日

町方根取中

(37) 前同、五四四頁。
(38) 前同、五四七頁。
(39) 「度支年賦」。
(40) 文化三年の出京町懸の家数は二〇五軒（前掲『熊本藩町政史料二』二五七頁）。
(41) 「寺社方町方諸帳目録」。
(42) この年の米価は一俵三三～三四匁であったのが、一〇月には四九匁五分となり、領内の窮民御救の人数は九八九二人となっている（前掲注31『熊本藩年表稿』二九五頁）。
(43) 「向後何事ニよらす相達候儀、御役所ニ役間を定、御横目共相詰させ候間、右之所へ罷出諸事相達可申候」（前掲『熊本藩町政史料二』一〇一頁）と、町側が藩に届出をすることは「相達」と表記される。
(44) 「新出町絵図」（『新熊本市史』別編第一巻　絵図・地図　上、一三六頁）。
(45) 二六七番と二六八番の荒木和三郎は文政一二年に死亡しているが、相続による所有者の変化は貼り紙がされていないことから、売買による移動が調査の対象となっている。
(46) 前掲注(13)『熊本藩町政史料二』二七七頁。
(47) 前同、三二四頁。
(48) 「覚帳」。

第三章　海辺干拓地における村の組成——肥後国宇土郡亀崎新地亀尾村の事例——

内山幹生

はじめに

熊本領海辺における干拓新田村の組成を考える場合、第一に、既存の土地上に生じた一般的な村々と全く相違する村成りの軌跡、それも干拓新地造成企画の段階からみておく必要がある。干拓新地は、海底を干しあげることで成り、平均海面よりも低位置にあって一大平面を形成し、造成実現には、地床（地先海辺干潟）の境域設定等の問題が大きくかかわっていた。換言すると、干拓新田の多くは、地先干潟を提供する複数の村々や手永の利害を調整したうえで、それぞれの協力によって成立したものである。

第二は、入植にかかわる諸問題である。天保年間、下益城郡松橋《まつばせ》・宇土郡高良《こうら》両地先に竣工した干拓地に、どの村々から何程の人々が入植したか。これらは、現在まで関係各地域の自治体誌を中心に報告されており、完全ではないが、それらを通覧し総合することで、ほぼ整理された内容が判明する。(1)本稿ではこの課題を措き、別途、天保年間後期に松橋・高良地先を含む八代海北部海辺の一部の干拓新田入植に際し、入植権利金的な態様のあらわれた、「地底銭《ぢぞこせん》」に関する問題を提起しておく。

地底銭は、新地の土地台帳に名を連ね、耕作を行う入植当事者において入植権利金的意味を持つ。他方、開発主体者にとっては、築造資金調達の一手段となる。また、土地台帳に名を連ねるものの、小作人を入植させ、みずから耕作をしない出銭者にとっては、彼らの保有する余剰資金の運用対象ともなった。この実態から、地底銭は、地域限定ながらも海辺に生じた経済的事象としてとらえることが可能で、熊本領のみならず他領内と比較しても希有の入植環境を示している。

第三に、干拓新田村存続の大前提として、新地諸施設の恒常的機能維持の問題がある。新地を周回する堤防、

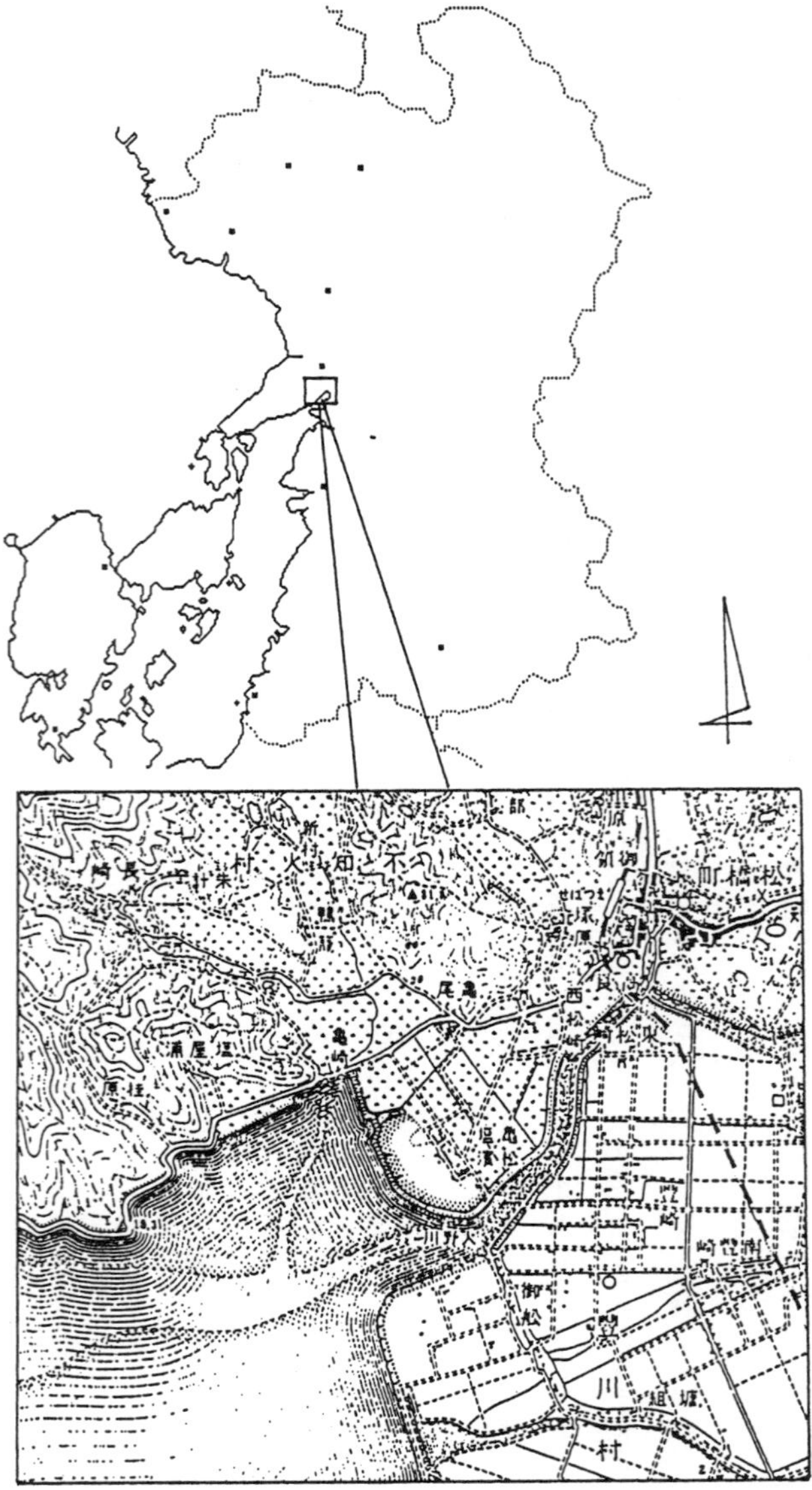

図1　亀崎御新地・松橋新開（明治34年陸軍参謀本部測地部製）

村々を廻った悪水や堤防敷から浸出する海水を一時的に貯水する江湖、(2)水門・樋門等は不可欠の施設である。それらの機能が切れ目なく維持されて初めて、干拓新田村の組成が緒に就く。新地諸施設のメンテナンスと危機管理の問題を、手永（末端行政）と藩庁機関（上部行政機構）に着眼してみておきたい。

なお、本稿における海辺干拓・海辺新地・干拓新地・干拓地・干拓新田という表現は、いずれも実体的に同義であることを申し添えておく。

一　干拓新田実現に向けて

(1)企画実施の諸段階

本稿の舞台は、熊本領八代海北部海辺の干拓地で、八代海湾の最北部、宇土半島直下の湾奥に位置する。開発当初の呼称は、当時の史料に、(3)「松橋高良尻新地」「松橋亀崎御新地」「松橋高良御新地」などと表記され、その大半が宇土方知行地の地先干潟であるものの、(4)熊本本方の主導で開発された。名称に松橋と高良を冠した理由は、河江手永松橋村と松山手永高良村の地先を、それぞれ開発地床としたからである。

竣工後は、各々「松橋新開」「亀崎御新地」と呼ばれる。本来、一団の事業であったが、開発予定区域のほぼ中央部分に久具川（当時呼称）から接続する巨大な澪筋《みおすじ》が東より西へ走り、さらに南へ折れて流下し、当初より分断された干潟形状になっていた。その澪筋は、現在、亀崎御新地南岸と松橋新開北岸堤防にはさまれ延伸された人工の川、大野川として存在する。

こうした地床環境にあった関係上、地先を提供する手永および各村々の間では、少なからぬ利害が錯綜していた。開発企画が現実化するまでの諸段階のうち、着工許可申請の段階と利害調整の実態に焦点を当て、その一端を明らかにしたい。

ⓘ着工許可の申請

開発関連史料のうちより、築造企画の実施段階を整理しておく。天保八年(一八三七)七月、御郡方御奉行中から下益城郡代武藤猪左衛門へ発給された決裁書面を掲げる。(5)

【史料1】

松橋尻新地見立之場所、先井樋土台石垣根石迄据方被仰付候間、精々手を詰メ積帳相達候様可有御達候、以上、

七月朔日

御郡方御奉行中

武藤猪左衛門殿

本史料は、松橋尻新地開発計画に関する決裁書面のうちでも最も古い部類に属する。計画地先干潟を管下とする河江手永《ごうのえてなが》では、松橋村の尻(地先)に広がる干潟を新地床に見立て、開発の機会をうかがっていた。下益城郡代武藤猪左衛門は、この決裁書面の前提たる新地床の見立および着工願いを河江手永惣庄屋坂梨順左衛門より受け、御郡方へ稟申していた。それが天保八年七月一日付で決裁され、井樋土台と石垣根石の据え方を命じられたのである。

ところで、本開発の基本構想は、天保年間に着想されたものではなく、河江手永や松山手永によるものでもない。その発祥は、鹿子木量平・謙之助父子による三郡沖干潟開発構想であった。八代・下益城・宇土三郡沖に広がる一続きの干潟は、文政二年(一八一九)、彼らによって、「二千六百町歩之大墾」として企画され、見積書を添え澤村家老に提出されている。(6)この壮大な構想の実現については、その全部を一気呵成に成就させようとするものではなく、表1の実績で示されているように、地先の実情を踏まえ、順次開発していくことであった。

次に、史料1を受け、武藤郡代より坂梨順左衛門に対して示達された、同日付の史料2[7]、それに対する坂梨の復命と、築造についての基本方針を示した「覚」の抜粋[8]、史料3（①～④）を掲げる。

【史料2】

右之通候条、左様被相心得可被有其取計候、以上、

七月朔日　武藤猪左衛門

坂梨順左衛門殿

表1　八代・下益城・宇土三郡沖干潟開発の次第

開発地	事業体	竣工年	開発面積	摘要
百町新地	手永	文化　二（一八〇五）	一〇一町五反	
四百町新地	藩	文政　二（一八一九）	四三二町歩	
七百町新地	藩	〃　四（一八二一）	七四〇町五反	
鹿嶋尻御新地	藩	天保　九（一八三八）	二一五町五反	
亀崎御新地	藩	〃　一〇（一八三九）	九三町八反	宇土方と共同
下住吉御新地	藩	〃　一一（一八四〇）	九六町歩	
新田出新地	手永	〃　一一（一八四〇）	一〇五町歩	
松橋新開	藩	〃　一三（一八四二）	一三五町一反	
松橋新開築添	藩	弘化　二（一八四五）	一一二町七反	
網道新地	手永	嘉永　五（一八五二）	五九二町三反	
砂川新開	藩	安政　二（一八五五）	三六五町歩	
開発総面積　二四五五町九反				

注：（鹿子木量平「天職提要記」「御新地大積扣」・成松古十郎「請新地一紙書抜」・「天保覚帳六―三―十八」・「松橋尻新地見立積帳」より作成

史料1・2は、同じ用紙に記されている。申請者が起案した稟議書面に決裁事項が記入され、申請者に返ってきたことを意味する。史料1の前段階には、当然、惣庄屋より下益城郡代へ提出された伺いがあり、それは郡代の意見書を付して御郡方へ上申されている。これも、史料1・2と同様に同一用紙に記載され、複数部数が作成され、決裁後一部が申請者に、一部が御郡方、そのほか関係各方へ回付しファイリングされた。

武藤郡代は御郡方からの決裁書を受領し、それを坂梨へ示達した。各々の発給

日付が七月朔日と書き入れられており、即日性がうかがえる。このことは、村方と手永関係者および担当郡代の松橋尻新地開発計画に対する強い思いのあらわれであろう。

【史料3】①復命

松橋尻ニ而御開御見立之場所、先井樋土台石垣根石迄据方被仰付候間、精々手を詰積帳御達申上候様被仰付候間、別紙井樋土臺石垣根石迄之積帳御達申上候、

本史料は、史料1・2と同月中のもので「天保八年七月」と記されており、復命とともに御郡方の指示を受けて、井樋土台と石垣根石の見積帳を提出したことがわかる。

【同右】②御普請仕様の五カ条

一、御普請仕様之儀、次第も失不申候儀肝要と奉存候、右次第を申候は、一番ニ井樋、二番ニ江塘、三番ニ石垣、四番ニ土手、五番ニ潮止、此五ケ条大綱目ニ而御座候間、右之通之順に被仰付可被下候、

御普請仕様の五カ条では着工順を規定し、その順に従って命令を下してもらいたいという。

【同右】③石垣築造は備前仕様よりも御国相伝の流儀で願う

一、石垣を以築様堅固ニ無之候得は風波ニ崩候儀、勿論之事ニ御座候処、右築方石工之巧拙ニも差別は有之候得共、第一は風儀ニ寄候儀と被存候、備前之国より参り候石工之築方は石之尻を細ク打欠、石表を鍔之様ニして合せ申候ニ付、引波ニ抜崩易有之候、備前流之石垣ニ而御座候得は土手之石工ニ而も保方不宜相見申候、往古より御国に相傳居流儀之石垣ニ被仰付可被下候、河江手永住吉御開之塘手南方ニ而随一之堅固と申習シ、既に去ル子年七百町御新地石垣御築立之節、右塘手本ニ被仰付候程之儀ニ御座候間、此節は右塘手本ニ仕、築立申度奉存候、

石垣築造の仕様について言及する。野津手永の四百町新地築造では[9]、備前岡山より石工が来援し、石造樋門な

どの主要構造を担当した。しかし備前流儀の石垣では、引き波に弱いため、保全ができないと言い、古来より熊本に伝来している流儀で対応したいと願う。

【同右】④御普請総入目高は当該新地における徳米高との釣合が肝要

一、前条申上候通御普請之仕様ニ者夫々致覚も有之、大略は事相なる事ニ而各別六ケ敷奉存候程之儀も無之、御入目も厭不申候得ハ当之難所も築止メ候儀も左迄難と奉存候事も無御座候得共、御時節柄大造之御普請御取興被仰付御不足被成候而は何之詮も無之候に付、御入目高と徳米高との釣合宜敷出来仕候儀肝要ニ奉存候間、成丈出精仕此節差上候積前ニ而成就仕出申度……

御新地の築造について、技術上、格別の困難は想定していない。資金をかければ難所の築留もそれほど困難ではないとする。しかし、築造総費用については、当該新地において将来想定される徳米高との均衡で考えるべきであるとの見解を示す。これらの段階においては、まだ地先を提供する村々の利害錯綜する実態が書面上にあらわれていない。開発計画が御郡方で決裁され、その全容が関係各村々に広まった段階において村相互間、手永同士の利害得失が表面化する。

ⅱ利害調整の実態

新地床を提供する村々にはさまざまな利害が発生する。利得については、各村が提供する地先の広狭によって、また新開地築造に出役することで新地内に村単位で耕作地の割受が可能となる。害の部分では、水利環境の悪化懸念をあげなければならない。村の地先に広大な地面が出現することにより排水難が生じ、地先提供の村々に湿田化の懸念が増す。他には、漁場や漁港が解消されるケースもあり、松橋新開築造の際にも、湾奥に位置する久具港が消滅している。

本格着工までに解決しておくべき課題は、地先干潟における境界問題である。村の地面に境界はあっても、毎日一定時間海面下となる地域の境界設定は容易ではない。境界が陸地の村境延長線上にあるとしても、その延長線を定めること自体が困難だからである。ここにも各手永・村々の利害錯綜する原因があった。次の史料は、地先提供の村たる河江手永松橋村と松山手永高良村の地先干潟境界争論と、その解決策を示し、郡代へ伺った書面である。(10)

【史料4】

御内意之覚

下益城郡下郷村・宇土郡高良村於海手新地御築立御見込ニ付、積仕帳面御達申上根石等据込候様御達ニ相成居候通御座候処、内輪松橋・高良境論差起、未タ御取懸ニ相成不申候、右ハ陸地と違手広海上ニ御座候得ハ申伝ニ而聢ト仕候間、証拠も無御座候、仮令境界明正ニ相分り居候而も大造之新地ニ而御座候得ハ、手永限築立候様儀手狭申分仕候而は御国益出来仕申間敷、右ニ付私共打寄猶申談仕候ハ右新地之儀、宇土・下益城之境界ニ不拘両郡催合築被仰付被下候儀は被為叶間敷哉、左候得は潮留等之時分も両郡七手永之夫、力を合一時ニ御成熟ニ相成候ハヽ、境界に不係夫数割宛高割宛いつれ共御差図を請、地面割合作廻申度旨熟談仕候間、此段幾重ニも宜敷被成御参談可被下候、為其私共連名之覚書を以御内意申上候、以上、

天保九年十月　　河瀬安兵衛

隈部徳七

斎藤三郎殿

武藤猪左衛門殿

発信者の河瀬安兵衛は、坂梨順左衛門の後任で河江手永惣庄屋である。連名の隈部徳七は松山手永惣庄屋を勤めている。天保八年（一八三七）七月、松橋尻新地の着工は御郡方より承認されたが、天保九年一〇月にいたって

も起工されていない。松橋村と高良村の間で干潟の境界争論が発生していたからである。前掲の史料1・2・3のうち新地床の記載は、「松橋尻」のみで「高良尻」の文字はない。つまり、当初は松橋村と隣村の下郷村海辺地先、つまり後の「松橋新開」を、時の河江手永惣庄屋坂梨順左衛門が単独で開発申請していたのである。

この事態を受け、地先干潟の利害関係者である高良村と上部行政機関たる松山手永は、松橋村と河江手永に対し異議を申し立てる。その根拠には、宇土方細川豊前守の鷹場の存在があったとみられる[11]。境界を示す榜示杭が打ち込まれていたが、それをもって村々の境界となるわけではなく、帰属を証明する決定的証拠には成り難い。例え境界を明らかに為し得たとしても、各々が単独で築造することの不利益がある。そこで、河瀬と隈部は、「御国益出来仕申間敷」という大義名分を見い出し、互いの狭い了見を納め、両郡七手永の惣庄屋らと協議し、宇土郡・下益城郡の境界に拘泥することなく両郡の催合築造を結論したのである。

この時点より、高良尻新地の開発も具体的されていく。二つのプロジェクトを一元化すれば、潮留の際にも両郡より七手永の夫方が出役して力を合わせ、早期に成就できる。さらに両惣庄屋は、互いの境界に関係なく出夫数割もしくは高割での地面配当を願い、早期に作付をしたいと折合いをつけていた。この解決策は、各々の村方からも歓迎されたとみえ、以後、異議を申し立てる者もなく、この両手永に第三の地先当事者たる郡浦手永《こおのうらてなが》を加えたところで、計画の実現化が図られていく。

この上申（史料4）に対し、上部決裁機関たる御郡方は、下益城と宇土の両郡代宛に次の示達を発した[12]。それを受けた両郡代は、その内容を郡浦・松山・河江の惣庄屋へ通達する。

【史料5】

河江手永松橋尻海辺新開床之儀、下益城・宇土催合築被仰付候間、左様御心得可有其御達候、以上、

天保九年十月廿四日　御郡方御奉行中

下益城・宇土御郡代衆

右之通候条左様可被相心得候、以上、

十月廿四日　下益城・宇土御郡代中

郡浦・松山・河江御惣庄屋中

かくして、境界争論に関する利害調整の問題は、竣工後の地面配当に収斂された。境界問題そのものを超越したところで、現実的な調整が加えられ、解決されたのである。

(2)亀崎御新地の概観

松橋・高良地先干潟開発について描かれた「亥四月朔日御場所見聞略絵図」によると、[13] 天保一〇年（一八三九）四月の段階では、すでに相当部分が着工され、際目竹が堤防の計画線上にそって打ち込まれている。一方、一連の開発地である松橋新開は、亀崎御新地の対岸（南側）と西岸にそれぞれ延長二〇〇間の石垣がみえる。同絵図に記されている亀崎御新地の当初計画面積と費用見積を掲げておく。

【史料6】

高良村塘朱引長　千四百三拾間

畝数　百五町八反弐畝拾弐歩

正味八拾八町

内積　銭六百拾三貫九百拾九匁六厘

徳米四百八石　　反ニ四斗五升弐合

この略絵図には見積書が付属されていたとみられるが、対応する史料は特定されていない。ほかに築造資金関連の史料では、「松橋・高良御新地御出方大略志らへ帳」があり、(14) 次のような注記が付されている。

【史料7】

……右者松橋・高良両御新地御取起より當四月十四日迄、諸御出方大略見込志らへ右之通ニ御座候、以上、

子四月　　　亀崎　御銀方

天保一一年四月現在で亀崎御新地御銀方（現場の会計担当部署か）より藩庁御郡方に提出された予算調書と思われ、亀崎御新地は、高良村の地先にあたるので高良御新地と表記されている。起工直後の段階では、まだ正式名称が定まっておらず仮称されていたのであろう。冒頭に、「一、銭貳千八百五拾貫四匁五分九厘」と総工費が記載されているが、これは松橋・亀崎両御新地開発費用の合計額であり、亀崎御新地単独での築造関係見積書および完工決算書に類する史料は、現在まで特定されていない。

一方、九カ月後にあたる天保一二年（一八四一）閏正月という日付記載のある、「松橋・高良両御新地御入目銭差引帳」では、(15)

【史料8】

一、銭貳千八百三拾壱貫四百拾貳匁五分五厘　　熊本より御取越分、御入目銭受、

一、同百貫目　　御郡引受之節、渡置候分、

一、同百七拾貫六百六拾壱匁壱分貳厘　　米代相集候分、當分御仕替分受、

合三千百貳貫七拾三匁七分壱厘

という金額がみえ、総工費は差引で二五二貫目余の増加をみている。明細の中に、「九拾七貫九九匁六分七厘　潮留拵足場」や「八拾六貫三百八匁貳分貳厘　汐留所諸御入目」という項目があることから、この差引帳の計数が松橋・亀崎両御新地竣工時の姿ではあるまいか。天保一一年五月、御郡方による僉儀書面を掲げる。(16)

【史料9】

一、惣畝数三百六拾五町六反　　松橋・高良尻

内

八拾四町四反　　諸費地見込

然而　貳百八拾壱町貳反　正畝作地

開発畝数も両御新地の合計で記載されている。開発当初、両御新地は一括して企画されていたのでこうした処理がなされ、それぞれの面積は入植が開始され検地を受けた時点で初めて確定された。開発資金は本藩の御郡方と櫨方《はぜかた》からの資金に加えて、民間より地底銭を募集していたことがわかっている[17]。しかし、その最終的な内訳詳細と出資金額については、現在のところ史料的制約があり、明らかになっていない。

次に亀崎御新地の耕地実態をみておく。干拓地の土地状況は、開発されて入植成った直後から刻々と変化していく。湿地や砂地の土地改良が進むことや新地内の自然環境推移により、潮除け堤防直近の江湖およびその周辺などの耕地化が図られることにもよる。本新地の場合は、完工直後の決算書的史料が確認されていないところから、『宇土郡村誌』の記述に従い[18]、「新検反別九十三丁八反一畝十九歩」が、開発総面積とされて流布している。同書によると、旧反別は、「八十一丁七反六畝二十七歩」であり、藩政時代の開発総面積に対する有効土地利用度は九割弱であったことがうかがえる。年々に土地改良の実があがり、検地竿入れされた後、土地台帳に内訳明細が記載されるので、その数値は後年になるほど増大していく。

天保一四年の竣工から一三年後、安政三年（一八五六）時点での亀崎御新地の土地利用状況は、「亀崎御新地亀尾村田畑下ケ名寄御帳[19]」「亀崎御新地西松崎村田畑下ケ名寄御帳[20]」「亀崎御新地亀尾村田畑名寄御帳[21]」などの土地台帳よりほぼ明らかになる。本新地には、①郡浦手永亀尾村と②松山手永西松崎村が立てられ、安政三年現在で

表2　亀崎御新地亀尾村（宇土方領知）

田畑畝数	31町7畝6歩	
①上納米 ②地底米 （①＋②）	81石8斗9升（うち△4斗4升9合3勺は荒地引） 12石1斗2合8勺 93石5斗4升3合5勺	
田畝数	20町2反5畝21歩	（反当上納米）
上 中 下 下下 三下	2町8反9畝3歩　（上納米13石9合5勺） 8町2畝21歩　（〃30石5斗2合6勺） 5町2畝12歩　（〃14石8斗2升8勺） 2町2反2畝9歩　（〃4石5斗5升7合1勺） 2町9畝6歩　（〃1石9斗8升7合4勺）	反4斗5升 〃3斗8升 〃2斗9升5合 〃2斗5合 〃9升5合
畑畝数	10町8反1畝15歩	
上納米 上 中 下 下下 居屋敷	17石1升2合5勺5才 9反8畝27歩　（上納米2石2斗7升4合7勺） 3町3反2畝15歩　（〃5石9斗8升5合） 3町5反7畝24歩　（〃4石2斗9升3合6勺） 1町6反4畝27歩　（〃1石4斗1合6勺） 1町2反7畝12歩　（〃3石5升7合6勺）	（反当上納米） 反2斗3升 〃1斗8升 〃1斗2升 〃8升5合 〃2斗4升

注：「安政三年亀崎御新地亀尾村田畑名寄帳」（熊本県立図書館蔵）より作成

亀尾村の耕地全域が宇土方に、西松崎村の耕地には宇土方と本方の支配地が混在していた。亀尾と西松崎両村の耕地状況は、それぞれの田畑下ケ名寄御帳によると以下のとおりである。

御新地の開発総面積九四町歩弱のうち、亀尾村の耕地面積は、表2に示すように三一町歩強で、全体のほぼ三分の一である。松ノ元と亀尾は、旧干拓地（下り松新地）の堤防に近く、開発当初に耕地化された地域で、すでに水田が大半を占めていた。中割は、六町七反前後の区画となっており、そのうち二町七反が水田化し、差し引き四町歩ほどが未墾地となっている。

亀尾村高洲は新地の西南に位置し、潮除堤防と三分の一ほどが接している。砂地が多いため、甘蔗などを植えて畑地として利用されていたが、天保末期から弘化期にかけて塩浜が開設され、明治初頭まで逐次拡大されていった。安政三年当時、畝数九町六反七畝二四歩と計上されている田畑以外に塩浜が存在していたが、なぜか記載されていない。安政元年一一月の肥後大地震によって破堤潮入りの後、復旧までの期間、荒地扱いされていた可能性もある。

西松崎村では、神元と築合の各下ケ名に本方と宇土方の領分がみられる。沖須は本来「沖洲」であり、沖合の微高地であった。亀尾村域の高洲と面で接し、新地の西南方面から東方に掛り、高洲と同じ砂混じりの原で土地改良が遅れていたとみえ、部分的に塩浜が開発され本方によって経営されていた。

亀崎御新地全体に対する西松崎村の耕地比率は、塩浜を含めると四三%弱で亀尾村の三三%を上回る。塩浜を含めた耕地の両村合計は、七一町三反余で開発総面積九四町歩余に対し、七六%弱の耕地化比率であった。この当時、亀尾村域の高洲にも西松崎村の塩浜と連続した藩営塩田が存在していたが、破堤による潮入りで一時的に休止している。これを含めると実質耕地化比率は、八〇%前後まで上昇していたと推定される。

亀崎御新地の耕作面積は、安政三年より一三年後の明治二年(一八六九)、「松山手永手鑑」に次のように記されている。(22)

【史料10】

松崎・亀尾御新地

元畝七拾三町壱反四畝拾弐歩

一、畝数七拾町九反五畝弐拾四歩

上納米弐百九拾四石七斗五升七合八勺八才　　但宇土様御分地引残分

新地全体の耕作面積は、安政三年の七一町三反余に対し七〇町九反余と、帳面上わずかに減少している。本方塩浜床の取扱いが不明で統計上に含んでいないとすれば、塩浜抜きで七五%強の耕地化比率となり、相当の開発進捗がみられた。嘉永二年(一八四九)当時、亀尾村には、すでに塩浜が一二町歩前後開発され(23)、この部分を加えると、開発総面積の八八％を超える部分が生産地面化していたことになる。開発総面積から江湖・通水路・道路などを控除した有効開発面積は、一般に開発総面積の八割程度であり、この点よりみても耕地開発の限界に近いところまで到達していたことがわかる。

二　入植農民と地底銭

(1)地底銭の概略と機能

亀崎御新地に成立した新田村は、新地の中心からほぼ西半分に相当する地域が亀尾村と命名され、郡浦手永と藩庁の期待を担って村立てされた。しかし竣工早々の天保一四年（一八四三）九月三日、細川氏の治世下で例をみない規模の高潮によって堤防が決壊し潮入りしたため、干拓地内一帯は砂の原と化す。(24) 同御新地内で境を接する松山手永松崎村（後に西松崎村）と比較して、全体的に標高の低い分、亀尾村の方が被害甚大であった。潮留の後、開発地内を縦横に走る通水路を掘削し、降雨による自然洗土に加え、灌漑用水を掛け流して塩分除去につとめ、岩石や礫を除去して道路を整備し耕地の開発に励んできた。その土地改良の苦労が一日にして水泡に帰した。高潮は、領内の海辺新地全体に壊滅的打撃を与え、亀崎御新地の両村も、以後一〇年ほど困窮の淵に沈む。

両御新地の土地配当については、築造工事を牽引した会所役人や在御家人などの功労者を除き、原則的に地底銭上納が条件であった。「御新地方記録」より、(25) 弘化三年（一八四六）五月現在の松橋・亀崎両御新地における郡浦手永村々の地底銭上納に関する部分をみておく。上・下長崎村、戸馳村の拝領地を除くと、配当面積は四四町六反四畝余で、神社社床や井樋番付地・荒地・費地など合計一町八反九畝余を控除した残り、四二町七反五畝余が地底銭対応面積である。

【史料11】

残四拾貳町七反五畝拾貳歩
此代銭八拾五貫五百八匁　　反ニ貳百目宛
　五貫五百八匁
八拾貫目　　但、才覚之手段無御座候ニ付、村々難渋地取扱之願を以、引除方より御銭月四朱之利付ヲ去ル寅年より七ケ年賦拝借被仰付候を、直ニ地底銭相納候分、

地底銭総額八五貫五〇八匁のうち五貫五〇八匁が収納され、残り八〇貫目が村々難渋の理由で未納になっていた。未納の八〇貫目は、寅年（天保一三年）に引除方より月利四朱、期間七年で借入れ、納付していたことがわかる。ところでこの債務は、次の史料にみるとおり[26]、六年後の嘉永二年（一八四八）になっても一向に減じる気配がなかった。

【史料12】

奉願覚

一、銭八拾貫目

右者松橋・亀崎両御新地ニ而郡浦手永地底銭上納拝借銭之儀、今度御本方江根直被仰付候間、新地反懸り米を以返納被仰付旨、御達之趣奉得其意候、然處右御新地受持之儀、難渋もの迄ニ而、就中出百姓仕居候者《ハ》舊所家屋敷相捨附、御新地内へ引出、漸田開等仕居候内、去ル卯秋塘手及破損諸道具一切及流出……

天保一四年九月、領内の干拓地は未曾有の高潮によって壊滅したが、その影響が延々と続いていたのである。次の史料は、下益城郡杉嶋手永惣庄屋成松古十郎によって記された、「請新地一紙書抜」からの抜粋である[27]。松橋新開が企画されて間もなく、成松も加わった惣庄屋らの会合で初めて地底銭が議題にあがった際の記録とみられる。「惣躰松橋町ニて此節御見立之所々」とは、松橋地先の開発予定海辺干潟を指す。

【史料13】①

一、地底銭之事

此儀一通りハ、此間御惣庄屋中請書ニも書上候通ニ御座候処、惣躰松橋町ニて此節御見立之所々御惣庄屋中集会仕、重畳論究仕候処、地底銭と申銘目七百丁之時分より起り居候様に承居候得共、今度精々相糺候へハ、七百丁ニ地底銭と申出方ハ無之由……

松橋地先で見立てた一団の干潟につき、開発前提で「重畳論究仕」ったが、その際に「地底銭」という耳慣れない言葉が話題になった。野津手永における七百町新地築造のときに起ったと聞いていたが、参会者に詳しく尋ねてみるとそうでもなく、鹿子木量平を初め、鏡町の豪富の者に聞いてみても、地底銭なる資金の出方はなかったという。

【同右】②

一説ニは折角之御儀ニ付、地底銭無ニて作廻被仰付被下候ハヽ、無田地之貧民共も御蔭を以地方ニ有付、御百姓ニ成立可申と申出候も有之候、

ある者は、折角のことでもあり、地底銭を上納することなしに新地へ作廻りを命じられると、田畑を持たない貧民も地方にありつき、百姓が成り立つと言い出す者もあった。

【同右】③

一説ニ者地底銭等之給シ無之候ハヽ、成就之上我もくと地方を望、押懸て被及申間敷、其上貧民迄各々懸候ても俄ニ作地ニ者相成申間敷と申出候も有之候、

入植の際に、（資金を持たない貧民へ）地底銭に充当する分の給与がないとすれば、新地が成就したときに大勢が土地を求めてを押しかけ、手に負えるものではない。また、貧民にまで土地を割渡したところで、早々と作地に

成るものではないともいう。

【同右】④

又一説ニ者既ニ宇土町抔よりは豪富之内より地底銭御取立ニ相成候ハヽ、差出置申度、内々伺出共有之由……

すでに宇土町などの豪富の者からは、新地築造について地底銭を募集するのであれば差し出したいと、内々で打診を行っているとのことであった。

【同右】⑤

近年高直ニ付てハ、一統同様心懸可申と相見候得共、右之通ニ成行候へハ、詰り御新地之潤豪富之手ニ集、貧民ハ程々二重年貢を相払候様成行可申と歎出も有之、右之境、如何様共決着仕兼居候間、宜敷御詮議被仰付度奉存候、

小作料相場は、依然として高どまりしたままであり、参会者一同、心しておくべきことと理解していた。そのうえ、地底銭が入植の前提として取り扱われると、御新地の利益は豪富の者に集中し、貧民は二重年貢を払うに等しいと歎く者もあった。いずれも、地底銭の本質を衝いた議論で、その発祥の当初から、若干、疑問視されていたことがわかる。

亀尾村の場合、地底銭納付にかかわる拝借銭は、櫨方や引除方など、藩庁機関より郡浦手永会所を介して貸し付けられたかたちとなっており、新田村に賦課される反懸米で返済するようになっていた。その際、農民個々との契約ではなく、村単位で一括処理され、御新地駐在の御新地受込および村の庄屋らが惣庄屋に対し責任を負う。資金を持たない入植希望者は、地底銭相当分の資金を手永の差配によって調達し、入植を実現できたのである。

松橋新開の場合、地底銭の意味合いは多少相違している。亀崎御新地の地底銭が、藩庁引除方の資金運用、つまり公辺の貨殖という側面を持つことに対し、松橋新開では八代海北部海辺地域の村方・町方の有力者が出銭者

となり、資金運用を図っていたことがあげられる。

天保八年（一八三七）七月、時の河江手永惣庄屋坂梨順左衛門から下益城郡代武藤猪左衛門へ提出された松橋新開の見積書がある。[28] そのうちより資金関連部分を抜き出してみる。

【史料14】

銭七百八拾八貫八百五拾三匁五分七厘　塘築立入用
同五拾貳貫六百四拾貳匁九歩貳厘　井樋三枚戸貳艘居方惣入目築石
同六拾貫五拾目四分　本小屋下郷小屋建方、筆紙墨賄造用諸雑費共
同拾五貫目　潮留諸造用并諸品代共
合九百拾六貫五百四拾六匁八分九厘
内百六拾九貫貳百貳拾五匁　九拾六町七反之内、半分ハ反ニ貳百目、半分ハ反ニ百五拾目
地底銭見込
残七百四拾七貫三百拾壱匁八分九厘
畝数貳百五拾壱町五反壱畝拾貳歩　（後略）

当初計画では、総費用九一六貫目余のうち、一六九貫目余を地底銭で調達する計画になっていた。出銭予定者は、「請新地一紙書抜」にみるとおり、町方豪富の者を初め、村方の富裕農民階層である。[29] 全体の二割に満たない額であるが、本件計画に対し、別途に寸志銀も拠出するところから、藩政末期の海辺干拓は、民力に頼ること大であった。

計画面積は、二五一町五反強で、そのうち九六町七反（開発予定面積の三八％）について地底銭を募集する予定で、その二分の一は反当二〇〇匁、残り二分の一は同一五〇匁となっている。この較差は、地面配置による利便

性の差、さらに開発地面そのものの善し悪しを斟酌してのことであった。

地底銭による資金調達が資金計画に組み込まれた背景の一つは、資金調達に相対する概念として、資金運用の考え方が着想されていたことにほかならない。亀崎御新地のように、櫨方や引除方、手永官銭からの貸し付けが地底銭に転換された例もあるほか、松橋新開の事例では、この時期、宇土・下益城・八代三郡海辺地域において、運用に向けられるほどの民間余剰資金が、すでに蓄積されていたことがわかる。

(2)地底銭の特質と評価

近世後期、九州内海の干拓新地に入植を希望する農民は、一般的に、熊本領のみならず柳河・佐賀など、他領内においても、彼らに比較的有利な小作慣行のもと、その目的を果たした。入植地に永代耕作の権利を得る、いわゆる今日的意味での永小作権は、いかなる理由で成立したのか。干拓先進地の瀬戸内あるいは尾張地域とも共通することであるが、概ね次の事情による。[30]

①入植を希望する農民は、築堤等の開発工事に際して必要な労力を提供し、その代償として永代耕作権を獲得する。
②築堤後の開墾・土地改良に労力を提供し、その代償として。
③永代耕作権の売買。
④隷農的関係・情誼的関係による。

九州内海域においては、公辺(藩庁および関係機関)による、私(私人)による、という開発主体の性格を問わず、①と②の場合が主流であり、労力提供の代償として開発地の割渡しを受け、相応の徳米を負担することで永代耕作権を手中にする。熊本領でも同様である。[31]しかし地底銭を出銭し、新地を取得した人々は農民に限らない。少数ながら、富裕商人や在地の武士といった人々も存在し、彼らは③に分類される。この階層には、当然、①と②の要素はない。

さて、地底銭出銭農民である。彼らの出銭意図が今日いうところの土地取得あるいは永代耕作権の買取といった現実的なところにあることは論を俟たない。さらに①にして③、②にして③という複合的要因をもつ事例もあり、築堤や土地改良にともなう重労働という代償のうえに、反当り二〇〇匁前後を出銭する負担を重ねているのである。

藩政末期に地底銭を出銭し、干拓新地上に権利を得た人々は、明治維新を経て版籍奉還の後、いかなる運命をたどったのか。公辺によって築造された干拓新地に出銭して権利を得た場合と、私（わたくし）によって築造された干拓新地における場合とをみてみよう。

直截的にいえば、公辺による干拓新地と私による干拓新地のいずれもが、熊本藩の判物高五四万石および現高七五万三七〇〇石余の埒外に存在した。それらは、寛永九年（一六三二）、細川忠利の肥後国襲封以降、地先干潟を締め切って人工的に造成された国土だからである。しかし公辺による干拓新地は、地主すなわち藩政府であるとして明治新政府に奉還された。そのため、ところの農民らは、地租改正における近代的所有権確定に際し、新政府により地券の発行を受け地主の権利を得た。ここでは一物一主の近代的所有権原則が貫徹されている。

他方、私的に開発された干拓新地でも、郷開や手永開など、末端行政機関による公辺の色彩を帯びた新地に限り、公辺の干拓新地に準じて処理されている。しかし、藩主の連枝における一門開、松井氏や有吉氏・米田氏ら世襲家老家に認められた御赦免開における農民らは、地主たりえず、依然として小作人という位置に留め置かれた。

純粋に私的な干拓新地において地主として承認されたのは、開発願の名義人たる旧藩主およびその一門、旧門閥士族らであった。しかし、地主＝地底権利者（開発主）に対して、[32] 上土権利者たる農民もまた、強力な永小作権を認められた存在であり、一物二主という前近代的な権利形態の克服にはいたっていない。玉名郡・飽田郡・宇土郡・下益城郡・八代郡・葦北郡の農民らは、地租改正にともなう土地所有権者の決定に際し、開発主たる地主と長期にわたり所有権を争った。[33] また、地主は藩政時代からの旧法を楯にとり、永世免租を政府に願い出ている。[34]

これら一連の紛議に対しては、永小作権の設定と有期限の地租免除という妥協的な措置をとられたまま、大正一二年（一九二三）一二月、免租年期の終了をもって一応の終結をみる。[35] その後、昭和二一年第二次農地改革法（自作農創設特別措置法）の発布をみるまで、こうした変則的な状況は解消されなかった。

注目すべきことは、本稿の舞台となった旧亀崎御新地の一部に、極めて例外的な措置がとられたことである。その希有な事例は、旧門閥士族の所有になる干拓新地を明治政府が賠償（買収）して新地と旧地主との関係を切離し、その後、新地農民に対して地券を発行し地主となしたことである。関連史料を掲げる。[36]

【史料15】

賠償御辞令写

従三位　細川護久

宇土郡亀松村官築新地田畑反別拾四町三反七畝廿壱歩は、安政四年家老松井泥亀功労に寄、給与せしと雖も其他の性質たるや、於舊藩開築の初め地底銭を徴し其出金の多寡に応し、其地を割与せしものに付、其割与されたる人民をして地主たらしめさるを得ず、然るに該地は、明治五年代金貳千円を以て買得せるも前文の理由を察知し、中立の趣により、鍬先人を地主として特別の詮議を以て、金貳千円被下渡候事、

明治十三年六月十五日　　熊本県

亀松村（藩政当時は亀尾村）の所在する亀崎御新地は、天保年間後期、宇土方知行地の地先干潟を開発したもの

で、窮迫している宇土方へ財政支援のため、新開地の二分の一ほどが分与されている。その結果、当該新地には本藩と支藩の領有地が混在していた。本藩領有分のうち一四町歩余は、当時の藩主が、安政四年（一八五七）八代城代松井典禮（泥亀）に永年の功労を賞して下賜し、以後この部分は、松井氏が築造主権を有する私的な新地と化していた。

その後、明治五年（一八七二）にいたり、この一四町歩を細川護久が代金二〇〇〇円で松井家より買い取った。史料にみる「賠償」とは、明治政府が、新地農民に地券証を交付して地主とする代わりに、先に細川護久が松井家に支払った買取資金を政府が賠償するという意味である。

当時この干拓地は、すでに竣工後一四年を経て土地改良の実もあがり、安定的な耕作者もあった。彼らは、開発の前後に地底銭を上納して入植したか、あるいは困窮した入植農民から地底銭の権利を買い取り、永世耕作権を手中にした自立的な農民である。しかし、政府によって地主の権利を認められるまでは、地床権者が松井典禮から細川護久に交替した後も、徳米を納める小作人たる地位に変わりなかった。

さらに同御新地において旧宇土支藩主細川行真の例がある。[37] 維新後、当時の宇土方領有分三一町九反余を旧支藩主が私的に取得するという事情にいたる。明治一三年、熊本県は細川護久に賠償辞令を発した同じ日付で、細川行真にも鍬先人（土地占有の農民すなわち地底銭権利者）をして地主とすることを通告し、行真に五〇二〇円余を賠償する旨を伝達した。

下って明治二六年一月、海辺私築新地免租延期請願委員の前田案山子他二名は、これら二つの事例と、他の一件を示していう。[38]

【史料16】

……松井氏に下賜せられたる分は、氏其築造主権を有し官納以外にありしを以て該新地との関係を絶たしめ、以て地主を決定するものなり、之れ実に相当の処分、固より非難すへき所なし……

委員らは、松井氏の旧私領（明治五年に細川護久が買取）に対する政府の処置を正当と認めたうえで、明治一二年の地主決定に際して、国は、この例に則《のっと》り各私築新地の築造主から築造主権を買収すべきであったと非難した。細川護久らに対する処置については、その面積が僅少という理由をもって買収され、その余の私築新地は、その逆の理由で買収されなかったという言説が流布したが、その真偽はもとより、かかる措置を講じた政府側の意図も明らかではない。

細川本家と宇土細川両当主に対する政府の例外的な措置を結論すると、当該新地に対する入植権利者の地底銭出銭の有無に帰結する。亀崎御新地は、松橋新開や鹿嶋尻御新地・植柳沖水島新地と同様、史料によって地底銭の出銭が確認できる干拓地である。亀崎御新地における細川本家・分家両当主の場合は、公辺により築造された干拓地の一部に、売買によって私的開発地たる条件が加わったものであった。[39]

一方の松橋新開では、明治維新後に新政府へ奉還された部分もあった。そこの権利者農民（永小作権者）には、当然、地券証が交付されている。地底銭の出銭者はむろんのことで、その他の要因による入植権利者（築造功労者など）にも地券交付がなされとみられ、騒擾の記録はない。八代郡の植柳沖水島新地は、旧門閥士族の松井家と高田手永との催合であるところから、公的な性格が弱まって私的な開発地に分類され、入植者は免租運動の主たる当事者となった。[40]

八代海北部海辺の干潟開発にともなう築造資金調達の一手段として、「地底銭」の仕組が登場以来、それについての適当な規則や条規のないまま、慣習的な事情が積みあげられ、社会的な実態と化していった。それは、幕末期近くになると、地底銭出銭者の出銭意図を永世耕作権の売買というより、土地所有権の売買にあると認識せざるをえないところまで整理されつつあったとみられる。地底銭出銭者にいち早く土地所有権が認められたことは、地底銭が、封建的権利関係を近代的な権利に変性させる要素を胚胎していたということにもなろう。

三　干拓地の維持

(1)御新地受込職の役割と機能

亀崎御新地では、村の機構と別個に「御新地方」が構成され、複数の「受込」職によって新地の運営維持が執行されていた。受込には御新地在住の村幹部が任命され、制度上は、郡代→惣庄屋→御新地方という職制を形成している。注目すべきは、この御新地内に松山手永による松崎村（のちに西松崎村）と郡浦手永による亀尾村の二村が村立てされ、両手永および両村の合議によって干拓地の維持活動が実施されていたことである。

御新地には、干拓地の生命線たる堤防・樋門等の維持管理活動を初めとし、用水の落し方（新地への導水）、諸役人往来の事務連絡、諸行事の日程調整など広範にわたる協議事項があった。これらは、それぞれの村の運営に先行し、松山・郡浦両手永に属する会所役人と両村庄屋を中心に水平横断的合議が重ねられている。御新地受込らによる多彩な協議の一端を掲げる(41)。

【史料17】

覚

一、井樋材木小屋引直方申請之事、此儀藁縄出夫両村より持出竹木代等者畝懸米を以取計可申候事、井樋所入用硴卸・金てこ等備方等之事、

此儀金てこ・硴卸壱弐両井樋江一組、三番井樋江一組両村共に出米を以買備置、井樋番共江相渡置候事、

一、塘手諸品備方之儀、願之趣難叶御達ニ相成候得共、急場之取防キ手法無之、猶申談之事、

此儀竹木等者両手永御山渡奉願、猫伏・明俵之儀ハ年々畝懸リ割賦を以、井樋小屋へ備方左之通、

明俵百俵　一ケ村限持出
猫伏五枚　但明俵買備い多し候ハヽ、明俵壱俵弐分五厘、猫伏壱枚六匁宛、
一、田方養水井手筋水落方之事、
此儀田方惣熟之上、両村申談日限相極メ役々立会一日ニ井手落方可仕事、
一、塩濱方諸役人往来人馬手配、是迄亀尾より指出来申候得共、此節松崎塩濱御買上ニ付而ハ両村順番ニ而差出可申哉之事、此儀御役間より壱度趣申達に相成候様、左候ハヽ夫々取計差出可申事、
一、御新地御用筋申談ニ付、出役被集会定日相究置、尤順番之役場江朝飯指急キ相揃可申候、為其気附酒弐升肴三種ニ而茶漬取計可申究之事、
霜月十日　但當年限受　松崎　正月十日　亀尾　三月十日　松崎
五月十日　亀尾　七月十日　松崎　九月十日　亀尾　霜月十日　松崎
右稜々申談之事、
十月六日
積　三左衛門
河野専左衛門
藤　兵　衛
政　右　衛　門
善　左　衛　門

本史料には年号年度が記載されていないが、編綴された史料の前後関係より、嘉永四年（一八五一）の十月六日と特定できる。積三左衛門は、当時御新地駐在の御郡代手附横目役で下益城郡代杉浦津直の指揮下にあり、松橋・亀崎両御新地の見締役を兼勤していた関係上、御新地受込の会議に列席していた。会合の目的は、「御新地

御用筋申談ニ付……」と言い、二カ月毎に定日を一〇日と定めて開催されている。小規模ながら、二つの手永を並列的に結んだ広域行政の協議並びに意思決定機関とみてよい。御新地受込は手永会所の一職務で、海辺新地の開発を担当する段階で任命され、通常、そのプロジェクトが成就するまでを任期としていた。

亀尾村庄屋藤兵衛は、郡浦手永会所の小頭であった。亀崎御新地の築造にかかわる際、御新地受込に就任したとみられる。同様に政右衛門も郡浦手永の小頭で、当初は、隣接する塩屋浦御新地に受込として駐在していたが、その後、亀崎御新地の受込へと転任した。河野専左衛門と善左衛門も同じく御新地受込で、前者は松崎村の庄屋である。亀尾村との均衡を考えると、河野と善左衛門は、松山手永の小頭職と推測される。御新地受込は、御新地のあらゆる御用を担い、責任を果たせる人材でなければならず、指導力と実行力の備わった人材を任用する必要があった。

干拓地の維持を考えるうえで最も重要なことは、日常的な管理活動の継続と急場の対応が可能か否かという点である。さらに、急場の対応を可能ならしめるためには、相応の手段を講じるための組織と保守資材の備蓄が必要であった。これらが御新地受込の職掌の中でも、第一にあげられるべき役目であるが、金銭的な負担も少なくないことから、現場と藩庁機関との認識の差が生じ、時として双方に確執の生じることもある。

亀崎御新地における災害時の堤防保守用資材買い備えにかかわる一件をみておく。嘉永二年（一八四九）七月、亀崎御新地の受込、政右衛門と善左衛門、藤兵衛の三名は、郡浦と松山の惣庄屋および御手附横目を通じ、宇土郡代杉浦津直宛に次の願書を提出している(42)。

【史料18】

奉願覚

一、明俵三千俵　　壱俵ニ付弐分五厘

代七百五拾目
一、縄　五拾束　　　　束ニ壱匁八分宛
代銭九拾目
一、猫伏五拾枚　　　　壱枚ニ付五匁宛
代銭弐百五拾目
一、中辛竹五拾束　　　壱束ニ付三匁宛
代銭百五拾目
一、杭木五百本　　　　長弐間末口二寸
代銭六百五拾目　　壱本ニ付壱匁三分
合壱貫八百九拾目
右者亀崎御新地塘手之儀、極々波當強ケ所ニ御座候處、追々御見分被成下候通、沖塘筋者懸ケ波・越波等ニ而土手洗崩候節間々有之候ニ付、用心諸品御備無之、塘手申分急場取防キ筋被行兼、纔之損所茂大変ニおよひ可申ほか無御座候ニ付、乍恐右之諸品御買上を以急キ御備被仰付置被下候様、重畳宜ク被為成御参談可被下候、此段覚書奉願候、以上、

干拓新田村と手永会所の意向は一致している。両者は、亀崎御新地の造成に企画段階よりかかわり、労働力を組織し築造を具体的に推進して竣工させ、御新地の実態を熟知していた。本史料は、干拓新地における危機管理の重要性を藩庁に訴えたもので、堤防損壊にいたる諸原因を述べ、堤防に問題を生じたときの応急対処用資材を備蓄する必要性を説く。その資材調達費用を藩庁に求めたのである。

しかしこの願いは、「……御備方先年奉願置候處、明俵・縄・猫伏等者相應ニ村方反懸を以相備候様、被仰付趣

奉得其意候」というわけで、(43)村方へ反懸米賦課で対処するように命じられた。嘉永四年（一八五一）三月、同様趣旨の願書が再び藩庁御郡方へ提出される。しかしその回答も、前回同様、反懸米賦課で非常用資材を買い揃えよ、という示達であった。松崎・亀尾両村は、開村以来の不作続きで困窮しており、出百姓継続の手段も調い兼ねている状態である。

御新地受込職らは、多少の譲歩もやむを得ないと判断したのか、応急用資材備蓄の三分の一を村方で用意し、残る三分の二と竹木類の出費をお願いすることに戦術転換した。この願いに対する回答は、同年七月一八日付で、「亀崎新地塘手備品々之内、三ケ弐御買備願書相達被置候、願之趣難叶、矢張是迄之通相心得候様…」(44)と、再び却下される。藩庁では、応急用資材備蓄の必要なことを理解しているが、資金負担には応じられないという姿勢を通した。

御新地受込の面々は、応急用資材の備蓄を新田村の死命を制する重大事と考え、容易に妥協をせず、嘉永五年七月、三度目の願書を上申した。それによると、亀崎御新地は風当りの強い場所で、井樋、堤防の石垣や内腹・土手など大風ごとに問題を生じている。塩浜方で買入れていた竹木に加え、浜子小屋を取り崩して応急用資材として対処したので大事にはいたっていない。

しかし、それらの資材も底を衝いており、災害に対し、徒手空拳では大破のほかになく、困窮の極みにある村方にも三分の一を負担させる条件で、残る三分の二の買い揃えを願った。さらに日常的な管理と急場の対応にも次のように言及する。(45)

【史料19】①

……尤諸品囲小屋之儀者一・二番井樋番人住所催合ニて両井樋之間ニ取建申度奉願候、左候ハヽ、平常井樋見繕并急場諸品持遣り等、一廉弁利ニ相成候ケ所も御座候間、何卒願之通被仰付、被下候様奉願候、

日常の堤防施設管理のため、見廻り補修や資材搬出の利便性を考え、井樋の近辺に資材小屋を建てたいと願い、堤防保全の強い意志を伝えている。さらに本願文の末尾には、郡浦・松山の両惣庄屋と御郡代附横目役による次のような添書が付記されていた。

【同右】②

本行御備所之儀、御買入無之候而ハ塘手并井樋所申分差発候節、取防キ仕法付兼候間何卒御買備被仰付候様於私共茂奉願候、此段肩書を以申上候、

前二度の請願の時、いずれの場合も惣庄屋らの添書は付されておらず、三度目の上申にいたり初めて書き添えられた。これは、村方で備えていた復旧資材が尽きた後、嘉永五年七月二日の強風高潮によって、亀崎御新地の堤防石垣が幅七間ほど崩落したことによって危機意識がさらに高まったからである。堤防復旧用資材の藩庁による買い備えが、御新地受込らの要請どおり承認されたのか、現時点で証明はでき難い。しかし御新地の相次ぐ堤防損壊は、逐一御郡方へ報告され、そのつど、担当郡代および御郡横目らが現地検分に急行しており、事の重大性はよく理解されていた。

(2) 御新地の危機管理

亀崎御新地は、堤防根敷幅が八間前後、堤高三間弱、馬踏二間前後の断面を持つ堤防によって海潮から守られていた。自然災害の程度によっては、干拓地に決定的な影響をおよぼす。長雨・台風・高潮など、堤防破壊に直結することがあり、潮入によって干拓地内の一村あるいは数カ村が消滅することもあった。亀崎御新地の場合も竣工直後から大小の被災がみられる。「御新地方記録」より、天保一四年から一〇年間の自然災害被災状況を抜粋してみよう。

①天保一四年（一八四三）九月三日、強風による高潮のため熊本領内全域にわたって海辺新地の堤防が決壊し潮入りとなる。亀崎御新地は隣接の下り松新地とともに全体が潮下になった。
②弘化四年（一八四七）一二月二〇日、地震のため四番井樋より鴨籠塘築合までの石垣二三〇間長ほどが狂い、大きく張り出す。
③嘉永二年（一八四九）五月および七月、連続多雨と強風雨により亀尾村の田畑が水没し、苗が全て流出したので横手手永椎田村に救援苗を願った。
④嘉永三年六月末、一番井樋の戸前が破損して潮入り。水田が八町七反九畝余、畑は三町四反六畝余が潮下となる。
⑤嘉永五年五月一四日、一番井樋の戸前が破損し潮入り。田畑七町九反九畝余潮入り。
これらには、それぞれ損耗高の記載がなく、金銭的な損害規模も不明である。継続的な土地改良施策により、塩害を克服しながら営農を続けていく中での被災であり、入植者のみならず村役人や会所役人らにおいても、物質的・精神的に過重な負担であった。頻々として発生する災害に対し、村では干拓地保全のため可能な限りの備を講じておく必要がある。亀尾村では、防災および災害復旧用の空俵・猫伏・杭木などの備蓄をする一方で、組織的な対応がなされ、手永所属の御新地受込のほかに、井樋番・井手番・水番など選任されていた。

干拓地に住まう人々は、高潮などの自然災害が発生し、破堤潮入りを経験することで否応なく運命共同体であることを思い知らされる。干拓新地は、初期入植者が数カ年の歳月を経て開墾を行い、塩分を洗い流して土地改良を施した末の産物であり、なによりも堤防によって保護された海抜ゼロメートル（あるいはマイナス）地帯という特性がある。大風や高潮、地震などによって堤防が損壊し、潮入りすると、さらに同様の期間を要して復旧しなければならなかった。

亀崎御新地の潮入り事故は、築造このかた幕末期にいたる間、大小合わせて数年に一回ほどの間隔で発生しており、全てが不可抗力とばかりにもいえない様相が垣間見える。弘化四年一二月の地震による復旧の経緯を通して、危機管理の問題をみておこう。

嘉永元年八月、藩庁御郡方奉行より、次のような書面が担当郡代を通じ、宇土郡松山と郡浦の惣庄屋および郡代附横目に対し通達された[46]。

【史料20】

亀崎新地塘手笠腹附等之儀、書付相達被置候、右之内御郡横目於見分向苟キ方之儀、申談置候通ニ付、石垣操返(ママ)之分迄之入目銭積前五貫三百七拾目余、被渡下御普請被仰付候間、現事重畳手を詰、出来治定明細帳達出候様可有御達候、以上、

八月十三日　御郡方

御奉行中

杉浦津直殿

右之通ニ候条、左様被相心得、可有其取計候、以上、

八月十三日　杉浦津直

宇土

御惣庄屋中

積　三左衛門殿

この通達を受領した後、同じ八月の日付入り覚が、松山・郡浦両手永の惣庄屋と積三左衛門より宇土郡代杉浦津直宛に提出されている。それによると、弘化四年一二月の地震で狂った塘筋《ともすじ》の嵩上《かさあげ》と腹付《はらつけ》(塘腹の強化)、およ

び鞘石垣の設置を願い、翌嘉永元年二月に八五貫四八四匁余の予算を請求をしていた。それを受け、御郡方より、御郡横目辻敬次郎が亀崎御新地へ出張して検分を行ったが、腹付工事は残らず否認したうえ、嵩上と鞘石垣工事も所々省略してしまい、費用は一六貫五二九匁まで削減される。ところが、その後、御郡横目野田平右衛門が再度検分に訪れ、鞘石垣設置を全て却下し、本塘《ほんとも》の孕み出ている部分のみ承認するという事態になった。

結局、地震による堤防損壊の修復費用は、五貫三七三匁にまで減額されてしまった。惣庄屋らは、この書面の中で、「……此節御済達前之御普請者入目銭御出方分ニ而者出来不仕候間、何然に可被仰付哉」と、不快感をあらわにしている。これに対して御郡横目らは、「…追而申分等出来仕候節ハ丈夫之御普請茂可被仰付旨ニ而、稜々省減に相成……」と言い、後日になって問題が生じたら、確かな普請を命じるという含みを明らかにした。

両手永の惣庄屋と郡代附横目は、再三にわたり藩庁と交渉していたが、危機管理上からも時間的な余裕がなくなり、早期に事態収拾を図る必要に迫られ、嘉永二年正月にいたって、従来主張していた工法と同等の効果を期待できる新工法による普請願いを上申した(47)。嘉永元年八月、五貫三七三匁の工事予算を承認されたが、この時は季節風の時期で、高潮や強風のおそれもあって工事を見合わせている。

その後、秋も過ぎて日も短くなり、冬に向かい海辺土木には不向きな時候となる。季節的に高潮や強風のおそれは少ないので年内の着工を見合わせ、嘉永二年春先から取りかかることにした。石垣の狂ったところは、去る天保一四年の高潮によって破損した部分を修復したもので、堤防主体である土手の部分には手を入れていない。そのうえ塘幅が薄手であるところから地震の際に動揺が激しく、そのために狂いが生じたという。

不安定になった堤防の復旧につき、彼らは弘化三年、沖塘筋《おきどもすじ》で堤防の腹付を命ぜられたが、翌四年の地震に際し一カ所の狂いもなかったと主張した。この事実から、塘幅の厚薄によって堤防損壊の発生することが判明する。今後も同じようなことがあれば、さらに大被害が予測されるので、四番井樋から鴨籠の築合まで二三四間のうち、一七七間を鞘石垣の上方から腹付する要領で五寸勾配をもって改修を図りたい。その結果、塘腹が厚くなって堤高も嵩上げが可能となり耐久性を増す。残る五七間については、築石も大きく、石垣の狂いはないものの土手幅が狭い。いたって怯弱にみえるので、土手と堤高を五合ほど広めたうえ、腹付が必要と指摘した(48)。

この事案は、嘉永二年四月一〇日、御郡方奉行の、「……御出方増ニ者候得共、後年之為合ニ相成候趣ニ付、達之通此節積前之入目銭弐拾壱貫七拾九匁九分御出方を以、御普請被仰付候条……」という回答を得て、一応の決着をみる(49)。惣庄屋らが工事方法を再検討した結果、工事費が削減可能となり、嘉永二年正月、普請願いの提出にいたった。その工事見積が詳しく検討された結果、所用入目銭二一貫七九匁九分が勘定所より出銭されることになる。この一件は、費用対効果の面から、より効率的な普請をせよという藩庁役人の役人的思考と、海辺新地が運命共同体であることを認識している末端行政吏僚との、各々の職責をめぐる攻防であった。他方、地方行政末端の役人と藩中枢にある事務官僚との、海辺干拓地をめぐる危機管理意識の差を露呈したものともいえる。

おわりに

一〇〇町歩を超える海辺新地の立ちあげは、近世後期の段階においても巨大プロジェクトであることに変わりない。開発する干潟が広域にわたるため、開発区域の設定段階から多くの村々の間で、また関係各手永の間で利害が錯綜した。それらの利害調整に奔走し、合意形成にまで誘導することが惣庄屋の新しい職責となり、そのため、惣庄屋間で横の連携を強化する必要もでてくる。惣庄屋らは、新規プロジェクトのたびごとに合議を繰り返し、地域の利益代表として振舞うタフな交渉人の顔を持っていた。その一方で、名分を掲げ、現実的に問題解決を図る大局観もあわせ持っており、この姿勢は、築造工事の実施段階において、夫役の動員・資材の調達・丁場制の施行など、諸々の執行メカニズムの基礎部分を通して貫徹されている。

手永会所役人をはじめとする管理監督の組織はいうまでもなく、この時期になると一般の農民階層においても、組織原理・運動原理を受け入れられる教養的な質的転換がなされていたことを指摘しておく。端的には、諸工事の動員体制・工事執行の体制にあらわれている。規則化と基準化の進行から、在御家人各層や農民階層別に指揮命令を受・発信する素地が互いに涵養されていたとみられ、目的達成のための機能体、機能的組織の創造と運用を実現できる惣庄屋を中心とした一団が存在していた。

また、熊本領内に限ったことではないが、海辺干拓地では、近世を通して一団の土地に底土権者と上土権者が一物二主の状態で共存していた。この権利の二重構造というべき状況は、両者による支配と権利の概念で均衡を保っていたが、明治維新後に地主定めの洗礼を受け、明確な近代的所有権に準拠することを迫られる。ここにおいて、熊本領における「地底銭」は、維新前に発生した現象でありながら、出銭した上土権利者の権利を認める根拠として作用した。つまり、地底銭という契約行為が、近代的な性格を胚胎していたとみなされ、使用・収益・処分の一括売買という理解で、旧制度中にさかのぼって追認されたのである。

干拓地は、海中に一筋の堤防を設置し、海水を遮断して成った低平の土地で、その保全は、現代の技術をもってしても万全ではありえない。近世末期における熊本領の干拓は、それまでの干拓地が、概ね汀線を潮受堤防の限界的設置線としていたことに対し、常時海水を湛えた潮溜りの線まで堤防を進出させたことに特徴がある。このことは、干拓地の面積拡大に大きく寄与したが、結果的に安全性を相殺することになり、多発する破堤事故や樋門崩壊の原因となった。手永の役人らは、築造段階から現場で危機管理の最前線にあり、これら諸般の事情は身に沁みて了解していた。一方、藩庁の役人は、その財政的呪縛もあってか、彼ら手永役人と不毛な対立を余儀なくされたのである。

（1）松橋新開・亀崎御新地入植に関する参考文献（自治体誌）は以下。
林田憲義『松橋町史』（熊本県下益城郡松橋町、一九六四年）、同上『松橋町史』（熊本県下益城郡松橋町、一九七九年）、不知火町史編纂委員会『不知火町史』（熊本県宇土郡不知火町、一九七二年）。

（2）江湖は、潮遊・潮回し・水尾ともいう。洪水や旱害の事前対策として調整池的な意味を持つ施設で、旧澪筋に加えて堤防築造用の土取り跡などが活用される。

（3）「覚」「御内意之覚」（「天保覚帳」六―三六―一八／永青文庫蔵熊本大学附属図書館寄託）。

（4）宇土支藩の領域は、下益城郡の杉嶋・廻江・河江に中山手永の一部、宇土郡の松山・郡浦の二手永、計六手永の村々であった。

（5）「松橋尻新地見立見積帳　全」（九州大学農学部図書館蔵）。

（6）鹿子木量平「天職提要記」（天保年間／熊本県八代市鏡町・鹿子木勝氏蔵）。

（7）前掲注（5）「松橋尻新地見立見積帳　全」。

（8）同右。

（9）四百町新地（別名四百町開）は、野津手永物庄屋鹿子木量平が築立を指導し、文政二年（一八一九）総面積四三二町歩余が築造された。

（10）前掲注（5）「松橋尻新地見立見積帳　全」。

（11）「御新地方記録」（熊本県宇城市教育委員会蔵）。
……下益城・宇土江築立之新地并松橋築添新地、共ニ細川豊前守戸の鷹場より被遣候、

（12）前掲注（5）「松橋尻新地見立見積帳　全」。

（13）「亥四月朔日御場所見聞略絵図（「密書輯録」三三―三／永青文庫蔵熊本大学附属図書館寄託）。

（14）「松橋・高良御新地御出方大略志らへ帳」（「天保覚帳」六―三―一八／同右）。

（15）「松橋・高良両御新地御入目銭差引帳」（同右）。

（16）「僉儀」（「天保覚帳」六―三―一八／永青文庫蔵熊本大学附属図書館寄託）。

（17）成松古十郎「請新地一紙書抜」（成松孝茲家文書／熊本県下益城郡城南町民俗資料館蔵）。

（18）『宇土郡村誌　抄』（熊本女子大学歴史研究部、一九七二年）。

（19）「安政三年亀崎御新地亀尾村田畑下ケ名寄御帳」（熊本県立図書館蔵）。

(20)「安政三年亀崎御新地西松崎村田畑下ケ名寄御帳」(崇城大学図書館蔵)。
(21)「安政三年亀崎御新地亀尾村田畑名寄帳」(熊本県立図書館蔵)。
(22)「松山手永手鑑」(河野家文書／熊本県宇城市教育委員会蔵)。
(23)「塩濱之圖」(「御新地方記録」／同右)。
(24) 崇城大学図書館蔵「天保十四年九月三日強風高潮之節海辺塘切絵図」によると、亀崎御新地と隣接する旧干拓地下り松新地は、全面潮入りを示す水色で塗り潰されている。
(25)「御新地方記録」(熊本県宇城市教育委員会蔵)とは、亀尾村庄屋藤兵衛を初めとする同村の諸役から、郡浦手永惣庄屋や郡代附横目・担当郡代などへ宛てた諸願書の類と、それに対する回答・指示・達示などの公文書二七七点を合綴したもの。
(26)「御新地方記録」(同右)。
(27) 前掲注(17)「請新地一紙書抜」。
(28) 前掲注(5)「松橋尻新地見立見積帳　全」。
(29) この場合の村方富裕農民階層とは、各丁場に御用懸等で出役した在御家人階層も含む。彼らの多くは、多少の心付を拝領するが、造成後の新地に出百姓を希望して拝領銭を地底銭に充当することを願った。鹿嶋尻新地の場合にも伊藤一八による「鹿嶋尻新地入植願書」(崇城大学図書館蔵)がみえる。
(30)「大正十年小作慣行調査」(農地制度資料集成編纂委員会編『農地制度資料集成』1、一九七〇年)。
……開墾、干拓、其他大規模ノ土地改良ニ際シ小作人カ地主ニ助力シ若クハ殆ント小作人ノ労費ニ於テコレヲ為シタルニ基クモノ……
(31)「海邊私築新地免租延期請願書」(九州近代史料叢書九輯『熊本県干拓史料』所収、一九六五年)。
……築造ノ工ヲ竣ルヤ築造主ハ、舊藩ノ制規ニ由リ官築新地同様現地ヲ地先住民ニ割渡シ、地方相當ノ定徳米ヲ課シ、以テ築造資本ノ償却ヲ永世ニ期シ、地先住民モ亦其現地ヲ永遠ニ所有スルノ目的ヲ以テ該定徳米ヲ負擔シ、共ニ子孫福祉ノ基礎ヲ確立セルコトヲ慶ベリ……
(32)「官築及民築新地之内華士族所得権ニ係ル分賠償御辞令写」(同右所収)。
(33)「私築海面埋立免租一件」(同右所収)。
(34)「私築海辺新地免租延期之儀ニ付願」「私築海辺新地免租継続之儀ニ付再願」(同右所収)。

(35)「解題」(同右所収)。
(36)「官築及民築新地之内華士族所得権ニ係ル分賠償御辞令写」(同右所収)。
(37)「同右」(同右所収)。
(38)「海邊新地免租延期請願ニ関スル陳情書」(同右所収)。
(39)植柳沖水嶋新地は、松井家「明治九年記」(崇城大学に写本蔵)によると、八代城代松井家によって天保一四年、八三町九反余が開発された。「……地所の儀、地底銭一反歩に付旧藩札百五拾目宛受取、築費の内に相成候に付、出銭の面々え受持せ候」という。
(40)前掲注(31)『熊本県干拓史料』所収。
(41)「御新地方記録」(熊本県宇城市教育委員会蔵)。
(42)同右。
(43)同右。
(44)同右。
(45)同右。
(46)同右。
(47)同右。
(48)同右。
(49)同右。

第四章　日本近世における評価・褒賞システムと社会諸階層

――一九世紀熊本藩住民評価・褒賞記録「町在」の成立・編成と特質――

吉村豊雄

はじめに

本プロジェクトの基本目的は、熊本藩の民政・地方行政関係の二つの記録帳簿群、「町在」と「覚帳」の分析を通して、戦国期から近世期にかけて成立・確立し、社会の団体的編成を基本特質とする伝統日本社会＝日本型社会の仕組みを明らかにしつつ、近代への歴史的基点となる一八世紀中期以降、近代社会の内実をつくり、最終的に幕藩領主制廃絶（＝明治維新）へと向かわせる一九世紀の歴史の基礎過程を実態的に解明することにある。

さて、日本近世の歴史において、近世中期、一八世紀後半の宝暦―明和期を境にして領主制・領主政治の仕組みは大きく変わっていく。それは、簡単にいえば、複雑化する社会に対応して、領主政治（藩政）が、藩領住民＝社会諸階層の活動・活力を重視し、社会の自律的運営能力、民間活力を積極的に政治に取り込んでいく方向である。そのために社会諸階層の多様な活動を評価・褒賞し、管理・組織化していく方向が志向される。

そもそも日本近世の領主制は、年貢の村請制に象徴されるように、村・町の一定の自律的な運営能力を前提に村・町との契約的関係を基礎に統治を行っている。村・町＝社会に向けた領主側の行政役人は限られ、その人員規模は中後期にいたっても大きな変化はない。また領主財政において社会に向けられた直接予算は意外なほど限られている。近世初期、一七世紀段階はいわば領主法令と百姓労働力を組織した勧農業務、恩恵的な救恤で社会の要請に対応し、相応の統治成果をあげえたが、一八世紀中ごろになると、領主政治は一定の限界をみせる。近世中期以降、行政人員・財源を要する民政・地方行政は限界をみせ、これを社会に依存し、政治は新たな傾向をみせるようになる。結論を先取りして言えば、藩領住民の諸活動＝行政活動・社会活動を政治に取り込むための行政ルートの整備であり、もう一つは、住民の諸活動を評価・褒賞し、行政的に管理・組織化していく方向である。

こうした領主政治と社会の関係変化にともなって近世中期以降、領主側記録も大きく変容を遂げる。熊本藩では、民政・地方行政関係の記録は内容変化を示し、かつ新たに住民評価・褒賞関係の記録帳簿を生成せしめる。熊本大学拠点形成研究「世界的文化資源集積と文化資源科学の構築」（平成一五―一九年度）のプロジェクトチームは、永青文庫所蔵・熊本大学附属図書館寄託の「細川家文書」の中の藩政記録として「覚帳」と「町在」という熊本藩の二つの藩庁部局記録帳簿群に着目し、組織的解析を進めてきた。「覚帳」は、藩庁（奉行所）の民政・地方行政担当部局＝郡方の記録であり、藩政初期から明治初年にいたる長期系統的な記録帳簿群であるが、解析・検討作業の結果、驚くべき事実が判明した。すなわち「覚帳」にみる民政・地方行政は、一八世紀後半、宝暦の藩政改革期以降、次第に農村社会からの上申事案＝上申文書の処理を業務とする割合を強め、寛政末年以降、明治初年にいたる一九世紀段階には、農村社会からの願書・伺書の類いの上申文書を藩庁における稟議の起案書として扱い、民政・地方行政に関わる主要な政策形成を行うにいたるという、従来の研究史において想像されて来なかった行政段階に到達している（1）。

藩領住民の評価・褒賞記録「町在」は、「覚帳」にみる一九世紀段階の民政・地方行政に対応している。「町在」は藩庁の人事考課担当部局＝選挙方の帳簿であるが、文字通り「町在」に居住する住民＝社会諸階層の社会活動・行政活動など種々の功績・功業を評価し、褒賞した厖大な記録群である。現存する「町在」にみる限り、「町在」は寛政一一年（一七九九）に成立し、明治三年（一八七〇）までの分が現存している。すなわち郡方と選挙方の部局記録の内容は時期的にも相即する関係にあり、郡方の「覚帳」の記録内容が、農村社会からの上申文書そのものを起案書として民政・地方行政に関わる部局稟議・政策形成を行うにいたる寛政末年の時期に選挙方記録の「町在」の成立をみている。

「町在」と「覚帳」は相即の関係にある。「町在」は数万人規模での藩領住民＝社会諸階層の活動実態が記録されている。住民の諸活動、民間活力は日本近世社会の仕組みをどのように変えていったのか。

一　民政・地方行政における評価・褒賞の導入と関係記録

(1)宝暦改革期の評価・褒賞形態と関係記録

熊本藩においては、一八世紀中期の宝暦の藩政改革において、藩領住民＝社会諸階層の社会的活動・社会的行為を政治に取り込むべく、改革政治に評価・褒賞の観点が導入される。その画期は宝暦五年（一七五五）の中央機構（奉行所）改革であり、人事考課担当部局として選挙方が設置されると、明確に藩領住民を対象にした評価・褒賞の観点が導入され、藩領住民＝社会諸階層の社会的活動・社会的行為を引き出し管理・組織化する行政方向が志向される。

選挙方新設当初の人事考課記録として、次の四つに注目したい。①宝暦五・六年の「讃談帳」[2]、②宝暦六年五月の「孝廉ニ依而御扶持方米銀被下并御郡奉行直触被仰付置候名付帳」[3]「御用銀指上御知行御扶持方被下候者覚帳」[4]、③宝暦六年八月の「在中窮飢之者取救候名附」[5]「熊本・高瀬・高橋・八代町窮飢之者取救候名附」[6]、④宝暦一〇〜一三年の「町在讃談帳」[7]、以上、四つの括りの記録である。

表1　宝暦5年「讃談帳」にみる惣庄屋の人事例

役職名・人名	任免・褒賞内容
阿蘇郡　小国手永惣庄屋　北里伝兵衛	病気にて役儀御断わり
豊後領　久住手永惣庄屋　久住兵九郎	心懸出精にて褒賞
詫摩郡　田迎手永上牟田村庄屋　弥三次	田迎清右衛門惣庄屋跡役
玉名郡　高瀬町庄屋　喜兵衛	中富弥次右衛門惣庄屋跡役
〃　中富手永惣庄屋　中富弥次右衛門	惣庄屋罷免
豊後領　野津原手永惣庄屋　谷村次郎左衛門	惣庄屋罷免
〃　野津原手永谷村一領一疋　生野仁太夫	谷村次郎左衛門惣庄屋跡役
詫摩郡　田迎手永惣庄屋　田迎弥三次右衛門	惣庄屋罷免
阿蘇郡　小国手永惣庄屋　北里伝兵衛倅喜惣多	親跡惣庄屋
〃　坂梨手永惣庄屋　坂梨専助	役儀御断わり
〃　布田手永一領一疋　甲斐半右衛門	布田郡兵衛惣庄屋跡役
〃　内牧手永一領一疋　河瀬武太夫	坂梨専助惣庄屋跡役
〃　南郷惣庄屋　野尻宇平次倅軍内	親跡惣庄屋（親宇平次罷免）
山鹿郡　一領一疋　宇野七郎次倅半右衛門	藤林次右衛門惣庄屋跡役

注：「讃談帳」（永青文庫蔵）による

①の「讃談帳」は、宝暦改革期以前にも存在する。文字通り藩内行政を主導する奉行衆の讃談の記録であるが、宝暦五年に選挙方が設置されると、「讃談帳」の表紙には、「宝暦五年・同六年　讃談帳　選挙方」と記載され、宝暦五年に新設された選挙方の記録として新規作成されている。同帳は基本的には切米・扶持米取クラスの下級役人の人事記録であるが、新たな特色として、惣庄屋の人事関係（罷免・相続・任命）の事例が集中し、奉行機構を統括する大奉行堀平太左衛門が讃談の最高責任者として加わっている。従来の「讃談帳」にも惣庄屋の人事案件が散見されるが、宝暦五年に入ると、その事例が一気に増大する。改革政治として手永（郡と村の中間行政区域）の長たる惣庄屋人事が重視され、「讃談帳」が新設された選挙方の人事考課帳簿として役割強化された経緯をうかがい得る。

表1は、宝暦五年の惣庄屋人事の事例を示したものであるが、三人の惣庄屋が罷免され、また跡役に三人の一領一疋、一人の庄屋が任じられているのが目立つ。同時に親跡の惣庄屋相続も依然同数程度みられるが、阿蘇郡

野尻手永では親が「勤方不宜」として倅に交替させられている。初期以来の惣庄屋の世襲傾向がくずれ、改革政治のもとで惣庄屋の職務能力が問われつつあったことを実感する。詫摩郡田迎手永の田迎弥三次などは自身の能力を悟ったのか、就任直後に辞退を申し出ている。罷免された惣庄屋の事例として玉名郡中富手永惣庄屋中富次右衛門の例を示す。

【史料1】

口上之覚

玉名郡中富手永
御惣庄屋　中富弥次右衛門

右中富弥次右衛門儀、宝暦二年七月御惣庄屋役被仰付、当時迄相勤居申候へ共、惣躰御役方不呑込御座候付、難相勤様子相見候、因茲今度御惣庄屋役御免被成被下候様有御座度奉存候、左候而、右此儀申談候処、弥次右衛門儀、不働之者之様子ニ付、弥次右衛門儀「御惣庄屋役被差除、名字・刀を被成御免置、御郡奉行直触可被仰付置哉、御奉行中」元人畜之者ニ而茂無御座候間、名字・刀之儀者御免被成置、私共直触ニ被仰付被下候様有御座度、於私共奉願候間、此段宜様御讃談被成可被下候、以上、

八月

白石伝内
宇野一郎右衛門

御郡方[8]

玉名郡の郡奉行（郡代）白石伝内・宇野一郎右衛門が、「惣躰御役方不呑込」「不働之者」として惣庄屋中富弥次右衛門の罷免と、同人を苗字・刀御免の郡奉行直触としたき旨を藩庁郡方に上申したものである。中富は三年前の宝暦二年に一領一疋から惣庄屋に任用され[9]、当分という試用期間中に職務能力が問題視され、罷免されている。

書中の「人畜之者」とは、人畜帳に記載された通常の百姓という意味であり、「私共直触」「御郡奉行直触」とは、藩当局・郡代からの通達類が「人畜之者」＝百姓であれば村の庄屋から触れられるのに対し、「私共」＝郡奉行から直接触れられる、郡奉行配下の郡奉行直触（のちの郡代直触）のことである。藩政改革の出発点で「人畜」＝百姓、人畜を離れた「直触」という身分概念が成立していることに注目したい。中富弥次右衛門は元来「人畜之者」ではないとして、物庄屋罷免後、苗字・刀御免の郡奉行（郡代）直触とされている。

さて、本文書は郡奉行から藩庁郡方に上申されたものであるが、本文中途の「御惣庄屋役被差除、名字・刀を被成御免置、御郡奉行直触可被仰付置哉　御奉行中」という書き入れ部分は、選挙方の奉行名で示された選挙方の決議部分である。つまり、郡奉行から郡方に上申された文書は、郡方から選挙方に回され、ついで選挙方奉行の決議が上申文書に付紙で示され、選挙方から郡方へ、郡方から郡奉行へ返却されている。そして選挙方において本事案の文書処理過程について記録し、「讃談帳」に綴じ込んだのが本文書である。以上の上申事案の処理、文書処理の方式は、のちの「町在」にいたる人事考課関係記録と同様である。人事考課、評価・褒賞にかかる郡方―選挙方間の文書処理形態はほぼこの時点で成立しているといえる。

次の②③の四冊（②は合冊）は同形式の作成形態がとられ、別途桐箱に入れ保管されている。作成部局は記されていないが、担当部局は選挙方である。まず宝暦六年五月「孝廉ニ依而御扶持方米銀被下并御郡奉行直触被仰付置候名付帳」は、孝心により扶持方支給となった二三名、忠志・孝心によって鳥目拝領となった一三名の名付帳であり、この後の「肥後孝子伝」編纂（天明二＝一七八二年成立）に結びつくものである。選挙方の基本記録「讃談帳」にも郡代推薦の孝心の者を載せ始めているように、選挙方による評価・褒賞事業の一環をなしている。

同「御用銀指上御知行御扶持方被下候者覚帳」は、事実上、領主財政への大口資金提供が「寸志」とされ、その見返りに知行・扶持方が与えられた寸志知行取の名付帳であり、「町在」段階に一般化する寸志の先駆をなす。

表2　「在中窮飢之者取救候名附」の郡別構成（宝暦6年）

（単位：人）

郡名等／寸志者	飽田	詫摩	上益城	下益城	葦北	山本	山鹿	玉名	菊池	合志	南郷	阿蘇	小国	久住	野津原	鶴崎
物庄屋			1		1	1	1		1							
郡奉行直触			3						1		1			2		
一領一疋				3		1	4	4	3		1		3	3		
庄屋・別当	19	10	6	5	3	1	11	23		5	8			3		3
手代・下代			1													1
百姓	17	111	38	43		5	6	4	102	16	73	2	71	2	3	94
計	36	121	49	51	4	8	22	31	107	21	83	2	74	10	3	98

注：「在中窮飢之者取救候名附」（永青文庫蔵）による

寸志知行取の初例として知られる木村安右衛門の曾孫木村弁次もその一人であり、曾祖父の代の銀四〇〇貫の寸志により、弁次の代も知行七〇〇石を与えられている[10]。銀四〇〇貫という寸志は、事実上、知行給付と引き換えにした領内有徳者からの借銀に近い。上方金融のほかに領内有徳者が領主財政の金融対象として開拓され、「寸志」という形に読み替えられている。

そして③の宝暦六年八月「在中窮飢之者取救候名附」「熊本・高瀬・高橋・八代窮飢之者取救候名附」の二冊は、宝暦六年春の飢饉に際して、従来、藩側が「御救い」という次元で行っていた救済策を大きく転回し、在中・町中の「窮飢之者共」の救済を民間に求めたものである。「在中窮飢之者取救候名附」には、まず先の寸志知行取一九名が名を連ねているが、救済の主体をなしているのは郡別に列記された地方役人と百姓層である。表2は郡別の米穀拠出者を示したものである。物庄屋は意外に少ない。一領一疋とは細川氏入国時、開発地の知行化を認めた屯田兵的存在の地侍の統率者であり、武士的由緒を持つ村方有力者である。郡奉行直触は寸志で百姓身分を離れ、庄屋ではなく郡奉行（郡代）から通達類を受ける身分であり、すぐに郡代直触と称され、在御家人という武士身分待遇の末席に位置づけられる。この時点での直触は農村の限られた富裕者とみてよい。

寸志拠出者の主体は庄屋と百姓であり、詫摩郡、菊池郡、豊後領では百姓が目立って多い。褒賞は米一石で鳥目五〇〇目、二石で一貫目の拝領であり、百姓の大部分を占める三斗以下は鳥目拝領となっていないが、数多くの百姓が拠出に応じている事実に注目したい。たとえば詫摩郡では、新南部村九名、鹿帰瀬村一四名、永嶺村一七名（庄屋四名）、小山村一八名、戸嶋村四〇名（庄屋二名）を数える。選挙方は、三斗以下について、「在中三斗已下取救候者共江者奇特被思召上旨申渡候様所々御郡代共江沙汰仕候事」との付紙を付し、今回の行為を「奇特」に思うとの藩主の意向を申し伝えるよう郡代（郡奉行）に指示している。宝暦六年の名附帳作成は、「孝心」者褒賞という社会傾向の中で藩領住民の社会的行為を引き出し、これを褒賞する方式を始めたという点で注目できる。

さて、②③との関係で注目されるのは、④「町在讃談帳」の一冊であり、表紙には「町在　讃談帳　宝暦十年同十一年　同十二年　同十三年正月ヨリ」とある。「町在讃談帳」は、「讃談帳」という従来名称に「町在」を付加した形式をとっているが、「讃談帳」の過半を占める下級役人の人事案件はなく、内容は、（1）惣庄屋人事、（2）一領一疋・地侍（地士）の任免・相続、（3）郡代直触の任免・相続、（4）会所手代の人事、（5）御用職人の相続、（6）寸志進席で構成され、従来の「讃談帳」にない（4）～（6）が新たに加わっている。特に寸志による進席事案が一気に増大している。

「町在讃談帳」の「町在」という発想は重要である。同帳の特色は、惣庄屋の存在を切米・扶持取の下級役人と区別して、百姓・町人側に引きつけて位置づけていること、多数の寸志褒賞関係記事を収載していることである。後で詳述するように、惣庄屋は知行取の身分であるが、武士的由緒をもつ家筋の初期惣庄屋の世襲傾向がくずれ、一領一疋クラスからも惣庄屋に登用され、寸志によって百姓の一領一疋・地侍への進席が実現している状況のもとで、藩当局は、宝暦改革の基調として、本来的な武士身分である「士席以上」（知行取、切米・扶持米取）と「士席以下」を截然と区別し[11]、惣庄屋と一領一疋・地侍を主体とする「士席以下」の人事考課記録として「町在讃談

表3　玉名郡百姓の寸志褒賞事例(宝暦11年)

在所・名前	寸志額	寸志名称	褒賞内容
南関手永上長田村百姓　左三右衛門	銀50枚	南関手永囲籾蔵寸志	地侍
内田手永木葉町百姓　両右衛門	〃	内牧手永囲籾蔵寸志	〃
荒尾手永上沖洲村百姓　理右衛門	銀70枚	坂下手永囲籾蔵寸志	一領一疋

注:「町在讃談帳」(永青文庫蔵)による

帳」を作成している。「士席以上」と区別され、一般「人畜之者」とも区別され、かつ寸志によって増大しつつある身分層をまとめて一冊帳簿化したところに「町在讃談帳」の意義がある。それはまた、後年の「町在」の作成意図に通じるものである。

町在住民の寸志による褒賞事例は延享(一七四四―四八)期ごろから散見されるが、宝暦改革期に入って増加傾向をみせると、これを記録化する必要に迫られ、宝暦一〇～一三年分を合冊した「町在讃談帳」の作成となっている。当時の寸志は大きく社会事業資金調達のための寸志と個人献金的な寸志に大別される。社会事業としてあげられているのは豊後領の鶴崎川普請、諸郡・諸手永の囲籾蔵作事であるが、これも鶴崎川普請のように大口の個人寸志によって事業資金を調達したものと、地域富裕者が共同出資して囲籾蔵を建設したものとに分かれる。表3は宝暦一一年六月に玉名郡代が褒賞申請した百姓三人の寸志事例を示したものである。寸志銀が郡内各手永の囲籾蔵作事料に充当され、郡代は寸志した百姓三人を地侍に申請する。その理由として郡代は、

支配所之儀ハ御大名様方御通繁所ニ而、当時ニ而ハ御家人及不足、御足軽之中不被差出候而ハ御用差支申候、願之通御家人増方ニ被仰付候ハヽ、此已後御足軽不被指出候而も支配所之御家人迄ニ而相済申儀ニ御座候、(12)

と述べている。つまり、大名家の通行繁多な玉名郡において、在中の治安業務に当たる下級武士の足軽に替えて郡代支配の「御家人」を当てることで藩側の人的負担の減少にも役立てたいと申し出ている。御家人とは「御家」＝細川家に仕え「御用」を果たす存在であるが、「士席以上」の足軽に対して、「士席以下」と厳格に区別されているところに、改革政

治が意図する身分的本質がある。選挙方では「百姓ゟ為寸志弐貫目差出候へハ地侍ニ被仰付候例」「見合」にもとづいて地侍進席を決めるが、注目したのは、理右衛門の寸志額が大きいとして一領一疋進席が妥当との意向を示していることである。細川氏入国当初、郡単位で数名であった一領一疋が、今や寸志額で進席可能な状況となっている

さて、「町在讃談帳」の宝暦一三年分には、表紙、中表紙にそれぞれ「同十三年ヨリ」「宝暦十三年六月ヨリ」と記され、末尾には「是ゟ達帳ニ変ル」と記されている。「達帳」[13]は宝暦一三年六月をもって「讃談帳」と「町在讃談帳」を合体化する形で作成され、寛政一一年に「町在讃談帳」部分が「町在」として独立するまで、一冊形態で推移する。「達帳」に収載されている個人寸志の事例を示し、寸志褒賞の整備化の側面をみておく。

【史料2】

御内意之覚

下益城砥用手永
原町村　五郎左衛門

右之者、今度乍恐、為寸志銀弐貫目指上申度奉願候ニ付、内望等ハ無之哉と相尋申候処、下益城地侍ニ被仰付被下候様ニと内々奉願候、右之者人柄茂能、地侍之御奉公相勤可申者与見及申候、
「六月十三日紙面達」(朱筆)

五郎左衛門儀、追々例茂有之儀ニ付、寸志銀被召上、地士ニ可被仰付哉、

同郡松橋町　又四郎
右同　忠平

同郡廻江手永
志々水村　　　新右衛門

右之者共、今度乍恐、為寸志聊之銀高差上申候、何そ奉願候儀無御座候、
（朱筆）
「七月十八日紙面達」

本行之又四郎・忠平儀ハ銀五枚完、新右衛門儀ハ同弐枚差上申度由、纔之儀ニハ御座候へ共、願之通被

召上、例之通奇特之段、御間承届候儀可申達与奉存候事、

右之趣可然様被成御讃談可被下候、以上、

五月　　　　　　　　　　　　　　　志　方　半　七

　　　　　　　　　　　　　　　　　水野幸右衛門

御郡間(14)

前者は下益城郡砥用手永原町村の百姓五郎右衛門が銀二貫を寸志して地侍（地士）となり、後者は同郡松橋町の百姓又四郎らが「聊之銀高」を寸志して「御間承届」となったものである。「御間承届」とは、寸志額が小額なため、今後の寸志と合算して褒賞すべく郡間（郡方の専門部局）で記録保存したものである。「達帳」段階になると、「御間承届」、「無苗直触ハ弐拾枚已上」の「見合」、「百姓ゟ為寸志弐貫目差出候へハ地侍ニ被仰付候例御座候」というように(15)、「例」「見合」の積み重ねによって選挙方による寸志褒賞業務は新たな段階にはいり、寸志額の違いによる褒賞＝進席システムができあがりつつあったことをうかがわせる。

(2) 孝心の評価・褒賞

宝暦の藩政改革期の藩領住民の評価・褒賞には、孝心・出精といった行為・社会的行為の道徳的・社会規範的

側面が強調され、「肥後孝子伝」を生み、先の「町在讃談帳」「達帳」とは異なる庄屋・会所役人クラスの地方役人の人事考課記録として「安永　覚帳」の作成をみる。

「肥後孝子伝」は前編三巻・後編三巻からなり、前編は天明二年（一七八二）、後編は天明六年（一七八六）に成立している。(16) 前編は寛文六年（一六六六）から宝暦五年（一七五五）まで五七人の孝子褒賞の事例を、後編は宝暦五年より天明五年まで四三人の事例を集め、後編には他に名前だけ記された六一七人分の「総姓名録」が添付されている。たとえば宇土郡では次の九人の宇土郡住民の名が列記されている。(17)

【史料3】

松山手永
□⃝篠原村兵右衛門妻　　同　▢松合村清左衛門
同　▢佐野村次介　　同　△⃝同村市右衛門
同　△永尾村孫市後家　　同　▢松山手代伴右衛門
同　○宇土町弐丁目伊三次　　郡浦手永　△下網田村久介
同　▢郡浦手代嘉次右衛門

名前の上の符号について、目録冒頭に、

○孝悌敦睦之印　□忠烈貞節之印　△力田精業之印
△⃝徳兼業之印　◬業兼徳之印　▢廉清勤務之印

とある。(18) 藩当局（選挙方）が孝子伝編纂にいかなる美質を期待していたかが理解できる。注目したのは、「廉清勤務之印」の四人の存在である。松山・郡浦両手永の手代が対象となり、佐野村次介（次助）・松合村清左衛門は同村の庄屋である。熊本藩の地方書「井田衍義分類(19)」には宇土郡の孝子たちについて関係記事の記載があり、佐野村庄屋次介、松合村庄屋清左衛門、松山会所手代伴右衛門について、「肥後孝子伝」後編の「総姓名録」収載の根拠資料となったと推測される選挙方記録の抜書が記されている。庄屋二人の記載を示すと次の通りである。

【史料4】

宇土郡松山手永佐野村庄屋
次助

右者四十年余手全相勤、村中之儀委心を付、専倹約を用、諸公役上納方等無滞取斗候段相聞、依之御郡代直触ニ被仰付、吉凶礼之節上下着用被成御免候、

明和二年十二月廿八日

宇土
御郡代中

宇土郡松山手永松合村庄屋
清左衛門

右清右《ママ》衛門平日心懸能、村々之者ニも各心を付、諸公役上納方速有之各別出精いたし候、依之吉凶礼之節上下着用被成御免候、且又先達而御裏御用之干鰹寸志差上奇特之至候、依之鳥目壱貫文又被為拝領候、右之通可申渡旨選挙方御奉行中ゟ被及達候事、

明和二年十二月廿八日

宇土
御郡代中(20)

これは、宇土郡の郡代が、庄屋の次助・清左衛門に対する選挙方奉行からの褒賞査定内容を明和二年一二月二八日付でそれぞれに通達したものである。庄屋次助は勤続四〇年を基本理由に郡代直触に進席し、また庄屋として出精した清左衛門は吉凶礼の節の麻上下着用を許されている。選挙方の奉行の通達にみる限り、両名とも孝子

伝に収載されるような格別の善行記述はないが、「諸公役上納方」とは、この時期藩当局が最も注目する常套的褒賞文言であり、この点が評価され選挙方から孝子伝「総姓名録」の収載者と推薦されたものとみられる。

ところで本史料には、「吉凶礼之節上下着用」のような後期社会において多様化する衣服上の身分標識＝身分待遇が出てきている。明和八年（一七七一）一二月には、従来から一領一疋・地侍の由緒をもつ者と、寸志によってこれに任じられた者とが「在御家人」という身分呼称に一括されているように、[21]明和期は藩領住民の社会編成において大きな分岐をなしている。続く安永期には、「総姓名録」に数多く収載されている会所役人・庄屋クラスの褒賞傾向が「安永　覚帳」を成立せしめる。

(3)庄屋・会所役人の評価・褒賞

「安永　覚帳」は安永八年（一七七九）から寛政元年（一七八九）までの年度別の褒賞記録を一冊に合綴したものである。選挙方の褒賞査定は末尾部分にまとめられており、同帳は明確な作成意図のもとで一冊帳簿化されている。表4は「安永　覚帳」によって宇土郡の褒賞事例を整理したものである。褒賞の特徴として指摘されるのは、①「町在讃談帳」の中心であった惣庄屋の人事考課、寸志進席を含んでいない、②手代以下の会所役人、庄屋が褒賞の中心である、③「肥後孝子伝」の補遺的な程度で孝子褒賞を含んでいる、以上の三点である。同帳の意義は何といっても、従来、人事考課対象になかった会所役人・村役人が加えられたところにある。

ところで「安永　覚帳」には、庄屋について独特な評価観点が盛り込まれている。一例として安永八年分の松山手永篠原村庄屋忠兵衛の例を示す。

【史料5】

御内意之覚

表4　「安永　覚帳」にみる宇土郡関係褒賞者一覧

褒賞者(年齢)	褒賞内容	褒賞理由
(安永8年・1779)		
宇土町別当　久左衛門(57歳)	無苗郡代直触	役儀28年出精
宇土町人馬所惣代　伊平次(63歳)	〃	都合43年役儀出精
(安永9年・1780)		
松山手永篠原村庄屋　忠兵衛(74歳)	吉凶礼の節麻上下着用・傘御免	役儀数十年出精
郡浦手永長浜村庄屋　助三(51歳)	無苗郡代直触	34年手全
郡浦手永波多村庄屋　宇左衛門(51歳)	〃	33年手全
郡浦手永手代　嘉三	吉凶礼の節麻上下着用・傘御免	33年格別出精
(天明6年・1786)		
松山手永松合村文右衛門後家　はつ	鳥目2貫目	両親に孝養
郡浦手永戸口浦村作次郎娘　いち(33歳)	〃	両親に孝養・孝心
郡浦手永戸口浦村和平女房　たつ(26歳)	〃	祖母・母に孝養
郡浦手永栗崎村庄屋　文右衛門(70歳)	吉凶礼の節麻上下着用・傘・菅笠御免	30年手全
郡浦手永手場村庄屋　久兵衛(44歳)	〃	26年格別出精
郡浦手永中村庄屋　十平(76歳)	〃	33年出精
郡浦手永戸馳村頭百姓　久次郎(61歳)	吉凶礼の節麻上下着用・傘・菅笠・小脇差御免	34年出精
(天明8年・1788)		
宇土本弐丁目　佐十郎(27歳)	鳥目2貫目	歩行ならざる母に孝養
(寛政元年・1789)		
郡浦手永下代　直右衛門	吉凶礼の節麻上下着用・傘御免	29年格別出精
郡浦手永会所詰　源蔵	〃	20年抜群出精
松山手永会所詰　嘉兵衛	〃	20年精勤
無苗郡代直触理右衛門悴・松山手永小曽部村庄屋　文四郎(46歳)	(苗字御免)惣庄屋直触	13年手全

注:「安永　覚帳」(永青文庫蔵)による

宇土郡松山手永
篠原村庄屋
忠兵衛
七十四歳

右忠兵衛儀、数十年出精相勤申候ニ付、吉凶礼之節麻上下・傘着用御免被下度旨、安永四未十一月奉願候処、今以御裁許無御座候、其後弥以忠兵衛儀出精仕、御免下茂去亥年迄ニ相済、村中倹約堅相守、農業各別励合、村方茂一和仕、追々御百姓立申候、最早忠兵衛儀茂年罷寄申事ニ付、何とそ此節吉凶礼之節麻上下・傘、乍恐被成御免被下候様ニ有御座度、於私重畳奉願候、此段可然様被成御参談可被下候、已上、

四月　　　　　　　　　　　　　　筑紫丹右衛門

御郡間

忠兵衛儀、安永四年願有之、其節及僉議候処、御免下を茂奉願置候、年限中故、先被見合置、御免本途相成、村方立直候上、願筋可被立下哉との儀ニ而見合ニ相成居候、然処御免下茂去年迄ニ相済、農業茂各別励合候由、書面之通ニ付、願之通吉凶礼之節上下・傘可被成御免哉、

「(朱筆)右付札之通五月十日紙面達」(22)

この史料は、庄屋忠兵衛の「吉凶礼之節麻上下・傘」御免を求めた二度目の褒賞申請にかかる文書である。注目されるのは、郡代による庄屋忠兵衛の褒賞申請が二度目であること、つまり一度目は「数十年出精」という理由がありながら、申請が却下されていることである。藩当局は、安永四年一一月に忠兵衛が褒賞を願い出つつ、同時に村の「御免下」も願い出ているとして、「年限中故、先被見合置」と褒賞申請を却下する。明和・安永期の地方行政の最大問題は農村荒廃の進行にともなう「明高」問題であり、藩当局は明高に対応しつつ、村側の損引・免下げには安易に応じない抑制方針をとる。こうした状況のもとで庄屋忠兵衛は自村の免下げを願いつつ、同時に自身の褒賞を申請した。郡代の問合せで「御免本途相成、村方立直候上」との褒賞条件を知ったのか、安

永八年、篠原村では「御免下」を処理し、「御免本途」になり、再度の褒賞申請となる。先の「肥後孝子伝」にかかわる明和二年の庄屋褒賞において「御公役上納方」が理由とされているように、庄屋褒賞理由の一項に年貢払方に関する職務内容が加わるのがこの時期の特色である。

この点は「安永　覚帳」の最初に配されている山本郡正院手永二田村庄屋の事例に明確に示されている。正院手永は領内きっての零落所と目される地域であり、明和二年には手永の村々が連携して損引・免下げに動いた経緯がある。(23) 安永七年、正院手永の村々が損引を願うなかで、藩当局は損引を願い出なかった二田村と庄屋の褒賞を行う。次の史料は二田村庄屋、および同村の褒賞に関するものである。本件の関係文書は、①惣庄屋正院次郎三から郡代への褒賞申請文書、②郡目附付横目の現地見分報告書、③選挙方奉行が郡代に宛てた褒賞査定決議の通達文書からなるが、ここでは①の文書を示しておく。

【史料6】

覚

私手永二田村近年御損引方下見之儀、村中申談、廉直ニ見立申候、尤、右村庄屋次右衛門儀諸事引扱候者ニ而、惣躰村方風俗茂仕直、下見等手を詰見揃候故、去々申年已来当秋迄三ヶ年共ニ村方見立之通被仰付候、右次右衛門儀、此已前茂庄屋役相勤、其後暫通役仕居、猶亦去ル辰年ゟ再役被仰付、都合十三年相勤申候、為其書付を以申上候、已上、

安永七年九月　　　　正院次郎三

中嶋伝九郎殿

本行之趣者雑賀甚兵衛ゟ茂相達申候、御郡代よりハ本行之書付被差出候迄ニ而、押立書付を以ハ達茂無之候得共、三十六ヶ村之内ニて一村迄書面之通ニ付、被賞ニ而可有之哉、見合之書付茂相添申候事、(24)

正院手永惣庄屋正院次郎三が郡代に対し二田村庄屋次右衛門の褒賞申請を願い出たものである。庄屋次右衛門は一時の退役をはさんで勤続一三年であるが、褒賞理由は庄屋としての勤続年数ではなく、損引に際して「廉直」に下見をしたことにある。現地を見分した横目雑賀甚兵衛の報告書によると、この秋、正院手永では三六か村が損引を願い出ているが、二田村だけが「廉直」に申し出て、雑賀は、「稀成儀」「隣手永迄響ニ相成可申哉」と激賞している。選挙方の奉行は、雑賀の見分報告を受けて郡代に対し庄屋に鳥目一貫目、村に酒樽・肴を与えるとの褒賞内容を通達する。

以上のように、宝暦改革期において選挙方設置とともに民政・地方行政において住民評価・褒賞の観点が導入され、評価・褒賞記録が生まれる。改革期は惣庄屋人事と社会救済への民間協力を重視する評価・褒賞を特徴とする。その後、明和・安永期には社会救済策への民間依存が強まるとともに、年貢払方に出精する手永役人・村役人が意図的に褒賞対象となる。

二　住民評価・褒賞記録「町在」の成立

藩当局は、寛政一一年（一七九九）には選挙方の人事考課記録「達帳」を下級武家役人用と藩領住民用に分化させ、新たに惣庄屋・庄屋、在御家人を含む藩領住民を対象にした人事考課記録として「町在」を作成する。「町在」の発想は早い。すでに宝暦の藩政改革の初発に、下級武家役人の人事記録たる「讃談帳」と区別して作成された「町在讃談帳」に発想の始原がある。宝暦の藩政改革では身分秩序の規律化が強く意識され、「士席以上」「士席以下」の区分が意図されるが、こうした身分序列、住民編成に向けた行政志向が寛政末年に「町在」として体系化され、明治初年の廃藩にいたるまで継続される。寛政末年における藩領住民評価・褒賞記録「町在」の成立状況と背景について検討する。

（1）「町在」の成立形態

現存する「町在」（一〇五冊）は寛政一一年（一七九九）分に始まる。もっとも寛政一一年「町在」には従来の選挙方の人事考課記録「達帳」から広く藩領住民を対象にした記録帳簿を分離独立させることに関係するような記事は一切ない(25)。「町在」における個別事案の始まりも通常的である。

まず、寛政一一年「町在」の最初に配されている事案と、「町在」の前身となる「達帳」に収載されている同事案の関係文書との検討を通じて、選挙方の新規記録「町在」の成立形態について明らかにする。次の史料は「町在」寛政一一年分の最初に配されている事案である。

【史料7】

口上之覚

当年二十五歳

御物庄屋直触河江手永
松橋村　金作

右者先達而御断申上候高良町廻伊佐寿右衛門跡之儀、猶又在御家人之内ゟ被　仰付被下候様有御座度、宇土同役申談、人柄之儀段々相しらへ見申候処、方角違ニ居住仕居候者被　仰付候而者難渋仕、右方角之者と申候而者、当時両御郡共ニ一向見込之者無御座、当惑仕候、依之可被為叶筋ニ御座候ハ、右金作儀筆算等茂仕、一躰壮健ニ茂相見、其上親中山儀兵衛儀茂多年同所町廻被（ママ）出精相勤候跡之儀ニ茂御座候間、旁今度右之者在勤中乍恐苗字・刀御免、御郡代直触被仰付、毎歳為勤料鳥目弐百目完被下置、寿右衛門跡町廻被仰付被下候様有御座度、於私奉願候、尤右之趣宇土同役并高良上御番江茂内談仕（ママ）存寄無之旨ニ御座候間、可然様被成御参談可被下候、以上、

十一月　　　　　　　　　　　　　　　　　　　　　　　宮本伝右衛門

御郡方
御奉行衆中

金作儀、高良町廻闕跡被　仰付、在勤中刀御免ニ而御郡代直触被　仰付、毎歳為御心附弐百目完
可被下置哉、金作儀ハ中山金作と申、苗字迄御免、御惣庄屋直触之者ニ而候事、

選挙方
御奉行中

「（朱筆）右付紙之通、正月十七日紙面達[26]」

この史料は、下益城郡代宮本伝右衛門が郡方の奉行に上申した文書（「口上之覚」）と、上申事案に対する選挙方奉行の回答、付紙（選挙方の回答）にもとづく選挙方の執行結果に関する朱書の書入れ、の三つで構成されている。本事案は、下益城郡代が高良村の町廻役伊佐寿右衛門の跡役に同郡河江手永松橋村の惣庄屋直触の金作を当て、金作の町廻役在任中、苗字・刀御免の郡代直触に任じ、勤料銭二〇〇目を支給することを願いでたものである。

ところで「町在」の前身記録は「達帳」になるが、寛政一〇年の「達帳」は現存せず、寛政九年「達帳」には本事案の金作に関する次の文書が収載されている。

【史料8】

口上之覚

高良町廻相勤居、先達而病死仕候
中山儀兵衛悴唯吉事、
金作
当巳弐拾四歳

右者父中山儀兵衛、明和八年四月河江手永御囲籾蔵御繕入目銭之内、壱貫目寸志調達仕候処、同年五月被賞、無苗ニ而御郡代直触被　仰付、其後天明三年五月在勤中苗字・刀御免ニ而高良町廻被　仰付、当年迄拾五ヶ

年出精相勤居申候処、先達而病死仕候、依之乍恐右之者、人柄茂手全ニ御座候間、親寸志之訳ニ被対候而苗字迄御免、御惣庄屋直触被　仰付被下候様奉願候、此段宜被成御参談可被下候、以上、

宮本伝右衛門

十一月

御郡方
　御奉行衆中

金作儀、寸志二代目之者ニ付、父最前被　仰付候通無苗ニ而御郡代直触可被　仰付哉之処、近来被改、是迄無苗ニ而御郡代直触、苗字迄御免、御惣庄屋直触与被　仰付事ニ付、達之通可　仰付哉、付札之通御坐候処、無苗にて御郡代直触者一代限ニ而、二代目者直触放レ候筈ニ宝暦十一年相究候得共、近年二代目之者親通り被　仰付たる茂相見候処、已来弥以一代限ニ可被究置哉与先達而相達申候通ニ付、前儀之通ニ者難被　仰付可有之哉、然共儀兵衛儀、高良町廻十五年相勤、金作人柄茂手全ニ有之由に付、無苗ニ而惣庄屋直触可被　仰付哉、やはり前議之通可被　仰付哉、如何程可有之哉、

選挙方
　御奉行中

「右《朱筆》付札之通苗字迄御免、惣庄屋直触被　仰付段、十二月十三日紙面達[27]」

本事案は、高良町廻役で病死した中山儀兵衛の代の寸志により儀兵衛の倅金作を無苗（苗字無し）の惣庄屋直触に任じることに関する文書であるが、本事案も先の金作に関する事案と同様に、郡代の上申文書、選挙方の回答、回答にもとづく選挙方の執行結果の書入れの三点からなる。「町在」の文書形態は前身の「達帳」の段階ですでに定型化されており、遡及するならば「達帳」の始まりとなる宝暦十三年「達帳」にまでたどり得る。

さて、金作は願い出通り父代の寸志により無苗の惣庄屋直触に任じられている。もう一点の寛政九年「達帳」所載の関係文書を含めて勘案すると[28]、高良町廻役はこの二年間に中山儀兵衛（金作父）—伊佐寿右衛門—金作と

受け継がれている。先の史料によると、中山儀兵衛の病死後、町廻役に適当な在御家人がおらず、当座の役人に高良町居住の伊佐寿右衛門（一領一疋伊佐吟右衛門倅）が当てられているが、伊佐には役目が無理だったようで、中山儀兵衛の倅金作が任じられることになる。そこで寛政九年の褒賞申請により無苗の惣庄屋直触になっていた金作は、在任中の苗字・刀御免の郡代直触、勤料銭二〇〇目を願い出たものである。

以上の高良町廻中山金作に関する二点の文書で注目されるのは、「町在」「達帳」に収載されているそれぞれの文書が全く同一の文書構成、文書形態をとっていること、「達帳」から「町在」への記録切替えに関する記載が一切存在しないことである。「町在」における藩領住民の褒賞手続きは、郡代による郡方への褒賞申請に始まり、郡方から選挙方への上申文書送付、選挙方から上申文書への「付札」による審議結果の回答、回答にもとづく選挙方から申請者（郡代）への褒賞内容の通達、という形態をとる。郡代からの褒賞上申文書は選挙方から郡方に返却されており、選挙方には褒賞関係の書類は残されていない。そこで選挙方では郡方に申請書類を返却するに際し、郡方からの申請書・付札（郡方への回答）の記載を選挙方の部局記録「町在」に記録し、申請者への回答通達を朱書で書き入れて、選挙方としての文書処理を終えている。

くり返しになるが、先に示した「町在」の冒頭事案は「町在」の基本形を示し、その形態は従来の「達帳」と変わらない。寛政一一年「町在」直近の「達帳」として寛政六年、同九年、同一一年分が存在する。寛政六年の「達帳」は下級武家役人の人事を中心にしているが、同九年の「達帳」は三分冊からなり、下級武家役人の人事と惣庄屋以下の地方役人、藩領住民の寸志褒賞記事からなっていて、下級武家役人の人事分を除けば、その構成は「町在」と変わらない。そして寛政一一年の「達帳」は下級武家役人の人事記事に特化しており、同年の時点では従来の「達帳」のうち、下級武家役人の人事面は従来通り「達帳」が継承し、新たに藩領住民を対象にした選挙方の評価褒賞記録として「町在」の成立をみたことになる。

（2）「町在」成立の行政的背景

藩庁選挙方の人事考課記録「達帳」は寛政一一年には分化し、藩領住民を対象にした新たな評価・褒賞記録として「町在」を成立せしめる。「町在」成立の直接の背景として次の二点に注目したい。第一に、藩中央機構において、領主政治の根幹をなす民政・地方行政が藩領住民と直接に結びつく方向が一層明確化されたことであり、第二に、領主財政強化のための大規模寸志が計画され、寸志の大衆化・社会化状況をもたらしたことである。

とくに第一の点は、藩領住民の諸活動と領主政治の関係を考えるうえで重要である。第一の点とは具体的には、寛政九年三月、藩庁（奉行所）の民政・地方行政担当部局たる郡方における一定の機構改変をさす。すなわち宝暦の藩政改革において奉行所に部局制がとられつつ、郡方においては従来の経緯もあって部局内に専門部署を残置させた。郡頭と郡頭率いる郡間であるが、寛政九年三月、部局内の部局という段階を画していた郡頭・郡間が廃止され、郡方が郡方担当の奉行のもとに系統化された[29]。民政・地方行政の現場を預かる郡代と中央の郡方とが直結し、農村社会＝惣庄屋・庄屋からの上申事案が郡間を経由せず、郡代から郡方に直接持ち込まれるようになる。直接持ち込まれるどころではない。農村社会からの文書が中央機構での政策稟議の起案書となり、政策化に向けて決定・執行されると原文書がそのまま郡方の記録「覚帳」に綴じ込まれるようになる。

惣庄屋がとりまとめる農村社会からの上申文書は大きく二つある。第一に、農村社会からの多種多様な要請・提案など広く行政ニーズをとりまとめ、郡代を通じて藩庁郡方に上申する文書であり、政策執行に向けた行政処理を経て郡方の「覚帳」に収載される。第二に、地域住民の行政活動・社会活動を褒賞すべく郡方に上申する文書であり、郡方から選挙方に回され、最終的に選挙方の「町在」に記録される。

郡方の「覚帳」と選挙方の「町在」は相即の関係にある。とくに注目されるのは、郡方の記録「覚帳」が農村社会と直接に結びつく方向で一大変化を遂げていることである。すなわち、「覚帳」では、宝暦改革期以降、農村社会からの上申文書が記録されるようになり、明和期になると、「覚帳」の大部分が上申事案の行政処理に関する記事で構成されるようになるが、寛政九年三月、上申事案の行政処理過程を集中して部局内部局化していた郡間が廃止されると、「覚帳」には郡代から提出された上申文書の原物がそのまま「覚帳」に収載されるようになる。郡方では上申文書の原物を部局稟議の起案書として審議にかけ、部局の審議・決議を上申文書の最後の料紙に書き継ぐ方式で上申事案を処理し、執行に移す。上申事案の稟議処理が終わると、上申文書の原物は、書き継がれた部局稟議部分とともに「覚帳」に綴じ込まれ、記録管理されることになる。(30)

こうした「覚帳」の形態変化と、文化・文政期以降の地方文書の増加傾向は相対した動きである。領主政治の主たる役割は、①農村社会の行政ニーズを取り込み、その政策調整・許認可と行政処理、②藩領住民の人事考課・褒賞、大きくはこの二つにあり、総体として社会に対する行政管理化を志向する。藩領住民に特化した選挙方の記録「町在」はこうした行政状況の帰結、端的に言えば住民参加の行政状況に対応したものといえる。

一方、寸志の増大傾向は寛政九年「達帳」において確認できる。寛政九年「達帳」は三分冊からなっており、その前の寛政六年分、下級武家役人の人事記録に特化した寛政十一年分と比較しても収載事案は格段に多い。その基本要因は寸志の増大にある。寛政九年「達帳」に収載されている寸志は災害復旧、難渋者取救など社会救済関係寸志が過半を占めているが、同年には領主財政強化のための才覚銀が数年計画で広く募集を開始されており、三年目の寛政一一年あたりに大量の寸志褒賞を想定している。また領内に大量に滞留している預（藩札）の完全償還のための寸志も計画されており、大量の寸志褒賞に備えた意味で「町在」の独立化が志向されたことも想定される。

寛政一一年は寸志形態のうえでも画期をなしている。たとえば宇土郡の場合、寛政一一年にはまず松山手永の住民が寸志し、翌年には郡浦手永の住民が続いている。享和元～二年に寸志事例はなく、享和三年には両手永で寸志がなされ、翌文化元年の大量寸志に展開している[31]。葦北郡では寛政一一年「町在」に同九年に募集された才覚銀の応募事例が多数見いだせるが、いずれも寛政九・一〇年両年の暮に上納し、寛政一一年から翌年にかけて郡代により褒賞申請されている。寛政十一年が寸志の社会的広がりのうえで一つの画期をなし、享和三年、翌文化元年の大量寸志状況をもたらしている[32]（後掲表18～20）。

そして「町在」成立段階には整備された寸志の褒賞基準（寸志の規矩）が存在する。次に示す二つの史料のうち、前者は、寛政一一年一一月、玉名郡南関手永の郡代直触北原寿助がこの年八月一七日の南関町火事に際し跡家取立料として銭三貫五〇〇目を寸志し、一領一疋への進席を願い出たことに対する選挙方の回答であり、後者は、同じ寛政一一年一一月、宇土郡松山手永の会所詰武三が、銭二貫目を寸志して苗字・刀御免の郡代直触を申請したことに対する選挙方の回答である。

【史料9】

農家之者より八貫目以上之寸志ニて一領一疋被　仰付究リニ有之候処、寿助儀者苗字・脇差迄御免之御郡代直触ニ付、右之寸志三貫五百目差引ニいたし候得者四貫五百目之不足ニ而、右之内ニ本行三貫五百目を加候へハ壱貫目之不足ニ相成申候、寿助儀者御用紙仕入相勤候ニ付而、依達在勤中刀を帯候儀御免被成置候得共、右者当分之儀ニ而寸志ニよつて御免とハ違、取繕ニハ難相成可有之、前条之通壱貫目之不足ニ候得共、御用紙仕入引受取斗厚世話いたし、出精相勤候由ニ付、旁ニ而達之通一領一疋可被仰付哉[33]、

【史料10】

武三儀、親ハ寸志・勤労旁を以無苗ニて御郡代直触被　仰付置、役方四十二年相勤病死、右之訳且武三役方出精・寸志旁を以、申立之通御座候得共、寸志ニ而無苗之直触者一代限之究ニ有之、親之勤右之年数位ニて、悴御賞美之儀ハ見合茂無之、当時寸志ニ而苗字・刀御免之御郡代直触者四貫目以上、苗字迄御免之御惣庄屋

直触ニ者弐貫五百目以上之究ニ付、武三寸志高ニてハ、右御惣庄屋直触被　仰付ニ茂五百目以上不足仕候得共、役方当年迄二十二年出精相勤申由ニ付、勤労旁を以、苗字迄御免、御惣庄屋直触可仰付哉、

選挙方
御奉行中

「右付札之通三月十三日紙面達（朱筆）」(34)

二点の史料で注目されるのは以下の諸点である。①「農家之者」＝百姓から一気に一領一疋という武士身分へと進席する寸志褒賞が存在する。②寛政一一年までは、武三の親のごとく無苗の郡代直触、寿助のごとく「苗字・脇差迄御免」の郡代直触というように、郡代直触にはいくつかの形態があるが、寛政一一年に郡代直触は苗字・刀御免を要件とし、無苗の郡代直触は一律苗字御免の惣庄屋直触に改められている。③各段階への進席に必要な寸志額が細かく規定されている。同時に寿助・武三ともに進席規定の寸志額には不足するが、寿助の場合、御用紙仕入役を勤めている事情を考慮して「在勤中刀」御免の措置を適用し、一領一疋への途を拓き、武三の場合、御親に続く本人の「勤労」を評価して進席を認めるといった細かな調整を行っている。選挙方の寸志褒賞基準運用の柔軟さが見て取れる。

以上のように、寛政末年には藩行政中枢と藩領住民の諸活動が上申文書と寸志行為を通じて直結化する時期であり、藩当局は、住民の諸活動を管理する部局記録として「町在」を独立させる。

三　「町在」における評価・褒賞の諸形態

藩当局が、「町在」において評価・褒賞対象とした藩領住民の活動形態は大きく三つある。惣庄屋・庄屋以下の地方役人の職務活動、住民の寸志行為、住民のさまざまな社会的活動である。領主政治が「町在」という住民評価・褒賞記録を通じて管理・組織化しようとした住民の諸活動とその評価・褒賞形態について検討する。

（1）惣庄屋の職務評価

惣庄屋・庄屋以下の地方役人（手永役人・村役人）には勤続年数による褒賞規定が存在する。表5は、これを示したものである。勤続年数は天保末年に短縮化が図られているが、同表は短縮化以後のものである。それによると地方役人の褒賞は傘御免に始まり、独礼への進席を最高にしている。一見して明らかなように、惣庄屋・山支配役・郡代手附横目の手永三役と会所役人・村役人との間には明確な差異がある。会所役人・村役人は事実上在御家人の末席である郡代直触を上限とし、手永三役は在御家人上席の諸役人段・独礼に進みうる位置にある。

手永三役なかでも手永の長たる惣庄屋の人事考課は特別である。他の地方役人に比して罷免の度合も高く、勤

表5　勤続年数による進席規定（弘化頃）

<table>
<tr><th>役職／進席</th><th>傘</th><th>礼服・小脇差</th><th>無苗
惣庄屋直触</th><th>苗字御免
惣庄屋直触</th><th>郡代直触</th><th>地士</th><th>本席諸役人段</th><th>独礼</th></tr>
<tr><td>惣庄屋</td><td></td><td></td><td></td><td></td><td></td><td></td><td>上等21年以上
並24年〃</td><td>上等22年以上
中・下等25年・30年以上</td></tr>
<tr><td>山支配役</td><td></td><td></td><td></td><td></td><td></td><td></td><td>24年〃</td><td>上等33年以上
並35年〃</td></tr>
<tr><td>郡代手附横目</td><td></td><td></td><td></td><td></td><td></td><td></td><td>15年〃</td><td></td></tr>
<tr><td>寺社横目、等</td><td></td><td></td><td></td><td></td><td></td><td></td><td>20年〃</td><td></td></tr>
<tr><td>庄屋</td><td>15年以上</td><td>20年以上</td><td>25年以上</td><td>惣年数40年以上</td><td>惣年数50年以上</td><td>60年以上</td><td></td><td></td></tr>
<tr><td>御山ノ口</td><td>20年〃</td><td>27年〃</td><td>34年〃</td><td>50年〃</td><td>60年〃</td><td></td><td></td><td></td></tr>
<tr><td>手代</td><td>15年〃</td><td>20年〃</td><td>25年〃</td><td>40年〃</td><td>50年〃</td><td></td><td></td><td></td></tr>
<tr><td>下代・会所詰</td><td>15年〃</td><td>20年〃</td><td>30年〃</td><td>45年〃</td><td>55年〃</td><td></td><td></td><td></td></tr>
<tr><td>小頭</td><td>20年〃</td><td>27年〃</td><td>34年〃</td><td>54年〃</td><td>60年〃</td><td></td><td></td><td></td></tr>
<tr><td>頭百姓</td><td rowspan="3">45年〃</td><td>50年〃</td><td>60年〃</td><td></td><td></td><td></td><td></td><td></td></tr>
<tr><td>村々横目</td><td rowspan="2">50年〃</td><td rowspan="2">60年〃</td><td></td><td></td><td></td><td></td><td></td></tr>
<tr><td>御口屋番等</td><td></td><td></td><td></td><td></td><td></td></tr>
</table>

注：『肥後読史総覧』上巻による

続年数に加えて職務内容・職務能力自体が問われる職務評価というべき内実を求められる。惣庄屋の職務評価にもとづく褒賞には上記の独礼進席の他に、知行の一〇石加増、自分苗字拝領、作紋衣服拝領などの種類がある。

表6は、藩政中枢の奉行衆が行った地方役人の褒賞方針の見直しにかかる検討記録「在中」[35]によって弘化（一八四四―四八）期ごろの惣庄屋の褒賞基準を示したものである。各褒賞には目安となる勤続年数が定められているが、勤続年数も惣庄屋の等級（上等・中等・下等）、手永ごとに定められた惣庄屋知行高（手永究高）によって格差が設けられている。表7は天保一一年（一八四〇）段階の手永別の惣庄屋知行高を示したものである。惣庄屋知行高の格差は大きく、一五〇石・五〇石・三〇石・二〇石の四段階に分かれ、同一の郡内でも知行高を異にしている。知行一五〇石の葦北郡田浦・水俣両手永は旧国衆クラスの世襲惣庄屋の家柄である。宇土郡郡浦手永、阿蘇郡北里手永の惣庄屋も世襲の家筋で、知行高はそれぞれ三〇石・五〇石である。惣庄屋の家筋は「代々相続并数代御惣庄屋被仰付来候家柄」、「親跡相続」の惣庄屋、「在御家人以下ゟ新ニ被仰付候」惣庄屋の三つに分かれ、それぞれが惣庄屋の等級（上等、中等、下等）に対応し、手永知行高も一五〇石・五〇石、三〇石、二〇石の三等級で対応している。

惣庄屋の人事考課の特色は、惣庄屋の家筋・由緒に配慮しつつ、中期以降の一領一疋クラスの在御家人層からの新規登用、惣庄屋の転勤制、惣庄屋の職務能力の観点を踏まえたものになっていることである。大雑把にいえば、独礼進席、自分苗字拝領、衣服拝領では勤続年数を重視し、知行の加増の面で惣庄屋の職務内容・職務能力を評価するという方向をとる。

表8は、「在中」が例示する文化～天保期における惣庄屋の褒賞事例を示したものである。自分苗字とは惣庄屋が手永名ではなく、自分の苗字を名乗ることである。同表では「在中」が例示する惣庄屋のみの拝領年数を記載しているが、表中のほぼ全員が自分苗字を名乗っていたとみられる[36]。独礼とは、藩主に独りでお目見えできる

表6　惣庄屋の褒賞基準(弘化頃)

褒　賞　対　象	上等	中等	下等
自分苗字	8年以上	10年以上	12年以上
独礼	22年以上	25年以上	30年以上
知行10石加増　(手永究高30石) ※	8年以上	11年以上	14年以上
※※	10年以上	13年以上	16年以上
(手永究高20石)	17年以上		
作紋小袖・羽織・帷子拝領	11年以上		

注:「在中　下十一」(永青文庫蔵)による。※自分苗字持懸り、※※自分苗字御免後の年数

表7　惣庄屋知行高一覧

郡　名　等	手永名	知行高
飽田	五町	30石
〃	池田	〃
〃	銭塘	50石
〃	横手	20石
詫摩	本庄	30石
〃	田迎	20石
上益城	鯰	30石
〃	沼山津	〃
〃	甲佐	〃
〃	木倉	〃
〃	矢部	〃
下益城	杉島	30石
〃	河江	〃
〃	廻江	〃
〃	中山	〃
〃	砥用	20石
宇土	松山	20石
〃	郡浦	30石
八代	野津	20石
〃	種山	〃
〃	高田	30石
葦北	田浦	150石
〃	水俣	〃
〃	湯浦	30石
〃	佐敷	20石
〃	久木野	〃
〃	津奈木	〃
山本	正院	30石
山鹿	山鹿	30石
〃	中村	〃
玉名	小田	30石
〃	内田	〃
〃	荒尾	〃
〃	南関	50石
〃	坂下	20石
〃	中富	20石
菊池	深川	20石
〃	河原	30石
合志	大津	30石
〃	竹迫	〃
阿蘇・南郷	内牧	30石
〃	坂梨	〃
〃	高森	〃
〃	野尻	〃
〃	菅尾	〃
〃	布田	20石
小国・久住	北里	50石
〃	久住	30石
野津原・鶴崎	野津原	20石
〃	高田	〃
〃	関	30石

注:「在中　下十一」(永青文庫蔵)による

表8　「在中」にみる惣庄屋褒賞事例

名　前	出自・惣庄屋就任年齢・知行高			自分苗字拝領	独礼進席	知行10石加増	備　考
松村平右衛門	会所下代		30石	7年目	22年目		文化10年心附米10石
近藤喜右衛門	会所手代		20石	8 〃	21 〃	12年目	
山隈権兵衛	会所手代		20石	7 〃	20 〃	11 〃	
槌田勇助	会所下代		20石	7 〃			
緒方伝内	唐物抜荷方横目		30石	9 〃			
三隅丈八	会所役人・庄屋		20石	9 〃	13年目	13年目	18年目に知行10石加増
上野弥兵衛				12 〃			
小山改蔵	親跡		30石	16 〃			
池部為之允	会所下代					9年目	
宮原恵助	会所手代					9 〃	
江副寛之助	唐物抜荷方横目		20石			8 〃	弘化2年心附米10石
布田保之助	親跡		20石			7 〃	
田代慶八	一領一疋	16歳	20石			12 〃	
成松忠平	親跡	28歳	30石			*12〃	*加増履歴なし
三村章太郎	親跡	26歳	20石		22年目	13 〃	
木原寿八郎	唐物抜荷方横目	30歳	30石		20 〃	13 〃	
佐藤唯之允	庄屋・会所手代	42歳	20石		24 〃	14 〃	30年目・40年目に知行10石加増
清田新之允	(在御家人)	17歳			14年目		
小山喜十郎	親跡	39歳	20石		15 〃		
多田隈淳蔵	唐物抜荷方横目	20歳	20石		16 〃		
西嶋尉助	親跡	39歳	30石		23 〃		
衛藤弥三兵衛	一領一疋・山支配役	30歳	20石		24 〃	5年目	18年目に知行10石加増
藤井孫之助	親跡	30歳	30石		24 〃		
岡松作右衛門	親跡						
赤沢丑右衛門	親跡	33歳	30石		25年目		
河瀬熊七	一領一疋	36歳	30石		30 〃	25年目	
伊藤丑助	親跡	45歳	20石		30 〃		
平井勘兵衛	親跡	34歳	20石				

注 ;「在中　下十一」(永青文庫蔵)、花岡興輝編『近世大名の領国支配の構造』(国書刊行会、1976年)による

という在御家人最上位級の席次であるが、三隅丈八を例外として、大体、勤続二〇～二五年の間に任じられ、三〇年も勤続すれば独礼として遇されている。したがって自分苗字・独礼・衣服拝領などは、中途で罷免されず一定の勤続年数に達すれば申請される褒賞であったとみなしうる。(37)

一方、惣庄屋の知行は、「手永究高」として設定されているように、家柄・由緒に応じた家格給的側面を持つが、同時に職務給としての側面も次第に重視され、知行の加増を通して惣庄屋の職務内容・職務能力が反映されるようになる。特に文化一〇年（一八一三）には惣庄屋の異動に際して、前任地での「功績」を反映させる方向で一定の改正をみる。改定の主旨は、①在御家人以下より新たに任じられた者には一律知行二〇石を給し、その後「年数・功績等之程」によって加増する、②親跡で任じられた者には従前通りの「手永究高」を給する、というものである。(38)この改正の契機は、当時の惣庄屋制が直面していた問題にある。それは第一に、国衆・大名諸家牢人などを主要由緒とする初期惣庄屋が元禄～宝暦期を境に大きく交替し、在御家人クラスからの新規登用が増加したこと、第二に、惣庄屋が新規登用されつつ、親跡を倅が相続する傾向も依然強かったこと、第三に、七～一〇年の任期で惣庄屋が他郡・他手永に異動する惣庄屋転勤制が一般化していたこと、第四に、惣庄屋主導による水利・土木事業、零落農村建直しなど「功業」の内実が重視され職務評価されたことである。

そこで前掲表8によって知行加増の実例をみてみる。知行加増例で特徴的なことは、知行二〇石に集中していることである。知行三〇石では成松忠平・河瀬熊七がいるが、成松には加増の履歴はない。(39)いずれにしても知行の加増は二〇石取を中心に行われている。知行二〇石取の加増年数については、「御惣庄屋精勤之ものハ二十六年已上ニ而御知行被増下、抜群之者ハ右之年数内ニ而茂被増下候見合有之」(40)とあるように、二六年以上という目安があり、天保一一年（一八四〇）にはこれが一七年以上と大幅に短縮されて(41)いるが、表中の惣庄屋たちは年数一七年未満で加増を受けている。(42)

知行の加増は、二〇石取の惣庄屋が職務能力・職務内容を評価された褒賞方式といえる。では、知行三〇石惣庄屋の加増はどうか。一例として内田太右衛門の例を示しておく。

内田太右衛門は寛政一一年（一七九九）九月、父内田良平八代郡野津手永在勤中に代役となり、その後、文化七年（一八一〇）一一月から一一年間、下益城郡中山手永惣庄屋を勤め、文政三年（一八二〇）五月、同郡砥用手永に所替となる。文政三年八月、郡代不破敬次郎は内田太右衛門の転出に際して、内田時代の手永運営に関係の深い会所役人など一九名とともに褒賞申請を行い[43]、「御内意之覚」と題する褒賞申請書において、内田の惣庄屋としての功績・仕事ぶりを人物、免方、諸達筋、会所運営、水利・土木事業の五つの観点から詳述している。免方とは年貢取立て、諸達筋とは法令・命令の通達、下方からの願筋上申などであり、惣庄屋の基本任務といえる。会所運営とは手代・下代以下の会所役人や各村の庄屋との人的関係、会所見習の育成・人材登用などであるが、結局、これらの観点は惣庄屋としての基本要件であり、評価は相対的にならざるを得ない。惣庄屋の在任中の功績を客観的に数値化して評価しようとすれば、水利・土木事業を中心とした事業評価となる。

郡代不破敬次郎の内田太右衛門に関する「御内意之覚」もその過半を事業説明・事業評価に費やしている。不破は、内田の事業を列記せず、「此外稜々余りに繁多ニ而一々被相認候へ者弥増長ク相成り申候ニ付省略仕候、則為御見合、別紙近年之事業を記候帳一冊相添、入御内覧申候」とし、事業別の集計一覧を付紙にして添付し、その詳細は内田自身に書き上げさせている。内田による事業書上げ、不破のいう「別紙近年之事業を記候帳」とは、惣庄屋内田太右衛門が同じ文政三年五月に郡代不破敬次郎に宛てて提出した「文政三年五月　下益城中山手永去ル申年以来事業帳」である。「事業帳」には水利・土木事業とこれに関係する付帯事業が詳細に記され、末尾に事業種ごとの集計が一覧で示されている。表9-1は事業集計一覧を示したものであり、表9-2は年次別の記載のうち、文化一一・一二年分を示したものである。事業一覧は表9-2にみる村別の水利・土木事業の集積である。

表9－1　惣庄屋内田太右衛門「事業帳」の水利・土木事業集計一覧
（文化9～文政2年）

事業種別	事業箇所・間数・面積
石刎	4カ所
石垣	9カ所(384間)
石磧	15カ所(用水懸り　111町2反余)
新堤・浚堤	17カ所(用水懸り　74町1反8畝)
新井手・古井手浚・貫井手	9779間(用水懸り　71町余)
田方水気抜井手	927間
石井樋	21艘
橋	4カ所(うち石橋1カ所)
井戸	2カ所
井手掘方	72間
道筋作り・新道立替え	986間
荒地開明	1町3反4畝
開明	7町9反8畝余
質地買戻し	1町6畝余

注:「文政三年　町在」(永青文庫蔵)による

表9－2　惣庄屋内田太右衛門「事業帳」の水利・土木事業明細（文化11・12年分）

工事年・月	工事種類・関係内容	対象村
文化11・1	磧所　1カ所	佐俣村
〃　1	新堤　1カ所	〃
〃　1	古井手浚　(1230間)	〃
〃　1	石垣　4カ所、65間	〃
〃　1	石橋　1カ所	上安見村
〃　1	新堤　1カ所	佐俣村
〃　1	石磧　1カ所(用水懸り　6町5反余)	上安見村・下安見村
〃　3	荒地開明　1反2畝6歩	萱野村
〃　3	田方水気抜井手　1カ所	原田村
〃　3	石磧　1カ所(用水懸り　25町)	上糸石村
〃　3	〃　〃　(用水懸り　1町余)	〃
〃　3	〃　〃　(用水懸り　4町6反余)	〃
〃　3	〃　〃　(用水懸り　9町5反余)	巣林村
〃　3	〃　〃　(用水懸り　6町6反余)	〃
〃　3	〃　〃　(用水懸り　3町余)	中間村

〃　4	〃　〃（用水懸り　2町3反余）	下糸石村
〃　8	堤建井樋　1艘	上安見村
〃　8	堤塘腹付・笠上　1カ所(用水懸り　4町4反余)	〃
文化11	開明　3反8畝24歩	
〃	古田戻し　6町余	
文化12・1	道筋　734間	上郷村
〃　2	浚堤　1カ所	上安見村
〃　2	新井手　2500間余	中間村・糸石村
〃　2	新堤　1カ所(用水懸り　15町5反余)	糸石村
〃　2	堤建井樋　1艘	下安見村
〃　2	〃　1艘	〃
〃　2	〃　1艘	巣林村
〃　2	〃　1艘	〃
〃　2	〃　1艘	大沢水村
〃　2	〃　1艘	佐俣村
〃　2	〃　1艘	〃
〃　2	堤底井樋　1艘	巣林村
〃　3	新堤　1カ所(用水懸り　8町余)	下上郷村
〃　3	〃　2カ所(用水懸り　2町余)	下安見村
〃　3	〃　1カ所	中間村
〃　3	浚堤　1カ所	木早川内村
〃　4	新井手　1500間	坂本村
文化12	開明　5反8畝12歩	
〃	〃　2畝3歩	
〃	新井手　529間	糸石村
〃	新堤　1カ所	中間村
〃	開明　9歩	野中村
〃	〃　6畝15歩	〃
〃	〃　7畝24歩	〃
〃	〃　1畝	払川村
〃	〃　1畝	〃
〃	〃　2畝11歩	椿村
〃	〃　4畝15歩	〃

注:「文政三年　町在」(永青文庫蔵)による

この事業実績こそが指揮する会所役人や庄屋との十全な関係を裏づけるものであり、地域社会のニーズをくみあげ、事業化することが地域社会の合意を受け、免方・諸達筋という基本任務を遂行できる行政段階にあったといえる。

もっとも内田太右衛門の加増もすんなり認められていない。選挙方と郡方で審議され、選挙方の再議で決まる。(44)文化・文政期以降、惣庄屋の職務評価は「事業」(水利・土木事業)に集約され、天保期以降、これに手永運営財源たる会所官銭の運用能力が加わる。内田太右衛門は砥用転任直後、不正常な官銭運用を問われ、罷免される。

(2)会所役人・村役人の勤続評価

前節にみたように、「町在」以前、明和(一七六四—七二)・安永(一七七二—八一)期ごろの村役人・会所役人の評価には、当時の農村荒廃状況に対応した年貢納方、損引・免下げなどに対する職務能力の観点が重視されたが、「町在」段階になると、評価の観点は勤続年数に収斂されるようになる。

前掲表7にみるように、村の庄屋、手永会所の手代クラスでも傘御免で一五年、惣庄屋直触・郡代直触に進席しようとすれば四〇~五〇年の勤続年数を要する。四〇~五〇年という勤続年数は相当に長い。しかし、非現実的な数字ではない。

長い勤続年数による褒賞方式は、当時の会所役人・庄屋の職務状態に対応している。すなわち、ほぼ寛政(一七八九—一八〇一)期以降、一九世紀段階の会所役人・庄屋の履歴の特色として、①会所見習、庄屋代行として一〇代後半の青少年期からの実務出発、②広い職務範囲での父子間の職務相続、③会所役人と庄屋との間の人事異動・人事交流、④惣庄屋による地方役人層からの後任人事(郡代による辞令交付)という方式にもとづく一種の任命制、などの諸点を指摘しうる。つまり、実務能力の継承・相続という観点から人事は地方役人組織からの後任補充・異動の形態をとることが多く、それが勤続年数の長期化に帰結している。

具体的に下益城郡砥用手永と宇土郡松山手永を例にみておく。文化一〇年（一八一三）六月、砥用手永惣庄屋となった三隅丈八は、まず先代惣庄屋が罷免されたことで渋滞していた村役人の褒賞を行う(45)。表10は三隅丈八の褒賞申請文書によって庄屋のごく簡単な履歴と褒賞内容を示したものである。褒賞対象となった庄屋の特徴として、①一村の庄屋と複数の村の兼帯庄屋が半ばし、一人で二〜三村の庄屋を兼ねる庄屋の兼帯化が進んでいること、②庄屋の出自は、会所見習、親跡の庄屋代行、頭百姓・払頭などの村役人の三つに大別されこと、以上の点を指摘しうる。初期以来の世襲的な庄屋は相当数姿を消しており、職務継承の観点から庄屋の子供が親の跡役を代行して相続するか、会所見習として実務経験を積んで親跡の庄屋を相続する形態が主流となっている。従って一〇代後半には実務経験に就いたことで、履歴も長くなり、褒賞対象の庄屋の年齢も五〇代以上が大部分を占める。

次に表11は、砥用手永赴任当初の三隅丈八による村役人・会所役人の人事案を示したものである。文化一一年の人事は会所下代小助、貫平村庄屋茂助の御役御免を機に行われている。会所下代小助に替わって会所出銀方の吉次が昇格し、長野村・常海原村庄屋の渡部瀬助が長野村庄屋を御免になって会所出銀方に、会所根扱の善七が長野村庄屋兼帯となっているように、会所役人・村役人の人事は一体的な関係にあり、会所役人が庄屋を兼帯したり、庄屋が会所に引き戻されたり、庄屋が二〜三村の庄屋を兼帯することが常態化している。手永と村の人事異動によって会所役人・村役人の勤続年数は長期化し、実務能力の継承という点から地方役人集団における父子間職務相続という新たな世襲化もまた常態化する。

従って「町在」段階になると村役人・会所役人の評価基準も客観数値化し、具体的な職務内容よりも勤続年数による評価・褒賞方式が徹底される。庄屋の多くが褒賞申請を却下された天保一三年（一八四二）の宇土郡松山手永の例を示す。表12は、天保一二年五月に宇土郡代筑山又兵衛が提出した褒賞申請書の必要部分を整理したものである。この中で「相応」の褒賞（鳥目拝領）を求めた三人と年数を満たした御領村庄屋卯平以外は年数不足を理由に却下されている。却下した庄屋のなかで大見村庄屋藤九郎、境目村庄屋甚兵衛については、「当年迄者見合可被置哉」と次回の褒賞許可をにおわせつつ、勤続年数の見合には神経を使っている。特に大見村庄屋藤九郎については「抜群之申立」と認めつつ、当年の褒賞を見送っている。二年後の天保一五年三月、郡代筑山又兵衛は大見村庄屋藤九郎、古保里村庄屋弥平次、柏原村庄屋喜八、馬瀬村庄屋喜助の褒賞申請を行い、それぞれが年数を満たしたとして認められている(46)。大見村庄屋藤九郎は苗字御免となり、河野九郎次を名乗る。会所見習出身の河野九郎次は、この時期の会所役人との人事交流型庄屋の典型であり、表13に主要履歴・褒賞歴を示す。河野は寸志進席をまじえつつ、六七歳の時一領一疋まで進席する(47)。

次に表14は、宇土郡松山手永会所役人の文化一〇年の褒賞申請の事例を示したものである。このうち会所下代久右衛門、会所根払新助はそれぞれ一七歳、一六歳で会所見習となり、会所詰定次は一九歳で村の帳書となっている。これら三名は年数不足で却下となり、次右衛門は選挙方では勤続四八年で許可されつつ、郡方段階で却下されている。

ところで会所詰定次、会所根払新助はその後長く会所役人としての人生を送る。定次は七年後の文政三年、会所詰で馬瀬村庄屋兼帯として在勤中の郡代直触となり、本田定次としてその後も褒賞を重ね(48)、新助は野村新助を名乗り、のちに独礼まで進席し、松山手永地方役人の長老格となる(49)。野村新助は長い勤続を経た地方役人の一つの典型を示している。

以上、会所役人と村役人との一体的な人事異動のもとで、地方役人としての長い現場経験を経て褒賞を受ける事例を見てきた。会所役人・村役人の勤続褒賞は郡代直触を上限とするが、寸志を交えることで一領一疋に進席した事例も散見され、野村新助のごときは独礼にまで進席している。

表10　砥用手永惣庄屋三隅丈八の庄屋褒賞申請(文化11年)

名前(年齢)	出自(年齢)、勤続年数、褒賞歴	褒　賞　内　容
口原村庄屋　理右衛門(73)	頭百姓(27)、頭百姓19年、庄屋31年	苗字御免惣庄屋直触
下福良村庄屋・御山口兼帯　武右衛門(62)	払頭(22)、庄屋16年、文化6年、寸志・勤功にて麻上下・小脇差・傘御免	〃
小夏村庄屋　久右衛門(61)	庄屋(29)、庄屋33年	苗字御免惣庄屋直触
桑津留村庄屋　又右衛門(61)	庄屋代役(30)、文化3年、寸志にて麻上下・傘・菅笠・小脇差御免	無苗惣庄屋直触
甲佐平村庄屋　十兵衛(59)	会所小頭(17)、庄屋10年、総年数30年、文化6年、寸志にて傘御免	苗字御免惣庄屋直触
名越谷村庄屋　嘉兵衛(55)	会所見習(25)	
越早村・大辻村庄屋　源七(52)	越早村庄屋(28)、大辻村庄屋兼帯20年	麻上下・合羽・菅笠御免
原町村・土喰村庄屋　儀三郎(41)	会所詰助勤(19)、原町村・土喰村庄屋16年、総年数24年	〃
大窪村・舞鹿野村・御前浜村庄屋御山口兼帯　嘉七(60)	御山口(38)、総年数24年、文化3年、寸志により麻上下・傘・菅笠御免	無苗惣庄屋直触
興正寺村庄屋　久平(52)	庄屋(30)、庄屋24年	麻上下・合羽・傘・菅笠御免

注:「文化十二年　町在」(永青文庫蔵)、上田穣一氏所蔵文書による

表11　砥用手永惣庄屋三隅丈八による会所役人・村役人人事案(文化11・12年)

役職名・名前	居住村	年齢	異　動　内　容
文化11年2月			
会所下代、小崎村庄屋・御山口兼帯　小助			下代御免
会所出銀方　吉次			小助跡下代
長野村・常海原村庄屋　渡辺瀬助			吉次跡出銀方、長野村庄屋御免
会所根扠　小頭　善七			渡辺瀬助跡長野村庄屋、根扠小頭兼帯
文化11年5月			
貫平村庄屋　茂助	古閑村		貫平村庄屋御免
金木村庄屋　源兵衛			茂助跡貫平村庄屋、金木村庄屋御免
石野村　(吉田)久之允	石野村		源兵衛跡金木村庄屋当分
文化11年9月			
岩上村・水上村庄屋　此七	金木村	54	金木村庄屋源兵衛、貫平村へ入庄屋の跡役水上村庄屋御免、金木村庄屋兼帯

柑子野村庄屋　喜七	栗崎村	60	此七跡水上村庄屋、柑子野村庄屋御免
会所下代　吉次	栗崎村	38	喜七跡柑子野村庄屋、下代兼帯
文化12年4月			
内園村庄屋　恵助(吉田久之允悴)	石野村	25	内園村庄屋御免、野表見扨
会所小頭　和右衛門	内園村	45	恵助跡内園村庄屋、小頭御免
下福良村庄屋・御山口兼帯　武右衛門		63	老年にて御免(無苗惣庄屋直触)
吉田久之允	石野村		武右衛門跡下福良村庄屋
下福良村庄屋・御山口兼帯　喜助(武右衛門悴)		33	父武右衛門跡下福良村庄屋、御山口兼帯
会所小頭　曽助	御前浜村	34	十兵衛病死跡甲佐平村庄屋、会所小頭兼帯
石野村・柏川村庄屋当分　七左衛門	石野村	38	庄屋本役
惣御山口　寿七	石野村	54	手永横目、惣御山口御免
久立村・内山村・早楠村庄屋、桑木野村・内山村・久立村・口原村御山口兼帯　伴助	久立村	54	寿七跡惣山口、桑木野村・内山村・久立村・口原村御山口御免
手永横目　理三次	原町村	57	伴助跡桑木野村・内山村・久立村・口原村御山口、手永横目御免
津留村・越早津村・舞鹿野村・御前浜村御山口　理右衛門	津留村	65	御役御免
舞鹿野村頭百姓　周助		25	理右衛門跡津留村・舞鹿野村・御前浜村御山口当分
一谷村御山口　幸右衛門		54	理右衛門跡越早津村御山口兼帯
夏水村御山口　藤次郎		72	老齢にて御免
山出村御山口　惣助		42	藤次郎跡夏水村御山口兼帯
小夏村・小長野村御山口　野助	小夏村	61	病気にて御免
土喰村・原町村・長野村・常海原村御山口　次右衛門	原町村	44	野助跡小夏村・小長野村御山口兼帯
文化12年8月			
会所御免方　幾七	久立村	54	十兵衛病死跡甲佐平村庄屋
会所手代当分　順次		45	手代本役
文化12年12月			
岩尾野村・下田村・田中村庄屋　理右衛門	岩尾野村		嘉兵衛病死跡名越谷村庄屋、岩尾野村庄屋兼帯、下田村・田中村庄屋御免
御前浜村・舞鹿野村・大窪村庄屋　嘉七	大窪村		理右衛門跡下田村庄屋兼帯、御前浜村庄屋御免
会所手代　順次	川原畑村		嘉七跡御前浜村庄屋代当分
長野村庄屋、会所根扨兼帯　善七	田中村		理右衛門跡田中村庄屋、会所根扨兼帯、長野村庄屋御免
会所御免方　卯助	田中村		善七跡長野村庄屋兼帯
川原畑村庄屋　吉三		70	老齢にて御免
川原畑村　清九郎	川原畑村	52	吉三跡川原畑村庄屋(保留)

注：上田穣一氏所蔵文書(表題欠)による

表12　宇土郡松山手永庄屋の褒賞申請事例（天保13年）

庄屋　名前	出自、勤続年数、褒賞歴	褒賞申請内容
宇土本町・馬場村庄屋　岡村儀平次	寛政10年宇土町丁頭、丁頭13年、庄屋31年勤続、文化12年無苗惣庄屋直触、天保7年寸志により郡代直触	地士進席
大見村庄屋　藤九郎	文化3年会所見習、天保3年大見村庄屋兼帯、都合36年精勤、文化4年寸志により傘御免、文政10年礼服御免、文政12年無苗惣庄屋直触	苗字御免
境目村庄屋　甚兵衛	文化6年境目村庄屋代役、翌年本役、都合33年精勤、文政12年無苗惣庄屋直触	苗字御免
永尾村庄屋　西山新左衛門	文化7年会所見習、文化7年父跡永尾村庄屋代役、会所見習以来32年精勤、文政12年合羽・傘・菅笠御免、天保2年寸志により地士	相応
小曽部村庄屋　竹馬幾右衛門	文化8年父跡庄屋代役、都合31年、庄屋本役26年、文政10年寸志により郡筒、天保2年父代寸志により郡代直触	地士進席
伊牟田村庄屋　佃藤平	文化11年村帳書、文政3年松山会所詰小頭、文政8年伊牟田村庄屋兼帯、村庄屋・会所役兼勤22年、文政12年合羽・傘・菅笠御免、天保2年寸志により礼服・小脇差御免、天保9年親跡郡筒	相応
古保里村庄屋　弥平次	文化8年松山村払頭、文政元年山ノ口、天保7年松山村庄屋助役、払頭7年、山ノ口・庄屋24年	礼服御免
高良村庄屋　恵七	文政2年高良村頭百姓、天保5年庄屋、都合23年	相応
御領村庄屋　卯平	文政4年御領村庄屋、文政7年高良村庄屋兼帯、庄屋23年	礼服御免
柏原村庄屋　喜八	文政元年父跡庄屋代役、代役4年、庄屋本役20年精勤	礼服御免
馬瀬村庄屋　喜助	文政5年庄屋当分、翌年本役、20年精勤、文化元年寸志にて礼服・小脇差・傘・合羽・菅笠御免	無苗惣庄屋直触

注：「天保十三年　町在」（永青文庫蔵）による

表13　河野九郎次の履歴・褒賞歴

年　　次	役職(年齢)	褒賞・進席
文化3年(1806)	松山会所見習呼出し(13歳)	
4年(1807)		*傘御免
7年(1810)	会所小頭(17歳)	
12年(1815)		鳥目700文拝領
14年(1817)	会所根ﾒ并宇土人馬所受込兼帯(24歳)	鳥目500文拝領
文政4年(1821)	会所根ﾒ本役(28歳)	
10年(1827)		礼服御免
12年(1829)		無苗惣庄屋直触
天保3年(1832)	会所根ﾒ并大見村庄屋兼帯(39歳)	
5年(1834)		鳥目200文拝領
6年(1835)		鳥目500文拝領
9年(1838)	会所根ﾒ差免(45歳)	
12年(1841)		鳥目3貫文拝領
弘化元年(1844)	水夫小頭兼帯(51歳)	在勤中郡代直触
3年(1846)		鳥目1貫文拝領
嘉永元年(1848)		鳥目2貫文拝領
3年(1850)	松合村庄屋(57歳)	鳥目500文拝領
6年(1853)		*地士進席
安政2年(1855)	大口村庄屋(62歳)	
3年(1856)	水夫小頭差免(63歳)	
6年(1859)	大見村庄屋(66歳)	
7年(1860)		一領一疋進席

注:「万延元年　町在」(永青文庫蔵)による。*は寸志による褒賞

表14　宇土郡松山手永会所役人の褒賞事例(文化10年)

役職・名前(年齢)	出自(年齢)、勤続年数、褒賞歴	褒賞内容
会所下代　久右衛門(43)	会所呼出(16)、呼出以来28年、文化元年礼服・傘・菅笠・小脇差御免	苗字御免惣庄屋直触
会所詰　定次(47)	村帳書(16)、村々帳書12年、会所詰18年	礼服・小脇差御免
会所根ﾒ　新助(31)	会所呼出(15)、都合18年出精	礼服・小脇差御免
会所小頭 次右衛門(73)	会所小頭(26)、48年出精、享和3年礼服・傘・小脇差御免	苗字御免惣庄屋直触

注:「文化十年　町在」(永青文庫蔵)による

(3)社会的功業の評価・褒賞

藩領住民の社会的に意味ある行為・行動や事業を評価し、褒賞したものである。新田開発、水利・土木事業関係、火災・水害等の災害復旧、救助・救難行為、農業技術開発などが対象であるが、個人の営々たる営みや人道的な行動もくみ上げ、評価・褒賞の対象としている。ここでは後者の二つの事例を示す。

まず、ごく些細な個人の行為が「奇特」と評価され褒賞された事例である。宇土郡郡浦手永下網津村の六〇歳になる百姓武七は、持高一石六升余で夫婦と娘の家族三人の零細百姓であるが、小高ゆえに、「苫を編、又者柴・薪を取、宇土町辺ニ持出、渡世取続」けていた。その武七が一六、七年以前から宇土町にいたる網津・笹原・新開・恵里各村の二里の道を普請し続ける。武七が道作りに精を出した直接の理由は郡浦手永新開村の出作地へ往来するのに難渋したことによる。恐らく人里離れた在所に住み、自力で道作りしなければ、自身の往来にも難渋していたものと思える。

その行為は庄屋の間でも賞美の話題となる。ところが庄屋が武七から話しを聞こうとしても、全くとり合おうとしない。郡代の褒賞申請書に「聢ト噺合もいたし不申由」とあるように、有体に言えば武七は周囲との交わりをきらった変人の類いであろうが、道作りには精を出している。接触を嫌う武七からどうにか状況を聞いたところ、だいたい年間で「二十度程」道の手入れを行っているとのことである。「左候得者、十八ヶ年ニ而者、三百六十日程之働ニ相当可申」として、郡代新居市左衛門は褒賞申請を行い、武七には銭七〇〇目が与えられる[50]。

本事案で注目されるのは、関係庄屋が、人里離れた在所に住む、いわば偏屈老人の行為を放置せず褒賞の方向で動いていること、年間の作業日数をもとに老人が道作りに費やした総日数を算定し、褒賞金額を割り出していることである。

もう一つの事例を紹介する。庄屋の行動が評価され、例外的に地士にまで特別進席した事例である[51]。文化一〇年六月二二日、折りからの強雨で上益城郡鯰手永小池村の三王免に所在する堤（溜池）が決壊した。村民が懸命に防ぎ方に取り組んでも、「人力」では如何ともしがたい状況となる。小池村の庄屋貞七は「此上者一命を捨候外無之」との覚悟を決め、人柱となるべく、塘手に腰をかけ、「押肌脱服」し、脇差で自らの喉を突いた。しかし手元不如意のため脇差も粗悪で、刃が折れ、深手を負ったまま大雨にうたれ続けた。この事を知った村方の者たち、近郷の者たちが駆けつけ、総出で堤を築き直し、溜池を復旧させた。

実は、この溜池には小池村にとって格別の事情があった。鯰手永という地域は、その名の通り緑川の支流、加勢川下流域の水害常襲地域であり、かつ旱魃にも見舞われる地域でもある。小池村では宿年の旱魃対策として寛政末年に溜池が造成されるが、数十人の村民がわずかな銭を寸志として出し合い、会所から堤造用に寸志をもらい受けて造成したものである[52]。庄屋貞七の行動も、こうした溜池造成の事情が関係していよう。

庄屋貞七は、もともと小池村の出身ではなく、近隣の井寺村の出で、会所走番に呼び出され、会所小頭から小池村の庄屋となっている。上益城郡代は、一命をなげうって行動した庄屋貞七、貞七を手厚く看病した瓦師棟梁の芦原孫右衛門、堤築方に尽力した九人の百姓の褒賞を申請する。特に庄屋貞七の行動について郡代は、当初、庄屋の勤続褒賞の上限を意識して郡代直触を申請するが、再度、藩庁郡方に次のような「御内意之覚」を提出し、地士（地侍）への特別進席を願い出る。

【史料12】

御内意之覚

村々庄屋役之儀、御郡代直触之もの迄ハ先年御内意奉伺召仕申候、然処、地侍以上御家人之内ニハ其器ニ当り候ものも有之、且又、直触之もの多年庄屋役出精相勤候得者進席も被仰付、其賞ニ因而村庄屋難申付、左候而者、乍恐其職を尽候を被賞候御主意薄相成申候儀も御座候間、以来者其器か当候もの者一領一疋迄者村

庄屋役兼帯申付、召仕候様被仰付被下候様有御座度奉願存候、左候ハ、往々在役等ニ重ク被召仕候人才を試候一助ニも相成可申と奉存候、既ニ此節御内意御達仕候鯰手永小池村庄屋貞七、格別進席も奉願度御座候得共、是以席相進候得ハ村役ニ難被召仕候処𛀁別紙之通御内意仕儀ニ御座候間、別段内意之通御僉議ニ及儀御座候ハ、貞七儀地士被仰付被下候様有御座度、乍恐奉願候、右之趣ハ同役共一統申談候処、何れも同意ニ御座候間、御内意仕候、宜敷御参談可被下候、以上、

七月

上益城
御郡代(53)

前述したように、庄屋の勤続年数にもとづく職務褒賞は在御家人末席の郡代直触を上限としていた。上益城郡代は、地士以上の在御家人のなかに庄屋にふさわしい人材がいても現状では庄屋に就けないし、直触の庄屋が多年の出精で地士以上に進席すれば庄屋にとどまれないとして、郡代中の総意として、一領一疋までの在御家人は庄屋兼帯ができるようにと提案しつつ、小池村庄屋貞七の地士への「格別進席」を願い出る。選挙方も「非常」の例外としつつ、庄屋貞七の地士進席を認める。

以上、百姓の営々たる道作り、庄屋の人道的な行為の事例をあげたが、重ねて注目したのは、現地村役人や郡代が、こうした行為、行動を単なる美談、奇特とせず、具体的な褒賞と結びつけ、後者については、当時の褒賞水準を超えるための働きかけをしている点である。藩領住民の諸活動を具体的な褒賞形態をもって評価するという政治方向の成熟がみてとれる。

(4)寸志評価

寸志とは、簡単にいえば献金である。寸志は大別して、領主財政補塡や臨時課役・軍備費負担への寸志、社会

救済・社会事業への寸志の二つに分けられる。郷士（旧在御家人）などの履歴をまとめた明治七年（一八七四）の「戸籍先祖帳」によって宇土郡松山手永の寸志事例を抜き出した表15をもとにその大まかな傾向をみてみる。むろんこれは多種多様な寸志事例の一部を示したものにすぎないが、寸志の全体傾向を反映していると思える。

それによると、寸志は大きく宝暦（一七五一―六四）ごろまで、安永（一七七二―八一）～天保（一八三〇―四四）期、安政（一八五四―六〇）期以降の三つの段階に区分し得る。すなわち、宝暦・明和初年までの寸志は寸志銀のみ記され、事例も個別的で一領一疋・地侍（地士）の身分を求めた個人献金という色彩が強い。これに対し安永・天明以降の寸志は目的を明示した寸志、とくに下方取救寸志・窮民取救寸志など社会救済目的の寸志が増加し、多様化している。[54] 文化（一八〇四―一八）期以降の一九世紀段階になると、領主財政補塡のための寸志も増え始め、安政以降は藩軍備強化の寸志が急増する。

次に手永別の寸志の推移をごく簡単にみておく。表16・17は「町在」によって飽田郡五町手永・横手手永の享和期（一八〇一―〇四）から天保期にいたる寸志・褒賞事例を示したものであり、後掲表22は宇土郡松山手永の寛政十一年から天保期にいたる寸志・褒賞事例を示している。年次的にみた場合、手永により差異はあるが、おおむね享和～文化初年と天保期に大きな画期を認めうる。また褒賞内容も飽田郡五町手永、宇土郡松山手永の多様な褒賞内容にみるごとく、寸志の地域的差異も大きい。

さて、一九世紀段階の藩領住民の寸志を総体的にみた場合、その目的の過半は社会救済・社会事業という社会目的化された寸志である。こうした寸志は「民力強め」の寸志と総称され、在御家人の人数抑制の観点から寸志が文化期に入って次第に制限されていくなかで、藩当局は「民力強め」寸志については奨励する。すなわち藩当局は文化九年（一八一二）九月一二日付達書において、はっきりその方針を打ち出し、寸志を「農民之強ミ」「郡村之為」になるものに制限・特化する。具体的には、①零落所の救済、②借物捨方、③質地請戻し・質地捨方、

表15　寸志の種類と寸志件数(松山手永)

年次	寸志の種類	寸志件数
宝暦12年(1762)	寸志銀	2
〃 13年(1763)	〃	1
明和元年(1764)	〃	1
〃 3年(1766)	〃	1
〃 8年(1771)	窮飢取救寸志	1
安永2年(1773)	窮飢取救寸志	2
〃 4年(1775)	若殿様初御入国奉祝寸志	1
〃 8年(1779)	松山手永零落取救寸志	1
天明2年(1782)	松山手永難儀者取救寸志	4
〃 3年(1783)	下方取救寸志	5
〃 6年(1786)	〃	2
〃 8年(1788)	御巡見様本宿繕方寸志	5
寛政4年(1792)	松山手永囲籾蔵繕方寸志	1
〃 5年(1793)	津波急場取救寸志	8
〃 6年(1794)	笠岩村開塘石垣普請・荒地開明入目銭寸志	1
〃 7年(1795)	御上金寸志	12
〃 〃	松山手永難渋者取救寸志	2
〃 9年(1797)	松山手永新開村潮塘筋普請寸志	6
〃 11年(1799)	才覚銭・松山会所囲籾蔵繕方入目銭寸志	2
〃 12年(1800)	去夏干魃難儀者取救寸志	2
享和3年(1803)	寸志	6
文化元年(1804)	御銀所銭預減方寸志	1
〃 〃	才覚銭・御銀所銭預減方寸志	1
〃 〃	関東筋川々御普請御手伝御用寸志・才覚銭	2
〃 4年(1807)	龍口御屋敷類焼寸志	4
〃 5年(1808)	才覚銭	2
〃 7年(1810)	千場村取救寸志	1
文政8年(1825)	御手伝御用寸志	1
〃 〃	村々難渋者取救寸志	1
天保元年(1830)	関東筋川々御普請御手伝御用寸志	3
〃 2年(1831)	〃	2
〃 3年(1832)	〃	1
〃 〃	窮民取救寸志	2
〃 4年(1833)	関東筋川々御普請御手伝御用寸志	2
〃 5年(1834)	二御丸惣修覆御手伝御用寸志	1

〃 7年(1836)	〃	2
〃 8年(1837)	難渋者取救寸志	1
〃 〃	窮民取救御手当寸志	10
〃 〃	熊本町窮飢寸志(根譲)	1
〃 9年(1838)	窮民取救御手当寸志	2
〃 10年(1839)	二御丸惣修覆御手伝御用寸志	1
〃 〃	窮民取救寸志	2
〃 13年(1842)	御備之鉄炮出来寸志	1
安政2年(1855)	相州御備場寸志	4
〃 5年(1858)	廻江手永守富在成立ち寸志	1
〃 〃	相州御備場・江戸御手当炮器類出来寸志	2
万延元年(1860)	相州御備場寸志	1
文久元年(1861)	〃	5
元治元年(1864)	炮器製造寸志	5
慶応元年(1865)	〃	2
〃 3年(1867)	銃隊御倡玉薬料寸志	45
〃 4年(1868)	〃	43
明治2年(1869)	〃	2

注:「戸籍先祖帳」(熊本県立図書館蔵)による

④「海川・塘・井樋等」普請、⑤「百姓共一稜為ニ」なること等々である。[55]

一見して明らかなごとく、「民力強め」寸志の目的とされた内容は幅広く、一九世紀に入った社会において重大な意味をもつ。①の零落所救済は文化期以降の地方行政の重点課題であり、文化一三年の領内零落所改めにもとづき水利・土木事業の投入による農業基盤整備を図り、零落所改善による地域経済の安定化が志向される。たとえば水害常襲地帯の上益城郡鯰手永、初期以来、零落所として扱われ続ける下益城郡守富在では救済策が投入され続け、守富在では嘉永五年に大掛かりな「守富在成立ち」寸志が投入される。[56] また「町在」において頻出する窮飢取救寸志・難儀者取救寸志などもこれに該当する。

こうした農業条件整備に向けた方策は本来、領主制の公共業務の範囲でもあるが、領主財政には社会に向けた財源がきわめて貧弱である。社会政策・社会事業政策に向けて予算を組み、計画的に政策運営していくということは限られている。したがって人

表16　飽田郡五町手永住民の寸志褒賞事例（享和３～天保９年）

褒賞内容＼年次	享和３（1803）	文化元（04）	同２（05）	同４（07）	同５（08）	天保２（31）	同３（32）	同６（35）	同８（37）	同９（38）
2人扶持		1								
使番列									1	
諸役人段								1		
作紋上下	1									
一領一疋・作紋上下一具		1								
一領一疋					1				3	
地士					1	1			2	
苗字帯刀御免・郡代直触	1		1							
刀御免	1		1							
苗字御免・郡代直触			1							
苗字御免・惣庄屋直触			1							
無苗惣庄屋直触、家内傘・菅笠御免			1							5
無苗惣庄屋直触		1			1		1		1	
礼服・小脇差御免、家内傘・菅笠御免			6							
礼服・小脇差・菅笠御免										
礼服・小脇差御免			1							
礼服・傘・菅笠御免			1							
礼服・傘御免			4							
礼服御免	2	1		3	1					
小脇差・傘・菅笠御免、家内傘・菅笠御免			1							
小脇差・傘御免、家内傘御免		1								
小脇差御免、家内傘・菅笠御免			3							
小脇差御免、家内傘御免		1								
小脇差・傘・菅笠御免	7		11				4			
小脇差・合羽・菅笠御免					2					
小脇差・傘御免		1			1	2				
小脇差・菅笠御免					2					
小脇差御免	3		2		3					
家内傘・菅笠御免		1	2		1		2			
傘御免、家内傘・菅笠御免						1	2			
傘・菅笠・合羽御免	2									
自身・家内菅笠御免						9			1	
家内傘御免			2							
家内菅笠御免					3					
傘・菅笠御免			4		2				1	
合羽・菅笠御免					4					
傘御免	15		124		18	15	23			
菅笠御免			2		19					
御間承届	18	8			7					
合　　計	50	16	168	3	67	28	32	1	9	5

注：「町在」（永青文庫蔵）による

表17　飽田郡横手手永住民の寸志褒賞事例(享和3～天保12年)

褒賞内容＼年次	享和3(1803)	文化元(04)	天保7(36)	同8(37)	同9(38)	同10(39)	同12(41)
郡代直触							3
苗字御免、惣庄屋直触	1						
礼服御免							1
小脇差・傘・菅笠御免、家内傘・菅笠御免	1						
小脇差・傘・菅笠御免			1				
小脇差・傘御免					2		
小脇差御免	5						
傘・菅笠御免	1		25	3	33	38	
傘御免	15	10					
合　　計	23	10	26	3	35	38	4

注:「町在」(永青文庫蔵)による

員と財源をともなう社会的な事業を展開していこうとすれば、どうしても民間活力に依存せざるをえなくなる。民間活力を引き出す一つの手段が寸志になるが、寸志者が望む見返り=「内望」は明確であり、藩当局も寸志の目的を特化させたものといえる。

②③のうち借物捨方・質地捨方は捨方寸志と称される。借物捨方は貸付金を元利棒引きすることであり、その多くが質地請戻しと連結している。捨方寸志を通じて実現する債務破棄・質地請戻しの果たした役割はきわめて大きく、会所が会所官銭をもって行う質地買戻しとあいまって、質地の相当量は持主の百姓か手永会所側に請け戻され、百姓経営の安定化と地主の肥大化抑制に帰結している。また幕末維新期に活発化する質地請戻し慣行なるものも、こうした請戻しの絶えざる動きのなかで現実化したものと理解しうる。天保一四年の「諸御郡所々諸官銭臨時改帳」によると、藩領内でこの五年間で会所官銭八六五二貫が質地請戻しに充当されている。[57]これは驚くべき数字と言わねばならない。

捨方寸志の早い事例としては、安永八年(一七七九)「達帳」に大量の事例が収載され、たとえば宇土郡松山手永では総人数三一人、銭二四貫余におよぶ貸付金・質地の捨方がみられる。[58]「町在」における捨方の初例は、寛政一一年、熊本城下出京町の町人船越理右衛門が、飽

表18　寸志による進席規定(文政12年)

進席席次＼もとの身分	百姓	無苗惣庄屋直触	苗字御免惣庄屋直触	郡代直触	地士	一領一疋	諸役人段	歩小姓列	独礼	歩使番列
	貫　目									
無苗惣庄屋直触	1.500									
苗字御免惣庄屋直触	2.500	1.000								
郡代直触	4.000	2.500	1.500							
地　　士	5.000	3.500	2.500	1.000						
一領一疋	8.000	6.500	5.500	4.000	3.000					
諸役人段	10.000	8.500	7.500	6.000	5.000	2.000				
歩小姓列	12.000	10.500	9.500	8.000	7.000	5.000	2.000			
独　　礼	15.000	13.500	12.500	11.000	10.000	7.000	5.000	3.000		
歩使番列	17.000	15.500	14.500	13.000	11.000	9.000	7.000	2.000	2.000	
士席浪人格	18.000	16.500	15.500	14.000	13.000	10.000	8.000	3.000	3.000	1.000

少額の例

特　　典	寸志額
	目
傘御免	200
傘・小脇差	500
家内傘・菅笠	500
麻上下・傘、小脇差	1.000

注：『城南町史』による

田郡五町手永の津浦・柚木・山室・飛田・楠原五か村からの貸付金・質地のうち、「格別零落難渋之者共」二八人からの田畑一町一反一畝二七歩、銭一貫九二〇目余を捨方寸志とし、質地を百姓方に返したものである[59]。

大規模な捨方としては、寛政一二年に褒賞申請された山本郡正院手永の手永規模での捨方が初期の事例として注目される。正院手永は一郡一手永という特異な手永であり、領内きっての零落所とされるが、葦北郡津奈木手永から抜擢された惣庄屋徳富太多七が手永規模での質地問題解決に着手し、年貢納入の肩代わりとして質地に取っている手永各層の捨方合意を取り付け寛政一二年二月に郡方に上申するにいたる。本件は、質地問題解決による零落所打開を意図した従来にない手永規模での捨方寸志であり、藩庁郡方も「現銭寸志」との兼ね合いについて審議を重ね、享和二年（一八〇二）に空前の大型捨方が実現する[60]。享和三年から手永が定額年貢を請け負う請免制の実施が予定されており、正院手永が安定的に年貢請負を続けていくうえで障碍となる手永内の債務・質地問題を事前に抜本解決を図っておくことが合意されたものと推測される[61]。

④の「海川・塘・井樋等」普請は、一七世紀段階であれば、

藩側の普請組と百姓夫役にもとづく勧農業務に属するが、一九世紀段階の水利・土木普請は藩領域にわたって数量・規模ともに格段に増加する。その契機は、天明元年（一七八一）に領主勧農業務の根幹であった井樋普請を「一統御郡引受」させるとして農村社会に丸投げしたことにあり[62]、「民力強め」寸志ともあいまって、一九世紀段階の「公共事業の時代」を現出するにいたる。

以上、藩領住民の多様な寸志形態をみてきた。寸志は、領主財政補塡目的であれ、社会救済を理由とするものであれ、本質的には「内望」と称する身分的待遇などの見返りを求めた経済行為である。すでに宝暦の藩政改革期には一応の寸志褒賞の目安が存在し、明和・天明期には基準化され、そして「町在」成立期には「規矩」と称する寸志褒賞の体系的な規定として整備される。

表18は文政一二年（一八二九）の「関東筋川々御手伝御用寸志」をもとに寸志褒賞進席規定を示したものである。寸志進席規定の意義は歴然である。「農家之者」＝百姓が所定額を献金すれば郡代直触となって在御家人の身分に列し、銭一八貫を納めれば、在御家人最上位の士席浪人格にも進み得たのである。先にみたように、手永・村の幹部役人たる会所手代・庄屋でも四〇年、五〇年という長い職務を経て晩年にたどり着けるのが在御家人末席の郡代直触である。いわば地方役人が一生かかって手にする身分待遇が、寸志すれば即座に与えられる。合志郡大津手永斎藤家の名子が寸志して苗字・帯刀身分となり、一気に名子主のもとから離脱するのはその典型といえる[63]。

四　藩領住民の評価・褒賞と地域社会

熊本藩では、「町在」が作成された明治初年にいたる一九世紀に、藩領住民の多様な活動や行為を評価・褒賞する仕組みが成熟する。それは、大きく言えば、近世の領主制、領主政治というものが住民の活動・活力を取り込み、依存の度合いを強めたことを意味する。領主政治が住民の諸活動に依拠しこれを評価・褒賞するということが、地域社会に何をもたらしたのか。

(1)手永と村の行政組織の一体的整備

「町在」における住民評価・褒賞の柱の一つは、地方役人の人事考課である。その際に注目されるのは、惣庄屋の身分的位置づけ、そして褒賞結果として不断に生成される在御家人と地方役人組織との関係である。

惣庄屋は知行取の身分であるが、藩当局は、宝暦改革期の「町在讃談帳」にみるように、一貫して「町在」住民側に引きつけた身分的な位置づけを志向している。そして寛政一一年、選挙方の人事考課記録において下級武家役人用の「達帳」と惣庄屋を含む「町在」とが分離され、天保六年(一八三五)四月の奉行会議において、改めて「御惣庄屋、右者士席ニ者被仰付間敷」[64]と確認される。

このように惣庄屋が「町在」において人事考課を受けつつ、藩庁郡方の奉行・郡代とも日常的に緊密に結びつき、広く地域社会の上申行為・上申文書、住民の褒賞申請、地方役人層の後任人事・人事異動の最終的取りまとめ、その実現に向けて動いたことは、藩領の民政・地方行政の実質を担う地方組織を整備した。

問題も内在する。とくに地方役人組織における褒賞格差の存在、具体的には会所役人・村役人の勤続年数による職務褒賞と、主に寸志により進席し、惣庄屋以上の進席もある在御家人の存在は矛盾する側面をもった[65]。在御家人が幕末期にかけて増加の一途をたどるなかで、地方役職に就かない在御家人も確実に増加している。「郡並の御奉公」と称する、現実的には無役・非役の在御家人を地域社会に抱え込んだ。また手永内には惣庄屋より上席の在御家人が相当数存在し、傘御免さえなっていない庄屋が傘御免以上の村民や在御家人と相対するという状況はいたるところに現出していた。地方役人が職務を果たすうえで、とくに上席の在御家人の存在を一定の障碍として意識していたことは事実であろう。

では、地方役人組織と在御家人制との関係は如何なる推移をたどったのか。表19-1～3・表20-1～3は、宇土郡松山手永と阿蘇郡坂梨手永の地方役人組織を示したものである。いずれも明治元～二年のものであり、明治三年（一八七〇）に廃止される手永・惣庄屋制、在御家人制のもとでの地方役人組織の行き着いた形態を示している。両手永から看取しうる特徴は以下の三点である。

第一に、会所役人・庄屋の大部分が苗字を名乗り、在御家人の肩書を有している者も少なくないことである。会所役人・庄屋が数代にわたる行政役職の継承を経て、孫・曾孫の代に曾祖父・祖父・父の長期勤続の功労で初発から在御家人の肩書を獲得する事例も珍しくない。手永の役職を分担する在役人の在御家人を含めて、地方役人集団が苗字持ち・在御家人として行政活動を行う傾向が強められている。

第二に、地方行政組織の整備ぶりが指摘できる。松山手永では、手永会所の部署制的に整備された編成と、在御家人制との組織的な一体性を看取しうる。手代のもとで下代・会所詰・小頭が担当部門をほぼ複数で分担し、本役・助勤の担当役人に小頭当分・定見習・手習が張り付く責任部署制的な編成をとっている。

第三に、手永と村の活発な人事交流である。阿蘇郡坂梨手永の場合、惣庄屋を除く手永三役、会所役人、在役人、庄屋の間で活発な人事交流が存在し、庄屋以外は郡レベルでの異動がなされ、郡・手永段階での実務役人の社会集団化が進んでいる。

たとえば典型的な地方役人の履歴をもつ会所役人のトップ手代の山部武三右衛門の場合、会所見習として実務経験を積んだ後、父親の庄屋職を受け継ぎ、いくつかの庄屋を歴任した後、庄屋を兼務しつつ会所役人の幹部になっている。山部武三右衛門の長男文助は父跡を受けて手野村庄屋となり、次男映助は会所詰小頭である。山部映助ものちに庄屋に転出したものとみられる(66)。山部のように会所役人の主体は各村の庄屋を歴任してきたベテラン庄屋か庄屋の子弟である。庄屋の子弟が会所に見習として入り、ここで行政実務を学び、会所詰小頭などに

表19－1　宇土郡松山手永会所役人の構成(明治２年)

役職名・担当部署		席　　次	氏　　名
手代		在勤中郡代直触	河野大作
下代	出銀方	地士	橘　新平
〃	根〆当分兼帯		清田夘左衛門
手代差添	御免方		鈴木潤三郎
会所詰	武器方	郡代直触	小郷四郎助
〃	北浦新地受込	地士	本田健助
〃	御用銭方・当用方	郡筒	富原謙左衛門
〃	出銀方・櫨方受込		上原助作
〃	当用方・御免方助勤		浦上途平
〃	当用方・御用銭方助勤		西山半助
〃	当用方助勤		朝田網太郎
〃	御年貢方助勤		大田黒五蔵
〃	当用方助勤		平原九十郎
〃	根〆助勤		山本庄兵衛
小頭	御横目	郡筒	村上仙右衛門
〃	井樋方・北浦新地受込		斎藤受兵衛
〃	御作事方	郡筒	田中啓右衛門
〃	根〆助勤		栄右衛門
〃	熊本詰武器方	郡筒	野口繁之助
〃	御山方	郡筒	大田黒半兵衛
〃	櫨方助勤	郡代直触	河野順之助
〃			平八
小頭当分			松山為之助
〃		郡筒	河野彦三郎
〃	御蔵方助勤		山本彦助
〃			志垣五之助
〃		郡代直触	木村八之允
〃			関　記七郎
〃		郡代直触	竹馬庄三郎
〃			小郷三郎
外廻小頭			長左衛門
定見習			芥川勝次郎
〃		郡筒	芥川理助
〃			孫助
〃			平原金助

〃			野口四郎次
〃		郡筒	西岡敬助
手習		郡筒	郷　源之助
〃			伊藤次郎助
〃			伊藤政吉
〃			岩村仙太郎
〃		郡代直触	津志田善之助
〃			竹馬為助
〃			次太郎
〃			豊八
引除小頭当分	御案内受持		恒助
〃	櫨仕立受持		伊佐一助
〃	水夫方御用懸		久兵衛
手永横目		惣庄屋直触	栄助
〃		郡筒	村上仙右衛門
〃	宇土宿惣代	郡代直触	津志田善左衛門
〃	宇土宿小頭		小野十郎助

注:「松山手永手鑑」(明治２年４月／宇城市教育委員会蔵)による

表19－2　宇土郡松山手永在役人の構成(明治２年)

役　職　名	席　　次	氏　　名
御山支配役并赤石場見扠	在勤中諸役人段	野田亀十郎
郡浦受持御手附横目	〃	平原太郎助
松山受持御手附横目		久原勘左衛門
		積　逸左衛門
北浦新地受込	独礼	野村新助
井樋方・七曲堤見扠	在勤中一領一疋	野村七兵衛
松合唐物方御番人	諸役人段	河瀬惣兵衛
〃	在勤中諸役人段	渡辺栄太
塘方助役	一領一疋	井上平助
松所見扠	〃	大田黒彦左衛門
勧農方、御蔵番	〃	小野茂次郎
大嶋山受込	在勤中地士	近藤記左衛門
宇土町廻	〃	守田廣助
会所見扠	〃	野村勝之助
御牧見扠	〃	斎藤七左衛門
水夫小頭	在勤中郡代直触	河野大作

俵物方受込	〃	鈴木潤三郎
手永見扨	〃	芥川政左衛門
高良町廻	地士	山田徳十郎
御山見扨	一領一疋	野口平兵衛
花園堤水配方		井上甚三郎
塘方差副	郡代直触	竹馬文三郎
御制度方	一領一疋	小野一郎助
〃	郡代直触	朝田覚右衛門
〃		江本吉左衛門
勧農方		平居助次郎

注:「松山手永手鑑」(明治2年4月)による

表19－3　宇土郡松山手永庄屋の構成(明治2年)

村　名	村高(石)	席　　次	名　　前
大口村	301	郡筒	森田武助
大見村	350	地士	河野甚之助
松合村	261		松浦半蔵
永尾村	351	地士	西山新兵衛
高良村	634	地士	郷　百右衛門
御領村	636	郡代直触	郷　嘉一郎
柏原村	341	郡代直触	右山市三郎
小曾部村	1031	郡筒	釜賀五平次
伊無田村	426	郡代直触	吉利定之助
下松山村	959	郡筒	中山武右衛門
松山村	1389	郡代直触	小郷参右衛門
境目村	591		緒方直右衛門
善道寺村	659	郡代直触	小郷四郎助
古保里村	632	地士	本郷惣右衛門
立岡村	512	郡筒	富原謙左衛門
三日村	408		白石弥三次
佐野村	540	(惣庄屋直触)	林原次助
上古閑村	543	郡代直触	那須武右衛門
曽畑村	649	郡筒	磧谷庄兵衛
布古閑村	243		井上甚三郎
岩熊村	137		茂兵衛
笹原村	902	郡代直触	芥川政右衛門
笠岩村	76町		伊藤九兵衛

西松崎村	39町	地士	村崎文左衛門
東松崎村	31町	郡代直触	小郷四郎助
松原村	1107	無苗惣庄屋直触	次兵衛
馬瀬村	950	郡代直触	渡並七郎兵衛
築籠村	395		朝田源蔵
江部村	377		源助
宇土本町	1088		百助
城神村	138		竹下伝之助
馬場村	121		平次郎
網津村	1213	郡代直触	野村貞四郎

注 :「松山手永手鑑」(明治２年４月)、「町在」(永青文庫蔵)による

表20－1　阿蘇郡坂梨手永会所役人の構成(明治元～２年)

役職名	名　　前	席次・続柄
会所手代	山部武三右衛門	手野村・分西宮地村庄屋後見、地士
会所下代	山部勘次郎	下野中村庄屋
会 所 詰	佐藤仙助	北宮地村庄屋
〃	岩下寿一郎	井手村庄屋岩下藤右衛門倅、井手村庄屋添
会所詰小頭	高木清四郎	郡筒
〃	井手新兵衛	一領一疋井手新右衛門倅
〃	内山田敬右衛門	郡代直触
〃	岩下助一	地士岩下忠次郎倅
〃	岩下専右衛門	地士
〃	吉田半平	郡代直触上席
〃	上村爐平	地士家入宅右衛門２男
〃	家入己角	地士岩下忠次郎２男、内牧人馬小頭兼帯
〃	岩下太七郎	郡代直触内山田敬右衛門養子
〃	内山田次郎平	郡代直触佐藤勝右衛門３男
〃	佐藤勝蔵	地士山部武三右衛門２男
〃	山部映平	郡代直触佐藤勝右衛門４男
〃	佐藤熊彦	

注 :「御国中手鑑」(写／栗林家蔵)による

表20－2　阿蘇郡坂梨手永在役人の構成(明治元～２年)

役職名	席次	名前	(村名)
社寺方横目	独礼	市原弥一郎	(坂梨)
農業倡方并人参方受込	〃	藤井規平	(〃)
制度方并道方定役、文武芸倡方・寺社堂守改方受込	諸役人段	江藤七左衛門	(〃)
文武芸倡方	〃	白石文左衛門	(上三ヶ)
道方・農業方人参受込、御手当受持	〃	大塚二八郎	(坂梨)
農業方	〃	渡辺徜太	(手野)
硫黄山御用掛	〃	武田源四郎	(〃)
郡並御用受持	〃	高森金平	(〃)
内牧人馬所横目役	一領一疋	古閑太兵衛	(坂梨)
制度方寺社堂受込、御手当受持	〃	田島茂十	(〃)
制度方寺社堂受込、新抜流指南方	〃	加藤理三次	(北坂梨)
制度方	〃	加久徳太	(西下原)
武芸倡方并宮地町御高札見扨、御手当受持	〃	村田軍助	(宮地)
武芸倡方、御手当受込	〃	藤井又太郎	(坂梨)
道方定役	〃	山本太一郎	(役犬原)
御手当受持	〃	高宮常之允	(中原)
〃	〃	梅野松右衛門	(井手)
〃	〃	坂梨正右衛門	(北坂梨)
〃	〃	佐藤金三郎	(宮地)
御山見扨、武芸倡方	地士	坂梨瀬左衛門	(北坂梨)
道方定役	〃	蔵原栄喜	(北宮地)
御仮屋見扨	〃	畠中嘉久馬	(東宮地)
郡並御用受持	〃	古閑猪之八	(上三ヶ)
〃	〃	岩下恒右衛門	(西下原)
〃	〃	藤井新太郎	(北坂梨)
〃	〃	山部彦左衛門	(西宮地)
〃	郡代直触	渡辺藤吉	(北坂梨)
〃	〃	小山立蔵	(〃)

注：「御国中手鑑」(写)による

表20－3　阿蘇郡坂梨手永庄屋の構成（明治元～２年）

村　名	名　前	席　　次
井手村	岩下藤右衛門	地士
西宮地村	後藤理一	〃
宮地村	家入宅左衛門	〃
中原村	岩下忠次郎	〃
北坂梨村	渡辺庄三郎	郡代直触
東宮地村	井手源四郎	〃
馬場村	志賀丈右衛門	〃
古閑村	市原円四郎	〃
坂梨町	江藤伝之允	〃
下三ヶ村	後藤丈平	惣庄屋直触
上三ヶ村	古閑五郎平	〃
尾籠村	山部甚之允	〃
上野中村	志賀格助	郡筒
西下原村	志柿武右衛門	郡代直触
東下原村	江藤章平	〃
手野村	山部文助	（地士・会所手代山部武三右衛門倅）
分西宮地村	衛藤善左衛門	地士

注：「御国中手鑑」（写）による

なった後、庄屋代・庄屋となり、各村の庄屋を歴任したベテラン庄屋が三〇代後半から四〇代で手代・下代など会所の幹部役人となっている。手永の役人と村の庄屋とが人的に一体の関係にある。

宇土郡松山手永でも、会所役人のほぼ全員が苗字を名乗り、在御家人としての席次を有しているように、会所役人自身が在御家人身分か、在御家人の子弟・兄弟が会所に送り込まれている。さまざまな地方業務を分担する在御家人も会所見習から入り、会所役人や庄屋を歴任したものが多い。したがって在御家人の地方業務は会所役人の行政活動と重層する。在御家人制は地方行政担当者の供出基盤でもあった。

松山手永の役人組織をみると、手永段階で整備された地方行政組織の到達した形態をみる。こうした地方組織と藩庁の郡方組織を較べると、人員的にも藩側の関係役人は藩庁（奉行所）郡方役人と郡代に限られ、地方で民政・地方行政の現場を統括する郡代に手持ちの人員・財源はほとんど与えられていない。広範な行政裁量を持つ郡代は、手永・村の地方役人組織と民間活力とに結びつくことで行政力を行使しえた。人員と財源を要する一九世紀段階の民政・地方行政は地方役人組織、地域住民の多様な行政活動によって担われていたといえる。

(2)手永と村の農業基盤整備と社会保障

「町在」における藩領住民の評価・褒賞のもう一つの柱は住民の寸志という経済行為にある。寸志の意義は二つある。

第一に、臨時費・軍備費などの領主財源補塡とともに、領主財源の裏づけを欠く社会に向けた経費、たとえば社会保障費・社会事業費を直接負担させることにあり、第二に、地域の有徳者・富裕者＝地主・高利貸の小名望家としての社会的役割を明確にしたことである。藩主および家臣団の生活費・人件費を主体とする領主財政には、意外なほど社会に向けた経費は限られている。まして予算を立て、社会に向けて計画的な行政活動を展開するような状況にない。寸志は社会的経費の重要な原資として機能している。寸志が活発化する一九世紀は、社会保障の観点からも零落所を中心に水利・土木事業＝農業基盤整備事業が活発化する時期でもある。では、そもそも明治初年にいたる一九世紀の社会にそうした経済活力はあったのか。

藩当局は、天保飢饉のあとの天保一三〜一四年に藩領の経済力調査を行っている。天保一三年の「諸御郡物産物調帳」[67]、天保一四年の「諸御郡会所々諸官銭臨時改帳」[68]の作成である。天保一三年の「諸御郡物産物改帳」は、藩当局が郡目附横目を派遣して手永ごとに農産物を中心に全ての産物を調査し、これを金銭換算して最終的に手永および手永住民一人当たりの収支を出し、「余分」(生活余力)を算出したものである。藩領五一手永分、いわば藩領の農業(経済)収支をみると、藩領の総産物額＝総収入は七万七八七五貫、これを同調査の方式で石高換算すると一九八万石となる。これには都市部（町方）の経済力は除外されているので、藩領の経済総力はゆうに二〇〇万石を超えている。熊本藩の石高は郷高（表高）で五四万石、藩内通用の現高（内高）で七五万石であるので、天保期の石高一九八万石は現高の実に二・六倍に達している。

総産物額＝総収入に対する「諸上納分」（年貢関係）の割合は二三・四％であるので、残る七六・六％が百姓側に留保され、年貢分を上回る二八・六％分が農業経費・生活経費を差し引いた純粋の「余分」＝生活余力として計上されている。享和三年（一八〇三）以降、年貢賦課方式は手永が定額的な年貢を請け負う請免制がとられ、年貢額は固定化しており、当時の社会には年貢規模を上回る「余分」が留保されていたことになる。領主財政は請免制のもとで定額年貢以上の財政規模を志向していない。領主財政のおよばない社会政策的課題を藩領住民の経済力、民間活力に依拠したのは、けだし必然のなりゆきといえる。

次に「諸御郡会所々諸官銭臨時改帳」は、藩当局が郡目附横目に命じて過去五年間にわたる会所官銭の運用・現有状態について調査したものである。領内五一手永の総計分をみると、総額で銭三二〇〇貫、米二〇万五〇〇〇石におよぶ会所官銭は運用分と現有分に分けられ、大部分が運用に回されている。運用は「諸拝借」関係の貸付分と質地買戻しの「地方買入分」に大別される。「諸拝借」と「地方買入分」は手永会所の経済活動において表裏の関係にある。「諸拝借」関係は会所による地域住民への貸付であるが、同時に会所自体も水利・土木事業、零落所救済のために藩庁諸部局からの公的資金を借り入れ、かつ広範な講組織で官銭の利殖を図っているように、一九世紀段階の手永会所と地域経済は「幕末ローン社会」というべき経済状況下にあった。

それでも藩領のローン社会状況が大きな経済混乱を引き起こさなかったのは、つぎの三つの理由にもとづく。①藩庁諸部局の貸付資金、手永の会所官銭という公的資金が金融の主体であったこと、②ローン社会のもとで不断に生じる土地の質入を手永が会所官銭をもって「地方買入分」として買い支えたこと、③地域有徳者に寸志の形態で社会救済、社会安定のために一定の役割を果たさせたことである。幕末ローン社会のもとでの地域有徳者の基本的致富手段は質屋・高利貸であるが、手永による質地買戻し、「民力強め」寸志の存在は、地主・高利貸層の過度の利益増殖を抑制し、彼らを地域の小名望家として共生させる社会状況を成熟させる。寸志とは有力者が地域で生きていくための「名誉税」でもあった。

藩当局が、文化九年（一八一二）九月一二日付達書において明確に打ち出した「民力強め」寸志方針を改めて示すと、「農民之強ミ」「郡村之為」になる寸志として、①零落所の救済、②借物捨方、③質地請戻し、質地捨方、④「海川・塘・井樋等」普請、⑤「百姓共一稜為ニ」なることの五点である。こうした類いのことは本来、藩政の民政・地方行政の範囲であるが、藩財政には社会に向けた側面がきわめて貧弱である。領主財政には社会政策・社会救済政策に向けた予算を組み、計画的に政策運営していくという側面はごく限られている。基本的に欠落していると言ってよい。したがって何か社会的な事業を展開していこうとすれば、どうしても民間活力に依存せざるをえなくなる。民間活力を引き出す有力な手段が寸志になるが、寸志がその見返り＝「内望」を公然化させてきたため、藩当局は寸志の目的を特化させたものといえる。

したがって政治の役割は、藩領住民側の寸志という社会貢献活動を正当に評価し、社会の活力を引き出すことに主眼がおかれる。領主政治は、この社会的余力を前提に社会自身による自律的展開を求め、明治初年にいたる一九世紀段階には、手永が村の経済的限界を広域的に保障した社会保障システムと水利・土木事業＝農業基盤整備事業が高まりをみせる。

(3) 地域社会システムの形成

藩領住民は、以上のような諸活動の評価・褒賞と寸志行為を通じて、おびただしい人数規模で身分待遇を得て

表21　宇土郡松山手永住民の寸志褒賞事例(寛政11～天保11年)

褒賞内容＼年次	寛政11 (1799)	同12 (1800)	享和3 (03)	文化1 (04)	同5 (08)	同6 (09)	同7 (10)	同8 (11)	文政12 (29)	天保1 (30)	同2 (31)	同3 (32)	同9 (38)	同1 (40
5人扶持・作紋上下				1										
3人扶持				4										
2人半扶持				1										
2人扶持・作紋袷羽織				1										
2人扶持				1										
歩使番列														1
士席浪人格	1						2							
郡医師並								1						
苗字・刀御免町独礼					2							1		
諸役人段				1										
作紋麻上下				1										
作紋袷羽織				1										
作紋上下				1										
一領一疋				1				1				1		
地士・作紋上下				1										
地士				4				1						
郡代直触	2		6	5	5	1		2			1		2	
刀御免郡代直触				1		2								
苗字御免郡代直触				1										
苗字御免惣庄屋直触	2		1	2										
苗字御免・作紋麻上下										1				
苗字御免						1								
無苗惣庄屋直触				6						1			1	
作紋上下、家内影踏御免								1						
小脇差、家内傘御免				3										
礼服・小脇差・傘・合羽・菅笠御免				1										
家内傘御免				1										
小脇差・傘・合羽・菅笠御免								2						
小脇差御免		5									1			
小脇差・傘・菅笠御免				1								1		
小脇差・合羽・菅笠御免				1										
傘・小脇差御免	2		1					3	1					
小脇差・菅笠御免	6		7											
小脇差御免				1				3	2				8	
礼服御免														
家内影踏御免								7						
傘・合羽・菅笠御免			19											
傘・合羽御免	3		12		1									
傘・菅笠御免		1											13	
菅笠・合羽御免			1					1						
傘御免	2		9	1	1			7					8	
菅笠・合羽御免			1											
継目寸志								7						
御間承届			13	4				72						
合　　計	19	6	70	46	9	4	2	108	3	2	2	3	32	1

注:「町在」(永青文庫蔵)による

おり、住民の間には多様な身分標識が持ち込まれることになる。たとえば宇土郡松山手永の文化・天保期の寸志褒賞を示した表21を見ると、褒賞＝身分待遇の種類は実に四四におよび、また先に示した飽田郡五町手永（前掲表16）でも褒賞内容は三九段階に分かれている。身分標識の多様化は幕末維新期に一層の進行をみている。苗字・刀御免の「郡代直触」以上が在御家人であり、多くが明治初年に士族に編入される。郡代直触とは藩当局からの諸通達が郡代から直々に触れられる身分であり、「村人数放れ」の身分である。村人数放れした在御家人は、法制的には百姓身分ではない。「御家」に仕える武士身分である。

在御家人としての席次は歩使番列を最上位とし、上位の在御家人が寸志によって扶持方支給の身となったり、家紋入りの衣服を手に入れている。かつての褒賞目標であった一領一疋・地侍の上に数多くの席次・待遇が積みあがっている。郡代直触以下の褒賞内容も苗字・刀、吉凶礼時の礼服、小脇差を中心にわずかな寸志額の違いで細かく区分され、最末端に傘・菅笠・合羽が位置する。礼服とは婚礼・葬儀など吉凶礼に際して麻上下を着用できる小特権である。「御間承届」とは寸志額をプールし、次の寸志と合算して褒賞を求める措置である。

こうした身分特権・身分標識の多様化は、日本近世の社会＝幕藩制社会を支えた身分制の弛緩を意味するのか。天保一三年（一八四二）、奉行ら藩政首脳部は寸志・在御家人問題について審議している[69]。主要な問題点は次の二点である。すなわち、①傘御免の百姓が大量に増える状況のもとで、何ら身分特権を持たない「土足」の庄屋・会所役人が在中の百姓を抑えられるのか、②在御家人が増え過ぎている状況をどうするのか、の二点である。

①は、当年からの在中の衣服・飲食の格別取り締まりに際して、「寸志なと二而傘御免之者多有之候処、庄屋・会所役人等者土足ニ而者、小前之者制方届兼候」という状況に対する対処策である。前述したように、庄屋・会所手代でも傘御免になるには勤続一五年を要した。しかるに寸志では銭二〇〇目で傘御免となる。たとえば阿蘇郡坂梨手永では天保一一年だけで一六三人の傘御免が生まれ[70]、同年に下益城郡杉島手永砂町村では許可を得ない

で傘をさしていた百姓二九人が寄合の場に「自訴」している。[71] こうした大量の傘御免百姓が生まれる状況では、大勢の傘をさした百姓のなかに、箕をまとったずぶ濡れの庄屋がいる光景は実際にありえた。しかし、藩政首脳部は、傘御免の抑制については議論するが、寸志については今後とも必要との認識で一致している。

藩政首脳部が協議した天保一三年といえば、前項にみた「諸御郡惣産物改帳」を作成し、翌天保一四年には「諸御郡会所々々諸官銭臨時改帳」を作成するように、藩当局にも地域経済力・民間活力の高まりに対する現実認識は十分にある。手永会所の地域運営力と民間経済力に依拠した水利・土木事業＝農業基盤整備事業、社会保障システムの整備は民政・地方行政の根幹であり、寸志を取り止めることは不可能との認識になる。特に天保七年以降の凶作状況は、そうした行政方向を強めた。

表22　在御家人数の推移

席次＼年次	宝暦６年(1756)	天明４年(1784)	天保13年(1842)
一領一疋	257人	383人	725人
地　　士	156	243	766
直　　触	31	531	2833
合　計	444人	1157人	4324人

注：「在中　下十一」(永青文庫蔵)による

藩政首脳部が危機感を持ったのは増加しつづける在御家人の人数規模である。表22の数字は協議の場で示された在御家人の人数であるが、奉行らは天明八年から天保一三年までで四倍近くに膨れあがった人数に接し、「猶五十年之末者どれ丈之人数相成可申哉[72]」との危機感をいだく。実際、在御家人の人数は廃藩段階には一万二、三〇〇〇人に達する。

では増大する在御家人、あるいは傘御免を底辺に多様化する身分待遇＝身分標識は百姓間の階層対立を激化させ、村社会・地域社会の秩序混乱を招いたのか。現実は、逆である。藩当局が、宝暦改革以降、「士席以上」と「士席以下」とを厳格に峻別し、惣庄屋・庄屋、在御家人を含めた「町在」の社会諸階層を「士席以下」「人畜」(百姓・町人)として管理するなかで、藩領住民のなかで多様化する身分標識は、現実的には手永を規模とした地域の社会編成を促し、在御家人という地域運営主体

層を作り出している

地域運営主体層としての在御家人には二つの側面がある。第一に、在御家人が地方役人層の供出基盤となっていることである。文政〜天保期までの手永要覧「手鑑」において、庄屋・会所役人の多くは苗字を有していないが、前掲表19・20にみるように、明治初年にいたる過程で勤続年数の長期化、職務の相続・世襲化、寸志を通じて庄屋・会所役人の苗字持ち化、在御家人化が進行し、地方役人組織と在御家人組織は重なりを強めている。慶応四年の上益城郡沼山津手永「手鑑」(73)などを見ると、在御家人集団が惣庄屋・手永三役をトップとした地方役人層の供出基盤となっている状況を実感する。

第二に、在御家人の小名望家としての社会的位置づけである。在御家人の主体をなす寸志在御家人は民間経済力・民間活力を担う村方富裕層である。地主・高利貸主体の村方富裕層＝在御家人は地方役人として地域の公共業務を担うか、利益の一部を名誉税として「民力強め」寸志、社会的事業に供出することで地域小名望家としての地位を得る。

村方富裕者たる在御家人が地方役職、地域名誉税提供を通じて地域運営主体層となり、かつ地域住民の間で多様化・序列化する身分標識のもとで地域身分制はまとまりを強める。そして手永と村は密接に結びついて一種の社会システムとして機能し、社会救済・社会保障、零落所への農業基盤整備事業など地域的公共性の実現を志向する地域社会システムの形成が明治初年にかけて進行する。(74)

おわりに——世界的歴史資料としての「町在」——

本プロジェクトは、熊本大学拠点形成研究「世界的文化資源集積と文化資源科学の構築」の一つの柱として、この五年間、熊本藩の民政・地方行政関係の二つの記録帳簿群「覚帳」「町在」の解析・検討に取り組んできた。

プロジェクトの第一期、五年間の研究をふり返ってみて、改めてこの二つの記録群は世界的な価値があるものだと確信する。

藩庁郡方の記録「覚帳」は、藩制初期から明治初年にいたる長期系統的行政記録であるが、寛政末年以降、明治初年にいたる一九世紀段階になると、広く当該期の農村社会に存在する村の百姓・庄屋が手永の惣庄屋に宛てた願書・伺書の類いの上申文書が、惣庄屋を介して郡の郡代に宛てられ、さらに郡代から郡方の部局長、奉行に宛てられて藩政中枢に達している。しかも農村社会からの上申文書を受けつけ、行政処理する郡方では、この上申文書の原物を部局稟議の起案書として審議し、審議結果を上申文書に書き継いで民政・地方行政にかかる主要な政策形成を行っている。

村の百姓・庄屋の要請・提案が上申文書となって藩政中枢に達し、藩政中枢でこれを審議して政策執行する。しかも、こうした上申行為によって民政・地方行政の主要な政策形成が実現している。従来の研究史が想像しなかった、日本社会が辿り着いた一つの行政段階、日本社会の到達形態である。

藩庁選挙方の記録「町在」は、明治初年にいたる一九世紀段階の「覚帳」にみる藩領住民の活発な行政活動・社会活動に対応する行政記録である。

「町在」は、文字通り在方と町方の住民の社会的な活動、功績を記録した評価・褒賞帳簿である。「町在」には、惣庄屋・庄屋をはじめとする地方の行政現場の地方役人、大部分は献金により百姓・町人から武士身分待遇となった在御家人、そしてさまざまな社会活動により褒賞された百姓・町人が寛政一一年（一七九九）から明治三年（一八七〇）までの間に、延べ数万人規模でその活動内容が記載されている。社会的な活動、功績といっても大げさなものではなく、火事の際の銭一〇目、二〇目の火事見舞い的な寸志、火事場に駆けつけた行為も記録されている。本論で紹介した偏屈老人の道作りの話しもある。その一方で通潤橋・通潤用水事業のような巨大プロジェクトの推進者・協力者にいたるまで実にさまざまな人々の行為や活動が記録されている。

「町在」に記載された人々は、延べ数万人。五万人は下るまい。世界の前近代社会の歴史資料のなかで、本論で藩領住民と称した、住民・庶民・大衆・人民・民衆と称されるような被支配階級・非領主階級の人々の日常活動・生活内容が、万人規模のレベルで記録されているような資料が他にあるであろうか。本プロジェクトが「町在」および「覚帳」を「世界的文化資源」と位置づける所以である。

「町在」は寛政一一年から明治三年まで記録されている。明治三年といえば、今から高々約一三〇年前である。「町在」に生きる先人たちは、間近かに存在している。明治に入ると直ちに近代戸籍が作られ、また一万二、三〇〇〇人規模にのぼった在御家人の履歴簿として明治七年には「戸籍先祖帳」も作成される。つまり万人規模のレベルで、「町在」は現在の戸籍、ひいては二一世紀社会とアクセスできるのである。これも驚嘆すべき事実ではないか。

今、「覚帳」「町在」という二つの行政記録群を併置してみると、明治初年にいたる日本の一九世紀の領主制・領主政治というものが、村・町を基礎単位とする社会の中間諸団体の自律能力への依拠度合いを深めていたことを実感する。それは、戦国期から近世前期にかけて成立・確立してきた伝統日本社会＝日本型社会の歴史的発展帰結であり、幕藩領主制の廃絶＝明治維新に結びつく社会成熟であったと評価しうる。

（1） 吉村豊雄「近世地方行政における藩庁部局の稟議制と農村社会」（国文学研究資料館アーカイブズ研究系編『藩政アーカイブスの研究』、岩田書院、二〇〇八年）

（2）～（7） 永青文庫蔵。以下使用する史料は特に断らない限り、財団法人永青文庫蔵、熊本大学附属図書館寄託の「細川家文書」である。

（8） 「宝暦五年・同六年　讃談帳」。

(9) 宝暦二年は宝暦藩政改革が実質開始された年である。表中の久住兵九郎の前任者の久住尉助もこの年に「不締方」ゆえに罷免されている（「宝暦五年・同六年　讃談帳」）。
(10) 「御用銀指上御知行御扶持方被下候者覚帳」。
(11) 『藩法集七　熊本藩』（創文社、一九六六年）四三八〜四四〇頁。
(12) 「町在讃談帳」。
(13) 永青文庫蔵。
(14) 「宝暦十三年　達帳」。
(15) 同右。
(16) 『肥後文献叢書』第四巻所収。
(17) 右同書、六七頁。
(18) 右同書、六一頁。
(19) 永青文庫蔵。
(20) 「井田衍義分類　十」。
(21) 前掲注(11)『藩法集七　熊本藩』三〇二・三頁。
(22) 「安永　覚帳」。
(23) 「明和四年　覚帳」。
(24) 「安永　覚帳」。
(25) ただ、表紙に「此冊数百葉湿腐ニ及候ニ付、削除候也」との記載がある。寛政一一年分「湿腐」のため「数百葉」を削除して一冊化されたようであるが、寛政一一年正月に事案処理されたものから始まり、同年一二月分が欠如していることから、末尾近くが削除されている可能性はある。
(26) 「寛政十一年　町在」。
(27) 「寛政九年　達帳」。
(28) 同右。
(29) 「寛政九年　覚帳」。
(30) 吉村「近世地方行政における藩庁部局の稟議制と農村社会」一二七〜一三二頁。

（31）吉村「変わる社会と秩序」（『新宇土市史』通史編第二巻第一〇章）六六七〜六六九頁。

（32）『芦北史料叢書　町在』第一集、二一頁。

（33）「寛政十一年　町在」。

（34）「寛政十一年　町在」、『新宇土市史基礎資料集　町在』第一集、二一頁。

（35）永青文庫蔵。

（36）自分苗字拝領の惣庄屋のなかで小山改蔵（知行三〇石）は一六年を要しているが、親跡相続後の六年間が当分（試用）期間の扱いとされていたとみられる。

（37）たとえば佐敷手永惣庄屋伊藤丑助は、要地の佐敷町を抱える同手永の職務は無理だとして、隣接の湯浦手永惣庄屋の赤沢丑右衛門と交替させられているが、結局四七年にわたって惣庄屋を勤め、実質三七年目に独礼に任じられている。赤沢は二五年目に独礼となっており、伊藤との年数格差は考慮されているが、伊藤も長期の勤続の末に独礼に遇せられている。

（38）「在中　下十一」。文化一〇年以前の惣庄屋の異動に際しての知行高設定の実情を示す。たとえば、寛政一一年二月、宇土郡松山手永惣庄屋芥川喜左衛門と合志郡大津手永小山改蔵との間で人事異動が発令されている（「寛政十一年　町在」）。注目されるのは両者の知行高の違いである。芥川は松山手永在任中に一〇石の加増を受けて知行三〇石となり、知行三〇石の大津手永に赴く。しかし小山の場合、父跡を受けて阿蘇郡坂梨手永の知行三〇石の惣庄屋となり、次の大津手永でも同様に知行三〇石であつたが、松山手永の「下地」給が二〇石のため知行二〇石からスタートすることになる。小山の場合、享和二年に役方多年出精により一〇石加増となり、早々に異動にともなう不利益を回復し、文化元年にも一〇石加増を受けている。小山改蔵のように前任地の知行高や加増分を異動先に継承できず、不利益を被る事例は相当にあった。文化八年、こうした惣庄屋の所替をめぐる問題点が葦北郡内での異動人事で表出する。同年、葦北郡代は、佐敷手永惣庄屋伊藤丑助について、同手永のような「繁雑之所柄」の惣庄屋は無理であるとして、湯浦手永惣庄屋の赤沢丑右衛門との入替人事を申請する。ところが、佐敷手永二〇石、湯浦手永三〇石という手永の下地知行高が問題になる。つまり下地知行がそのまま適用されれば、佐敷手永に赴く赤沢は知行三〇石から知行二〇石となり、逆に能力的に問題とされた伊藤は知行二〇石から知行三〇石となってしまう。そこで郡代は、「両者」による異動を提案する。つまり、伊藤は現在の知行二〇石で、赤沢は三〇石で異動するという提案である。この郡代提案は藩庁の選挙方と郡方で徹底審議され、提案は了承されるが、選挙方奉行は、「手永之広狭」は「御代官口米・筆紙・墨代等」に反映されるので、

「御知行之方ハ其人之功績ニよつて増減被仰付候様有之候而も、各別相障候儀者有之間敷と奉存候」と、特に異動時の物庄屋の知行高に「功績」の観点を盛り込むべきとの意見を提示する（「文化八年　町在」、『芦北史料叢書　町在』第二集、一二七～一三〇頁）。

(39) 花岡興輝編『近世大名の領国支配の構造』（国書刊行会、一九七六年）七〇〇～七〇二頁。

(40) 「享和二年　町在」、『新宇土市史基礎資料集　町在』第一集、二四頁。

(41) 「在中　下十一」。

(42) なかでも衛藤弥三兵衛は五年目で加増を受け、三隅丈八は一三年目で加増を受けるとともに、独礼に任じられている。衛藤弥三兵衛の場合、下地二〇石の杉島手永から三〇石の廻江手永への所替にともなう加増であるが、こうした場合、通常、「拾石被減置、追而功業等も有之節、可被増下置候」とされるが（「文化十四年　町在」）、衛藤は抜擢されて所替になっており、廻江手永の下地高の知行が認められたことで加増に結果している。衛藤は廻江、正院、鯰となうての零落所に所替になっているように、その手腕が評価され、最終的に知行四〇石となり、ついで鯰手永所替に際して心附米一〇石を拝領しており、実質の知行は五〇石におよんでいる。最後の心附米を加増としていないところに、知行五〇石の壁を感じるが、有能な物庄屋が知行面で処遇された典型例と言いうる。三隅丈八は一三年目で一〇石加増を受けるとともに、独礼に任じられ、一八年目には再度加増され、知行四〇石に達し、物庄屋の職務を監察する郡吟味役となる。また佐藤唯之允は一四年目、三〇年目、四〇年目の三度にわたって加増され、知行五〇石の上等に位置し、在御家人としての席次も独礼の上位の歩御使番に列している。三度の加増は破格である。

(43) 「文政三年　町在」。

(44) 「文政四年　町在」。

(45) 上田穣一氏蔵「三隅家文書」。

(46) 「天保十五年　町在」、『新宇土市史基礎資料集　町在』第三集、一〇四～一〇八頁。

(47) 「慶応三年　町在」、『新宇土市史基礎資料集　町在』第五集、一四一～一四三頁。

(48) 「天保五年　町在」、『新宇土市史基礎資料集　町在』第二集、八五・六頁。

(49) 「慶応元年　町在」、『新宇土市史基礎資料集　町在』第五集、一〇四～一〇九頁。

(50) 「天保元年　町在」、『新宇土市史基礎資料集　町在』第二集、四〇・一頁。

(51) 「文化十一年　町在」。

(52)「寛政十一年　町在」。
(53)「文化十一年　町在」。
(54)吉村「寸志と在御家人」（『新熊本市史』通史編第四巻　近世Ⅱ）。
(55)『熊本藩町政史料』二、三八一・二頁。
(56)「嘉永五年　覚帳」
(57)「天保十四年　覚帳」。
(58)「安永八年　達帳」。
(59)「寛政十一年　町在」。
(60)「享和二年　町在」。
(61)請免制については、吉村「災害と凶作・飢饉」（『新宇土市史』通史編第二巻第九章）参照。
(62)「寛政十一年　町在」。
(63)熊本県立図書館蔵「斉藤家文書」。
(64)「在中　下十二」。
(65)たとえば宇土郡松山手永の亀井家は「数代庄屋役之家筋」であるが、亀井幸右衛門（当初、直次）は文化三年（一八〇六）に一五歳で村帳書として庄屋代行となり、じきに親跡の庄屋役となっても勤続と立岡堤普請出精により傘・合羽御免となるのは文政一二年（一八二九）、三八歳の時である。庄屋直次は嘉永六年（一八五三）、六二歳の時に寸志し、無苗物庄屋直触から郡代直触に進席し亀井幸右衛門を名乗る。こうした永年勤続型の庄屋の履歴は「町在」に数多く見いだせる（「安政七年　町在」、『新宇土市史基礎資料集　町在』第六集、七頁）。
(66)吉村『藩制下の村と在町』（一の宮町、二〇〇一年）一一八・九頁。
(67)個人蔵。
(68)「天保十四年　町在」。
(69)「在中　下十二」。
(70)『藩制下の村と在町』一九〇頁。
(71)『城南町史』五〇〇頁。
(72)「在中　下十二」。

(73)『新熊本市史』通史編第四巻　近世Ⅱ、七一一頁。

(74)地域社会システムは、手永内の零落所への水利・土木事業の投入、社会保障整備などを通じて具体的に機能する。たとえば上益城郡矢部手永の通潤橋・通潤用水は、銭七二〇貫という巨費を要し、南手在の村々を直接の受益対象とする事業であるが、事業の企画立案・技術研究、事業推進組織、資金調達、労働編成など全てにわたって手永の公共的な事業として推進され、手永（手永会所）が受益の村々に代わって藩庁・他手永との債務関係を含めた対外業務・対外責任を集中し、南手在の村々との連携関係のもとで地域管理体制をつくりあげることで、この巨大なプロジェクトは実現している。地域的公共性については、久留島浩「『地方税』の歴史的前提」（『歴史学研究』六五二号、一九九三年）、幕末維新期の地域社会概念については、奥村弘「近代国家形成期における地域社会把握について」（『日本史研究』三二六号、一九八九年）・同「地域社会の成立と展開」（『日本史講座』第7巻、二〇〇五年）に示唆を得た。

〔付記〕　本論文は、熊本大学拠点形成研究「世界的文化資源集積と文化資源科学の構築」（平成一五～一九年度）の成果として刊行する『一九世紀熊本藩住民評価・褒賞記録「町在」解析目録』（熊本大学附属図書館、二〇〇九年）の解題をかねて作成したものを、そのまま収載したものである。本論文は藩庁選挙方の住民評価・褒賞記録「町在」を主要対象とするものであるが、「町在」と対をなす藩庁郡方の記録「覚帳」については、「近世地方行政における藩庁部局の稟議制と農村社会」（注1）で検討している。併せて参照願いたい。

第五章　幕末維新期熊本藩における軍制改革と惣庄屋

木山貴満

はじめに

九〇年代半ば以降、組合村論や国訴論などから展開した地域社会論は、「民主的」「自治的」地域運営システムの形成をとらえる地域運営論、経済的関係や社会構造を重視する社会的権力論の二潮流をなし、両派の間で活発な議論が交わされた。両論派は現今でもさまざまな視点・論点を取り入れつつ展開しているが、従来の地域社会論（幕領などの非領国地帯を中心とした組合村―惣代庄屋制論や国訴論・郡中議定論）が明らかにしてきた、領域を越えた村の連合、村役人層の新たな側面などは論派を越えて一定の評価を得ていると思われる。近世中・後期頃より在地社会に起こる新たな地域的結合、これをまとめる村役人層の地域管理・運営能力の高まりに注目し、その近代への継承といった重要な視点が提示された。「静かな変革(1)」とも称される一八世紀以降のこうした動向は、維新変革および日本社会の近代化をとらえる上で一つのキーワードであるといえるだろう。

しかし、これに対し藩領地域に関する研究は右にあげた動向を十分に追求しているとは言い難い。藩領における地域社会の在り方や村役人層への理解は区々としており、その評価もさまざまである。近年では共同研究などを軸に「藩研究」が一定の盛りあがりを見せているものの、維新変革期における藩領地域社会の実態は必ずしも明らかにされていない。

特に藩領地域における村役人層への理解については、和歌山藩や信州松本藩の分析を行った志村洋の「（和歌山藩の大庄屋は）領主権力に近い位置にあった」[2]、「藩領では身分制社会特有の地域運営原理が色濃く現れていた」[3]といった評価がある。これは藩領地域においては職階的差別や「役威」が存在しており、非特権的かつフラットな幕領の「重層的行政組織」とは異なる、との見解にもとづいたものである。しかし三澤純は熊本藩領の分析において、村役人層による「役威」創出運動があったこと、つまり地方役人層がアプリオリに藩権力と結びついている関係性が熊本藩領では見られないことを明らかにした[4]。また、「身分制社会特有の地域運営原理」は各藩一様にあらわれるものではないと指摘し、従来後進性が強いと理解されてきた熊本藩領でも「在地合議体制」的システムが存在した意義を重視している。

これらの研究状況を前提として、維新変革期の藩領地域下における村役人層を考察するにあたっては、当該期における同層の具体的動向を明らかにすることが重要だと思われる。山崎圭は幕領における地域社会研究を整理して、いわゆる「中間支配機構」が維新変動など地域社会をめぐる変動にどう対応したか、具体的に論じるべきであると指摘しているが[5]、これは藩領研究においても必要な問題意識だと考えられる。この問題意識に立ったとき、幕末維新期に全国広範に設置された「農兵」「郷兵」が注目される。同制度は幕末期の政治変動に対応するかたちで地域社会に創設されたものであり、藩権力と地域社会を含みこんで展開したものである。これが地域社会に如何なる影響を与えたのか、地域社会や村役人層はこれにどう対応したのか、その実態を探るという点において有効な視点だと考えられるが、従来の地域社会論では十分な検討がなされてきたとは言い難い。以下、本論文では幕末維新期における農兵・郷兵の設置問題を通して、藩領地域社会（特に地域社会の主導層）の実態を明らかにしたい。検討対象として、従来「後進性」が強いとされつつも「在地合議体制」的システムが見出された熊本藩を扱う。同藩領地域社会の実態を明らかにすることは、各藩領で区々としている地域社会像を考える上で一定の意義を有すると思われる。

一　在御家人の「郷兵」化に向けて

（1）惣庄屋木下初太郎の「農兵」案

熊本藩において農兵設置の必要性が認識され、政治課題として俎上に載せるのは文久三年（一八六三）三月頃からである。朝廷から幕府へ強請されていた攘夷決行期限が迫っていたことや、生麦事件によって薩摩・英国間に生じた軍事的緊張の極度の高まりなどを背景として、熊本藩も洋式軍備化、蒸気船購入といった軍備充実化へと動き出した。これらの動向の一つに農兵召募も計画されたのだが、これは砲術師池部啓太および同一門の提案によったものであった。「御国許外様足軽人数は相揃居候得共、現ニ御用ニ相立候者ハ五六百も可有之歟」[6]という状況にあって、隣境への援兵や東西海岸警衛などへの出兵は困難であると指摘し、「何卒農兵御募被為在度」と藩へその取り組みを求めた。藩主慶順から「右之趣申向候様」と沙汰されたこともあり、早速国許で農兵組立の試みが開始された。

この農兵組織の計画についてはまず藩の奉行役と郡代との間で意見が交わされている[7]。当時、玉名郡代を勤めていた中村庄右衛門が記した「恕斎日録」（文久三年三月二五日条）にその経緯が詳述されているが、これによると郡代の元締役にあたる飽田・詫摩郡代岩崎物部から中村は呼び出され、奉行荒木甚四郎と農兵組織について会談を行っている。ここで検討された内容は主に次の三点であった。①高一〇〇〇石の村におよそ四人ずつ組織（対象＝一七～五〇歳）。②農兵の身分は「御郡筒」格とすること。③農兵稽古中は飯米を支給すること。この三案に対し、荒木は組織人数の少なさ（五〇万石で二〇〇〇人）と身分段格の扱いが高いことを問題にした。人数を四人から五人に増加するとともに、身分扱いにも修正を加えることを中村は企図するが、これを惣庄屋衆の検討に委ねた。しかし惣庄屋衆はこれら奉行―郡代による農兵組織案に対し、命を落とす危険もある農兵の組織において右のような待遇では召募に応じる者はいないだろう、との見解を示した。村高による人数割付という方法に対しても、村によっては明高（耕作者不在の高）を増す結果にもつながり、「富国強兵」に差し障るとの理由で人数割の代案をあげている。さらに惣庄屋衆は農兵の必要性への疑問を述べるなど、藩側が提起した農兵計画に対して基本的に反対の意見を表明したのである。

この惣庄屋衆の主張を検討する上で、一つの史料に注目しておきたい。当時玉名郡坂下手永惣庄屋であった木下初太郎が作成した農兵取り立てに関する見込み書である[8]。同書は同郡郡代中村庄右衛門の「内意」によって作成されたことが前書部分に記されている。

【史料1】

中村庄右衛門殿ゟ内意ニよりて記ス

農兵御組立之見込筋心覚之積々

一、①所柄見立様之事

但大村歟又ハ三四ヶ村も一村同様ニ押寄居候而農力強、一躰気勝ニ有之所柄を撰、一隊歟四十八か又ハ三十二人又ハ半隊并夫ニ附属致候丈之小頭迄之人数を相極、右之人数ニ過不足無之様他村ゟ加り候儀茂無之様

一、②人物撰立様之事

但右所柄相極候上、十四・五ゟ三十四・五迄之望人数を集、十日廿日位練候処ニ而気之剛弱、丈之長短、執銃之才不才等見届精兵迄を選、其所受之人数ニ相充候様

一、③習練之事

但右人柄相極候上、猶十日廿日位も練候ハ丶、粗御用ニ相立可申、隊長之人柄次第ニ者十分之御用ニ相立可申歟

一、④御造渡道具之事
但壱人ニ付筒一挺、夫々附属之諸道具、長脇差壱本宛、壱ヶ所ニ付玉薬箱壱荷宛、野戦筒手御仕立之所柄ニ者右之筒ニ附属之諸道具共

一、⑤玉薬之事
但操練之模様ニ寄十分ニ御渡之事

一、⑥飯米渡之事
但初支役生兵習練之内ハ壱升宛被渡下、熟練之上者農隙迄之事ニ付無飯米之事

一、⑦御扶持之事
但右之組ニ入居候内者壱人ニ付米五俵充御年貢差継ニ而拝領、四十才程ニ而元之農ニ差返、小頭以上ハ拾俵充ニ而年齢ニ際限を付不申、壮健ニ居候迄

一、⑧身分之事
但鉄砲稽古之節ニ限長脇差を帯、平日ハ面役等茂一切御百姓之侭、小頭以上ハ平常帯刀、御惣庄屋之支配ニ而可然歟

一、⑨平常調練之事
但農隙々々之習練ニ者組ニ入居不申者も若年之ものハ打込ニ稽古いたさせ置候而、欠人有之節此内ゟ相償、焔硝者十分ニ被渡下、春秋ニ者熊本ゟ其向之御役方御出在ニ而一郡或二・三郡一所ニ寄せ、大隊之調練御座候而者如何

一、[10]御国惣人数之事
但右之通ニ御座候へハ風俗之障りニも相成不申、農力之衰ニも相成申間敷、扶持米御渡之御幅次第之事ニ而二千五百人ヵ三千人位者出来可申欤と見込申候事
一、[11]山付猟師之事
但散兵銃壱挺充御渡、方角限組を立、隊長を極置、折ニ熊本ゟ其向之御役方御出在ニ而差寄駈引之指南或者遠間之角前、又者獅子持御見分ニ相成可然欤、右者西洋ニ而狙撃隊之境ニ可被召仕、左候得者中り打第一之事ニ付一ヶ所ニ集居候ニも及不申、鉄砲熟練之ものニさへ有之候へハ一稜之御軍備ニ相成可申、兼而鉄砲を業といたし居候ニ付、別段ニ御扶持被下候ニもおよひ申間敷、態と良器ニ相成候節迄壱升飯米被渡下候而可然欤
一、[12]物場ニ被召仕候節之事
但前条五俵被添之御扶持者隙間之賃米之候ニ当根元貧民勝之事付、余分貯等ニ成可申様も無之、物場ニ被召仕候節者向々相応之御扱ニ而留守之もの共路頭ニ立不申様留守扶持被渡下度、左無之候而者望出候者有之間敷候也
右之通御立共御座候得者五・六十日、或ハ二・三十日ニも直ニ御用ニ相成可申、根元土民之事故長役之戴方も宜敷、難苦を凌候力も強、毎隊親族同様村々勝抜之精兵迄ニ而誠ニ類も無キ御備ニ而可有之候
以上
三月
史料1は年号を欠いているが、「農兵」に関する計画書であるという点や、作成時期が「三月」という点から文久三年のものである可能性が高い。全一二項目にわたる内容となっており、農兵の選定から身分・待遇その他全

般に関する提案がなされている（各項目には番号を適宜付した。以下、本論で用いる史料内の番号も同じである）。

奉行―郡代による案との対比で注目できるのが、①②＝「所柄見立様之事」「人物撰立様之事」、⑧＝「身分之事」、⑥⑦⑫＝「飯米渡之事」「御扶持之事」「物場ニ被召仕候節之事」である。これはそれぞれ農兵の徴発仕法、農兵の身分および待遇に関して言及されたものである。以下、順を追って整理を行う。

奉行―郡代側が高割による人数徴発を提示したのに対し、木下案①では「大村」などの村方から農兵隊の小頭分を含む一隊分（三二～四八人）、もしくは半隊分を組み立てる仕法が提案されている。さらに組織する農兵の隊人数については他村からの参加を禁じる、としている。中村庄右衛門が惣庄屋衆へ徴発方法について諮問したさい、明高問題を理由に惣庄屋衆は反対したのだが、そこで代案として提示された人数割とは基本的にこの木下案を指していると考えられる。村高による一律的な兵徴発を避け、農兵に応じることのできる余力を持つ村方から組み立てることが主張されている。徴発の対象年齢も木下案②では大体一五～三五歳までと奉行―郡代案と大きな開きがある。更に農兵の精選についても言及し、「気之剛弱」「執銃之才不才」などによって農兵適格者の選別を行うとしている。

当初農兵の身分に想定されていた「御郡筒」格について、奉行荒木甚四郎によって反対されたことに対して、郡代中村は無苗・宗門改免除・脇差許可にすることを構想した。これに対して木下案⑧では鉄砲稽古時のみ長脇差を許可し、平常は身分変更を行わず「一切御百姓之伝」と限定的身分変更にとどめている。隊小頭役以上に関しても平常帯刀は許可するものの惣庄屋の支配に置くことが志向された。木下の提案には農民身分からの身分変更を避ける意図があらわれている。さらにいえば惣庄屋の支配下からの逸脱を抑えようとする志向が看取できる。

また農兵の待遇に関しては奉行―郡代案においても稽古中の飯米支給が定められたが、木下案⑥⑦⑫では飯米支給のみならず扶持米についても具体的提案がなされている。飯米の支給は「生兵習練」の間のみ行い、熟練の後は無飯米にて可としているが、むしろ扶持米の給付に力点が置かれている。案⑦では農兵参加者に対し年貢「差継」での一人五俵扶持を提示しているが、これは中村庄右衛門が諮問を行ったさいも同様の主張が惣庄屋衆によってなされたものである。さらに木下案中では四〇歳を年限として農兵から除くことが記されている。案②で示された農兵対象年齢とあわせて、青・壮年層からの農兵組み立てが目指されているのだが、現実的兵力としての妥当性が重視されたものと考えられる。扶持米に関してはさらに案⑫において付言されている。案⑦で提案された一人五俵の年貢差継は「隙間之賃米」に充当するものであり、「根元貧民勝」を理由として農兵派出のさいには「留守之もの共路頭ニ立不申様」に「留守扶持」の支給を願い出ている。これらの提案から察すると、基本的に藩側が提示した稽古中の飯米規定だけでは農兵に応じる者はいないだろうとの判断であり、惣庄屋衆による奉行―郡代案に対する反対もこの点にもとづいたものと考えられる。

惣庄屋衆による藩側の農兵徴発仕法への反対と、木下農兵草案の時期的な関係性は判然としないものの、右にあげた三点を見る限り両者が高い共通性を持っていることが確認できる。そこでは在地行政を統括する惣庄屋としての立場から、現実としてなるべく公平性を期した農兵徴発仕法や身分変更を極力抑制する方策、組織される農兵に対する確とした保障が目指され、立論されているのである。これらの姿勢が前提となって藩側が提示した案への反発を生じたものと考えられ、農兵組織の必要性への疑問という根本的部分への意見表明につながったものと思われる。

この草案は郡代中村庄右衛門の「内意」によって作成されたわけだが、中村は木下より提出された当該草案内容に対する二つの疑問点について付紙を用いて質している。(9)

上ニ御付紙

本紙他村ゟ加候得者如何有之候哉、人数不足之節ハ如何可相成哉、且御国中高割等ニ而不相調候而ハ片

落ニ可相成処、所を限仕立方と者何程之見込候哉

右同断

本紙御扶持方被下、身分ハ村人数之侭被差置候との儀ニ候処、当時非常之御物入而已差続候砌ニも有御座、御扶持方不被下候共身分を帯刀ニ而御郡筒位ニ被仰付候ハ、御出方も無しニ御軍備出来いたし、其身々々之望も相立、彼是御便利之筋と相見候処本紙之趣者何程之見込候哉

右同断

右付紙之通ニ付猶存寄之筋も有之候ハ、無遠慮付紙を以可有内達候以上

三月廿五日

中村庄右衛門

二つの疑問点のうち前者は農兵の徴発仕法に関するものである。藩側が企図した高割による人数割付ではなく、場所を選定しての農兵徴発という方法への疑問、端的にいうと木下草案が提案する仕法で農兵人数を確保することが果たして可能なのかという点に起因した疑問点であろう。もう一つの疑問点は木下草案で主張された扶持米給与についてである。木下案は一人に付き年五俵の年貢差継拝領および農兵派出時の留守扶持付与までを要求するが、中村庄右衛門は藩財政の状況を勘案してこの支出要求に難色を示している。扶持米給与は行わず、農兵の身分を帯刀許可の「御郡筒」とすれば藩財政からの支出無しで軍備が整うではないか、と自身の考えを提示している。奉行荒木甚四郎と郡代との間で交わされた農兵計画時にあげられた「御郡筒」身分案の背景には、おそらくこの中村の考えがあったと思われる。これら二点の疑問点とは惣庄屋衆が藩側農兵案に反対した箇所（農兵の徴発方法および待遇）に充当しており、中村は木下にさらなる説明を求めたのである。

木下草案の文書上部に右の付紙が付されたのだが、この中村の疑問への応答として木下は返答付紙を文書下部に付しており、再度中村へ提出された模様である。木下は中村が呈した疑問点に対し、草案項目の補足説明を

行っている。

まず場所を選定しての農兵徴発という案において、他村からの農兵参加を認めない理由として「無弁之もの共都而こざ、、ニ相成」、隊の「一和」に支障をきたすという説明を行っている。また、予め村人口によって一隊組立て、半隊組立てを決定し、補充員として若年層に稽古を実施しておけば農兵人数に不足を生じる事態にはいたらないとした。「農力之盛衰より言を立」てると、在地では生産力に一定の地域差が現出しており、これにともなって村人数も一定地域に集中する傾向が進行していた。こうした状況から判断して、高割による人数割付よりも現実的公平性を期することが可能との見解を木下は示したのである。藩側の案にそって藩領各村に二、三人ずつの農兵を組織しても平日の親しみもなく、兵力としての機能は期待できない、とその欠点も指摘している。

もう一つの疑問点としてあげられた扶持米給与にも説明が行われた。まず、農兵は平常鉄砲習練を実施し、農間には調練も行って「萬々一之節」は身命を賭して勤めるものであり一般百姓からの「羨」は出ないはずである。「羨」が出るようであれば扶持米給与は不要だが、農兵への希望者が少なければ扶持米五俵は一〇俵とも成り得る、と扶持米給与の意味を主張している。また、「当時之処ニ而猶此上ニ御出方之儀者何共難申上」いが、扶持米給与無しで身分のみを目当てに農兵に応じる者とは夫役免除の特権を得るためか、「郷里ニ誇候」ためを目的とする者たちであると論断し、即ち組織される農兵は「貧民者少ク富民勝」となってしまう恐れを指摘している。富民は「兎角自由を好候躰之もの共」であり、貧民と比較して兵の耐久性・適性が劣っている。さらに庄屋支配から脱する者を余計に増加させることにもつながり、国中一統風俗の障りとなることは勿論、扶持米無しでの農兵組立ては名目までのものとなり、実用にはいたらないと扶持米付与の重要性を主張している。扶持米付与に関しては郡代中村より提案された扶持米無し・「御郡筒」身分のみ付与という方策と、惣庄屋木下初太郎の意見は対立したのである。

右の事情から明らかなように、木下初太郎は在地行政を執行する惣庄屋としての位置に依拠して、農兵組織案に在地の実情を反映させることを重視した。付紙による郡代中村との応答も基本的にこの点をあらわしており、木下は自身の案の至当性を補足説明のかたちで中村へ主張している。農兵組織の実施を現実化する上では藩側（奉行―郡代）としても在地の事情を把握する必要があり、その意味において郡代による惣庄屋衆への諮問および草案作成の要請が行われたと考えられる。藩側からの要請という形式をとりながらも、両者の間で交わされた一連のやりとりにおいては近世中後期に地方行政の最重要職となった惣庄屋衆の政治能力がうかがえる。

また、木下の返答付紙では在御家人に関しても言及がなされている。のちに展開する「郷兵」の観点からもこの点に注目しておきたい。扶持米に関する補足の中であげられた「富民」も基本的には在御家人層を想定していると考えられるが、木下は藩側提案の農兵徴発との対比として在御家人について述べている。在御家人は「身代も宜敷」、同層内で平常の親交もあり、それぞれ武芸習練を行っており一見農兵に適している。しかし、「役事と申寄合」（在御家人が担う「在役」についての寄合）においてはまとまりがほとんどみられず、物場での働きにはなはだ不安を覚える。物場においても指揮が格別の人物であれば相応の働きが期待できるものの、「夫ハ其節之考」であって「土台之堅りを丈夫とハ難申上」としている。農兵が計画されている当該段階において、在御家人の兵力への充当に関して惣庄屋が否定的な考えを持っていたことが確認できるのだが、これは「自由を好候躰之もの」とも指摘しているように、在御家人の統制を執ることが困難であるとの見解に起因していると考えられる。在御家人は郡代直触格以上の身分となれば惣庄屋支配から脱するほか、担う役務によっては惣庄屋行政を監察する立場にもおよんだことなど、在地行政上における在御家人の位置がこの見解に関係するものだろう。惣庄屋から在御家人へ向けられた視点の一面としてこの点には注意しておきたい。

木下はこの農兵草案を作成した段階では草案文末に記している通り、提案にそった農兵徴発が実施されれば

「誠ニ類も無キ御備ニ而可有之候」と予測していた。結果としては惣庄屋衆自体による農兵組織計画への反発・疑問を生じるにいたったのだが、木下草案で提示された具体的な組織方法や種々の条件は、のちに展開する郷兵組織にも連続していくものであり、その素地となっている。熊本藩における農兵・郷兵組織の初発の段階から惣庄屋衆が個人として、「衆」として具体的組織案にまでかかわり、藩側の計画・方針へ影響を与えていることには注意を払わなければならない。

惣庄屋衆の同意を得られなかったこともあって文久三年農兵徴発計画は結局見送られることになった。しかし兵力の不足という問題は依然として未解決である。ここで改めて兵力化の対象としてあがったのは、近世中後期に藩領内で急増していた在御家人であった。農兵からいわゆる郷兵への方針転換が行われたのである。惣庄屋木下初太郎は在御家人の兵力運用には否定的な見解を示したものの、在御家人は過去に軍役や諸所警衛の実例を持ち、日常的にも手永内の警備活動を勤めるほか、在地社会に広く浸透していた。吉村豊雄は農兵の新規組織と比較して在御家人による部隊編成の方が「現実性」が高いことを惣庄屋衆、藩庁ともに認識したという見解を示している。(10)「肥後では「農兵」というのは「在中御家人」のこと(11)」ともされるように、以後、在御家人の運用＝郷兵の組織が志向されていくことになる。

しかし、文久三年段階での動きとしては農兵組織の中止、在御家人子弟への西洋式銃隊稽古を命ずるにとどまっている。その銃隊稽古とても在御家人の積極的取り組みを引き出すには至っていない。木下が記した「後年要録」のなかでは文久三年春の出来事として「公義を始諸国農兵御仕立、御国茂議興而不果」としている。(12)だが本項では農兵計画の初発の段階から惣庄屋衆がかかわっていること、そこで発揮された惣庄屋衆意見の藩施策への影響力、農兵組織から在御家人銃隊化への方針転換などの点に注目しておきたい。これらの点が熊本藩郷兵創設の起点をなしたのであった。

(2)家老屋敷での会談

在御家人への銃隊稽古が文久三年に令された後、玉名郡代中村庄右衛門によって同郡内在御家人の西洋筒試業が行われるなど個別的な取り組みは実施されたものの、在御家人を全体的に運用する方針は定められなかった。これが「郷兵」の組織という制度に結実するのは慶応二年(一八六六)である。直接の契機としては、在地へも多大な影響を与えた第二次幕長戦争(特に小倉戦争)の開戦があった。小倉口での洋式軍制化された長州軍との戦闘は、洋式軍制・軍備増強の必要性を熊本藩首脳へ認識させるという結果をもたらしたのである[13]。本項では小倉戦争前後に見られる郷兵創設についての動向に注目し、同年八月に行われる在御家人銃隊の組織までを整理したい。

慶応二年七月二八日、家老小笠原美濃の屋敷に木下助之允が招かれ、銃隊についての会談が行われている。木下助之允は前項で農兵草案を作成した木下初太郎の養子にあたる。助之允はこの会談への参加にさいして書付を持参しているが、この書付の前書部分にこの間の経緯が記されている[14]。

小笠原美濃殿ゟ相談之筋有之段、御郡代中村庄右衛門殿ゟ申来候ニ付罷出候処、銃隊之見込筋聞上ニ相成、書付ニして持参候様との事ニ付、此書付を認、持参いたし候処、佐弐役坂本彦兵衛も呼ニ相成居、此事ニ付種々言上、酒肴出ル

(傍線筆者、以下同)

玉名郡代から飽田詫摩郡代へ転じた中村庄右衛門からの要請によって、「銃隊見込筋」書付が作成され、会談に供されたことがわかるのだが、傍線部で示したようにこの会談には佐弐役坂本彦兵衛も出席していたことも確認できる。佐弐役とは老中付きの秘書官であり、種々の法制定にもかかわる極めて重要な役職である。家老屋敷での家老・要職者との会談・協議とは政策提案とその実行という意味で極めて高レベルの会議といえる。ここに在地行政主導者層の意見が求められたという事実がまず注目できる。家老屋敷への呼び出し・会議とは、平常では見られない異例の措置である。前項における郡代から惣庄屋衆への諮問という段階と比しても、かなりの飛躍で

あるといえるだろう。

この書付で主題となっているのは「在中ニ而御家人共物場之御用ニ相立候様御取扱振」であり、まさしく在御家人の集団的運用方法をどのように行うべきかということである。全一二項目によって構成されており、前項で見た農兵草案と比較するとより提言・提案的内容となっている。原史料は長文であるため、項目毎に内容を要約して以下に示す。

①在御家人は国中に夥しく存在するため、「屹と御用ニ相立」だろう。しかし「御用」を勤めるには「一揃之働」を可能にする仕法が必要である。在御家人は従来軍役を担ってきたものの、軍役勤務にあたって何の「目当」もなく、大多数が寸志による進席者であり、無禄の者たちなので銃隊への組織が進捗しない可能性を有する。しかしその一方で進捗する可能性も有している。銃隊組織の成否を分けるのは「御趣意次第御念力次第」の一点である。

②在御家人の間には身分の高下、生活の貧富などによって貴賤・親疎がある。この在御家人を「一揃」に運用するためには「一郡一手永充一和」に組織することが肝要である。（在御家人が勤める）在役人からの統制も行うべきだが、その在役人とても「御侍衆之真以」をする在御家人であり、なかには「密々御仕法筋を誹謗」する者もいる。このような「一己之偏見を以兎哉角相厭候」者へはすぐさま厳しい処罰を加えるべきである。

③新規の改革であるので、全てにわたって法を厳格に定めるべきである。もし「御触達之儀下情ニ惰不申」、歎願を行ってきたとしてもすぐにそれを聞き入れるようでは御達の趣旨が軽視される。厳格な法制定のためには綿密な計画・準備が必要である。

④「土台之御趣意」さえ確立できれば枝葉の仕法はどのようにもできる。大小銃隊には西洋式を採用すべきだが、人々の耳目を驚かさないように「随分簡易之作法」とすべきである。このようにすると、場所々々に

よって「何郡隊、何手永隊」と異同を生じる事態ともなるだろう。

⑤右のような事態におちいれば戦場において「不自在」になる。「不見不識之御侍衆」から直接指揮は行われ得ず、「平日扱馴候引廻」は合図に不案内でありこれも不可能である。しかし引廻以下は「我一隊之配相調候を専務」とし、進退駆引は御備手の指図に依拠するという方式を用いれば各隊作法の異同があったとしても支障は生じないだろう。

⑥近年、在御家人は武芸目録数によって進席・相続を行っており、鉄砲に関しては在御家人のほとんどが諸流へ入門ずみである。洋式銃隊稽古についても目録規定無しでは在御家人の積極的参加は期待できない。格別巧熟の者、抜群熟練の者への目録認定および士席への登用といった規定が必要である。

⑦砲器・稽古用玉薬は人数分の支給を願う。在御家人は兄弟が多く、難渋者も多い。自己負担での準備は不可能。

⑧銃隊の引廻役は人望・銃隊熟練の二点が重要である。若者頭役等を経験していても銃隊に不案内では不適であり、銃隊に詳しくとも人望がないとやはり不適である。当分は「何方も事欠」と予想される。

⑨在中において寸志による進席で士席以上の身分となった者も、なるべく在御家人同様銃隊稽古へ参加させるべきである。不公平がないように在中一統への賞美が定められることを願う。

⑩「山付在札筒」の者たちは居住する場所が散在し、その多数が貧民である。春・秋期の調練実施は不可能だが、「早業中り打」熟練者なので洋式狙撃隊に組織すれば即戦力となる。

⑪札筒の者たちはその所々の上手を自らの長に立てており、彼らをそのまま「其方角之小頭」に任じることも可能。御備手からの指図さえ確立すれば物場でも機能する。

⑫右の山筒たちは従来何の扶助もなく、このまま軍役を負担させるのは難しい。これにより「精巧之遠丁筒壱

挺充」、年々玉薬の支給を行い、小頭は帯刀御免、そのほかは一刀御免といった規定が必要である。
以上が在御家人の軍事的運用方法として提案されたのだが、項目①において在御家人による洋式銃隊組織の成否を分けるのは「御趣意次第御念力次第」であるとして藩側の積極的取り組みが求められている。これは砲器・玉薬支給（項目⑦）、在中一統への賞美（項目⑨）、札筒への各種扶助（項目⑫）などといった、主として藩からの経済的支援を期待する部分において具体化しているといえるだろう。前項の木下初太郎の農兵草案でも農兵への扶持米給与が重要視されたが、ほぼ同様の主張がここでもなされているのである。但し洋式銃隊稽古への参加による目録認定（項目⑥）といった身分上での保障および褒賞規定も付加されている。農兵から郷兵への方針転換による条件提案の補強が行われたといえるが、在地では、特に行政の前面に位置する物庄屋層からはその統制が困難とされた一面を有する在御家人を銃隊へ組織し、かつ機能せしめるために藩庁の身分上・経済上の積極的支援が期待されたのである。これは書付の末尾部分においても再度強調されている。

右者御家人以下軽者共之儀ニ者御座候へ共、御国中夥敷人数ニ亘候而之御改革ニ付、先者不容易御儀と奉存候得共、全体之御趣意丈夫ニさへ被為在候ハ、随而枝葉之良法ハ何程も可有御座、仮令枝葉相揃候とも萬一半途ニして御褒賞薄らき候様ニ御座候ハ、御用ニ相立候程之儀出来申間敷、乍恐いつ連とも上之御模様次第之儀と奉存候、（後略）

傍線部から明らかなように、藩が与える「御褒賞」、洋式銃隊への参加に対する見返りこそが在御家人運用の上で重要な意味を持つと認識され、主張されたのである。経済的支援への期待という点では農兵草案で提案された扶持米給与と共通するのだが、その意味するところおよび目的は根本的な部分で異なっている。即ち、扶持米が農兵への生活保障として重視されたのに対し、ここでの「御褒賞」は在御家人の積極性を引き出すための方策として位置づけられたと考えられる。こうした藩からの付与を求めるとともに、一方で在御家人・在役人の引締め

（項目②）や厳格な法制定（項目③）といった厳律化の二方向によって在御家人集団を統制・運用することが提案されたといえよう。

札筒による狙撃隊の組織や、引廻役関連など農兵草案において提案された内容とほぼ同意、もしくはそれを継承している点（項目⑧⑩⑪⑫）もあるが、この点に関しても農兵草案段階と比較して一層の具体化が見られる。特に引廻役設置に関しては農兵草案段階において「隊長」「小頭」として待遇面での差別化のみ言及されていたのに対し、当該書付では隊「引廻」役には人望・銃隊知識などの資質が重要であるとの指摘がなされており、それが顕著である。玉名郡など一部地域で実施された、在御家人による西洋筒試業等の実地面を経て、深化・具体化が進んだことを示したものだろう。

当該書付の主題ともなっている「御家人共物場之御用ニ相立候様御取扱振」については項目④⑤において説明・検討されている。そこで示された見解としては各地域によって組織された銃隊間に各種の異同が生じたとしても、各隊の引廻による自隊指揮と御備手（「御侍衆」）による指揮系統さえ確立できれば基本的に運用は可能というものである。この前提として、洋式銃隊への反発を避けるために「随分簡易之作法」とすること、それによって生じる各隊の異同を是認することがあげられているのは興味深い。在御家人を銃隊に組織するさいには「一郡一手永充一和」を目指すことが重要とするが、組織された銃隊全体に関しては必ずしもその同一性が志向されていないのである。組織される銃隊の機能性はともかくとして、まず在御家人を銃隊へ組織することが優先的に考慮されたものと考えられる。この点において御備手と各銃隊の連絡・指揮確立による運用という変則的方式が提案されたものだろう。いわば在御家人銃隊を半独立的な遊軍として運用するという方式である。

家老屋敷会談時に用いられた当該書付の内容を整理してみると、木下初太郎による農兵草案内容を根本的には継承しつつも、在御家人による洋式銃隊組織という方針転換によって提案内容にも一定の変化が起きていることがわかる。在御家人の統制・運用に意識が向けられているのがその変化の主要因だが、惣場における「取扱振」という、より実施・実戦を意識した意見聴取が藩重役から行われた点は重要である。しかし、注意しておきたいのはこの時点において家老屋敷での半ば公的な政策会談の場が設けられ、改めて在御家人銃隊について在地からの意見が求められたのは何故なのか、ということである。

この背景には、小倉戦争という現実的課題が存在した。小笠原美濃屋敷で会談が行われる前日、次にあげる書状が小倉より国許へ到来している。(15)

【史料2】

今朝未明より赤坂方戦争之次第ハ二宮弾助差立申達候処、同人差立候後も弥以味方都合宜敷、日遅ニ相成追討之場ニ至兼候迄ニ御座候、(中略)何様此節之襲来ハ先度とハ全体様子も違、大挙ニ及申候儀ハ相違無之見込ニ付、(中略)御国より三番手御繰出之儀ハ弾助を以申達候、御評議次第候得共今一倍御筒無之而ハ賦合弥以及不足候付、外様足軽・在御家人之無差別拾挺ニ熟練之隊長一人宛被差添、都合御筒数二百挺も急ニ被差越度、尤右丈ケ急ニ御手賦出来兼候ハ、出来合丈け宛被差越候様、(中略)

七月廿七日　　長岡監物

家老

中老　宛

(後略)

これは小倉口へ派遣された熊本藩軍勢(一・二御備)のうち二番手備頭長岡監物からの書状なのだが、その大意は小倉への増援要請であった。小倉赤坂付近における長州勢との戦闘で一応の勝利を得た熊本藩勢であったが、戦闘が本格化するにおよび現地ではさらなる増援の必要性が認識された。長岡監物は三番手の派兵を要求するものの、これに関しては「御評議次第」であり経済的制約から実現しない可能性があった。しかし現実として「今一倍御筒」は必要なのであり、この点において外様足軽・在御家人の差別なく総勢二〇〇人ほどを派遣することが国許へ訴えられたのである。しかも傍線部で示した通り、「出来合丈け」でも順に派兵して欲しい、という緊急性を帯びてこれは主張された。

右の書状からすると、翌二八日に小笠原美濃屋敷で持たれた会談は、この戦地小倉からの増援要求を受けて行われた可能性が高い。書状中であげられた在御家人の運用について早急に取調べる必要および実施に移す必要が生じたことで、家老によって直接的に在地から意見を吸いあげられるという特別措置がとられたと考えられる。つまり、小倉戦争の推移と明確な関連をもって在御家人の洋式銃隊化の動向は展開し、急速に具体化したのである。

こうした緊急性を反映してか、家老屋敷会談で得られた成果は、すぐさま在御家人の派兵計画というかたちで昇華せしめられている。同年七月晦日、奉行副役道家角左衛門より飽田・詫摩郡代中村庄右衛門が呼び出され、在御家人のうち精兵二〇〇人を小倉へ派遣することが伝えられた[16]。

この在御家人の小倉派兵方法として提案されたのは、城下近傍より在御家人を手配し、十人ずつ揃ったら士分の者を引廻役として一人配置して「日々ニ可被差立候」というものであった。史料2における「出来合丈け宛被差越候様」との要求が忠実に実行されたのである。一方で「着陣之上ハ何方之手ニ歟可被付」ことも定められているが、この点は会談時に木下助之允が示した「藩兵部隊と在御家人の連携を確立する」という見解を反映・意識したものであろう。道家が中村にこの派兵計画を持ち掛けた時点ですでに引廻役の士分二〇人を任命することが決定しており、後は在御家人を集めるのみという段階にいたっていた。

中村は早速同役郡代中に右の派兵計画を伝え、千葉城人馬会所へ出向いていた惣庄屋衆についても呼び出しの上、その取り計らいを命じた。しかしこの藩側からの命令に対して惣庄屋衆は在御家人が無給無扶持であること、近年は老年層増加によって武芸を行っていない者が多いことをあげて、「先兼而御給扶持を兼而戴居候足軽を先ニ被召仕」、なおも不足におよぶようであれば在御家人を派遣するよう主張した。藩側が計画した在御家人の派兵に対し、惣庄屋衆は正面から反対したのである。まずは給扶持を得ている足軽が派兵されるべきであるとの主張は在地行政指導者層と藩権力との関係上、注目すべき動向である。正規武士層ではなく、在御家人層が藩側の都合で派兵されるのは公平性に欠けるということが直接的に言及されたのである。

この惣庄屋層からの主張に対し、中村は「右之通危急存亡之場ニ到り」、兼ねて帯刀も許可されておりながら、「夫々兎哉角申出候ハ未練之次第」と反論するにとどまっている。惣庄屋衆の主張に対し、論理的回答は行い得ていない。中村からの反論を受けて惣庄屋衆は、「左候ハ、此節ハ屹度御賞美被仰付」ことを改めて主張する。具体的には今回の派兵された者へは武功の有無にかかわらず扶持を付与すること、もしくは代々身分相続を認めることを提案したのである。中村は同役中、副奉行道家との申談の結果、惣庄屋の言い分も「尤」であるとして「御賞美」付与を約している。(17)

中村が書面を作成し道家へ確認を求めたところ、「此通りに而少も被存寄無之、自身受合可申候」との承認を得た。それと同時に「乍併出陣之面々若未練之所業いたし候者共ハ屹度御咎被仰付候段も口上に而申聞候様」とも令されているが、事実として惣庄屋衆の基本的要求が藩側によって即時認可されたのである。郡代と惣庄屋衆による右のような交渉を経て、遂に在御家人の小倉派兵が正式決定し、実施段階にいたった。

しかし、実際に在御家人が集められ、その第一陣が出発するという段階にいたって小倉口の熊本藩勢が八月一日「惣引払」となったことが伝えられ（同月二日）、結局、在御家人の派兵は中止となった。(18)

在御家人の小倉派兵は中止となったものの、この計画を実施するにあたっての藩および惣庄屋衆の動向は重要な意味を持つ。戦地からの増援要請を受け、在御家人を実際に兵として派遣する必要が生じた状況の下、家老から在地行政主導層への直接意見聴取という動きが見られたことは以前の銃隊組織計画段階と比して大きな展開であったと評価できる。この展開を促したのは増援要請の緊急性であったといえるが、ここで木下助之允から出された在御家人の兵力運用は可能との見解が小倉増援の決定に大きな影響をもたらした可能性は高い。そして在御家人の派兵が実行に移されるにあたって交わされた郡代と惣庄屋衆との交渉においては、熊本藩惣庄屋衆がかつて評されたような単なる「上意下達」的機構ではなく[19]、在地の代表者として、在御家人一般の利害を代表して藩権力と相対している姿が看取できる。郡代（藩側）が指摘する「危急存亡」的状況下にあって、在御家人派兵の反対給付として「御賞美」規定を即時的に承認させるといった動きは、いわゆる藩権力の末端としての「村役人」層ではなく在地行政主導層という役職位置に立脚して惣庄屋衆が行動したことをあらわしているといえるだろう。この小倉への在御家人派兵計画という非常事態の場においては、かなり直接的に藩権力と惣庄屋層との関係の一面が可視的なかたちであらわれているのである。

熊本藩勢の小倉撤退は小倉落人の肥後入国、そして藩領北部での警戒態勢などに連続していくが、それにともなって対長州という観点から一定の緊張状態が熊本藩内で維持されていく。在御家人の集団的運用による各番所施設詰といった現実の状況と平行しつつ、在御家人による洋式銃隊組立へと事態は推移した。同年八月一七日、「在中帯刀以上」を対象とした組合制度が定められた[20]。

【史料3】

一、方今之形勢如何成行可申哉案労之次第ハ改而申述候ニ不及、御国家之ため上下力を合、一刻茂不虞之御手当十分ニ相整不申候而は他日臍を噛候而茂其詮有之間敷、然処在中之帯刀以上は根元方角ニて之御守衛ニ而、他江出師ニ茂召仕事ニ付兼而組合を設、節制を立、習練いたし内外共急応迅速之御用相立候様有之度、右組

立之仕法大略別紙之通被仰付候条同役一致ニ申談、惣庄屋以下江茂御趣意委敷相諭、速ニ致成就候様可被相
心得候以上
八月十七日
覚
一、壱組三拾壱弐人程、又は四拾七八人ニして一手永ニ先ツ弐組宛組立被仰付候間、其所々ニ而人望有之相応
之人物を撰、一両人引廻申付相誘可被申候
但幕外稽古ものハ幾人ニ而茂不苦
一、鉄砲はケヘル筒を用陣列打方一揃ニ有之左右前後進退寛急、最易キ号令を以速ニ相整候様被仰付候
但仕法筋ハ其所ニ而異同有之儀不苦候
一、当時鉄砲を以戦場之要器といたし候事ニ付、中古以前之剣槍ニ等敷訳ニ候間、砲器玉薬は銘々用意可致事
ニ候へ共、俄ニ調兼可申候付先一ト通は上ゟ被渡下筈候得共、莫大之員数何分一時ニ御仕法付兼候間先ツ其
所々に而如何様卒工夫有之相整、年賦等を以追々とは自分物ニ相成候様仕法惣庄屋以下江茂精々可被申談候、
尤稽古用之外出張向ニ而之玉薬は被渡下筈候
一、所柄次第猟夫札筒之ものを撰、相応之人数狙撃隊組立被仰付候
一、右之面々他江之出師ニ被召仕候節、支配人は臨時ニ可被仰付候
右之通被仰付候条、見込之趣茂有之候ハヽ、得斗話合之上追々ニ可被相達候以上
八月十七日
口達
御惣庄屋へ
在中御手当筋之儀ニ付御用番衆ゟ直ニ拙者共へ被相渡候御書付弐通別紙写ニて相渡候条、被奉得其意、人数

組立等之儀其取計有之、調帳を以可被相達候、尤見込之趣も有之候ハ、可被相達候以上
八月十九日

「在中帯刀以上」＝在御家人を対象として、組合を設定し、洋式銃隊を組織することが令されたのである（以下、本論ではこれを在御家人組合銃隊制とする）。組織される組合銃隊については「方角ニて之御守衛」のほか、「他江出師」に充てることが定められたが、七月の小倉派兵計画のような状況への対応がこの背景にあると考えられる。「一刻茂不虞之御手当十分ニ相整」えることを主眼として、組合銃隊の組立て仕法についても提示が行われた。

しかし助之允書付や小倉派兵計画時において一貫して主張された「御褒賞」「御賞美」規定については、その記載が見られない。人数分の支給が求められた砲器・玉薬についても、ひとまず藩から貸与されるほか、出張時の玉薬は支給される（傍線部）ことが定められたものの、「中古以前之剣槍ニ等敷訳」をもって「銘々用意可致事」とされた。そのための諸工夫や仕法筋については郡代と惣庄屋以下の申談に委任されている。助之允書付において「萬一半途ニして御褒賞薄らき候様」では十分な銃隊組織はできないだろう、とその重要性が指摘されていたにもかかわらず、藩側が実際に定めた仕法にはこれに関する十分な規定が見られないのである。

さらに実際の銃隊組立て＝「人数組立」の取り計らいに関しては惣庄屋へ全て委任されており、「見込之趣」があれば申し出るように、とされた。小倉戦争の推移、それに連続する領内警戒態勢という緊急性を背景とした在御家人組合銃隊仕法の制定であったが、あくまで「大略」の仕法立てにとどまっており、惣庄屋層が志向したものとは内容的に一定の相違があったのである。この点をめぐってさらなる交渉・調整が藩と惣庄屋衆との間で行われていくことになる。

二　在御家人組合銃隊をめぐる藩・惣庄屋の動向

(1)「諸手永御惣庄屋共」による銃隊案

慶応二年(一八六六)八月に「在中帯刀以上」の組合制度(在御家人組合銃隊)が施行されたものの、前項で見た通りその内容は惣庄屋層が農兵・郷兵計画当初から求めてきた在り方とは一定の相違が見られた。同制度施行後、この点をめぐる再調整が惣庄屋側から提起されていくことになったのである。

組合銃隊制への調整・補足を提案するものとして、惣庄屋衆によって作成された二点の文書がある。一点は組合銃隊制が施行された八月に「玉名御惣庄屋共」によって作成された「御内意之覚」であり、もう一点は同年一二月の「諸手永御惣庄屋共」による「御内意之覚」である。この二点は内容的に共通する項目を持つことや、前者は付紙による意見交換が行われるなど草案段階であることから、おそらく後者は前者を原案として作成されたと考えられる。作成・差出主体が「玉名」から「諸手永」へと拡大していることや、提案内容の充実化が図られている点などが両史料の比較からわかる。

「諸手永」規模での惣庄屋衆の意見書が提出される起点に玉名郡があったことは意義深い。組合銃隊制の施行を前後とした時期に、玉名郡において小倉落人の受け入れやそれにともなう「旅人取締」強化、在御家人による警戒態勢が敷かれていた。現実的課題としての在御家人運用や治安維持が同地域では現出していたことで、藩側が意識するような危機的状況への認識が他地域と比して高まっていたのであろう。さらに同郡の木下初太郎・助之允父子らによって農兵計画・在御家人銃隊計画が提案されてきたことが、玉名から再調整の動きが提起される主要因の一つになったと考えられる。特に木下父子による各提案は一面において惣庄屋衆意見の代表であったとも考えられ、組合銃隊制が有した課題点の克服が木下父子を中心とした惣庄屋衆から志向されていく契機となったものであろう。

提案の全容は一二月「御内意之覚」で提示することとして、玉名原案の概要および付紙による意見が交わされた点を中心に整理を行う。同案は一〇項目からなっており、銃隊の組立ておよび引廻役の選出について、狙撃隊について、稽古玉薬料、銃隊の運用、在御家人の扱いなどに関して述べられている。(21)

同案の前書部分はのちの「御内意之覚」にほぼそのまま継承されているが、ここで組合銃隊制に対する再調整提案の理由が主張されている。すなわち「御取行振精々考議申候処於在中ハ不容易大御変革ニ而種々多少之情態も有之、此節草卒ニ相倡申候而ハ却而重備ニ至兼可申と奉存候」というものである。藩側が定めた「大略之仕法」=組合銃隊制のままでは、在地の実情という問題もあってかえって強固な軍備を構築することはできない、との推察が在中から行われたのである。換言すれば、組合銃隊制の施行には惣庄屋衆が把握する在地事情を反映させる必要がある、との主張である。これらの見解に依拠して再調整・補足案が考案され、協議されていく。この点については項目ごとに整理を行ってみたい。

○手永ごとに二組（一組＝三二・二～四七・八人）ずつ組織することについて

ここで述べられている内容としては、「在御家人が諸武芸目録を揃えても、銃隊組に入らなければ身分上の進席・相続ができないようにして欲しい」という願いであり、「仕法は身分も関係することであり、人の選別が重要となる。手永で一通り習練を行って大体の人物を選定し、名前を報告する」という提案である。またおよその鉄砲技術修得者を「御手当組当分」として、熟練者は「本組」へ組織すること、という仕法などもあげられている。

これに対して、付紙による意見が出されている。銃隊組に入らなければ進席・相続を認めないという「他之芸迄ニ而之云々申様ニと欤之御規則」についてである。「一手永子弟共」はおよそ二〇〇人ほども存在し、組織する二組人数分を差し引けば、残り一〇〇人ほど余ることになる。この余人数がどれだけ諸武芸に出精しても進席・相続できないというのは「目当」を失うことになり、「却而御為ニ相成間敷」状態となる。また「此節小倉炮戦ニも劔槍ハ先不用之唱」もあったが、「先年京師ニ而長賊暴動之節劔槍之戦も不少様子」であり、強いて砲術のみを行わせることはできない、とも意見された。これらの理由から提案内容の再考が促されたのである。

○在御家人の各自鉄砲用意について

組合銃隊仕法において砲器・玉薬は在御家人「銘々用意可致事」とされたことへ対応して、その仕法が提案されている。この提案とは在御家人の身代（経済状況）で「段取」を行い、上段は「自分才覚」、中段は「年賦拝借」、下段は「会所備筒御貸渡」にするというものである。また、従来一領一疋身分が相続のさいに乗馬・具足所持を書面で報告してきたことに倣い、帯刀以上の身分相続の時には鉄砲所持有無を書面に書き加えさせることも併せて提案されている。

この案に対して、「暮方難渋」で思うように鉄砲を購入できない在御家人の面々も多く存在していることが付紙で指摘されている。身分相続時に鉄砲所持有無を報告させるといった「余り砕々法則」を立てては長続きせず、「仮令一時之権法」でも如何なものか、とその再考が促されている。

提案内容に対して付紙による意見が出されている箇所はおよそ右に見た通りだが、付紙は匿名で記されていることもあってその作成主体は明らかでない。文書作成者である「玉名御物庄屋共」中で交わされたものか、文書の宛先となっている玉名郡郡代村上久太郎からの意見、もしくはその両者によるものといった可能性が考えられるが、提案内容をめぐってまず郡内で調整・意志統一が図られている点に注目しておきたい。

第一点目の提案では組合銃隊制を在御家人の基本的組織として重要化する動きが見られる。これは同時に在御家人が習練する各武芸の中で、洋式銃隊の位置を高めることにもつながっている。在御家人の身分相続・進席を事実上洋式銃隊参加者に一本化するという提案に対して、在地の事情や諸武芸習練の意味合いを考慮するとそれは行い得ないのではないか、と意見が付紙で出された。このやり取りからは施行された組合銃隊制を「重備」にいたらしめようとする意図と、在地の事情を反映させるべきとの意図が如実にあらわれ、交錯していたことがうかがえる。付紙による意見、本文への訂正願いは、前書部分で示された「在地の実情を反映させる」という趣旨の実現を図って行われたものと評価することができる。付紙による意見が付されている他の箇所も、基本的にはこれと同様の構図を示しているといえるだろう。組合銃隊制への調整が目指されたあまり、在地事情に適さない内容を持った項目に再考を促すという点で、いわば再調整案に対する調整がまず行われた、と言い得る。

新規に提案された項目としては、在御家人組合銃隊の他地出張に関するものがあげられる。これは各手永組合銃隊を藩「御側御備」・「六御備」へ編入し、各在御家人も「今年は何番手の出張」と認識できるようにしておきたい、というものである。その上で一手永から同時に銃隊を派出することは避けたいことも主張されている。詳細についてはのちの一二月「御内意之覚」で述べるが、在御家人銃隊のみを他地へ出張させるようであれば組合銃隊制が謳う「御国家之為」とはいっても「上下」が合力する意味合いを失する、と藩側の動向に牽制を加えている。それと同時に藩軍制への編入による輪番的派兵という提案は、同年の小倉派兵計画に見られた在御家人運用への対案・代案としての性格も有していると思われる。

以上を整理すると、施行された組合銃隊制に対して、即応的なかたちで作成された玉名郡惣庄屋の「御内意之覚」は、藩制定仕法から脱落した部分（主に経済的補助）の再提起と組織される在御家人銃隊の恣意的運用への牽制、という二つの動向が意識され、その達成が目指されたものといえる。また、在地における「種々多少之情態」を組合銃隊制に反映させるという点では付紙による協議と意志統一が図られ、提案内容の現実性強化が志向された。そもそも藩側が設定した組合銃隊仕法は、藩側も仕法中で自認したように飽くまで「大略之仕法立」であり、

「見込之趣」があれば郡代・惣庄屋衆から申し出るように、と在地へ法が「開かれて」いた点は当該文書作成の経緯と深い関係性を持っている。即ち、藩側から同仕法の補強が在地に期待された一面を有していたのであり、その意味では求められた再調整・補強案であったともいえる。しかし再調整案が玉名郡より即応的に起こったという点が、既述部分と重複するが、小倉戦争という政治的動向が在地に与えた影響・変化を端的にあらわしていると考えられる。現実として在御家人運用を実行しつつある現場では、早急な法整備が希求されていたのである。

次に同年一二月「諸手永御惣庄屋共」から提出された「御内意之覚」について見てみたい。八月に玉名郡で作成された案と多くの共通項を持つと同時に、諸手永版のそれは藩庁部局「御奉行中」からの決済が付紙によって下されている。この点において玉名案を原案と見るのであり、八月から一二月にかけて玉名郡域を越えた諸手永規模での内容調整が行われ、正式に藩庁へ提出されたと考えられるのである。在地において高められた再調整・補強案とその達成点として重要な意味を持つ史料といえるだろう。長文ではあるが、全文を提示する。(22) また、各項目に付した番号は史料中での項目位置をあらわす。

【史料4】

御内意之覚

方今之時勢ニ付在中ニ而帯刀以上之者共組合を立、ケヘール筒を用陳列一揃之打方習練いたし候様、大略御仕法書をも御添此節被仰付候趣奉得其意候、此砌一刻も御趣意相整候様無御座候而ハ於私共相済不申事ニ付、御取行振精々孝議仕候処於在中ハ不容易大御変革ニ而種々情態も有之、此侭草卒ニ倡候而ハ却而全備ニ至兼可申と奉存候儀も御座候間、先者種々不閣左ニ申上候、至急ニ御差図被仰付候ハ、迅速ニ御趣意之通相調候様心配可仕と奉存候

一、①一組三十一弐人程、又ハ四十七八人ニ〆一手永ニ先弐組充組立之事

此儀組ニ入候人物ハ別段之訳を被立下、在御家人之規矩と相心得候様無之候而ハ被行申間敷奉存候、然処三十一弐人或ハ四十七八人一隊ニ〆、一手永弐組充と限申候而ハ下地御家人之多少、或ハ御手当一領一疋等之差合も御座候間夫等之斟酌を以手永限大略之人数多少ニ付見込を付、一手永々々一応一揃之打方相倡御達可申上候間、ⓐ先銃隊組当分と被仰付置、其上ニ而一揃之打方熟練仕候者ハ御内意可申上候間、御見分之上相違無御座候ハヽ、本組ニ被仰付目録一ツニ被立下、ⓑ其外之諸芸ハ目録数相揃候共右之銃隊組ニ入不申者ハ相続又ハ進席之稜目ニ不被立下候様有御座度、左候ハヽ、諸芸相揃候迚侍勤仕候様も無之、一統不洩競立可申と奉存候、尤年齢既ニ四十余ニも相成今更俄ニ不馴之稽古と申儀ハ何程ニ可有御座哉、実ニ難行候者ハ銃隊差省キ可申候間、其分ハ矢張是迄之通諸芸迄之目録数ニて御取扱被仰付被下候様、且又老年四十以上、少年十六七以下多ク共、軀幹壮健之者ハ銃隊ニ加可申と奉存候、其余差而病気等も無之左迄年寄候ニ而も無之候而、ⓒ銃隊稽古ニ加り不申者ハ其程ニ応シ身分被召上段一統被及御達置被下候様有御座度奉存候

上ニ御付紙

可為書面之通候、尤一統及達候儀ハ難叶、此趣を以懇ニ相倡、違背之者有之節ハ其段被相達候ハヽ、取扱可被仰付候

一、② 其所々ニ而一両人引廻被仰付候間、人望有之相応之人柄見立之事

此儀格別之人躰ニ無御座候而ハ被行不申、其上平日心配障害も多可有之候間、身分之儀も別段之御取扱被仰付旨前以被及御達被下候様有御座度奉存候、身分別段之御取扱被仰付儀ニ御座候ヘハ是又差付人躰難見究御座候間、先武芸倡方等之内より一手永三・四人充名前御達可申上候間、引廻当分被仰付置其上ニ而右之面々又ハ其外たり共相応之人躰出来追々ニ引廻本役被仰付候様有御座度奉存候

但引廻之儀者平日大勢押移仕稽古之節ハ組子同様ニ指揮をも仕候儀ニ付、人柄と身分連続不仕候而ハ被行申間敷、一領一疋以上ハ在勤中諸役人段と歟其以下ハ一領一疋ニ在勤席被仰付、出精次第ニハ本席ニ被仰付、尚出精次第ニハ御扶持も被下置候ハヽ、聢ト励ニ相成可申と奉存候

上ニ御付紙

可為書面之通候、尤前以御達置候儀ハ難叶、此趣を以相倡、本役申立之節御取扱可被仰付候

一、③猟夫・札筒之者共狙撃隊組之事

此儀猟夫・札筒共之内鉄砲熟練之丁壮ハ不残組立可申、身分之儀ハ数多之札筒共民籍を抜候而ハ地場夫役ニ屹ト差支可申候間、其分ハ物場之節迄帯刀御免被仰付、兼而稽古之節ハ銃隊組ニ差加稽古被差免、相遣候者共ハ其程ニ応し御惣庄屋直触又ハ影踏御免面役差免等被仰付度奉存候事

但狙撃隊之儀引廻無之候而ハ平日之申談も相調申間敷、於私共も不馴之儀精密ニ申付筋相届可申様も無御座候間、方角々々ニ而御家人之内可然人躰歟又ハ別段之上手猪狩等之節頭立候者へ申付、御惣庄屋直触ニ在勤席被仰付候様有御座度、左無御座候而ハ御用ニ相立兼可申と奉存候

上ニ御付紙

可為書面之通候

一、④御家人中砲器銘々用意之事

此儀御書面之通御座候得ハ不被得止儀と奉察候間、在御家人之内身代段取仕、上段ハ自身才覚、中段ハ年賦拝借、下段ハ御貸渡等被仰付候様見込を付御達可申上と奉存候事

但以前一領一疋相続ニハ乗馬具足所持之事ハ申立之書面ニも書顕居申候通ニ御座候処、砲器之儀人別ニ用意と申儀ハ本文之通被行申間敷候得共、ⓓ此砌耳目を被改候ため以来帯刀以上之相続申立ニハ右砲器所

持有無書出候様との儀、一統被及御達被下候様有御座度奉存候事

上ニ御付紙

可為書面之通候、尤砲器所持有無書出候様との儀ハ可及達候

一、⑤狙撃隊砲器之事

此儀札筒共ハ捻而貧民之事ニ付、砲器新ニ相求候儀ハ迚も被行不申候間、御貸渡被仰付候様有御座度奉存候

上ニ御付紙

可為書面之通候、尤願旧寸志筒相倡候様

一、⑥稽古玉薬料之事

此儀御時節柄如何様卒仕法を付申度奉存候得共、銘々持出と申儀も被行申間敷、会所々々よりと申候而も手ニ及候儀ニ無御座候間、何卒人数相応被渡下候様有御座度奉存候事

ⓔ但自勘焼方砕方共ニ御免被仰付候ハ、夫々取扱可申、焔硝所𛀁拝領代銭之儀ハ寸志御免被仰付被下候ハ、産出之取計可仕と奉存候

下ニ付紙

ⓕ本文玉薬料産出之元銭、此節民籍𛀁歩御使番列迄、其外御家人并子弟共同様之内望且継目寸志共被召上、直ニ玉薬料として被渡下候様、尤寸志高之儀万延二年相州御備場御受持ニ付寸志被召上候規矩ニ被仰付被下度、其後御達之通高増ニ而ハ相調兼可申、此段も可然被仰付被下候様、如願被仰付被下候ハ、其所柄限寸志相倡、ⓖ稽古独立いたし候様相倡申度宜敷被仰付可被下候以上

丑十二月

諸手永御惣庄屋共

上ニ御付紙
此儀於所柄自勘焼方・砕方共ニ可被差免候間、其雑用丈ヶ見込を以寸志相倡相達候様、尤御賞美規矩合之儀ハ追而可申達候

一、⑦在御家人共兼而組合を設、節制を立致習練居候ハ、逸稜之御用ニ相立可申と奉存候処、地場之御守衛ハ勿論ニ御座候得共、他江之被召仕様ハ兼而順番を被立置候様有御座度奉存候、急応迅速と御座候而も平日目当無之候得ハ、眼前ニ物を抱居候程ニ覚悟届兼候儀ハ世間之有様ニ御座候間、諸手永之組々を御側御備又ハ六御備ニ御編入被仰付、在御家人も当年ハ何番手と申儀銘々承知いたし居候様被仰付度、左候而一竈を親子兄弟等組入仕候分ハ一手永之内ニ而も成丈弐組ニ引分置可申候間、一手永之内一組ハ望ハ一番手、一組ハ四番手と申様ニ同時ニ御操出無御座様被仰付可被下候、尤一組と申候而も四五十人一手永より抜候儀ニ付先非常之儀ニ御座候間、万一御備御操出と申程ニも無之儀迄在御家人迄を被差出候様にとも御座候へハ兼而御米を戴候人々ハ安楽ニ而、却而無禄之者共而已辛キ目を見候様之訳ニ相成、御国家之御為とハ乍申上下力を合候と申釣合を失イ可申候間、兼而被立置候順番外ハ決而被召仕不被下候様有御座度奉存候
但京都詰浦賀遣等御軍役と申候而も無之、例之旅詰ハ別段之儀と奉存候

上ニ御付紙
可為書面之通候、尤御備御操出と申程ニ而無之儀迄在御家人而已を被差出候様ニとも御座候而ハと申以下之書面ハ御惣庄屋共心得違ニ而候、古来兵ニ農兵之ものニ而御国在御家人も御軍役ニ被召仕候筈之儀と承知いたし居候なから、寸志米銭等差出御家人之列ニ加り、民間ニ威権を張厚候而武辺之御用ニ被召仕候節ニ至未練之心底を擀候もの有之候ハ、教諭を差加候儀専要当前之事

一、⑧組合を立、節制を設候ニハ丁壮を選平日習練いたし不申候而ハ相成不申候ニ付、身分之御取扱ニも係候様

有御座度段ハ前文之通ニ御座候処、左候得ハ一領一疋ゟ御物奉行衆付之御手当且御郡筒ゟ御側御備賦、次ニハ若狭守様并御家中御貸人又ハ砲術師役衆ゟ御手当之面々地場別途ニ御引放ニ而競を失可申、去迚平日打混置俄編伍中ゟ別ニ御引抜と申儀是又何程ニ可有御座哉、依之乍恐以来一領一疋以下御郡筒迄其年御軍役ニ可被召仕分ハ春内御備御操替之節人別夫々被仰付置、不時御引抜之儀ハ決而不被仰付様有御座度奉存候

上ニ御付紙

可為書面之通候

一、⑨数多之御家人共物場之被召仕様是迄はきと相分り居不申候処、此節新規之事柄殊ニ障害も多御座候得ハ兎角別段之苦厄と而已相心得可申候間、一統深々と相競候様之御仕法筋第一之儀と奉存候、身分御取扱振之儀も前文申上候通ニ御座候処、在中寸志士席以上之面々身分之高下ハ勿論ニ御座候得共、御家人共ゟハ矢張傍輩之気取ニ而此節御家人ともハ陳列一揃之打方障害骨折仕、ⓘ御中小姓以上ハ何之弊も無之と申候而ハ在中ニ而片落ニ相成何程ニ可有之哉、且組合ニ加り不申者雑居候而ハ人躰ニ寄却而不競之端を醸可申哉之恐も不少候間、此砌之事ニ付士席以上別而骨折之務向被仰付被下候様有御座度奉存候

上ニ御付紙

寸志士席以上も伍中ニ可被差出候

一、⑩御物庄屋直触之面々ハ差而夫役ニも不被召仕、武芸も不仕儀ニ御座候処、此砌ニ付兼而砲術稽古仕せ置申度奉存候、且又会所役人小頭と申候而も砲術丸之不案内ニ而ハ場所ニ寄不弁利ニ有之候間、前以折々稽古仕せ置可申と奉存候

上ニ御付紙

但砲術稽古相働、熟練仕目六以上之芸ニも相進候分ハ御郡筒ニ被召抱候様有御座度奉存候

上ニ御付紙

可為書之面之通候

一⑪、砲術之儀、流儀々々師家之望も可有之候得共、此節被仰付候ニハ諸流打込陳列打方稽古仕候儀師家々々被及御達可被下奉存候

上ニ付紙

諸流共西洋法兼学被仰付置候ニ付別段達ニハ不及候

右稜々私共会議之趣不閣申上候、然処在御家人之儀多クハ寸志ニ而身分被下置、無禄ニ而兼而農業之稼を以妻子養育仕居候中、武芸篤志之族ハ出謝内稽古等目録相伝数々相済候得ハ近年親跡無相違相続或者別席進席をも被仰付規矩被立下候ニ付、相競出精仕候儀ニ御座候得共、夫丈ヶハ農事を欠候段ハ改申上候迄も無御座、方今切迫之御時躰ニ臨他江出帥被仰付御儀ニ御座候ハ、此砌別段御徳沢を蒙、御国恩ニ奉懐候様無之候而ハ戦場ニ臨心死之働無覚束、一昨年来長崎変動ニ付而ハ御家人出帥被仰付、御給知御蔵納上知小前々々丈ヶ々々御軍役ニ被召仕候通ニ御座候処、御家人高主之儀も同然高ニ懸候出銭仕、出帥之御家人ハ二タ重之御軍役を冠候道理ニ相成、一統困窮仕候処漸々難渋ニ傾候得ハ素より寸志上ヶ継等出来兼、武芸稽古も不意出精之障無御座候ハ、忽身分を失候外無之処、今度御倡筋者重大之御事件ニ付在御家人旧染之情一変仕、平日死を以御奉公仕候志シ務不申候而ハ難相成、気受第一之儀ニ御座候間諸事其意味を以御取扱被仰付、私共よりも専其所を以相倡可申と奉存候、此段役名覚書を以申上候以上

慶応二年十二月

諸手永御物庄屋共

諸御郡郡代中

上ニ御付紙

本紙稜々付紙を用置候通被相心得可有其御達候以上

十二月廿四日

御奉行中

御郡代衆中

全一一項目によって構成されており、末文からも明らかなように史料中の「上ニ御付紙」部分が「御奉行中」からの決済・指示となっている。結論を先取りしてしまえば、あげられた提案の殆どが奉行中からの認可を受けている。改めて「諸手永御惣庄屋共」、および彼らの会談結果が持つ藩政への連関性・規定性が確認されるのだが、とりあえずはこの一二月案の内容を詳しく見ていきたい。

項目①「一手永ニ先弐組充組立之事」

一組人数（三一・二一〜四七・八人）に関しては組合銃隊仕法で定められたものだが、手永によっては在御家人数の多少や「御手当」役一領一疋などの事情があるとして、「大略之人数多少」に見込みを付け、「一手永々々一応一揃之打方」とすることを提案している。組み立てた銃隊を「銃隊組当分」（傍線部ⓐ）とし、技術熟練の上「本組」に加えるという仕法もあげられているが、これは八月玉名案において構想されていたものである。また、八月段階では「御再考」意見が付された、銃隊組参加への身分相続・進席の一本化（傍線部ⓑ）についてもそのまま提案されている。右の「当分」「本組」の二段階設定、「本組」参加による目録認可などの仕法と合わせて、在御家人の積極性を喚起することが重視された結果であろうと思われる。これらの提案が意味するところは、在地に存在する在御家人全てを組合銃隊へ関与せしめる方針を確立する、というものであろう。銃隊稽古不参加者は特別な理由が無い限り、身分「召上」も行うという罰則（傍線部ⓒ）が新規提案された点にも、この方針があらわれている。組合銃隊仕法で定められた「大略」の組立てを発展させ、在御家人全体を組合銃隊へ組織することが惣庄屋層から提案されたのである。

これに対し奉行中の回答は「可為書面之通候」と、基本部分に関しては承認・採用の意を示すが、罰則規定の

「一統及達候儀」は不許可としている。違背者が現出したさいに上申されれば藩で取扱うという姿勢であり、惣庄屋が求めた在り方に比すればいささか不十分な決定がなされたといえる。銃隊稽古不参加は身分の「召上」にもおよぶ、という現実性は藩によって後退せしめられている。

項目④「御家人中砲器銘々用意之事」

在御家人の経済状況で「段取」を行い、それぞれに応じた仕法で銃砲を装備させるという提案は原案がそのまま採用された。また「御再考」意見が出された、一領一疋相続のさいに書き出す乗馬・具足所持と併せて砲器所持の有無も書き加えさせるという仕法も残されている。但し「此砌耳目を被改候ため」（傍線部ⓑ）との文が付加されており、必ずしも砲器の各自所持を現実的に求めるものではなく、在御家人意識の向上を狙う意図が説明されている。

奉行中は「可為書面之通候」とこの提案を承認し、砲器所持有無を書き加えさせることについては御達を行うことを約している。当該項目に関しては原案がほぼそのまま採用されているといえるだろう。

項目⑥「稽古玉薬料之事」

基本的方針は「何卒人数相応被渡下候様有御座度奉存候」と、原案段階における藩負担を願う路線を継承している。しかし傍線部ⓔでは「自勘焼方砕方」が許可されれば在地にてその産出を行う、としている。また、原料代銭に関しては寸志召募を充てることを惣庄屋衆は計画している。原案段階では足軽身分と比較しての公平・不公平を論じ、藩へ援助を乞うのみであったのだが、組合銃隊仕法中で期待された在地での「工夫」案がここで新規に提示された。八月段階と比較して惣庄屋衆中における提案の深化がこの点から看取できる。当該項目には「下ニ付紙」として「諸手永御惣庄屋共」による補足説明も付されている。提案を行った「玉薬料産出」寸志に関して、召募対象を「民籍」～「歩御使番列」および在御家人・同子弟の継目寸志とし、集まった寸志金を玉薬料とする仕法を提示しているのである（傍線部ⓕ）。基準とする寸志先例にも言及されているが、「稽古独立いたし候様相倡申度」（傍線部ⓖ）との意志表明には注目を要する。この点については後述したい。

この提案に対し奉行中は玉薬の焼方・砕方を許可、寸志についても実行を約している（「御賞美」規定は追達）。在地から提案された「工夫」案を採用したことがわかるが、惣庄屋が従来求めてきた、玉薬料の藩負担案には一切反応していない。

項目⑦　在御家人の他地出張・順番別派兵について

原案段階と同様の内容であり、文面上も大きな違いは見られない。原案段階で整理したように、在御家人の順番別派兵を主張し、藩が同年の小倉派兵計画で行った派兵方式への対案的性格を持つ項目である。但し当該段階では在御家人の家族中をなるべく手永内の同一組に配することを避けたいことが付言されている。一組とはいっても四、五〇人が「一手永より抜候儀」は非常の事態であるとの認識が高まった結果であろう。藩部隊を動かすまでにはおよばないからといって在御家人のみを派兵するようでは、「兼而御米を戴候人々」だけが「安楽」であり、「却而無禄之者共而已辛キ目を見」ることになってしまう（傍線部ⓗ）との藩への牽制も原案から継承している。藩側が主張する「御国家之御為」、上下合力の「釣合」を失ってしまう、と小倉派兵計画で見せた藩姿勢への批判とも受け取れる記述も原案のまま記載されたのである。

奉行中は「可為書面之通候」と提案された順番別派兵を承認するが、在御家人のみを派兵するようでは上下合力の釣合を失するとの主張は「御惣庄屋共心得違ニ而候」と述べている（傍線部ⓘ）。当該史料で種々提案された内容の中で、唯一この点に関して藩側は不同意の見解を示したのである。在御家人とは軍役に勤仕する身分であることを承知の上、在御家人身分に列しておきながら、実際の派兵となると「未練之心底を揷候もの」へは教諭を加えるべきである、と奉行中は惣庄屋へ指示を行った。正規武士階級との不公平、手永からの多人数派出を重く見る在地行政の主導層としての惣庄屋衆の見解と、あくまで在御家人の軍役義務を強調する藩側の見解がこの点において直接衝突しているのである。

項目⑨「士席以上」の扱いに関して

すでに士席として正規武士に列している御中小姓身分以上は組合銃隊への参加を免除されたものか、詳細は明らかでないが、この士席以上身分に対しても「別而骨折之務向」を負わせることが提案されている。在御家人間に存在する「傍輩」意識の中で、「御中小姓以上ハ何之弊も無之」ようであれば「在中ニ而片落」になる、と指摘している（傍線部ⓙ）。一見新規提案にも思えるが、士席以上身分と各在御家人の公平化を志向するという点では、原案で提起された在中一統「御褒賞」願いと関連している。藩へ支出を求めるのではなく、士席以上身分も在御家人身分と同様の責を負わせる方向へ転換したものと考えられる。これに対し奉行中は士席以上も組合銃隊へ参加させることを定めている[23]。

項目⑩　御惣庄屋直触・会所役人小頭の砲術稽古について

従来夫役、武芸稽古の規定がなかった「御惣庄屋直触之面々」も、時節柄砲術稽古を行わせてはどうか、という提案であり、玉名原案では見られなかったものである。会所小頭に関しても「砲術丸之不案内」では不都合なので、同様に稽古を行わせ、熟練の上は御郡筒へ召抱えることも提案されている。奉行中は「可為書之面之通候」として、この提案を採用している。

以上が八月玉名原案との比較の上で注目できる項目なのだが、諸手永惣庄屋衆の提案内容の持つ具体性および主体性が一見してわかる。また、原案で示された提案に関しても、その詳細な過程は明らかでないものの、この一二月段階までの間に在地において相当程度内容の深化が図られた様子がうかがわれる。記述した通り提案項目のほぼ全てが奉行中より「可為書之面之通候」と認可を受けており、この点からは組合銃隊仕法に関しては明確に藩による仕法施行、惣庄屋層による仕法実行の関係性がうかがえるのではなかろうか。この関係性において提案内容に見られる惣庄屋側の主体性・主導性が大いに発揮されたものとも考えられる。

右に整理したように「諸手永御惣庄屋共」による一二月「御内意之覚」は組合銃隊仕法への再調整・補足として、惣庄屋衆が藩政へ与える規定性として一種の到達点を示している。これは同時に法整備においても、実行においても組合銃隊制が在地に委託されたことをあらわしている。但し在御家人を銃隊として組織するという点では、藩側と在地の間で在御家人という存在へ向ける視線が異なっている事実もあらわす結果となった。この点について、藩側が有した在御家人組合銃隊への見解を確認しておきたい。

組合銃隊制施行から一年後、慶応三年八月に家老直轄部局の機密間において在御家人運用に関する「志らへ書」がまとめられている(24)。執筆者は佐弐役坂本彦兵衛であり、慶応二年七月晦日に行われた小笠原美濃屋敷会談の出席者である。坂本は藩庁内で御手当方部局と選挙方部局の間で外様足軽一〇〇人を散兵隊へ組織するか否かの議論が起こっていることをあげて、現状は「纔一百人之散兵隊を縦横ニ研究いたし候場合ニ者無之」、従来の軍制を根本から改革する必要がある、と述べている。「御国家之盛衰存亡」にも関係するなか、藩の軍体系である「御備」改革を開始すべきだが、「此方ハ中々固執深ク、俄ニ御一新ハ迚茂被行申間敷候」ものなので、まずは「御国中在御家人等を以小銃隊・散兵隊・大砲隊三兵之遊軍を御造立ニ相成」ことを優先すべき、との判断を下している。藩庁中枢部において、明確に藩軍制改革の嚆矢として在御家人組合銃隊の運用が位置づけられたことがここから確認できる。

坂本の見込みでは慶応三年時点で強壮の在御家人が一万人ほど領内に存在しており、小銃隊二〇大隊（六四〇〇人）、散兵隊（一二〇〇人）、大砲隊三〇隊（二四〇〇人）を組み立てることが可能と構想している。その上でこれら「三兵」を運用するさいには、

寸志御知行取以下在御家人等之子弟ニ至迄前文三兵之内ニ被差加候而茂、御扶持方等者一切不被下置、出陣之節迄身分相応之軍用金可被渡下と奉存候

と、扶持米付与を一切行わない方針を定めている。この箇所には付紙が貼付されており、士席在御家人以下を無給で運用することは可能か、との問いが出されている。坂本はこの問いに対し、「根元兵ハ農ニ興申候ものト相見」、帯刀身分以上は軍役に従事するのを皆承知の上で寸志を上納して士席へ進席したものである、と諸手永惣庄屋衆に奉行中が示したものと同様の見解を提示している。さらに平素、威権を付与されている在御家人が、臨戦の場にあって「剣槍を以被召仕候茂砲術を以被召仕候茂職掌当前之事」であると主張するのである。これは奉行中が下した判断と共通するものであり、この点からすると藩側には一貫して在御家人の軍役従事は職掌当前の義務であるとの認識があったと考えられる。

また、在御家人への扶持付与を避ける理由についても言及されている。「大小砲之御入費」、「火輪船御買揚」など莫大な出費が「此以後迚茂無際限相見」える状況下にあって、「只々有限官金」より費用を捻出するのは不可能であるとしており、軍備費の増大による財政逼迫が藩側において強く意識されていたことがわかるのである。坂本はこれに続けて、「士農工商」が「平素安穏」に暮らしているのは「御国家之御陰」であり、その国家が「滅却茂難量際」にあっては「四民挙而力を合、御国体を磐石ニ取囲」うのは当然である、と述べている。これは在御家人運用に関する見解に通じるとともに、組合銃隊仕法中であげられた「御国家之御為」という文面や当該期に強調される「御国恩」論理の内実をあらわしているといえるだろう。藩側が志向する上下一致、合力とは基本的に藩財政の逼迫を補うものとして「下」（在地側）に新たな働きを期待するものであったと評価することができるのである。

この志向は在御家人兵力の運用構想にも顕現している。即ち組織した遊軍「三兵」を領内に散在させ、「万一境

内江侵来候儀茂有之節」は近在より右の兵力を集結の上、抗戦し、「又境外之出兵之儀も差起候節」も右の兵力を御備人数に編入し、運用するというものである。在御家人兵力のみを運用するようでは上下の釣合を失する、という惣庄屋層の意見に対して「心得違」との評価を下した背景には、右のような運用構想があったものと考えられる。藩側としては在御家人兵力のみの運用も積極的にとらえているのであり、当該段階において本格的・具体的に藩軍制のうちに位置づけられようとしていたのである。

以上を整理すると、藩側が有した在御家人の軍役従事は「職掌当前」との認識、およびこれにもとづく運用構想という点に関しては、従来惣庄屋衆が求めてきたものと相当程度意識の隔たりが存在したといえる。木下初太郎が農兵草案時に述べた「夫（＝御扶持）なしニ而農兵組立被仰付候而も乍憚名目迄ニ相成、御実用ニ者確と相立申間敷」との指摘、家老屋敷会談時に主張された「御褒賞薄らき候様ニ御座候ハヽ、御用ニ相立候程之儀出来申間敷」との見解は、藩側が認識する在御家人運用論理に合致するものではなかったのである。

「諸手永御惣庄屋共」によって具体化された組合銃隊仕法であったが、右に見たように藩と惣庄屋層との間に生じていた齟齬──「御賞美」付与──をめぐっては、さらなる両者の合意形成、そのための交渉を要したのである。

(2)組合銃隊組織後の動向

組合銃隊制への再調整・補足は、前項で見た通り慶応二年一二月の諸手永惣庄屋衆「御内意之覚」によって行われた。これ以降、領内各地で銃隊が組織されるとともに、在御家人による銃隊稽古が本格的に開始されている(25)。また同年一二月には郷兵創設担当事務として中老鎌田軍之助、同役田中八郎兵衛の二名が任命されており、制度的にも組合銃隊仕法の実行段階に移行した。玉名郡坂下手永惣庄屋木下初太郎は慶応二年冬の出来事として、自身の記録に「在御家人銃隊御組立」と記している。[26]また「一統蘭式且ケヘール筒を廃し英式且ライフル銃及元込筒ニ改ル」とも述べており、玉名郡で早くも新式装備への転換が行われたこともわかる。

そして慶応三年以降、在御家人組合銃隊制による組織的な銃隊稽古への取り組みが実際に開始されていく。具体的経過としては銃隊引廻役の任命[27]や、角場・各種施設の建設が領内各地で進められ[28]、藩の武芸教練場である「演武場」での在御家人調練なども行われるようになる。特に演武場と在御家人組合銃隊の関係は、在御家人による演武場出仕のみならず、演武場役人が在地に赴いての実地調練も行われ、その連係が図られた。[29]銃隊稽古への在御家人参加については各地で「着到状」などの出席者名簿が作成され、運営・管理に用いられた。

組織された銃隊の実態を示すものとして、玉名郡南関手永の銃隊を例にあげる。慶応三年九月に作成された「銃隊御見分出方之面々父兄附」[30]によると、総勢一七七名（組人数一五二人、世話方二二人、玉薬方二人、医師一人）という規模で銃隊が組織されており、基本的に手永内の在御家人全体がこれに属したものと考えられる。しかし南関手永「着到状」を見る限り[31]、通常稽古に参加する者はおよそ四〇名前後（一組分）であり、組合銃隊仕法で規定された通り銃隊組合への参加人数と銃隊稽古参加人数には相応の隔たりが存在した模様である。

右に見た通り領内各地で組合銃隊仕法に則した組合組立て、銃隊稽古が開始されたのだが、必ずしも順調にこれが進捗したわけではない。手永によっては銃隊稽古が「寸斗調兼」る状況にあった。[32]例えば飽田郡五町手永では手永銃隊「議定」として、銃隊稽古への遅刻者・欠席者に対する罰金規定を独自に設けるなど[33]、在御家人の統制・管理に苦心している。この銃隊稽古の不振状況にこそ、藩と惣庄屋間で積み残されていた交渉課題、「御賞美」問題が関係したのである。

この点に関して組合銃隊制の施行から二年後、慶応四年（一八六八）八月に在御家人の「銃隊組」参加状況改善に関する「御内意之覚」が「諸手永御惣庄屋共」より提出された。[34]

【史料5】

御内意之覚

一昨年来郷隊御編立ニ付而者何時ニ茂慥成御用ニ相立候様無之候而者難相済儀ニ付、いつ連も家業之透を貪稽古仕只今通ニ茂漸被行居候得共、実者大分迷惑仕居申候処、出精仕候而茂何之稜目も無御座候ニ付而者実意之御誘ニ而無之、一時之流行もの位ニ唱成申候哉ニ而遅疑仕候気味茂相見申候、余之武芸者相伝之数ニ寄進席相続等之稜目茂被立下候通ニ御座候処、在御家人者物場ニ銃隊を以被召仕候儀ニ御座候ハヽ、在御家人土台之芸とも可申儀と奉存候処、何之稜目茂無之候而者此上之倡様無御座甚以当惑之次第ニ奉存候、此御時躰ニ乗懸右様之儀ニ引合可申訳無御座候得共、無味ニ被閣候而者何分右之釣合ニ御座候処、既郷隊地場御守衛之ため御組立者被仰付置候得共、いつ連茂未熟ニ付先銃隊組当分と被仰付置候通ニ御座候、然処最早演武場ニ而小隊ニ入、格別心懸鉄砲取扱抜群手馴候者も稀ニ出来仕申候、此分者銃隊組当分を銃隊組と被仰付当分之二字者被差省被下候様、既ニ右銃隊組と被仰付候上者余之芸術之有無ニ不係御軍備ニおゐて者壱人前之御奉公出来候者ニ御座候間、四目録ニ而進席相続等被仰付候処ニ者弐目録ニ而其御取扱被仰付被下候様奉願候、既ニ他郡御守衛ニ被差越候もの一度ゟ二度迄目録壱ツ、三度以上者弐ツ之功ニ被立下候御見合を被為以、何卒前文之通被仰付被下候様奉願候、左候ハヽ、於私共此上可成実地之御用ニ相立候様相誘可申と奉存候間急々宜敷被仰付可被下候、此段役名之覚書を以御内意申上候以上

慶応四年八月　　諸手永御惣庄屋共

諸御郡御郡代衆中

御郡方御奉行衆中

「郷隊」組立て後、在御家人は農閑の折々銃隊稽古に参加していたものの、「実者大分迷惑仕居申候」状況であ

ることが惣庄屋衆によってまず指摘されている。これは銃隊稽古に打ち込んでも「何之稜目も無御座」、つまり見返りがないということで藩が令する組合銃隊制は「実意之御誘ニ而無之、一時之流行もの位ニ唱成申候哉」と在御家人の懐疑を招いている様子だと惣庄屋衆は述べている。すでに見た通り、農兵計画段階から惣庄屋衆は「御褒賞」の重要性を提言してきたものの、藩庁の「御出方」回避志向によって確たる褒賞規定は行われなかった。藩側が想定し提示してきた「職掌当前」「御国家之為」といった論理のみでは在御家人の主体的参加を引き出すことはできなかったものであり、結果として惣庄屋衆の示した褒賞無しでは「御用ニ相立候程之儀出来申間敷」との見解が現実のものとなったのである。

在御家人は従軍のさい、銃隊として派遣される点において銃隊稽古は「在御家人土台之芸」とも呼べるものであり、この「土台之芸」に対する見返りが何もないようでは「此上之倡様」もない、と惣庄屋衆は述べる。この状況の改善・打開策として惣庄屋衆が提示した案は次のようなものであった。

○「銃隊組当分」から「銃隊組」への進歩者には、身分引継・進席時に必要な四武芸目録のうち目録二芸分を与えること

○「他郡御守衛」経験者は、その回数に応じて目録数に充当させること

即ち従来求められてきた「給扶持」や「留守扶持」の給付ではなく、その代替として身分面での付与・補助を銃隊組参加の褒賞とすることを提案したのである。すでに木下初太郎の農兵草案段階において郡代中村庄右衛門が付紙によって同様の意見を呈したことがあったが、ここで惣庄屋衆が提案している内容も藩に支出を求めない方向性という点ではこれに一致している。稽古玉薬料支給を願う姿勢から在地にて産出する方針へ転換したのと同様に、惣庄屋衆の藩側への妥協案が示されたのである。

この惣庄屋衆の提案には御郡代衆による「御内意之覚」が添えられ、御郡方御奉行中へ提出されている。組合

銃隊制の施行以降、郡代からも直接的に在御家人を会所へ呼び出しての「御趣意筋」申し聞かせを行ってきたほか、地方出在時の稽古見分、銃隊倡方の面々への「相励」を行ったものの、在御家人は「兎角ニ申分を附差入兼候様子」であると郡代も在御家人銃隊稽古の現状を指摘し、「此侭押移候而者折角之御倡ニ御座候得共実地ニ至兼可申」、「甚タ懸念之至」として惣庄屋衆案に同調し、銃隊組の目録充当を御郡方に求めている。郡代衆は「右者御出方筋ニ係り候儀ニ而茂無御座候」と、藩側に支出を求めるものではないことを主張し、早急な検討を御郡方に促している。

これら惣庄屋衆・郡代衆の提案を受けて、御郡方では「しらへ書」が作成された。これによると、郡代衆以下惣庄屋による「御倡」にもかかわらず在御家人の稽古参加が不振なのは、「相伝之数ニ被立下候目当無之候ニ付進兼候」との原因指摘をまず認めている。そして同時期、「演武場御目附中」が小銃・大砲打方などそれぞれの科目に応じた「目録皆伝之階級」を設定したことをあげ、「余芸之目録」同様、銃隊組参加の目録充当も問題無しとの見解を示したのである。在御家人は「代々禄を戴居候御家中」と違い、「兼而者無禄之身分一命を捨御用ニ被召仕候上者」何かしらの見返りが必要であり、郡代衆も他に手立てがないと判断していることもあげて惣庄屋衆案を強く後押ししている。従来惣庄屋衆が主張してきた「家中」――在御家人「公平」の論理が用いられていることにも注目されるが、ここではまず惣庄屋衆案が藩庁部局によって支持されたということを確認しておきたい。

奉行鎌田軍之助から残り二芸のうち一芸は「相手芸」（鎌田は剣術を指示）にすべきとの指示があったほか、惣庄屋衆が求めた「旅詰」回数の目録充当は除かれたもの(35)の、「選挙方御奉行中」によって次のような決議がなされた。

○銃隊稽古熟練者の「銃隊組当分」から「銃隊組」への変更許可
○右の該当者への二芸目録付与の許可

全面的実現にはいたらなかったものの、惣庄屋による基本的要求は達成されたのである。

物庄屋が一貫して求めてきた「御褒賞」規定は扶持米付与などから目録付与へと妥協したものの、これを藩に承認させるにいたった。褒賞規定無しでは在御家人の銃隊稽古に支障をきたすとの見通しが現実となったという点では、物庄屋衆の持った在地状況への認識の正確さが改めて確認される。また、惣庄屋衆が構想・提案してきた郷兵計画が、結果としては藩側の計画・見通しを上回ったとも見ることができるだろう。惣庄屋衆が郷兵創設の過程において発揮してきた主導性、藩への規定性は組合銃隊制の施行後においても継続しているのであり、在御家人への視点という面においても藩側へ一定の影響をおよぼすにいたったのである。

この褒賞規定をめぐる交渉によって、組合銃隊制自体について惣庄屋衆が求めてきた条件は基本的に達成された。しかし、惣庄屋衆が行った藩への働きかけはこれのみにとどまっていない。同時期に「諸手永御惣庄屋共」によって組合銃隊制に関連するかたちで提出された改編要求にも注目してみたい。

慶応三年一二月、在御家人「組」の改正について「諸手永惣庄屋」の意見が取りまとめられている。(36)これによると、在御家人数が「以前と違、夥敷人数」に急増したことによって、「御触状」「諸通達もの」等の連絡・連携に支障をきたす状況におちいっていることが指摘されている。具体的には各種通達物を在御家人へ軒別に配しても「農事之留守又者人頼ニ而写取り」などにとどまり、通達内容への理解は薄く、「定例達物」への記入も遅れがちになるという状態であり、「諸事埒明兼候」にいたっているとのことであった。これは在御家人身分によって通達系統が異なったこと、従来構成されていた在御家人の「五列組」が身分・席次別に組立てられていたことが要因となって生じた問題であった。

そこで惣庄屋衆は在御家人の各身分・席次による「五列組」を解消し、「方角之便利」による新規「組」を組織することを提案している。さらにこの新規「組」には「相組相談役」といった役席を設け、同役より組内在御家人へ通達・連絡を行わせることも構想されている。「相組相談役」は「同列之口」として位置づけ、通達関係だけでなく銃隊稽古などにおいても活用することが志向された。

この在御家人「組」改正案において注目しておきたいのは、諸連絡状況の改善という点について、「戦列打方之稽古杯ハ農隙之時分隅々之もの迄無洩目颯と打寄々々不仕候而ハ御用ニ立兼可申」という銃隊稽古との関連が強調されていることである。これは新規「組」の組織、諸連絡状況の改善という平常面での改編が、銃隊稽古という軍事面との関連においてとらえられる一面を有していたことをあらわしている。在御家人の基本的性格に軍事的側面が定着しつつあることを想起させるとともに、改編の必要性の理由として惣庄屋がこれをあげたところに組合銃隊制との関連が明確に意識されていたことがわかる。但しこの改正案については草稿段階のものであり、藩に提出されたものか、また如何なる決着を見たのかは明らかでない。しかし組合銃隊制の展開によって在御家人の銃隊稽古などが在地において進行するなか、こうした改正案が惣庄屋衆によってまとめられていたことは重要である。

さらに、手永における「教導師」に関する改正案が藩へと提出されている。銃隊参加による目録付与願いが決定されたのと同時期、慶応四年八月に郡代より御郡方へと上申されたものである。主題とされたのは手永において文芸面の教師を務めた「教導師」の扱いについてであった。これに関しても惣庄屋衆からの意見が藩へと提出されたはずだが、史料としては郡代の添書「御内意之覚」が残っている(37)。この添書からその内容を見てみたい。

在御家人は文武芸への出精をその任として、時節柄「屹物場之御用ニ相立候様心懸可申」ものであり、総数の増加（「寸志等ニ而御郡々ニ大分之人数」）もありつつ、銃隊稽古などへの取り組みが行われている状況であることがまず確認されている。しかし武芸面に関しては組合銃隊制の展開もあって右の通り取り組まれているものの、文芸面に関しては手永ごとに教導師が存在するにもかかわらず「寸斗思者數学向被行不申」状況という問題があったのである。この点から教導師の扱いに関する問題が提起されることになるのだが、いうなれば在御家人「教養」面に対する改正案であったといえる。

右に見たような状況のなかで、惣庄屋衆からの「御主意筋」申談において「貫通致候もの共」は読書を心掛けている者たちだったのだが、在御家人子弟などのうち学向きが薄い者は「何之弁別も無之」状態であった。この主意筋の貫徹・不貫徹は平常面では勿論、「於物場抔之功能莫大之儀」という点で重要であると郡代衆は主張する。「組」改正案時と同様、在御家人に言がおよぶさいには平常面と軍事面、組合銃隊制との関連があげられるようになったことは注目できる。郡代は在御家人教育が進まない理由として、学向きでの「目当」がないこと、余り学問に身を入れては農事が疎かになるという在御家人父兄の子弟教育があることをあげているが、ともかく「只今通ニ而者迚も御用ニ相立候人物者出来兼可申と甚タ懸念之至」と主張している。

この状況への打開策として、教導師役の改正案が提示される。従来教導師に対しては藩からの扶助は一切行われておらず、教導師自身が得る謝礼金のみでは生活することもできなかったので、手永会所から毎年暮に「御心附」（米五〜一〇俵）を支給していた。こうした教導師の経済的困窮が在御家人子弟等の教育不徹底に影響しているとの分析から、藩から直接的に教導師へ扶持米を支給して欲しい、ということが願われたのである。つまりは教導師役の経済状況を立て直すとともに、正式な手永内役職の一つとして位置づけることが求められたのである。

この提案を受けた御郡方御奉行中の判断は、「書面之趣重畳尤之次第」であるが、近年、藩が支出削減を企図するなか「新規株増之御出方」に関係するものであり、詮議にはおよび難いというものであった。但し、教導師扶持米について「手永々々ニおいて何連卒産出之仕法」を考案するならば詮議を行う、との可能性も示唆した。しかしながら実質的には提案を在地へ指し返したのであり、仕法立てを委ねたのである。

御郡方による右の指示に応えて、「諸手永御惣庄屋共」は付紙を用いて上申している。これによると、扶持米産出仕法について協議を行ったものの、「海川山野」において開墾可能な土地はすでに開発ずみであり、新たに開発する場所も存在しない。そこで土地開発以外に行い得る仕法として惣庄屋衆があげたのは、従来御郡方へ上納してきた開墾地からの徳米を教導師扶持米に充てるというものであった。惣庄屋の見込みとして享和三年（一八〇四）の請免制施行以来、右の徳米上納分は「当時者大分之納り高」となっているはずであった。藩側から在地へと委ねられた仕法立てであったが、惣庄屋衆の回答は再度藩庁からの支出を願うものとなったのである。(38)

史料として判明するのは以上の経緯までである。しかし重要なのは、この教導師問題もやはり組合銃隊制との関連、在御家人制への改正という視点から提案されたという起点を持つということである。また「組」改正案とは起点のみならず、諸連絡の徹底、在御家人の情報理解力向上を図るという方向性についても共通している。主題となる対象は個別的であったものの、とりあげた二つの提案は組合銃隊制の延長線上に位置したといえるのである。このことは如何なる意味を持っているのだろうか。

ここで注目されるのが、「組」改正案・教導師改正案ともに問題提起の前提条件として、在地における在御家人数の増加という理由があげられているという点である。「組」の改正については、「以前ハ一手永ニ御家人と中候而ハ一両三人完」であったものが寸志召募の増加などによって郡代直触や惣庄屋直触といった通達系統を異にする身分が急増した結果生じた混乱なのであり、在御家人教育の不徹底というのも、未だ農事へ重点を置く新規在御家人層の存在が問題の根底にある。この増大した在御家人を共同させ、銃隊稽古を行わせるという組合銃隊制が施行されるに当たってそれぞれ問題化したものであり、またそれが在地において認識されたのである。ある意味この推移は必然であったとはいえ、組合銃隊制の施行は部分的ではありながらも在御家人制への改編を余儀なくするものであったということができる。そしてこの在御家人制の改編は、従来身分上での一つの形態であった在御家人を新たに在地兵力として地域社会内に位置づけ直すために要された転換点であったともいえるだろう。これを企図し、また主導したのは藩ではなく、やはり組合銃隊制の構想から実行まで一貫して担った惣庄屋層だったのである。惣庄屋衆は「諸手永」として藩領規模で結集し、種々の調整を行って在地事情を藩側へ訴えていくとともに、郡代衆との連携を深めながら在地行政の主導職という位置に立脚して組合銃隊制およびそれにともなう民生面での改編に取り組んだことがわかるのである。

小倉戦争という政治状況がもたらした「危機」状態に要請された、在御家人の兵力化＝組合銃隊制は、以上見てきた通り在地行政主導層である惣庄屋衆の一貫した主導の下に実現した。惣庄屋層は近世中後期から獲得してきた行政能力の高まり、衆としての結集力を藩政治へと反映させてきたが、この組合銃隊制という新規仕法の計画段階と実行過程においてもこれは同様であった。経済状況の逼迫を背景として藩側が持った銃隊制構想および志向に対しても、在地社会の利害を代表するかたちで藩権力と相対し、施行された同制度の具体化・再調整をなすにいたったのである。惣庄屋が取ったこれらの動向は、一面では「在地防衛」という地域社会保持・保護の観点の上に位置していると考えられる。同時に幕末期の国内状勢が在地へ要請したこれらの課題は、熊本藩在地行政の主導者である惣庄屋層に軍事的側面を付与したのである。またこれは領土防衛という軍事任務を支えきれなくなった藩側からの要請でもあったと考えられる。そして組合銃隊制の展開による在御家人の兵力運用は同集団の社会的位置を単なる身分上での存在から準武士的ものへと変化させ、これにともなって在御家人制にも部分的改編を行うことが企図されるにいたったのである。惣庄屋衆はこれらの点も含めて郡単位で、藩領単位で結集・協議の上、仕法立てに主体的・主導的に関与したものである。

しかし、惣庄屋層が在御家人組合銃隊仕法の制定過程において中心的働きをなしたことは確かだとしても、同仕法の確立・執行に貢献したという側面だけに注目しては不十分である。即ち惣庄屋衆が提案・具体化していった組合銃隊制は在御家人を社会的に位置づけ直しただけでなく、その総数増大にも関係していたからである。

これは惣庄屋層が一貫して求めた「御賞美」規定、補助規定を藩が行い得なかったという理由もあるのだが、組合銃隊の玉薬料産出のために惣庄屋衆が提案した「銃隊御倡ニ付而玉薬料寸志」（慶応三年〜明治二年）の実施は在御家人数の急増を招いたことが従来の研究で明らかになっている（表1）。同時期に藩が行った「御軍器御買上寸志」の存在もあるが、玉薬料寸志は召募者対象を民籍にまで広げたことによって零細寸志額が多数集積され、「格式の大安売」[39]・「寸志者濫造のきらいがある」[40]事態にいたったのである。また、やはり藩側の意向に妥協した結果ではあるにせよ、銃隊「本組」参加による目録充当などの身分上の補助規定が惣庄屋衆の提案によって定められたことも重要である。組合銃隊制実行の一面では急増しつつあった在御家人の統制に取り組みながらも、その

表1　寸志による郷士身分獲得者数（飽田・詫摩郡）

郡名	飽田					詫摩			総計
年号＼手永	五町	池田	横手	銭塘	計	本庄	田迎	計	計
延享							1	1	1
寛延	2				2				2
宝暦		1	3		4	3	1	4	8
明和	2	2			4	2	1	3	7
安永		1			1	2	14	16	17
天明	9	3	2	3	17	23	13	36	53
寛政	5	4	3	1	13	9	4	13	26
享和	1	3	1	2	7	4	1	5	12
文化	9	15	2	12	38	13	6	19	57
文政	7	4	4	11	26	1		1	27
天保	12	14		9	35	5	17	22	57
弘化	1				1				1
嘉永	8	7	7	5	27	10	2	12	39
安政	2	1	1	4	8	13	6	19	27
万延	7	3	9	6	25	12	3	15	40
文久	2			1	3	1		1	4
元治	4	1		1	6	1		1	7
慶応	38	25	36	55	154	40	40	80	234
明治	1	20		4	25	1	4	5	30
計	110	104	68	114	396	140	113	253	649

注：森田誠一「近世の郷士制、特に金納郷士の性格」（注43）より転載

一面では同制度への身分引継・進席一本化などを定めたこともあって最幕末期における在御家人のさらなる増加・拡大の一因を図らずも作り出してしまったのである。惣庄屋層は組合銃隊仕法に主導性を発揮したものの、結果としては熊本藩が有した経済的限界性とも相俟って在御家人数の拡大などによって、在地行政に直接影響を与えたのである。

おわりに

本論では幕末期における国内政治状況の悪化、そして幕長戦争（小倉戦争）への対応に連続するかたちで設置された、熊本藩「郷兵」について在地行政主導層である惣庄屋衆と藩権力との関係、その具体的動向といった視点から述べてきた。ここでこれらの動向が持った意義について改めて考えてみたい。

当該事例から看取できることとして、従来幕領など非領国地帯を中心として明らかにされてきた「村役人層の政策主体・地域運営主体としての成長」[41]の側面や、領主権力の相対化の動向がこの熊本藩でもほぼ同様に見られるということである。熊本藩における手永制―惣庄屋制は藩側の設定によるものであり、在地行政の長である惣庄屋層も藩から給扶持を受けるという点で厳密な「村役人層」からははずれる存在である。しかし、一八世紀半ば以降における種々の制度的改変もあって、惣庄屋層以下の役人は在地行政執行の主体となってその行政能力を高め、藩権力と対峙する視点も獲得するなど相当程度「成熟」した一端がうかがえるのである。そして各惣庄屋以下村役人は各手永、郡、領（「諸手永」）として結集し、設定された行政区画を「地域」として機能させた。藩側による在御家人の小倉派兵の一方的決定に対する惣庄屋衆の反対、藩側との交渉という動向からも、惣庄屋が地域代表者として藩と向き合った姿勢が明らかになる。惣庄屋層が組合銃隊制の仕法立てを献策する上でも、再調整を藩側へ持ちかける上でも、いわゆる在地「成立」を基底としていた点もこれをあらわしているだろう。その一方で組合銃隊制に関連するかたちで在御家人の統制、ひいては在地社会秩序の維持も志向されているのだが、これはかつて久留島浩が指摘した村役人層の「二重の性格」外の動向[42]、つまりここでは「惣庄屋」という職階に依拠した動向があらわれたものだと考えられる。惣庄屋が各手永の長として在地と、そして藩権力と相対していた側面も一連の組合銃隊制の過程からうかがえるのである。

一つ注意しておきたいこととして、熊本藩の「郷兵」設置過程＝組合銃隊制の制定過程において一定の危機意識が藩側と在地（惣庄屋層）両者で共有されたことをあげておきたい。小倉戦争以後、藩側では「御国家滅却茂難量際」との状況認識が持たれ、惣庄屋側でも軍備の遅れは「於私共相済不申事」であると認識された。右に指摘した在地行政機構および地域社会の成熟を前提として、この危機意識が制定された仕法内容を規定したのである。在地における兵力組織という新たな役務負担はもとより、惣庄屋衆が組合銃隊仕法の制定過程に見せる主体性・主導性も基本的にはこの意識にもとづいたものだと理解できるだろう。在御家人による銃隊編成およびその過程に注目すると、熊本藩における組合銃隊制は藩軍制改革の端緒であると同時に、惣庄屋層による幕末期状況への対応策としての性格を有したものであったと評価することができる。同仕法の制定過程は小倉戦争を前後とした領内危機意識下の状況との相互関連をともなって推移したのである。

組合銃隊制の施行はその後の藩政にも一定の影響をおよぼしている。まず、編成された在御家人銃隊に関しては、藩軍制改革進行（「御備」体系の改編）のなかで、明治二年（一八六九）一一月の兵員兵賦令などによって藩兵組織へ部分的に吸収されるにいたった。同年、明治政府へ報告された藩兵力においては正規武士数を上回る規模で在御家人が兵力としてまとめられている（表2）。在御家人銃隊が藩軍制の基幹兵力的位置をなすまでにおよんだことがわかる。さらにその運用に関しては銃隊組織直後から開始され、戊辰戦争にも数十人から数百人規模で在御家人が従軍しており、兵力としての機能を確実に果たしている。しかし明治三年（一八七〇）には、在御家人

表２　明治２年「庶務変革調」

兵　　種	人数	割合(%)
藩　　士	2,496	5.8
兵　　卒	9,853	23.2
郷　　兵	11,477	27.03
郷兵(46歳以上)	18,627	43.87
合　　計	42,453	100

注：『改訂肥後藩国事史料』巻10(国書刊行会、1973年)より作成

組合銃隊制は廃止され、在御家人についても士卒振り分けがなされるところとなり、在御家人による軍役負担は解放された。これとともに在御家人集団は従来の扱い（「村人数放」などの諸特権）を改められ、新たに「在地士族」「卒族」として地域社会の一員へ「復帰」している。この復帰を可能にした一面には、一連の組合銃隊仕法および惣庄屋衆の諸種「調整」案によって行われた在御家人集団の統制・規律化という素地があったように思われる。惣庄屋衆による主導は組合銃隊制を軍事的改編のみにとどめず、地域社会内における在御家人の在り方を改める施策提案に連続している。軍制面と平常面の改革が連続した点にも、熊本藩「郷兵」設置の特質の一端があらわれているといえるだろう。

また、組合銃隊制の確立による在御家人の社会的位置づけの変化が持った意義にも注意したい。未だ検討を要するものの、これは三澤純が分析を行った惣庄屋「役威」創出運動の前提になっていると考えられるのである。惣庄屋格に比肩、もしくはそれ以上の身分に進席する在御家人数の増大は勿論、地域社会内における在御家人の存在意義が洋式銃隊編成、治安維持の主体として確立したことが相対的に手永における惣庄屋職の位置を低下せしめたのではないか。組合銃隊制、在御家人制への「調整」が惣庄屋職への「調整」に連続したのではないかと考えられる。史料的根拠および分析を欠くものの、幕末維新期という段階において両者が明確に相関していたのは確かである。

農兵・郷兵の設置過程という軍事的観点から幕末期における藩領地域社会を検討した結果、手永―惣庄屋制という「中間支配機構」の動向、さらには藩権力と在地社会の関係性までをも見通すことができた。惣庄屋層の「衆」としての結集、それが藩政へ与える規定性など熊本藩における地域社会の到達点の一端が見出せるととも

に、幕末維新期の変動が藩領地域社会にもたらした影響をある程度明らかにすることができたように思う。「特定の視点」から近世中後期地域社会を観ずる有効性が確認できたわけだが、同時に従来の地域社会論では十分な検討がなされてこなかった農兵・郷兵設置について非領国地帯・領国地帯ともに、いわゆる「中間支配機構」の動向と関連して改めて検討する必要性があるように感じられる。近世地域社会論の深化につながるだけでなく、従来明らかにされてきた村役人層に新たな一面を見出すことができるようになるのではないだろうか。

（1）平川新「転換する近世史のパラダイム」（『九州史学』一二三、一九九九年）。
（2）志村洋「藩領国下の地域社会」（渡辺尚志編『新しい近世史』四、新人物往来社、一九九六年）。
（3）志村洋「近世後期の地域社会と大庄屋制支配」（『歴史学研究』七二九、一九九九年）。
（4）三澤純「幕末維新期熊本藩の地方役人と郷士」（平川新・谷山正道編『維新変革期の地域社会とリーダー』、吉川弘文館、二〇〇六年）。
（5）山崎圭『近世幕領地域社会の研究』（校倉書房、二〇〇五年）。
（6）『改訂肥後藩国事史料』巻三、六三六～六三七頁
（7）『南関町史』通史・上、二〇〇六年、九〇九頁。
（8）木下文庫２５９「農兵御組立之見込筋郷党之積々」（熊本県立図書館所蔵）。
（9）同右。
（10）吉村豊雄『幕末武家の時代相』下（清文堂、二〇〇七年）六四頁。
（11）森田誠一「幕末・維新期における肥後熊本藩」（藤野保編、『九州近世史研究叢書』12、一九八五年）四七〇頁、初出は九州文化論集三『明治維新と九州』（平凡社、一九七三年）。
（12）「後年要録」（『玉名市史』資料編五　古文書、四五四頁）。
（13）公子長岡良之助は小倉口戦争の様子から洋式兵制・軍備の優秀性を認めている（『改訂肥後藩国事史料』巻六、八九四頁）。
（14）木下文庫２５８（熊本県立図書館所蔵）。

(15)「長州再征帳」(『改訂肥後藩国事史料』巻六、八二四頁)。
(16)『恕斎日録』慶応二年七月晦日条(熊本大学日本史研究室所蔵)。
(17)『恕斎日録』同右。
(18)『恕斎日録』慶応二年八月二日条。
(19)松本寿三郎『村規約の研究』(農村史料刊行会、一九九九年)では、惣庄屋職務は「郡代から伝達される法令を村庄屋に伝え、かつ手永内の諸調査、事件の処理、勧農が主な内容であった」とされている。その他各自治体史でもいわゆる「上意下達」が惣庄屋職務の中心としてとらえられてきた。
(20)坂田家文書298「防御筋并銃隊」。
(21)木下文庫221(玉名市立歴史博物館こころピア所蔵)。
(22)前掲注(21)。
(23)永青文庫252・21「慶応三年機密間日記」では、実際に同年六月一五日、領内の二八手永六町に居住する「寸志御知行取御中小姓子弟共」の組立が行われたことがわかる。全一〇六人があげられているのだが、これは幕末期における熊本藩在御家人の最上位層の名籍簿であるともいえる。
(24)永青文庫252・21「慶応三年機密間日記」。
(25)多田隈文書967「慶応三年銃隊御見分出方之面々父兄附」によると、玉名郡で九隊が組織されたことがわかる。また五町手永(現熊本市北部町)の組合銃隊「議定」なども見られ(『北部町史』)、各手永ごとに個性を持ちつつも在御家人銃隊が組織された模様である。
(26)前掲注(13)「後年要録」(『玉名市史』資料編五　古文書、四五四頁)。
(27)前掲多田隈文書1782「覚」では玉名郡南関手永一領一疋の戸田熊彦が南関手永銃隊引廻役に任命されるとともに、山鹿手永銃隊引廻役兼帯を申し付けられている。同人はのちに阿蘇郡布田手永の銃隊稽古にも指南役として出向いており(熊本大学日本史学研究室二〇〇六年度『古文書学実習調査報告書Ⅱ――戸田家文書――』史料編2・A・3)、慶応二年七月の木下助之允による書付で引廻役は「何方も事欠」と予想された通り、引廻役の確保は困難であった模様である。
(28)本郷家文書22「明治元年御郡代衆銃隊御見分雑用明細帳」(熊本県立図書館所蔵)では「中川原銃隊小屋」の建築が見られる。永青文庫264・12「銃隊御倡ニ付而玉薬料寸志銭講払根帳」(熊本大学附属図書館寄託文書)では集められた寸志の用途として、田崎村（現熊本市田崎）「銃隊稽古場地代銭」があげられているほか、銃隊小屋、角場が建設・増築されている。

(29) 在御家人と演武場との連係を重視する方向性は砲術家池部啓太の上書によるところが大きいと思われる（永青文庫303・38「一新録　上書類」慶応三年正月）。池部は演武場を「根元」、在地を「枝葉」として前者による銃隊「教師」育成を主張した。本郷家文書9「英式演武場出稽古飯米造事代渡方且日数しらべ帳」によると、一年で一二〇日も演武場にて調練を受ける在御家人も存在したことがわかる。また前掲注(31)永青文庫「寸志銭請払根帳」でも「演武場詰稽古入込代」などの費目が見られる。演武場役人の在地出張については、明治元年に「演武場指揮役等諸手永へ分配被仰付候面々出在中心得方」が定められている（坂田家文書298「防御筋并銃隊」）。

(30) 前掲注(26)多田隈文書967「慶応三年銃隊御見分出方之面々父兄附」。

(31) 戸田家文書1・F・1「明治二年銃隊稽古着到帳」ほか、銃隊引廻・倡方からの稽古日程通知（同2・A・112）など。

(32) 前掲戸田家文書2・A・3では、布田手永銃隊が「寸斗調兼」という状況のもと、戸田熊彦に銃隊引廻が依頼されている。

(33) 『北部町史』史料編。

(34) 永青文庫7・3・1「覚帳」（慶応四年）。

(35) ここで旅詰「回数」による目録認可は却下されているものの、多田隈文書1610では慶応三年（一八六八）四月に日田・天草詰、鶴崎詰を「旅詰」として「継目又ハ進席別席等ニ被召出候節、目録相伝同様之功労ニ被立下」ことが玉名御郡代中より同惣庄屋中に伝えられている。時期的にも前後しており、この詳細は不明だが、ここでは「回数」規定関係が問題になったものかと考えられる。

(36) 木下文庫260「御内意之覚」（熊本県立図書館蔵）。

(37) 木下文庫261「御内意之覚」（熊本県立図書館蔵）。

(38) 惣庄屋衆は従来の「上納米」を予算元として指定したわけだが、この指定自体にも一定の意味があるのではなかろうか。玉薬料産出を目的として寸志召募が惣庄屋側から提案されたことと併せて、当該期において惣庄屋層は藩財政をもその視野に入れていた一面がうかがえるように思われる。

(39) 池田勝「肥後藩の郷士制度――玉名郡小田手永の一例――」（『西日本史学』第一四号、西日本史学会、一九五三年）

五七頁。

(40) 森田誠一「近世の郷士制、特に金納郷士の性格――肥後藩政史との関連において――」(同著『肥後細川藩の研究』、名著出版、一九七四年、初出は熊本大学『法文論叢』二〇号、一九七四年)。

(41) 谷山正道『近世民衆運動の展開』(高科書店、一九九四年)。

(42) 久留島浩「百姓と村の変質」(『岩波講座日本通史』近世五、岩波書店、一九九五年)。

第六章　幕末維新期熊本藩の「在地合議体制」と政策形成

三澤　純

はじめに

幕領の総代庄屋制をめぐる議論に端を発した近世地域社会史研究は、近世期の社会編成のあり方として「領主制原理」と「地域性原理」とを抽出し、多くの成果をあげてきた。両者の関係性をどのように理解するかは、論者によって力点の置き方にさまざまな差異が見られるが、一般的に受け入れられている、総代庄屋は幕府の下級役人か、地域の代表かという理解の枠組みについては、奥村弘の厳しい批判が存在する。奥村は、郡中取締や総代庄屋が活発な活動を見せることを、領主が義務団体的、他律的編成を強化したためであるとか、逆に地域管理体制の自律性が強まったためであるとか結論づけることは、この分野の研究の第一義的な問題ではないと述べ、「むしろ非領主的身分を直接の担い手とする権力の領域が、それまでの領主支配とは異なる形で拡大してゆくこと、それが新たな権力編成を実態的には生み出しはじめることを重視すべきである」(1)と主張する。

この指摘は、藩領の大庄屋制を含み込んで、近世地域社会史研究を立論しようとするさいにも重要な意味を持つ。この分野で積極的な発言を続けている志村洋は、かつて当面する研究課題について、「(重層的な行政組織を大庄屋が統括していることが多い、藩領地帯の――引用者注）地域社会のあり方は、領主支配を相対化しているといえるのか、それとも支配に組み込まれているというべきなのか、氏（久留島浩のこと――引用者注）の議論でははっきりしない[2]」と述べ、二項対立的枠組みを提示していた。しかし筆者はこのような見方からは近世後期の社会編成原理の歴史的意義をあぶり出すことはできないと考える。

研究史の到達点を以上のように受け止めた上で、本稿は、西国大藩である熊本藩領内の地方役人集団の「団体性」を検討することを目的とする。これまでの研究では、諸団体が支配権力に特権付与を求める動きを、「権力に取り込まれ、その末端に位置づけられた」と評価することが多かった。しかし、そもそも封建社会における団体形成は、その特権を認知する上級権力ないしは権威の存在を不可欠の前提としてきたのだから、自律的団体が形成され発展することと、それが支配権力に団体的に組み込まれることとは矛盾しないはずである[3]。こうした立場に立てば、地方役人集団の「団体性」の成熟とそのことが与える政治的影響とを検討することで、藩領の大庄屋制にかかわる議論、ひいては近世地域社会史研究に新しい可能性を開くことができると考える。本稿は、その成立事情[4]からして、主として熊本藩の藩政文書（永青文庫細川家文書）に記録された在地の問題を素材とするため、厳密な意味での地域社会史研究とはいえないが、逆にそこからは地方役人集団の意思が、藩政にどのように反映したのかをストレートに見通すことができるはずだと考える。

併せて、本稿は、拙稿「幕末維新期熊本藩の地方役人と郷士[5]」（以下、前稿と略称）でとった手法を継承し、かつそこで残った課題を解決するという目的も有している。前稿では、「諸手永御惣庄屋共」（惣庄屋衆中）が「諸御郡御代官衆中」（郡代衆中）に宛てた訴願・献策に注目したが、本稿ではこれを役用覚書と名付け、その政治的機能をより広く分析していきたい。これは前稿が、地方役人の「役威」創出運動にかかわる役用覚書のみを対象としたことを踏まえて、本稿では複数の主題に関する役用覚書を収集・整理することで、時期を幕末維新期に限定せざるを得ないとしても、役用覚書の全体像を示すことを目指している。

なお本稿における分析の背景としての、熊本藩地方行政の仕組みについては、本書序章の稲葉論文および前稿に譲ることをあらかじめ断っておく。

一　役用覚書の史料学的考察

本稿では、役用覚書を、地方役人の集団が、直近の上位役職者およびその集団に宛てた訴願・献策と定義する。(6) 役用覚書の具体例を、古文書目録風に示して、その形式的特徴を検討してみたい（〔　〕内の数字は、永青文庫細川家文書の目録番号）。まずは宛先が個人になっている役用覚書の例である。

①文久三年（一八六三）二月、「奉願覚（甘藷植付け願について）」、郡浦手永村々庄屋共→郡浦彦左衛門〔文七・二・一八〕

②慶応三年（一八六七）八月、「奉願覚（用水便利の村々との対立調停について）」、大津手永白川懸村々庄屋共→高木二十郎〔文七・三・七〕

①は、郡浦手永に属する村庄屋の集団が、郡浦手永の惣庄屋・郡浦彦左衛門に提出した「奉願覚」であるが、このパターンは役用覚書の中心となる。これに対し、②はかなり様相を異にする。これは、大津手永のうち、白川沿いの村々の庄屋集団が、用水利用をめぐって、中山間部の村々との利害調整を大津手永の惣庄屋・高木二十郎に求めた「奉願覚」である。

次に、宛先が集団になっている例を示す。この場合の基本パターンは、前稿で紹介し、本稿でも多数扱っていく、藩領内全ての惣庄屋が集団を形成し（「諸手永御惣庄屋共」）、全郡代の集団（「諸御郡御郡代衆中」）に提出する訴願・献策であるが、中には次のようなものもある。

③慶応三年（一八六七）七月、「覚」、飽田・託麻・上下益城・玉名・山本山鹿・菊池合志、千葉城出懸惣庄屋共

↓右御郡御郡代衆中〔文七・三・六〕

④明治二年（一八六九）一一月、「覚（一歩半米の納入方法について）」、河尻御蔵納懸御惣庄屋共↓飽田・託麻・上下益城御郡代衆中〔文七・三・一二〕

③は、熊本城に隣接する千葉城人馬会所に出張していた飽田・託麻・上下益城・玉名・山本山鹿・菊池合志各郡の惣庄屋たちが、その各郡を担当する郡代の集団に宛てた「覚」である。この史料は本稿でも、のちに引用・検討するため（史料2A）、ここでは形式のみに注目しておくことにする。④は、年貢米の納入先として、河尻町に設けられた藩の蔵を指定されていた手永の惣庄屋たちが、自分たちの郡の郡代集団に宛てた「覚」である。このように、役用覚書の差出人となる地方役人の集団は、手永・郡という行政区分を編成の主軸としながらも、問題ごと、機能ごとに編成されることも多く、その組み合わせはさまざまであることに注目しておきたい。

次に、典型的な役用覚書を紹介して、その内容的特徴を浮き彫りにしてみよう。

【史料1】

再応奉願覚

東目駅々補助之儀ニ付而、ⓐ同所上米年限を以御弛被下候様、先書奉願置候通ニ御座候処、難被為叶旨被仰付之通ニ付而者、ⓑ如何様卒外ニ仕法を付可申と私共打寄、打返ゝゝ談合も仕候得共、ⓒ小倉御出張之節ハ人馬賃銭も莫大之出方ニ而、未タ取引相済不申内、猶又今度御人数御繰出之場相成候ニ付而者、下方難渋之次第者申上る迄も無御座、其砌相対補助と申儀如何躰ニも見込付兼、押而取立申候ハゝ、貧民者及潰候者可有之、人気ニ障候様共ニ御座候而者、此砌別而難相済儀と奉存候、依之何共恐多難奉願儀奉存候得共、ⓓ何卒御国中地推新畝物米、是迄上納仕置候分も大分之高ニ相成居可申、其分ゟ御償被仰付被下候様、ⓔ若及不足候ハゝ、此後之納込、東目人馬賃銭不足丈ケ御償被下候様、ⓕ幾重ニも宜敷奉願候、此段乍恐私共役名之覚書を以申上候、

以上

慶応四年正月　　　　　　　　　　　　　　　　　　　　　諸手永御惣庄屋共

諸御郡御郡代衆中

御郡方御奉行衆中(7)

これは、第二次幕長戦争の影響で、藩が豊後街道沿いの「東目駅々」(主として阿蘇郡の宿場町)に重い人馬役(いわゆる助郷役のこと)を賦課しながらも、その賃銭を支払っていないことに対して、藩領全域の惣庄屋たちが提出した訴願である。但し惣庄屋たちが、「東目駅々補助之儀」を主題としつつも、藩領全域にかかわる人馬賃銭の補償を求めている点に、全ての惣庄屋が特定地域の問題をとりあげている理由がある。傍線部ⓐに見られるように、惣庄屋たちはこれ以前にも、この問題に「上米」を期限付きで軽減することで対応しようとする訴願を提出していたが、これはそれが棄却されたことを受けての、二度目の訴願であったらしい。熊本藩領における「上米」とは上納米一般のことを指すから、今回はより具体的な方策を示して、補助策としようとしたのである。

この訴願の趣旨は、傍線部ⓒ・ⓓに示されているように、惣庄屋たちが、現状のままでは「下方難渋」におよび、このことへの不満で百姓一揆が発生する可能性さえあると認識し、その対策として、必要な人馬賃銭を、藩がこれまでに徴収してきた「御国中地推新畝物米」から出費するように求めている点にある。「地推《じおし》」とは天保期を中心に実施された検地で、本方・新地・諸開などの全種の土地を対象にしていたから、物庄屋たちは「地推」実施以来、新たに課されるようになった「新畝物米」のストック分を財源として、人馬賃銭を完全に支払うように藩に要求したのである。ⓔに見られるように、もしストック分で不足するようだったら「此後之納込」をつぎ込んでも、「東目人馬賃銭不足丈ケ」は補償するように述べていることから、この訴願が全体としては藩領全域の人馬賃銭の補償を求めたものであることが判明する。「新畝物米」は民衆にそれほど強い反発感を抱かせていたのであり、それを理解していた惣庄屋層が「新畝物米」を有効活用して、人馬賃銭の未払い分を解消しようとしたのである。

役用覚書の特徴として、第一に、傍線部ⓑのように差出し人たちが集団的討議を行ったことを示す文言が含まれていること、第二に、ⓕのように「役名之覚書」という言葉で締めくくられる場合が多いことが指摘できる。第一の特徴は、地方役人たちの集会（この場合は、惣庄屋集会）と密接に関係しており、第二の特徴は、行政上の諸課題について、藩に対して、庄屋は庄屋の、惣庄屋は惣庄屋の集団的意思を表明することは、彼らが担っている職務の一環だと彼ら自身が認識していたことを示している。

ここでこの二つの特徴について、もう少し深く検討してみたい。近年の自治体史編纂事業によって、熊本藩領の手永内の庄屋たち、郡内の惣庄屋たちが、日常的に集会を開き、民政上の諸問題について討議している事実が掘り起こされ始めている。その例として、玉名郡内六手永の惣庄屋集会をあげよう。例えば天保八年（一八三七）九月に開かれた集会では、「当秋田畑小前々々収納割之事」「貧民取立仕法之事」「会所々々見習仕立之事」など計六項目が話し合われ、その結果が、「坂下手代、小田・内田・荒尾・中富・御惣庄屋共」という差出し名で、玉名郡の郡代二名に報告されている(8)。差出名は、坂下手永の惣庄屋はこの時の集会には参加できておらず、代役で手代が出席したこと、残りの五手永の惣庄屋はこの集会に参加していたことを物語っているのであろう。この報告書の文末は「右稜々私共会談之趣、覚書を以申上候」となっている。

このように役用覚書は、地方役人層が日常的な行政諸課題についての討議結果を、直近の上位役職者に報告するさいに利用された文書形態として定着しており、複数の案件が列記される形式が基本だったと考えられる。

千葉城人馬会所で開かれた藩領全体の惣庄屋集会の場合も同様で、文政一一年（一八二八）正月に開かれた惣庄屋集会を経て作成された「御国中寄合頭書」[9]には、「町屋奉公之儀ニ付書付」「櫨実値段之儀ニ付書付」など計六項目の決議事項が、いずれも役用覚書の形式で記録されている。また「天保十三年正月十二日千葉城惣会談覚」[10]には、「御囲籾拝借返納方共ニ取締之事」「地推之事」など計六項目が同じく役用覚書として記載されている。こうした藩領全体の惣庄屋集会は、先に見た郡レベルの惣庄屋集会や、手永レベルの庄屋集会と、機能的に連動していたと思われる。筆者は前稿で、熊本藩領内のこのようなシステムを在地合議体制と呼んだ。

このような日常的諸課題についての役用覚書に対して、史料1のような役用覚書は、形式的にも内容的にも性質を異にしている。これらは具体的な課題を一件だけとりあげ、その課題発生の経緯と解決案を書き記した訴願・献策となっているからである。本稿では、地方役人の集会が開かれた折り、日常的諸課題についての決議は報告形式の役用覚書にまとめられ、これとは別に話し合われた、緊急かつ重要な案件についての決議は訴願・献策形式の役用覚書に仕立てられると想定して、以後の分析を進めていきたい。換言すれば、前者は、地方役人集会のいわば通常決議、後者は特別決議ということになるだろう。

熊本藩における惣庄屋集会の実態解明は、関連史料が散発的に見出されているのみで、体系的分析は全くなされていないが、数多く残されている史料1のような役用覚書からは、惣庄屋集会が頻繁に開かれていた形跡を見て取ることができる。それは非定期的[11]ではあるが、数多く開催されていた点で、定兼学が紹介した岡山藩の場合[12]とほぼ同じ状況であったと考えられる。但し、岡山藩の大庄屋たちが集会を経て作成・提出している訴願書が、四二名の大庄屋連名の差出しであることに対して、熊本藩の役用覚書が集団名で差し出されていることは、熊本藩の地方役人集団の団体性の高さを示しているといえるだろう。

この団体性の高さと、先述した第二の特徴、すなわち訴願・献策形式の役用覚書が「役名之覚書」という言葉で締めくくられることとは軌を一にしていると思われる。かつて朝尾直弘は、領主集団内だけではなく、領民集団内にも、公権が重層的に分有されていることを幕藩体制の特色である指摘したが(13)、熊本藩領内の地方役人たちは、領主権力の末端を担う存在としてでなく、戦国時代以来の共同体に淵源を有する公権を背景として、藩政への異議申し立てを行い、それを「役名之覚書」と呼んだのではないだろうか。「役名之覚書」という文言が、地方役人集団が発する訴願・献策にのみ用いられることは、この推測を裏打ちしていると思われる。

本稿でもしばしば述べるように、在地合議体制という概念は、現段階では、今後詰めるべき課題の多い仮説である。しかし役用覚書が地方役人層の集団的討議の結果であることを重視し、かつ熊本城下で開かれた全藩領域の惣庄屋集会も、そうした下位役人層の集会と連動していると見て、本稿では、役用覚書の背景に在地合議体制を位置づけることにする。このような視角から、次節以下において、幕末維新期、特に幕長戦争から戊辰戦争にかけての戦時下における民政課題と役用覚書との関係性を追究していくことにしたい。

二　増租問題と役用覚書

慶応三年（一八六七）の夏、藩はこれまで野開（新規開墾地）に賦課してきた運上銀に関して、銀一匁を米一升に換算して、現米で上納するように指令した。

この措置に関しての藩庁郡方の論理を、『新熊本市史』近世Ⅱの記述をもとに整理すれば、次のようになる。野開については、文政期以降の地推で大まかな実態把握をしたが、不当な延畝も多く、帳簿上では六二〇〇町余である畝数も、実際には一万町におよぶと見られる。野開の中には、本方にも劣らない地味の良い土地もあるのに、現状では僅かな運上銀を支払うのみで、高役（石高に応じて賦課される臨時課役）や諸懸物（付加税の一種）も課されないままになっている。このような野開の多くは富農の手に帰しており、彼らはその余徳で非常に潤っている。本来ならば検地をして、畝数を確定すべきであるが、それは大事業になるので、とりあえず運上銀の額を本方同

等にすることで、大幅な増収を実現することができる、と。(14)

これに対し、民政の最前線に立っていた惣庄屋たちの行動は迅速であった。それは、藩側が指摘するように、この問題が彼らの利害に直接関係している側面もあったと思われるが、本稿では彼らの運動論理に注目してみたい。

慶応三年段階の、熊本城下の米価・銭価・銀価を勘案すると、米一升は銀七・四匁の価値を有していたから、(15)藩が命じてきた「銀一匁を米一升」という基準は、野開所持者からすれば、相当な米の安値買いたたきであった。そのため、千葉城人馬会所に出張中だった惣庄屋のみで緊急の話し合いが行われ、その結果、次に掲げる役用覚書が作成された。

【史料2A】

覚

御郡中野開之儀者広大之儀ニ御座候処、是迄地面取調等御役人見分被仰付候儀も無御座、以前草野之節之運上銀を盛付被仰付来候得ニ而、本地ニ茂等敷相開候地面ニ運上之儀者於銘儀当兼、土台之御法合ニ難渋候ニ付、御僉議之趣被為在、米反ニ改方被仰付、ⓐ銀壱匁之当を以上納被仰付候間、当秋以後御郡方格別米銀帳取組を以、上納仕候様御達之趣奉得其意候、然処是迄之銀納も地位ニ応斟酌取立被仰付置候ケ所茂有之、或者能地ニ者弐三升完上米割賦茂有之、又者地味善悪荒地・開地之無差別御定之銀取立異同区々御座候得者、右地面改方を始、反究等永久下方之休戚ニ係候儀ニ付、仮初之手数ニ而難相済、ⓑ差寄当冬御取立庭帳之儀被為知召上候通、八月中御受相堅来申候通ニ御座候得者、何分当年ゟ米反上納之儀、諸御郡ニ亘リしらへ方一定仕兼可申候間、当暮迄之儀者先是迄之通被仰付置被下候様奉願候、此段私共申談之趣乍恐覚書を以申上候、

以上

慶応三年七月

飽田託麻上下益城玉名山本山鹿菊池合志千葉城出懸御惣庄屋共

右御郡御郡代衆中(16)

この訴願の趣旨は、従来までの運上銀の額でさえ、生産力に応じて決められていたのに、今回、「銀一匁を米一升」という統一基準が設定されるのは、藩が野開の現状を把握していないからだということⓐと、その換算率作成については領内全域にわたる野開の利用実態調査が必要であり、この年の「庭帳」記載内容の確定期限が迫っている現段階において、そのような時間的余裕はなく、今年までは旧来のままにして欲しいということⓑであった。この訴願は「千葉城出懸御惣庄屋共」という極めて異例な集団名で作成されている。このことは、これは全ての惣庄屋たちによって決議されたものではなかったため、「諸手永御惣庄屋共」という役用覚書では一般的な集団名を名乗ることができなかったことを示している。

この訴願には、次に示す郡代衆中の添え書きが付されて、郡方に届けられることになった。

【史料2B】

御郡中野開運上銀之儀、当暮以後銀壱匁に米壱升之当を以上納被仰付旨御達之趣及達置候処、右者所に寄異同区々に有之、諸御郡に亘りしらへ方出来兼候付、当暮迄之儀者先是迄之通ニ而被閣候様、別紙之通願出申候間願之通被仰付被下候様於私共茂奉願候、ⓐ尤右之通被仰付置候ハヽ取調方長引申候而者難相済候間、私共ⓑ御物庄屋共江及達、簡易ニ而手捌も宜敷、速ニ片付候仕法筋見込も附せ御達可仕候条、此段宜敷被成御賛談可被下候、以上

七月

御郡代

御郡方御奉行衆中[17]

この添え書きの前半部で、郡代衆中は、史料2Aを作成した惣庄屋たちの主張を全て認め、その上で傍線部ⓐのように、野開の利用実態調査があまり長引くことがないように、惣庄屋たちに「簡易ニ而手捌も宜敷、速ニ片付候仕法筋」を見つけさせるように言い渡すので、彼らの要望を聞き入れてやって欲しいと述べている。藩の増租政策を根本から否定したい惣庄屋たちと、これを遅くとも来年からは実施したい郡代たちは、この年はかろうじて協力関係を築くことができた。その時、郡代たちが、藩の増租政策を実現するために必要な準備策の立案を自分たちでやろうとはせず、惣庄屋たちに一任しようとしていることは重要である。

この問題は、九月まで郡方での詮議に掛けられ、惣庄屋たちの主張を認めた決定が郡代衆中と勘定頭衆中に達せられた[18]。郡代衆中への達はこのことを惣庄屋衆中に周知させるために当然だとしても、勘定頭衆中への達は、この問題の発端が勘定方にあることを物語っていた。それが明らかになるのは、翌年以降、この問題が再燃した時であるのだが、ともかく惣庄屋たちは、すばやく役用覚書を作成し、それに郡代衆中の添書きを取りつけた上で郡方に提出することで、この年の増租問題を回避することに成功したのであった。

藩側は、翌慶応四年（一八六八＝明治元年）夏にも、同内容の増租政策を提起してきた。これに対し、惣庄屋衆中は、八月に「諸手永御惣庄屋共」を差出しとする役用覚書を提出したらしいが、これは郡方「覚帳」には記載されておらず、次の史料3から、その事実が知られるだけである。史料3は、八月の役用覚書に対する、藩側の返答が何もないことにしびれを切らした玉名郡の六人の惣庄屋集団が、玉名郡代を介して郡方奉行集団宛に、一一月に提出した役用覚書である。

【史料3】

覚

諸手永野開運上銀之儀、銀壱匁を米壱升に直し上納被仰付旨、去年之儀者村々諸上納帳調達刻限差臨候ニ付、先是迄之通ニ被閣被下候様奉願置、篤斗勘考仕候得者、野開之儀者根元山々裾野空地等、足場遠至而不弁利之ケ所々々、人民蕃殖ニ随、艱苦を凌、漸を以一旦開明候畝方、銀上納ニ被仰付置候儀者深御趣意茂被為在候御儀と奉恐察候処、請御免被仰付候以来、上ケ米を茂上納仕来、右ニ付而者当八月諸手永同役共役名を以、是迄之通銀上納ニ而被閣被下度、委細奉願置候通ニ而、未タ為何御様子茂無御座、然処玉名之儀、最早現米納過半相済、皆済仕候手永茂有之、野開運上銀之儀、是迄通ニ相心得、上納之手数ニ取懸申筈ニ御座候処、小物成方御間ニ右奉願候趣、未タ御沙汰無御座、同御間ニおゐて者現米上納と見切ニ相成居候御模様ニ付、乍恐至急ニ御埒不被仰付候而者、皆済目録仕上出来兼、甚以当惑之次第ニ奉存候間、御急埒被仰付被下候様、可然被為成御達可被下候、此段私共役名之覚書を以申上候、以上

明治元年十一月

玉名御物庄屋共

村上求太郎《(久)》殿　㊞
早川　助作　殿
御郡方御奉行衆中(19)

前年以来の経緯もあるためか、あるいは一郡のみの役用覚書という性格からか、史料2Aと比較しても、藩政への批判はより直截である。玉名郡の惣庄屋たちは、まず最初に「そもそも野開は、山々のすそ野や空き地等、不便な場所を、百姓たちが苦労して切り開いたもので、これまで低額の運上銀のみが掛けられていたのは、藩がそのことを深く理解していたからだ」（傍線部ⓐ）と述べ、続いて「このことについて八月に惣庄屋全員一致の訴願を提出したにもかかわらず、今に至っても何の音沙汰もない」（ⓑ）と藩側の対応の遅さを指摘する。その上で、

「野開運上銀はこれまで通りと考え、玉名郡ではもはや現米はその過半を納めてしまっており、この時期では現米は完納している手永もあるだろう」ⓒと、一一月段階の在地の現状にふれる。最後に「小物成方は未だに野開運上銀が現米上納されると考えており、郡方が態度をはっきりさせないので、年貢皆済目録も書き上げられず、『甚以当惑之次第』である」ⓓと藩庁内部の対立に言及し、郡方の尻をたたいているのである。

これほど激しい藩政批判の文言がちりばめられた訴願には、玉名郡代もさすがに添書きを付すことはできなかったらしく（二名の郡代のうち一名は、承認の捺印もしていない）、この訴願はそのまま郡方「覚帳」に載せられている。しかしこの役用覚書が引き金になったと見えて、同年一一月一一日に、郡方奉行衆中は、この年の野開運上銀も従来通りという決定を下すことになる[20]。

しかし藩側、特に小物成方は、翌明治二年（一八六九）夏にも、この問題を蒸し返してきた。今回はかつて惣庄屋衆中が要求していた「野開床しらへ方」（野開の利用実態調査）を行った上で、萱立・木立などの現米上納ができない土地を把握し、それ以外の野開については「銀一匁を米一升」の基準で現米上納しろと求めてきた。惣庄屋側に一定程度の譲歩をしつつも、基本はこれまでと変わらない増租策である。惣庄屋衆中は今回も、「諸手永御惣庄屋共」名の役用覚書を七月に提出し、これに対抗しようとする。彼らも今回は、「乍恐打変候御時体ニ付而者、上ニ茂莫大之御物入茂被為在候砌ニ御座候得者、聊ニ而茂御為合ニ相成候様有御座度」と、藩側の増税意図に理解を示そうとする姿勢を見せるが、明治二年特有の凶作状況がそれを許さないと主張して、結局、「従来通り」を要求している[21]。郡方の郡代衆中への通知は早く、八月一二日には「野開床しらへ方」の延期と「当年迄者是迄通之金上納」とが達せられた。しかし小物成方との交渉は長引いたようで、郡方が小物成方および新設の会計局に対して、野開運上銀の納入方針を正式に通知するのは一一月に入ってからであった。

この問題の渦中、特に慶応四年（一八六八）の段階では、北里手永惣庄屋・北里伝兵衛が六月に、単独で「覚書」

を提出し、「北里手永ニ限、矢張是迄之通、銀上納被仰付被下候様」に願い出ている。(22)八月に「諸手永御物庄屋共」が役用覚書を提出する前のことであるが、先述したように、この時に局面打開の契機となったのは、「玉名郡御物庄屋共」の、峻烈な藩政批判を含む役用覚書であった。北里の単独行動の背景について、今後、検討すべき点もあるが、ここでは惣庄屋個人名の訴願より、集団名の役用覚書の方が、直接的に藩政を動かしていることを確認しておこう。

この問題にかかわる郡代の対応も重要な論点を含んでいる。先述のように、郡代衆中が、惣庄屋層の訴願に添書きを付したことが判明しているのは慶応三年（一八六七）のみである。その後、藩庁内部、特に郡方と小物成方との対立関係が明らかになるに従い、郡代たちはこの問題に腰の引けた態度を取るようになる。日常的には、深い連携関係を保っていた惣庄屋と郡代であったが、惣庄屋衆中の結束した姿勢に、郡代衆中が目を背ける場合もあったのである。

三　郷兵新設問題と役用覚書

幕末期の熊本藩において、農兵設置が構想され、それが破綻した後、在御家人を対象とした郷兵設置構想が立てられたこと、その過程では在地の状況をよく知る惣庄屋層が藩側を常にリードし、積極的な政策立案を行っていったことについては、この問題を専論とした本書第五章の木山論文が貴重な成果をあげている。そこで本稿では、この問題を、在地における民政問題との関連性で解決に導こうとした惣庄屋層が、役用覚書をフル活用していた点に光を当てて、木山論文とは別の視角から、この問題に迫ってみたい。

木山論文も重視する、慶応二年（一八六六）一二月の「御内意之覚」と題された役用覚書は、郷兵設置に関する物庄屋層の見込み案であるとともに、郷兵設置と同時に解決が図られるべき在地の諸問題が列挙されているが、その前文部分は次のようになっている。

【史料4A】

方今之時勢ニ付在中ニ而帯刀以上之者共組合を立、ケヘール筒を用、陣列一揃之打方習練いたし候様、大略仕法書をも御添、此節被仰付之趣奉得其意候、ⓐ此砌一刻も御趣意相貫候様無御座候而ハ、於私共相済不申事ニ付、ⓑ（所）御取行振精々考議仕候処、於在中ハ不容易大御変革ニ而種々情態も有之、此侭草卒ニ倡出候而ハ、却而全備ニ至兼可申と奉存候儀も御座候間、先者稜々不閣左ニ申上候、至急ニ御差図被仰付候ハヽ、迅速ニ御趣意之通相調候様心配可仕と奉存候[23]

木山論文が述べるように、藩側が惣庄屋側に提示した「大略仕法書」の基本構想は、もとを正せば惣庄屋側の提起に端を発するものであるため、彼らは、ⓐのように「このプランが一刻も早く実現されなければ、私たちにとっても相済まないことである」と述べる。しかしこの「大略仕法書」が示した郷兵設置に関する実行細則は、彼らには甚だしく粗雑に見えたようで、ⓑにおいて、「この仕法を導入するかしないかは在地にとって大問題であり、このまま慌てて郷兵新設を実行に移してしまうことはできない」と、藩側の姿勢を手厳しく批判している。この後、郷兵が使用する火薬調達の費用は藩が負担するべきという要求や、郷兵のみ出兵させ、正規軍は派遣しないというようなことは決してないようにという要求、さらに士席身分の者にも銃隊に参加させるようにという要求等、兵農分離原則を崩すことで、新たな負担が課されることになる在御家人側の視点に立った諸要求が全一一項目にわたって列挙されている。

現在、私たちが目にすることができる「御内意之覚」は、一惣庄屋家に残された写としてなのであるが、この史料が興味深いのは、本紙の上の付紙に「御奉行中」が、下の付紙に「諸手永御惣庄屋共」が、それぞれの意見を書き記しており、この写がそれらを含めて写し取られていることである。その内容の詳細は木山論文に譲るが、物庄屋衆中の合意形成が、このように稟議書のかたちで進められていること、特にこの案件の場合、物庄屋衆中が奉行衆中との意見のすり合わせを熱心に行っていることが注目される。

この「御内意之覚」の結論部分は、次のようになっている。

【史料4B】

ⓐ右稜々私共会議之趣不閣申上候、然処在御家人之儀多クハ寸志ニ而身分被下置、無録(禄)ニ而兼而農業之稼を以妻子養育仕居候中、武芸篤志之族ハ出謝内稽古等目録相伝数々相添候得ハ、近年親跡無相違相続或者別席進席をも被仰付規模(矩)被立下候ニ付、相競出精仕候儀ニ御座候得共、夫丈ケハ農事を欠候段ハ改(而欠)申上候迄も無御座、ⓑ方今切迫之御時躰ニ臨、他ニ出師被仰付御儀ニ御座候ハヽ、此砌別段御徳沢を蒙、御国恩ニ奉報候様無之候へハ、戦場ニ臨心(必)死之働無覚束、ⓒ一昨年来長防変動ニ付而ハ御家人出師被仰付、御給知・御蔵納・上知ニ寄て丈ケ々々御軍役ニ被召仕候通ニ御座候処、御家人・高主之儀も内作高ニ懸候出銭仕、出師之御家人ハニタ重之御軍役を冠候道理ニ相成、ⓓ一統困窮仕候処、漸々雑居ニ傾キ候得ハ素ゟ寸志上ケ継等出来兼、武芸稽古も不意、出精之隙無御座候ハヽ、忽身分を失候外無之候処、ⓔ今度御倡筋者重大之御事件ニ付、在御家人旧染之情一変仕、平日死を以御奉公仕候志シ移不申候而ハ難相成、気受第一之儀御座候間、諸事其意味を以御取扱被仰付、私共ゟも専其示を以相倡可申と奉存候、此段役名覚書を以申上候、以上

慶応二年十二月

諸手永御物庄屋共

諸御郡御郡代衆中(24)

熊本藩の在御家人は、村庄屋および物庄屋の管轄を離れ、郡代支配となると同時に、夫役を免除されていたから、在地の民政担当者にとっては対応が難しい存在であった。そうした在御家人が最幕末期には領内に約七万人

もおり、日常的に地方役人層と対立する場面も多々あったから[25]、地方役人たちにとって、藩が郷兵新設を志向したことは、こうした在御家人を郷兵の供給源とすることで、在地民政の矛盾を一掃し、これを安定化させる意味をも有していたといえる。だからこそ惣庄屋たちは、この案件に熱心に取り組んだのであり、また郷兵となる在御家人の立場を少しでも有利なものにしようと努力したのである。そのために、惣庄屋たちは、稟議書の回覧も含めて、繰り返し会議を開き、その結果を「御内意之覚」としてまとめた（傍線部ⓐ）。

惣庄屋たちが、在御家人が戦場で必死の働きができるように、藩は郷兵に「別段之御徳沢」を付与するべきだと求めたり（ⓑ）、幕長戦争の時の状況のままで郷兵が設置されれば、実際に郷兵として出兵させられる在御家人は高懸の「出銭」と合わせて「二タ重之御軍役」を務めることになると抗議したりする（ⓒ）背景には、こうした思惑があったのである。その意味で、今回の郷兵新設案は、惣庄屋たちにとって、郷兵としての在御家人の立場の継続性が約束される点こそが重大な関心事であった（ⓒ・ⓓ）。彼らは、いわば「村に住む武士」である在御家人を、「郷兵身分」として村から切り離して再編成することで、一度崩れた兵農分離原則を再び強化しようと考えていたのである。これは惣庄屋層が、近世社会の進展とともに輩出されてきた中間的身分層を整理し、在地の安定化を目指したことを意味している。

こうした惣庄屋たちの構想が最終的にどのような結末を迎えたのかを見るために、次の史料を掲げる。これは慶応四年（一八六八）八月に、「諸手永御惣庄屋共」が「諸御郡御郡代衆中」と「御郡方御奉行衆中」とに宛てて提出した役用覚書である。

【史料5】

御内意之覚

一昨年来郷隊御編立ニ付而者、何時ニ茂慥成御用ニ相立候様無之候而者難相済儀ニ付、いつれも家業之透を貪稽古仕、只今通ニ茂漸被行居候得共、実者大分迷惑仕居申候処、出精仕候而茂何之稜目も無御座候ニ付而者、実意之御誘ニ而無之、一時之流行もの位ニ唱成申候哉ニ而遅疑仕候気味茂相見申候、余之武芸者相伝之数ニ寄、進席相続等之稜目茂被立下候通ニ御座候処、在御家人者物場ニ銃隊を以被召仕候儀ニ御座候ハヽ、在御家人土台之芸とも可申儀と奉存候処、何之稜目茂無之候而者此上之倡様無御座、甚以当惑之次第ニ奉存候、此御時躰ニ乗懸右様之儀ニ引合可申訳無御座候得共、無味ニ被閣候而者何分右之釣合ニ御座候処、既郷隊地場御守衛之ため御組立者被仰付置候得共、いつれ茂未熟ニ付先銃隊組当分と被仰付置候通ニ御座候、然処最早演武場ニ而小隊ニ入、格別心懸鉄砲取扱抜群手馴候者も稀ニ出来仕申候、此分者銃隊組当分を銃隊組と被仰付、当分之二字者被差省被下候様、既ニ右銃隊組と被仰付候上者、余之芸術之有無ニ不係御軍備ニおゐて者壱人前之御奉公出来候者ニ御座候間、四目録ニ而進席相続等被仰付候処ニ者弐目録ニ而其御取扱被仰付被下候様奉願候、既ニ他郡御守衛ニ被差越候もの一度より二度迄目録壱ツ、三度以上者弐ツ之功ニ被立下候御見合を被為以、何卒前文之通被仰付被下候様奉願候、左候ハヽ、於私共此上可成実地之御用ニ相立候様相誘可申と奉存候間、急々宜敷被仰付可被下候、此段役名之覚書を以御内意申上候、以上

慶応四年八月

諸手永御惣庄屋共

諸御郡御郡代衆中

御郡方御奉行衆中(26)

藩の郷兵新設策を利用して、在御家人層を村から切り離そうと構想した惣庄屋たちは、当初、郷兵に扶持を与えることを藩に要求していたが、藩がこれを強く拒絶すると、「反対給付を伴わない、今回の措置は在地に『大分迷惑』を掛けており、百姓たちは『実意之御誘』ではなく、『一時之流行もの』くらいにしか受け止めなくなっ

ている」と、郷兵新設策そのものを批判的に捉えるようになる（ａ）。しかし扶持の給付は現実的には困難であると察知した惣庄屋層が、「それでも何らかの反対給付が提示されなければ、今後の郷兵募集に目途が付けられない」（ｂ）と考え、次善の策として、郷兵の身分的待遇の向上を要求した訴願がこの「御内意之覚」である。彼らの具体的提案は、第一に、現状では剣術・槍術・柔術などの四芸において目録を獲得すれば、在御家人の階梯を一段階進むことができるところを、銃隊組の者は二目録でよいようにしてほしい、第二に、他郡へ出兵した経験を持つ者は、その出兵回数に応じて目録を与えることを認めてほしいとするものであった（ｃ）。この役用覚書は、そうなれば惣庄屋たちは郷兵募集に関わる「実地之御用」を果たすことができると結ばれている（ｄ）。

この役用覚書に接した郡代衆中は、「右者御出方筋ニ係候儀ニ而茂無御座候間、乍恐至急ニ被成御参談可被下候[27]」という添書きを付している。郡代衆中が「今回の惣庄屋たちの提案は、これを採用しても、支出をともなうものではないから許可してやってほしい」と述べ、当面の藩財政との絡みでしか考えられていないのに対して、惣庄屋衆中は、郷兵新設策を、民政上の問題と関連させて成立させようと苦慮しており、両者は対照的な様相を見せる。

両者の発想の質の差を、藩庁も十分に理解していたと思われる事例がある。坂下手永惣庄屋・木下初太郎の養子である助之（当時は坂下手永会所役人、翌年に内田手永惣庄屋に就任）が、慶応二年（一八六六）七月に起草した意見書の端書きに、「小笠原美濃殿ゟ面談之筋有之段、御郡代中村庄右衛門殿ゟ申来候ニ付罷出候処、銃隊之見込筋聞上ニ相成、書付ニして持参仕候様との事ニ付、此書付を認、持参いたし候処、佐弐役坂本彦兵衛も呼ニ相成居、此事ニ付而種々言上、酒肴出ル[28]」と記されていることが、これを雄弁に物語っている。この時、木下助之が、手永会所の実務役人として、惣庄屋たちの集団的討議の中心にいたことを踏まえれば、その重要性は際立ってくる。一会所役人を、家老（小笠原美濃）が呼び出して諮問しているという事態は、藩政が、集団的討議にもとづく地方役人層の政策立案能力を、民政レベルにとどまらず、領主権力の「聖域」ともいうべき軍政レベルにおいても必要としていたということを示しているからである。これは熊本藩が、役用覚書に象徴される地方役人層、特に惣庄屋衆中の意見の価値の高さを認め、これを藩の政策形成に積極的に反映させようとしていたことの証左である。

四　陣夫役徴発問題と役用覚書

本節では、幕末期の戦時情勢にともなって、給人がみずからの給地に陣夫役を課そうとして発生した問題を検討する。この問題の過程では、村庄屋や給地の帳元、惣庄屋と郡代、給人および藩庁部局としての郡方と手当方などが互いの利害を主張し合うことになり、そうした状況が、特に第二次幕長戦争（熊本藩領域では「小倉戦争」と呼ぶ）から戊辰戦争にかけて頻発することになった。その意味で、幕末維新期熊本藩において藩政と村方とが最も厳しく対立した問題であったといえる。

問題発生の契機は、坂下手永惣庄屋・木下初太郎が、次の伺書を提出したことにあった。

【史料6A】

御内意奉伺覚

坂下手永山下村御給人久武弥平左衛門殿、今度筑前表江被差立候由ニ而、連人弐人、御給知百姓ゟ差出候様申越ニ相成候由ニ而、ⓐ連人差出可申哉否、別紙之通村方之伺書申候処、ⓑ右者御出陣外者御給知百姓ゟ連人不被召仕御様子ニ御座候処、ⓒ此節筑前表江交代被差立候儀者矢張平常之旅詰御同様ニ而、御給知百姓ゟ被召連候筋とも相見不申候処、何程之儀ニ可有御座哉奉伺候間、至急ニ御差図被仰付被下候様奉願候、此段御内意書付を以申上候、以上

慶応二年二月　　　　木下初太郎

村上久太郎様(29)

事の発端は、給人・久武弥平左衛門（禄高二三〇石）が筑前へ派遣されるにさいして、自らの給地である坂下手永山下村に対して「連人」二人を差し出すように命じたことにあった（以下、この「連人」を陣夫と表現していく）。この伺書が書き写されている郡方「覚帳」には、「村方之伺書」ⓐは省略されていて、見ることはできないが、文面から山下村庄屋も、給人が給地から陣夫を徴発することを批判的に捉え、その当否を木下に問い合わせていたと考えられる。

そもそも熊本藩には、これ以前に出陣時以外に給地の百姓を陣夫として徴発することはできないというルールがあり（傍線部ⓑ）、木下は、久武の今回の筑前派遣は「矢張平常之旅詰御同様」であり、このルールに反するのではないかと訴えて、郡代の判断を仰いでいる（ⓒ）。二度の幕長戦争の間に、久武ら給人に命じられた筑前派遣は、戦時動員の様相が濃いものであったろうが、木下は、彼らが直接、戦地へ送り込まれるわけではないという理由からこのように立論したのであろう。

郡方は、このルールを根拠に、「此儀御給知百姓ゟ被召連候儀者難叶筋ニ相見申候事(30)」という裁定を二月一五日に下している。木下の伺書には日にちの記載はないが、長く見積もっても一五日以内に結論が出されたことになり、迅速な裁断であったといえよう。「覚帳」には、そのさいの判断根拠となった文久三年二月二七日の郡方の裁定と関連文書が再録されているが、この裁定を引き出す契機となったのが、山本・山鹿郡内の惣庄屋たちが発した役用覚書であったことは特筆に値する。

これは、文久三年（一八六三）二月に、「山本山鹿御惣庄屋共」が提出したもので、藩から上京を命じられた家中の面々が、それぞれの給地から陣夫を徴発しようと計画している状況に対応するため、同郡内の惣庄屋たちが、陣夫徴発のルール形成を、郡代と郡方とに求めたものである。これは、当時、上京していた藩主・細川慶順（のちの韶邦）が、朝廷から京都警衛を命じられるにおよんで、さらなる兵員招致を令したことに起因する。[31]

伺書の中で、惣庄屋たちは、各村の庄屋たちからの問い合わせを受けて、この上京を「御軍備御手当之場」として計画を認めるべきか、これを「平常格別御備場御請込之御振合」として計画を認めず、給人は奉公人を雇ってこれを陣夫とするべきなのか、その場合、奉公人の雇賃は給地が負担すべきなのかについて、判断基準の明確化を郡代に求めている。[32] その結果として、郡方が下した裁定は、「本文連夫之儀之節者、御手当連人之振合を以、給知百姓被連越候儀者難叶候」[33]というものであり、今回の上京に当たっては給地百姓に陣夫役を課してはならないというものであった。この裁定が、その後、全藩規模の陣夫役賦課の基準としてルール化されることになったのである。

さて慶応二年（一八六六）二月一五日の裁定で、百姓を陣夫とすることができなくなった久武は、今度は奉公人の雇賃を、百姓たちが負担するよう、給地の帳元に求めてきた。

【史料6B】

ⓐ今度太宰府詰被仰付候処、御渡方之儀矢張出陣之節之御振合ニ而、小倉江被差越候通拾五両三歩之渡方、組方も足軽軍用金丈ケ御渡方ニ而、ⓑ旅籠等者上ゟ御払ニ相成候得共、家来々々給銭等者御渡ニ不相成、土台百姓召連候究ニ候、ⓒ右百姓之内ゟ出夫不致故、代柄雇入候代銭者百姓中ゟ割合を以出銭可致ものニ相見、是迄小倉・太宰府詰之面々も右之通ニ而相済来、因而先日出銭之儀申付置候事ニ有之候間、得斗百姓中申談、咄合決兼候ハヽ、村庄屋又者組役人等ニ及相談、若故障之筋も有之候ハヽ、其趣留守支配野田一之助方江罷越可申出候、右迄以手紙申遣候、早々埒明候様取計可申候、以上

三月十一日　　　　　　　　　　久武弥平左衛門留守ゟ

帳元　権次郎方[34]

久武は、今回の筑前太宰府への出張は、藩の「渡方」「組方」から見ても「矢張出陣之節之御振合」であり（傍線部ⓐ）、藩が「家来々々給銭等」は負担していない点から考えても、本来ならば給地百姓が陣夫とならなければならないはずである、と述べる（ⓑ）。しかしそれができなくなった以上、「代柄雇入候代銭」を百姓たちが割り合わせて負担することは当然のことであり、これまで小倉・太宰府に派遣されてきた面々もそのようにしてきたことだ、と主張するのである（ⓒ）。

こうした請求を受けた帳元が山下村庄屋に、庄屋が惣庄屋にそれぞれ相談し、最終的に惣庄屋・木下初太郎が、郡代と郡方奉行に宛てた伺書を提出している[35]。これには「右太宰府詰衆御渡方御出陣之御振合ニ付、百姓被召連候御究と申儀何程之儀ニ可有御座哉、此節者勿論、以後之心得ニ相成申候間、何卒急ニ御差図被仰付被下候様奉願候[36]」と述べられており、藩が久武ら給人には二月一五日の裁定に反する説明をしていることに、木下が強く抗議していることがわかる。

これを受けて、郡方での詮議が開始されるが、その過程で郡方は、この件を藩の最高意思決定機関である機密間に問い合わせている。しかしその機密間の認識も「出陣之場と申ニ而者無之、又旅詰と申訳ニも無之[37]」とあいまいなものであったが、その背景には、藩の負担額を抑えるために「旅詰」としたい勘定所と、藩兵の士気をあげるために「出陣」としたい手当方との対立状況があることがわかってくる。このように機密間は、一時期、調整不能状態に陥っていたが、結局、「本文之通取調申候処、根元小倉之移を以被差越候得者、矢張連人者給知百姓罷出候方ニ可有御座旨、御口達之通ニ付、付札之通可被及御達哉[38]」という通達を郡方に発し、給人が給地百姓を陣夫としてよいという、軍政の論理を優先させた結論を下すことになる。

この時期、このような問題が藩領各地で発生していたであろうことは、郡方「覚帳」に、慶応二年（一八六六）一二月の段階で、次のような事例が記録されていることからも推測できる。

【史料7】

奉願覚

御給人衆御連人之儀、御出陣之外、御知行所百姓被召仕筈ニ無之旨、去ル文久三亥年依伺御付紙達被仰付候通ニ御座候、然処太宰府交代として被差越御給人衆連人給銭御給知百姓ニ割賦ニ相成候衆御座候旨ニ而伺出申候間、右者前件御達之趣を以及御断候様及差図可申哉、御場取違之儀ニ付奉伺候、差掛之儀ニ付、乍恐急々御差図被下候様奉願候、此段書付を以申上候、以上

慶応二年十二月

中村手永御惣庄屋　金森太郎左衛門

片山八郎助殿

御郡方御奉行衆中(39)

久武弥平左衛門の一件で、地方役人が運動の成果として獲得し、維持してきた文久三年裁定を貫徹しなかった藩は、この時期の頻々とした家臣動員を、いちいち「出陣」か「旅詰」か判定しなければならない状態におちいったのである。軍事優先の藩政のツケは、このようなところに回ってきていた。

それにしてもこうした問題に対して、木下や金森のような惣庄屋が、いずれも単独で伺書を提出するのみで、集会開催を呼びかけて、役用覚書を成立させるような動きを見せていないのは、熊本藩の地方知行制の展開状況と深く関係しているだろう。図1は、熊本藩領内の各郡高に対する給地の割合を示したものであるが、これによ

図１　郡高に対する給地の割合

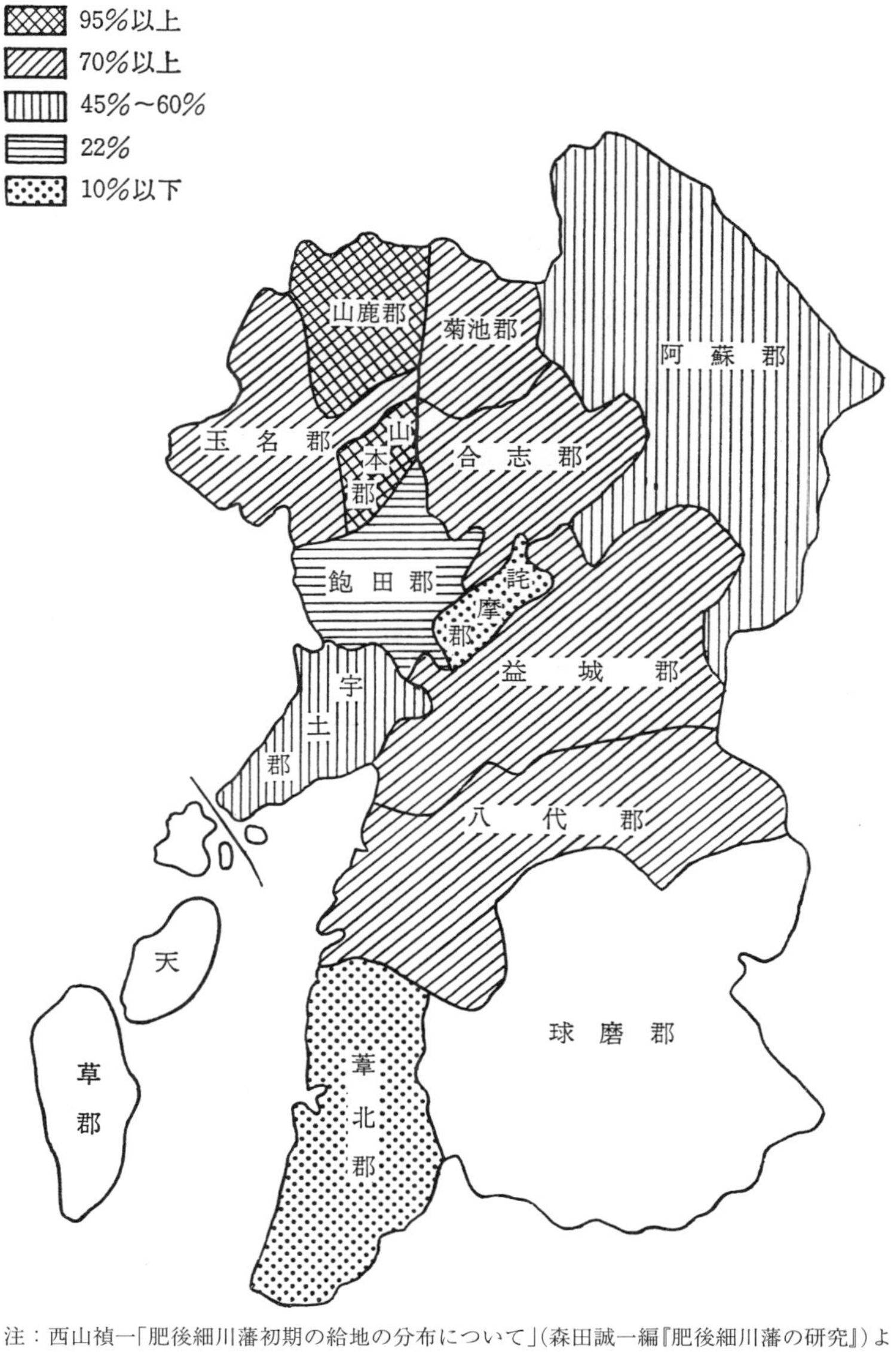

注：西山禎一「肥後細川藩初期の給地の分布について」（森田誠一編『肥後細川藩の研究』）より

れば、こうした問題が藩領北部で多発し、惣庄屋衆中がこれを藩領全体の問題としてとりあげにくい要因がよくわかる。

しかし慶応二年（一八六六）六月に小倉戦争が勃発し、軍事優先の藩政が民政を圧迫する度合いが強まるにつれて、問題はますます複雑になり、混迷していくことになる。次に掲げる史料は、小倉戦争勃発直後に、山本郡大清水村の庄屋が正院手永の惣庄屋・江上安太に宛てて提出した伺書である。

【史料8】

奉伺覚

今度小倉表御出張ニ付而、楯岡小文吾殿御百姓江拾弐人連夫申参候処、ⓐ右拾弐人之夫方者他給人之御百姓たり共楯岡殿地高を抱居候もの者鬮取ニ加エ候様最初申参候間、ⓑ越高ニ連夫を懸ケ候儀何分落着兼、一応屋敷江懸合、越高ニ連夫当テ可申儀ニ付而者、筋々御願済之上ニ而茂可有之其儀承度段申越候処、別紙之通家司役ゟ返翰ニ相成候間、ⓒ越高分鬮取ニ差加エ候得者外御給人より連夫懸り来候節茂矢張其取計不仕而難成、左候得者大高持而已迷惑仕且内輪混雑ニ茂至り可申奉存候、ⓓ尤今度一番手ニ而御出張ニ相成候山東平兵衛殿より弐人御連夫ニ相成、是者御同人御百姓迄ニ而鬮取仕、出銭者越高共ニ割賦仕差立置申候間、又御条楯岡殿ゟ中参候通取計候得共、山東殿分茂其通鬮取直し、鬮当候得者他百姓之内小倉迄交代夫茂差出不申而難成儀と奉存、ⓔ旁内輪混雑ニおよひ可申奉存候間、右之趣如何相心得可申哉宜敷被為及御差図被下候様奉願候、則家司役ゟ之来状差添奉伺候、以上

慶応二年六月

大清水村庄屋　服部操三　㊞

江上安太　殿(40)

この案件は、小倉戦争に従軍する楯岡小文吾（禄高一千石）が、大清水村内にあるみずからの給地に一二人の陣夫を要求してきたことに端を発している。大清水村には、村在住の百姓が開発した他村の高が組み入れられていたのだが（「越高」）、楯岡はこの高も含み込んで陣夫の鬮取りをするように命じた（傍線部ⓐ）。庄屋は、これを「何分落着兼」と感じて（ⓑ）、この伺書を提出したのである。庄屋は、楯岡の言い分を認めてしまえば、他の給人から同様の要求が突きつけられるだろうし、そうなってしまえば大高持が迷惑し、「内輪混雑」におちいってしまうと懸念している（ⓒ）。庄屋は、陣夫の鬮取りはみずからの給地百姓の中で行い、越高分には出銭のみを課した給人・山東平兵衛（二五〇石）の例を持ち出して、楯岡に談判しているが、逆に楯岡から山東の分の鬮取りをやり直せと命じられている（ⓓ）。文末にもう一度、「内輪混雑」という文言が使用されていることからも、庄屋の心中の苦悩の大きさを読み取ることができる。

この案件も、先の玉名郡山下村の問題と同じく、給地の帳元、村庄屋、惣庄屋、郡代と段階的に伺書が提出されているが、その過程にあって、楯岡家側が惣庄屋に宛てた書状によれば、大清水村庄屋・服部操三は楯岡家との交渉で「越高𛀙出夫いたし候而者給人を二タ重ニ請持、左右ニ出夫と申儀ハ是迄見合も無之」と述べたとされている。これに対し、楯岡家側は「越高給人重場ハ手広ク作り方有之訳ニ而、左右出夫ハ当前ニ御座候」という立場から、惣庄屋に向けて「越高から出夫させた例が過去にあったかどうか、至急調べて連絡してほしい」と求めている。(41)

この案件にどのような決着が付けられたのか、「覚帳」からはうかがい知ることはできないが、この場合も、軍事優先の藩政のもと、民政の論理はないがしろにされた可能性は高いだろう。

このような事態にかかわって、地方役人層、特に惣庄屋層が集団的討議を行い、軍事優先の藩政が民政に混乱をもたらす弊害を除去するような役用覚書を成立させるのは、戊辰戦争勃発時である。

慶応四年（一八六八）一月三日、鳥羽・伏見の戦いを皮切りに、戊辰戦争が開始されると、熊本藩は一月一三日に備頭・清水数馬に兵を率いさせ、京都に向かわせた。世子・細川喜延（のちの護久）は鳥羽・伏見の戦いが始まったその日に京都に到着しており、朝廷の警衛に当たっていたから[42]、この措置は喜延への応援部隊としての意味を持っていた。

この出兵に先だって、藩政府は、給人が個々別々に陣夫を徴発することを禁じ、出兵に必要な人夫は、領内各地の寺院に集めさせた寄夫を用いるように命じていた。次に示す役用覚書は、その「寺院寄夫」の徴発方法を藩に提案したものである。

【史料9】

覚

今度御出張御備頭衆御門下御連人之儀、小荷駄代夫兼寺院寄夫之内ゟ始末被渡下、ⓐ陣摘にて雑具者一切被差止、要用之玉薬等迄持越被仰付候間、其上者百貫石迄引返候寄夫之内ゟ被渡下候、右之通ニ付御知行所江連人等御手当者無御座旨御達之趣奉得其意候、ⓑ右之通被仰付候上者寺院寄夫之儀、御給知・御蔵納・上知都而打込ニして御国中手永割合を以小荷駄代夫兼差出可申、此後自然鶴崎・佐賀関ゟ蒸気船御乗組之節者、熊本ゟ同運也者此節百貫石ニて諸運送同様引返夫を以相運ヒ可申、御給人衆連人之儀寄夫ゟ被召連候儀ニ御座候へ者、前願之通御蔵納・上知打込ニ御知行所百姓取扱ニ而も故障之筋可有之様者無御座候得共、此段為念奉伺候、至急ニ御差図被仰付可被下候、以上

慶応四年正月

諸手永御惣庄屋共

諸御郡御郡代衆中

御備場方御奉行衆中[43]

傍線部ⓐで、今回の陣夫の仕事が、熊本城下の外港であった百貫石までの片道であること、兵員全員がそれぞれの給地で陣夫を徴発しないことが確認されている。今回は小倉戦争の時とは異なり、戦地が遠いことが、こうした取り決めがなされた最大の要因であろうが、藩が今回は、先に見たような民政上の矛盾を避けようと判断した結果であるとも考えられる。それは、その直後に惣庄屋たちが、今回の措置の要である「寺院寄夫」を、「御給知・御蔵納・上知都而打込ニして御国中手永割合を以」ⓑて集めようと提起していることからも推測が可能である。地方知行が集中している各郡・各手永で、陣夫役徴発をめぐる複雑な問題が頻発した事態を、藩領全域の民政の問題として受け止め、しかもそれが軍政上でも支障を来さないように組み立てられている点が注目される。だからこの役用覚書は、最終的宛先として、通常の「御郡方御奉行衆中」ではなく、「御備場方御奉行衆中」に宛てられているのであろう。

本節でとりあげた陣夫役徴発問題においては、地方役人層が圧迫される側面が強かったが、これは何よりも軍事優先の藩政展開が大きく影響していた。このような状況下では、郡方・郡代はもとより、惣庄屋層を中核とする在地合議体制まで動きが鈍くなることを確認しておこう。

おわりに

本稿で得ることができた知見を、今後の課題も含めながら、以下の四点にまとめてみたい。

まずは、役用覚書に関する二点である。第一は、特に全藩領域の惣庄屋衆中が発する役用覚書が、藩政を左右する役割を果たしていたことの歴史的意味についてである。二節でとりあげた増租問題は、明治三年夏には、雑税の大幅減税を主柱とする藩政改革が断行されるから、惣庄屋たちの三年連続の運動によって、藩、特に小物成方の思惑は完全に否定されたことになるし、三節でとりあげた郷兵新設問題も、惣庄屋たちの要求の中核であった、「郷兵身分」の形成については実現しないにしても、その骨格を作りあげる推進力の役割を果たした。四節でとりあげた陣夫役徴発問題においては、地方知行制の展開度合いの差という地域偏差と軍事最優先の藩政という厚い壁にぶつかって、惣庄屋衆中は、なかなか結束した行動を取ることができなかったが、戊辰戦争勃発時には、備場方との連携もあって、給人の勝手な陣夫役徴発を禁じ、さらに陣夫役を各手永の高割で負担する体制の構築に主体的役割を果たしている。惣庄屋たちは民政の立場と論理を堅持しながら、藩庁と渡り合う力量を高めていったのだが、その根底には役用覚書に象徴される強固な団体性が存在していたことを重視したい。

その団体性について、興味深い事例を検討しておこう。文化一一年（一八一四）四月に、飽田・託麻郡内の惣庄屋五人は、白川の水源管理に関する訴願を提出しているが、郡内に六つあった手永のうち、この時、地理的関係からか、五町手永惣庄屋の参加が得られなかったため、残り五つの手永の惣庄屋は、個人名を列記するかたちで訴願を提出している(44)。惣庄屋が個人名で提出する訴願と、役用覚書とでは、後者の方が藩庁への影響力が大きかったことは本稿でも指摘したが、この事例からは、集団名を名乗る場合、そこに全員一致の原則が適用されていたであろうことをうかがい知ることができる。

第二には、役用覚書の事例数を増やし、その成立過程を、在地合議体制との関連で明らかにすることを課題としてあげておきたい。役用覚書は、熊本藩の地方役人層が集会を開き、集団的討議を行って、その結論を直近の上司に報告したり、訴願したりするさいに必要不可欠な文書形態であった。役用覚書には、集会の通常決議に当たるものと、特別決議に当たるものとが存在するが、後者に比べて、前者の数が極端に少なく、今後の史料発掘が待たれる。また地方役人層の集会が日常的に開催されていたという事例は、一郡単位のものとしては、現段階では、玉名郡でしか確認されておらず、千葉城人馬会所で頻繁に開催されていた藩領全域の惣庄屋集会とのギャップも大きい。これらの究明を進めることが、熊本藩の在地合議体制の実態解明につながっていくことになるのだが、役用覚書がいつ頃、成立するのかという問題も含めて、(45) 今後の課題としたい。

次は、地方役人層、特に惣庄屋層が作り出そうとした、新しい身分秩序にかかわる二点である。第三は、惣庄屋層が、在御家人層を「郷兵身分」として再編成することで、郷兵新設問題と民政問題とをリンクさせようとした政治的意味についてである。同様の発想は、当事者としての在御家人層からも提起されている。明治三年（一八七〇）に、「口上之覚」と題する献策を書き、その中で在御家人のうち、武備を整え、武術の鍛錬をしっかり行っている者については、士籍に組み入れ、これ以上、無能な在御家人を増やすべきではないと主張した赤星伊兵衛はその典型例である。(46) こうした発想は、結局、実現されることはないが、在御家人層の「身上り」願望を背景にして、(47) 錯綜した身分秩序を再編成しようとするプランが、藩政の側からではなく、惣庄屋層や在御家人層から提起されていることは、今後もっと重要視していかなければならない。

第四は、惣庄屋層自体が、新しい身分秩序の中に位置づけられ、それにともなって、彼らに新しい政治的役割が付与されることについてである。次の史料を検討してみよう。

【史料10】

一　五拾石　池田手永惣庄屋 独礼　河瀬安兵衛

一　四拾石　坂下手永右同 右同　木下初太郎
外拾石分ゟ御心付米

ⓐ右両人儀役前数十年出精相勤一列之口ニ罷在候付而者、事々両人ニ相謀無伏（腹）蔵申談、ⓑ今度御郡代共諸御郡ニ被仰付候付而者、容易ニ出府茂出来兼申候処、千葉城ニおいて惣庄屋共急成会談等追々有之、主ニ成候者無御座候而者兎角取締兼、ⓒ加之処々江御人数出張被仰付候節、人馬等之儀ニ付、御侍直懸合茂有之、当時之身分ニ而者彼是差障、御用弁兼候儀茂有之候付、別段を以進席被仰付被下候様、御郡代共より相達申候、安兵衛儀御惣庄屋代役以来五十二年、本役ゟ三十七年、独礼より十七年、初太郎儀惣年数四十七年、当役三十三年、独礼より十年ニ相成、類例茂有之候条、御留守居御中小姓列江被仰付置、御郡代之支配ニ而被差置旨[48]

これは、明治二年（一八六九）一〇月に、藩が池田手永惣庄屋・河瀬安兵衛と、坂下手永惣庄屋・木下初太郎の知行を加増し、ともに独礼から御留守居御中小姓列に進席させた時の任命書である。この中で、藩は、二人の加増・進席理由を、三つに分けて述べている。一つ目は、二人は惣庄屋職に就いて数十年になるベテランで、惣庄屋の中でもリーダー的存在（「一列之口」）であり、常に相談・協力し合う仲であること（傍線部ⓐ）、二つ目は、郡代の在地滞在度合いが強められた結果、[49]惣庄屋たちが千葉城で会議を開く回数が増えることを見込んで、二人を「主ニ成候者」にする必要があること（ⓑ）、三つ目はそうなれば出張や藩士と直接話し合う機会も増えるだろうから、現在の身分ではふさわしくないこと（ⓒ）である。

前稿で述べたように、惣庄屋は、もともと知行取であったが、同年五月の時点で、手永内に在御家人が急増するにともなって、その役威が著しく低下したため、その対策をみずから構想して、提案しなければならない存在であった。そのような惣庄屋の中から、この二人が集会の主柱であるという理由で、加増と進席が認められたことは、ここにいたって、惣庄屋集会は藩から「公認」された組織となり、河瀬と木下は藩官僚的存在となったことを意味する。

このことは久留島浩が指摘した、幕領の総代庄屋が維新後に官僚化するという現象と同様の文脈で理解できる。[50]しかし木下初太郎は、その日記において、一〇月に藩から「御留守居御中小姓列」への進席を認められたことと
は区別して、翌一一月に、河瀬とともに「御物庄屋根方」に就任したことを記録している。[51]これは彼らが藩官僚的存在となったことを、その直後に物庄屋衆中が承認し、改めて「御物庄屋根方」という名称を与えていることを意味するだろう。

百姓身分に出自を持つ惣庄屋層が藩官僚化していく動きは、翌年の明治三年（一八七〇）の藩政改革で決定的な意味を持つことになるが、[52]これはその原点としての意味を持つことになる。熊本藩の地方役人層は、転勤制と在地合議体制の下で、一村・一手永に限定されない、広範囲な地域の民政を見渡す視野と力量を身につけ、明治三年改革における大規模な民政機構の整理統合を経つつも、全体としては近代行政の担い手へと成長していった。[53]本稿では、この状況を、新しい政治領域の出現として把握し、その後の地域における政治展開の出発点として理解したい。

（1）　奥村弘「地域社会の成立と展開」（『日本史講座』第七巻、東京大学出版会、二〇〇五年）。
（2）　渡辺尚志編『近世地域社会論』（岩田書院、一九九九年）の「序章」（志村洋執筆）。
（3）　足立啓二「日本社会の展開――世界史的に見た日本中世～近代史――」（熊本大学拠点形成B報告書『世界的文化資源集積と文化資源科学の構築』、二〇〇五年）。なお、この論文の前提となっている、同『専制国家史論』（柏書房、一九九八年）も参照のこと。
（4）　本書序章（稲葉継陽執筆）参照。
（5）　平川新・谷山正道編、『近世地域史フォーラム3　地域社会とリーダーたち』（吉川弘文館、二〇〇六年）所収。
（6）　本稿では、前稿での規定を継承し、「地方役人」という用語を、庄屋を含む村役人・手永会所役人・惣庄屋の総称として用いる。

(7) 永青文庫蔵熊本大学附属図書館架蔵細川家文書北岡文庫「覚牒」(目録番号・文七―三―一〇)。以下、「北岡文庫・(史料名)・(目録番号)」というように表記する。

(8) 『玉名市史』資料編五(一九九三年)。ちなみに、この物庄屋集会には郡代は同席していない。またこの報告を受けた郡代は、一つひとつの決議内容に対して、付箋を付して、物庄屋たちにコメントを返している。このコメントは、六項目のうち、四項目については「本行存寄之無候」と述べられ、物庄屋たちの決議を全面的に承認し、残り二項目には、それぞれ「本行追々及沙汰候通ニ候事」「……別紙書付ニ致付紙置候事」と記されている。

(9) 『新熊本市史』史料編第五巻 近世Ⅲ(一九九八年)。

(10) 同右。

(11) 物庄屋集会の非定期性については、熊本藩の手永は独自の入用を持ち、通常は独自に活動しうる財政的基盤を有していたこと、また物庄屋が藩庁の裁可を仰ぐべきだと判断した場合、村方発信の文書を直接、郡方に上申するシステムが整っていたこと(吉村豊雄「近世地方行政における藩庁部局の稟議性と農村社会」、人間文化研究機構国文学研究資料館編『藩政アーカイブズの研究』、岩田書院、二〇〇八年)等の諸条件から、集会を定期化する必要性が低かったのではないかと考える。

(12) 定兼学「地域支配と村役人集会」(『近世の生活文化史』、清文堂、一九九九年)。

(13) 朝尾直弘「『公儀』と幕藩領主制」(歴史学研究会・日本史研究会編『講座日本歴史五 近世一』、東京大学出版会、一九八五年)。

(14) 『新熊本市史』通史編第四巻 近世Ⅱ(二〇〇三年)二八八頁の記述を参考にした。同書の記述は、熊本大学附属図書館架蔵永青文庫中の史料を根拠としているとのことだが、典拠記載が極めて簡易であるため、現段階で筆者はこの史料を見出し得ていない。

(15) 『新熊本市史』通史編第五巻 近代Ⅰ(二〇〇一年)六五頁所載の、熊本城下における米一升の銭値段数値を、江戸時代の公定相場(金一両=銀六〇匁=銭四千貫文)で換算したから、幕末期の銭相場の下落を考慮に入れれば、少し高めの値になっていることは否めない。

(16) 北岡文庫「覚帳」(目録番号・文七―三―六)。

(17) 同右。

(18) 同右。

(19) 北岡文庫「覚牒」(目録番号・文七―三―一〇)。
(20) 同右。
(21) 北岡文庫「覚帳」(目録番号・文七―三―一二)。
(22) 北岡文庫「覚牒」(目録番号・文七―三―一〇)。
(23) 坂田家文書二九八「(御用留)」(但し熊本大学文学部日本史研究室所蔵の写真版を利用)。
(24) 同右。
(25) 前掲注(5)拙稿を参照のこと。
(26) 北岡文庫「覚帳」(目録番号・文七―三―一一)。
(27) 同右。
(28) 熊本県立図書館所蔵木下文庫二五八「(在中ニ而御家人並札筒之者共御用相立候様取扱之儀に付見込意見)」。
(29) 北岡文庫「覚帳」(目録番号・文七―三―四)。
(30) 同右。
(31) 『改定肥後藩国事史料』巻三(侯爵細川家編纂所、一九三七年)。
(32) 北岡文庫「覚帳」(目録番号・文七―三―四)。
(33) 同右。
(34) 同右。
(35) 同右。
(36) 同右。
(37) 同右。
(38) 同右。
(39) 同右。
(40) 同右。
(41) 同右。
(42) 『改定肥後藩国事史料』巻七。
(43) 北岡文庫「覚帳」(目録番号・文七―三―四)。

(44) 北岡文庫「覚帳」(目録番号・文五―三―二)。この史料は、熊本大学文学部四年生の田上貴子氏からご教示を受けた。

(45) 前掲注(12)をはじめとする一連の吉村豊雄の研究によれば、藩庁各部局が「覚帳」を柱とする行政体系を整えるのは、熊本藩の宝暦改革以後ということなので、役用覚書の出現も、一八世紀半ばをさかのぼることはないだろうと考えている。

(46) 拙稿「熊本藩郷士・赤星伊兵衛」(佐々木克編著『それぞれの明治維新』、吉川弘文館、二〇〇〇年)を参照のこと。

(47) 熊本藩における在御家人の急増は、従来の研究では「士分化願望」のあらわれと表現されることが多かった。しかし最近、深谷克己はこの傾向を、「近世社会の身分意識・身分行動について、『武士になりたい』ということを表わす心事や行為を選んで論じるだけでは、近世社会の上昇願望と平等願望の全容を的確に取り上げたことにはならない」と批判し、「『身上り』願望という表現で言い表した方がよい」と提唱している(『江戸時代の身分願望』、吉川弘文館、二〇〇六年)。本稿もこれに従っておきたい。

(48) 熊本大学附属図書館架蔵細川家文書「窺帳」(目録番号・一〇―一五―九)。

(49) 詳細は不明だが、これは明治二年四月に実施されたようで、木下初太郎は、「日記」の中で「御郡代衆御郡受持替被仰付、……総而定詰被仰付」と述べている(『後年要録』、前掲注8『玉名市史』第五巻所収)。

(50) 久留島浩『近世幕領の行政と組合村』(東京大学出版会、二〇〇二年)第七章(初出は一九八二年)。

(51) 前掲注(49)『後年要録』。

(52) 拙稿「一九世紀の藩社会と民衆意識」(『日本史研究』四六四号、二〇〇一年)。但し、この改革はそのような物庄屋集団を解体することを一つの目的としていたから、この時は、前年のような捉え返しは行われなかった。

(53) 本書第七章上野平論文および第八章今村論文を参照のこと。

第七章　明治初年の藩政改革と地域社会運営の変容

――藩から県への「民政」の転回――

上野平真希

はじめに

近年盛んに行われている近世地域社会研究の進展[1]により、近世期の地域社会の発展が明らかになりつつある。そしてこれらの研究がその発展の到達点を見出そうとするとき、多くの研究において近世地域社会の有する高い行政能力が近代社会を内から準備したとの評価を下している。

しかし松沢裕作が近世後期の「民主的」な中間支配機構が明治維新後の「大区小区制」へ帰着するためには、明治元年から五年にかけての分析が必要であると指摘した通り[2]、明治初年から大区小区制施行以前の数年間は、政府や府・藩・県がそれぞれの思惑でさまざまな改革を実行しているにもかかわらず、これが近世から近代へと移行する過程の地域社会にとってどのような意味を持つのかについてはほとんど分析されていない。

松沢の指摘は、本論が分析の対象とする熊本藩においても例外でなくあてはまる。研究史上において、明治三年の熊本藩藩政改革（以下「三年改革」とする）は、幕府寄りであった熊本藩の立場が新政府に反しないものとするため、また、明治二年六月の版籍奉還後に政府が示した「諸務変革」を遵法するために行われたものであり、熊本藩が近代化していく過程における画期的な改革であるとの見解が共通して示されている[3]。また、羽賀祥二や池田勇太は領知権の解体、「王政」の下で「民政」が改革理念として働いているという視点から、当該期熊本藩の分析を行っている。(4)これらの研究はいずれも改革が藩から地域社会レベルまでを大きく転換させるものであったことを指摘する、非常に示唆的な論考であるが、地域社会における改革についての指摘は機構的な変化にとどまっており、近世期の地域社会が民政改革によってどのように改変され、近世期の地域運営の在り方が近代へとどうつながっていくのかという、地域社会の実態そのものに即しての分析は行われていない。(5)

本論はこうした研究動向を踏まえ、熊本藩における明治三年（一八七〇）の藩政改革、とりわけ「郡政改革」ともいわれる民政改革にスポットライトを当て、熊本藩領における近世期の地方行政システムが改革によってどのように組み替えられていくのか、そしてそれは近世社会の何を必要とし、克服しようとしたのか、民政改革が目指したものとは何だったのか、について解明を試みるものである。

一　改革の過程

(1)地方行政機構の改革

明治以後の熊本藩における藩政改革は、元年、二年にも行われてきている。しかしこれらはただ単に藩の機構改革に終わった感があるとの評価を受けている通り(6)、抜本的改革とは言い難い。

これに対し、三年改革は藩政のあり方そのものを大きく変えるものであった。具体的には、六月初旬の藩知事をはじめとする藩主脳部の入れ替え、七月中旬の藩庁の移転などがあげられる。また民政にかかわるものとしては、会所官銭（近世期熊本藩において各手永ごとに蓄積されてきた備米銭で、一歩半米をはじめ手永開の徳米や上畝物仕立徳米、民力強寸志、雑職銭、その他の貨殖銭など種主の手段を講じて蓄積されてきた米銭）と呼ばれる地域財源の藩政府集中、郡政局（かつて「郡方」と呼ばれた、熊本藩の地方行政庁）が「民政局」と改められたこと、それから本稿で扱う地方行政機構の大幅な改革があげられる。そこでまず本項では図1のように示される改革後の地方行政の制度的変化を、表1に示した小国郷における地方行政機構の過程に即して追っていく。

地方行政改革は、郡政機構の改革から着手された。まず六月二九日に郡宰（郡代）が罷免され、新たに郡政大属が置かれる。郡政大属は郡ごとに一名ずつ置かれた(7)。但し小国・久住のように地域によっては複数の郡をまとめて担当する場合もあったので、実際置かれたのは九名である。改革前、郡宰は一三名置かれていたが、このうち引き続き郡政大属に任命されたのは二名のみで、残りの元郡宰のうち三名は監察・少司儀といった役職に転出し、八名は罷免された(8)。ここで小国・久住について見ていくと、郡宰杉谷平七郎は八代・芦北管轄の郡政大属として転出し、代わって安田源之丞が郡政大属として赴任することになった。新たに郡政大属となった安田源之丞は、

図1　改革前後における地方行政機構の変化

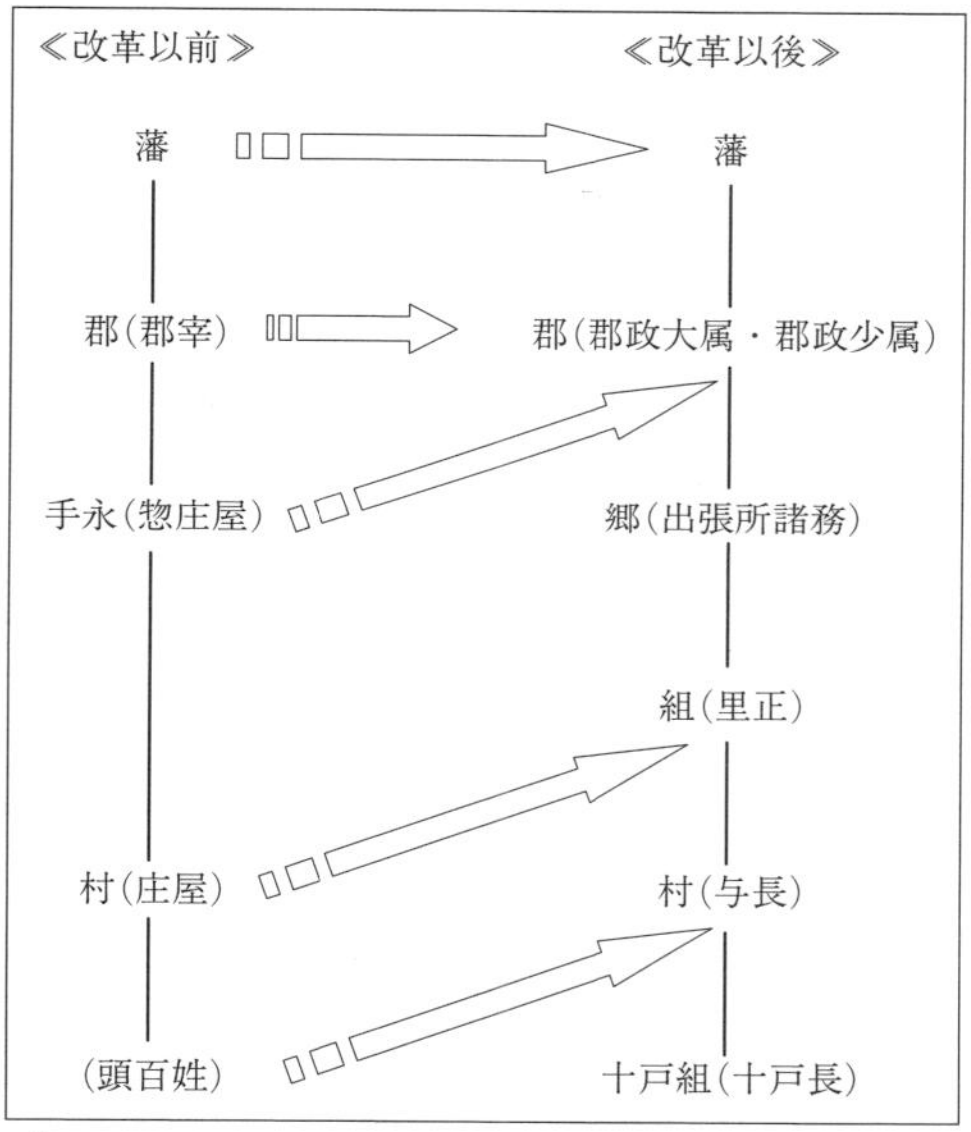

『熊本県市町村合併史』、瀬崎正治「明治三年の郡政機構」より作成

藩校時習館の句読師や国学師範を務めた安田市助を父に持ち(9)、改革当時三六歳であった(10)。郡政大属任命以前の詳しい経歴は不明で、嘉永六年（一八五三）に浦賀警備を勤めたこと(11)、明治元年一〇月末には横井小楠門下の江口純三郎（徳富一敬の二弟）と横井小楠とともに京都に滞在していたということのみ判明している(12)。いずれにせよ、安田は三年改革以前に地方レベルでも藩レベルにおいても特に目立った行政経験はないと思われるのだが(13)、こういう人物がこの改革によって何故突然郡政のトップに据えられること

表1　郡政改革の流れと布達宛先の変化

月　日	差　出	宛　　先	内　　　容
6月29日	藩庁	杉谷平七郎	郡宰罷免、郡政大属（支配所八代・芦北）任命
7月2日	郡政局録事	小国出張惣庄屋衆中	安田源之丞を小国久住の郡政大属試補に任命
7月2日	郡政大属中	千葉城出掛惣庄屋衆中	御家人役附・庄屋会所役人等名前見合わせ
7月5日	杉谷平七郎	北里傳兵衛、松崎四郎兵衛、松崎文兵衛、加藤恒右衛門	郡宰罷免につき惣庄屋以下へ挨拶
7月5日	郡政大属	小国久住惣庄屋中	諸官員官宅引越につき荷物運送の人馬賃銭について
7月6日	郡政大属	郡宰衆中	改革につき当役罷免、郡政大属支配に差置
7月6日	郡政大属	北里傳兵衛	改革につき惣庄屋罷免（下代以下会所役人はそのまま勤めること）
7月6日	郡政大属	松崎四郎	改革につき山支配役罷免
7月6日	郡政大属	松崎文兵衛	改革につき郡宰手附横目罷免
7月6日	郡政大属	加藤恒右衛門	改革につき郡宰手附横目罷免
7月8日	郡政局録事	小国久住手代衆中	安田源之丞は安田退三と改名
7月9日	郡政大属	松崎文兵衛、大塚英磨	郡政権少属試補小国出張任命
7月11日	聞継児玉謙左衛門	山ノ口傳左衛門	大塚英磨方権少属試補任命のため、黒渕村城村庄屋聞継に任命
7月12日	安田退三	小国久住出張権少属試補中	安田退三小国久住出張に任命につき挨拶
7月13日	民政局録事	阿蘇南郷小国久住野津原鶴崎手代中	大属出張所決定について通知
7月13日	郡政大属	小国久住手代中	改革につき所々浦番在町番共御畳置について陸口番人へ達方
7月13日	郡政大属	近藤彦之允	改革につき宮原町廻役罷免、補備隊に差加
7月13日	郡政大属	小国久住両会所手代中	古市作太郎・松崎文兵衛・大塚英磨を郡政権少属試補小国久住出張に任命する事について報知
7月14日	小国手代中	陸口番人衆中	改革につき陸口番人御畳置について大属衆よりの達伝達
7月19日	小国久住郡政大属	小国久住権少属中	改名について取調

7月25日	小国出張権少属中	黒渕口以下当り	御改正につき津口陸口諸品出入先無運上に関係の役々はすべて罷免
7月25日	小国出張権少属中	傳左衛門ほか10名	山ノ口罷免、頭百姓兼勤の者は山々見締方を勤めること
7月25日	小国出張権少属中	南北庄屋中	陸口番人罷免、山ノ口罷免につき頭百姓が見締方を勤めること
8月2日	小国出張権少属中	傳平	黒渕村城村庄屋聞継罷免
8月欠日	久住出張所	井孫平治	久住出張所へ出席、郡政権少属試補の場を勤めること
8月欠日	久住出張所	満願寺、北里又衛、北里帰一、長谷部源吾、阿南昌三郎、松崎四郎、笹原敬造、石松淳、北里唯七、吉三郎	小国郷里正を勤めること
8月欠日	久住出張所	加藤直太郎	久住出張所掛諸務補助申付
8月欠日	久住出張所	北里又三	小国郷倉廩衛申付
8月欠日	久住出張所	児玉九内	久住出張所掛諸務申付
8月欠日	久住出張所	大塚良作	駅亭長申付
8月欠日	久住出張所	下城徳次郎	諸務小使申付
8月22日	久住出張所	郷士伍長中	手永廃止・在御家人を郷士とするなど
8月23日	民政局	内牧久住鶴崎出張所	改革につき村々庄屋を廃し、里正と改める
8月24日	内牧出張所	村々里正中	改革につき庄屋を廃し、里正と改める
8月24日	久住出張所	弥三郎ほか15名	改革につき口屋番罷免、ただし詮議により在勤席は是迄の通り
9月6日	久住出張所	松崎四郎ほか里正9名	改革につき小国郷村々与長組分・受持につき達
9月6日	久住出張所	北里帰一	改正につき下城村頭百姓罷免
9月7日	久住出張所	阿南昌三郎	改正につき西里村頭百姓罷免
9月9日	久住出張所	村々里正中	改正につき根割・肝煎・丁頭罷免
9月19日	久住出張所	小国郷里正中	小国会所を小国役所と改める
9月19日	久住出張所	小国郷村々里正中	肝煎廃止につき里正宅へ小者を抱え置くことについて
9月欠日	久住出張所	下城安熊、北里逸平	与長申付(両名への達しは23日と但し書きあり)

「明治三年　郡政改革一巻　午六月　出張所」「明治三年　諸記録　下城村　里正北里帰一」「明治三年　御布告筋扣　庚午八月　西里邑」(小国町教育委員会所蔵)より作成

になったのか、まず注目できる。

郡政大属任命の次に行われたのは惣庄屋をはじめとする手永三役の罷免で、七月六日のことであった。ただし「下代以下会所役人共是迄之通相勤候様可達事」[14]と、会所には下代以下の役人が残され、それまで藩—郡宰—惣庄屋と相互に伝達されていた布達類は、以後しばらく「手代衆中」へと宛てられることになっていることから、暫定的に手代以下の残された役人が会所の運営を行ったものと考えられる。

そして手永三役が廃された後、七月九日に郡政大属の下に郡政少属が置かれる。郡政少属は一出張所につき五名から七名が基本とされ、場合によっては試補として任命した。小国・久住では元郡宰手附横目の松崎文兵衛と元黒渕・渕両村の庄屋を務めた大塚英磨が郡政少属試補として任命された[15]。藩内では総勢三九名が郡政少属に任命されたが、うち一七名が元惣庄屋、三名が惣庄屋の家の出身である[16]。小国・久住出張所ではたまたま現地から官員が採用されているが、他出張所では出身の地域に関係なく採用されたようである。郡政少属は従前の惣庄屋の場を勤めるものとされていることから[17]、旧制度における惣庄屋たちを郡政機構に吸収したものととらえうる。

このほか郡政機構には出張所諸務（少属補助・「御免方其外銭穀受払等」、一〇名程度）、出張所出仕（少属代勤等、三・四名程度）、筆生（物書場、二名）、出張所小遣（「上官ノ使令ヲ受ケ筆算ニ従事」[18]、五・六名）が置かれた。「従前会所之小頭并本見習等全テ出張所へ、諸務小使を置可申事」[19]との記録があることから、これらの役職にはかつて会所に出仕していた小頭・見習のような下級役人が充てられたといえる。この具体例として河江手永会所に出仕していた岩崎仁平・直平（のち奇一）親子があげられる[20]。岩崎仁平は会所手代から出張所諸務に、直平は出張所の小遣、のち諸務に任命された。「岩崎奇一翁傳」では、「下益城宇土二郡七会所ノ凡ソ二百ノ役人中ヨリ二十人ノ庶務小使ヲ抜擢セラレ、……」と、改革後多くの同僚が罷免されていく様子、さらに岩崎仁平・直平が親子で抜擢されたことが嫉妬の対象となっている様子が回顧されており、改革において大幅な人員削減が行われ、会所役人の明暗が分かれたことがうかがえる。

こうした出張所下級役人の任命は、後述する村政機構の改革と同時期に行われた。これは、下級役人に任命された層が改革後に不在となった惣庄屋以下手永三役の代わりに会所詰として当座手永運営にあたっていたためと考えられる。表1にあるように、郡政大属が任命された直後の七月二日にすでに惣庄屋衆中に対し村内の御家人役付・庄屋会所役人等の名前を見合わせるようにとの指示がなされているため、出張所下級役人と村役人の任命は惣庄屋の提出した調書をもとに郡政出張所側が振り分けたものと考えられる。なおこの時、先述の会所役人以外にも村方の役を務めたものが出張所小遣に登用された例があることから(21)、地方の有能な人物をもとの役に関係なく登用したものといえる。

このように、まずは郡政出張所を中心とする郡政機構が改められ、その後、村政機構の改革が行われていく。村政機構の改革は七月後半から始められる。まず七月中旬ごろからに山ノ口・陸口番人が罷免されはじめ、彼らが担った職務は暫定的に頭百姓が勤めることが定められたが、本格的な改革は、八月二三日に手永・庄屋・在御家人が廃止され、それぞれが郷・里正・郷士と改められる旨が里正たち宛に布達される。この時の布達については周知の通りであるが、次に掲げて置く。

【史料1】

今般改革ニ付、村々庄屋を廃、里正と被改候

一、従前手永を何々郷と被改候

一、在御家人を郷士と被改候

右之通候条支配方江茂為心得可被相達置候事

八月廿三日　　民政局

同廿七日社寺へ及達

内牧久住鶴崎出張所

右懸里正中[22]

この布達によって各地域に里正が置かれることが告知される。里正任命の詳しい日付は不明だが、表1にも記載している通り、この布達によって里正が置かれる前にすでに里正任命はすんでいるようである。また後述するが、小国郷では右記布達が出されるより前の八月二一日段階に、すでに里正中に対する布達が行われており、なおかつ彼らには二二日より勤務するようにとの達しがなされていたことから、実際に里正が役職として機能し始めたのは二二日であるといえる。

小国郷における里正任命は表2の通りであるが、多くが改革前に庄屋を勤めたもので、改革後の受持村もほぼ同じであることがわかる。里正は三から六ヶ村をまとめた「組」に一名ずつ置かれた。出張所よりの布達は里正へと渡され、里正から村々へ伝えられることになる。また、村から出張所への申し出等は里正を通じて行うようにとされた。

里正の性格は「今般之里正ハ従前之庄屋と違、教化・風俗・勧業・山川内野ニ掛[23]」と表現される通り、基本的にはかつての庄屋たちが務める役ではあったが、それまで事柄ごとに役が任命されていたものを統括する、実質的には惣庄屋的な立場として扱われることになったといえる。これはかつて熊本藩で郡代を勤めた中村恕斎の日記である「恕斎日録」中に「庄屋ノ跡ニ而候得共、惣庄屋ノ場[24]」と表現されているのと符合する。例をあげると、旧制度下では難渋者への貸付金を会所が行っていたが、改革後は会所がなくなるため、仕法については里正が直接郡政出張所に懸け合って行わねばならなくなった[25]。また、改革によって従前郡代支配であった在御家人は里正の支配下に組み込まれる。このように、里正はただ単に庄屋役からスライドしたものとして組を統括するもので

表2　改革後の里正

里正名	居住地	受持組	受持村名	旧　　役　　職
満願寺		満願寺	満願寺村	
北里又衛	上田村	赤馬場	赤馬場村 馬場村	赤馬場村・馬場村庄屋、武芸倡役
北里帰一	北　里	下　城	下城村	下条村庄屋
阿南昌三郎	下　城	西　里	西里村	満願寺村庄屋、郡代直触
松崎四郎	馬場村	黒　渕	黒渕村	黒淵村庄屋聞継、郡代属直触・桑蚕方
笹原敬造	中原村	中　原	中原村 湯田村 坂下村	中原村・坂下村・湯田村庄屋
長谷部源吾	江古尾	北　里	北里村	銃隊引廻助勤
石松淳	下　城	宮　原	宮原村 土田村 幸野村掛三ヶ村	萩原村・西村庄屋
北里唯七	北　里	上　田	上田村 蔵園村 柿迫村	出張所役人・手代
佐藤吉三郎	赤馬場	扇	扇村	扇村庄屋

「明治三年　郡政改革一巻　午六月　出張所」(小国町役場所蔵)、「明治三年小国北里手永手鑑　午七月」(熊本近世史の会編『肥後国郷村明細帳(二)』、青潮社、1984)より作成

表3　改革後の与長任免

村　名	与長名	旧　　役　　職	旧役職罷免日	備　　考
西里村	石松武次郎	竹田・日田等の鎮撫、肝煎	9月6日	郡筒、苗字御免(罷免日は肝煎のもの)
	又平	頭百姓	9月7日	
	茂八	肝煎	9月6日	
下城村	利久太	頭百姓	9月6日	
	伊八	頭百姓	9月6日	
	亀吉	頭百姓	9月6日	
赤馬場村	松崎傳七	御制度見締役・日田陣屋警衛等		一領一疋、但し改革前に隠居
	下城安熊	銃隊引廻役・日田民動鎮撫等		地士 のち満願寺村戸長･郷中取締

「明治三年　郡政改革一巻　午六月　出張所」(小国町役場所蔵)、「明治三年小国北里手永手鑑　午七月」(熊本近世史の会編『肥後国郷村明細帳(二)』、青潮社、1984)、『小国郷名簿録』(私家版、2007)より作成

はなく、より大きな裁量権を与えられることになったものと評価できるだろう。

庄屋が里正として組を管轄する存在となったため、その代わりとして九月六日に一村に一人ずつ与長が置かれ、里正の支配下とされた。「恕斎日録」中には「以前頭百姓ノ場ニ候得とも、庄屋之場を勤」むと記載されている。与長に任命された人物を表3から見てみると、かつて頭百姓を勤めた者だけでなく、肝煎や在御家人たちが含まれていることがわかる。近世期の在御家人の位置については、地方役人を勤める家と在御家人役に従事する家とに分かれるとの指摘があるが[26]、ここで任命されている在御家人は後者の方であることから、この改革によって、かつて地方運営には従事していなかった在御家人たちが村政に組み込まれ、かつての頭百姓たちと同勤するようになっていった点が特徴的であろう。なお頭百姓は与長任命日にすべて罷免されており、元肝煎で与長を勤めた者については同日肝煎を罷免されることとなった。

庄屋が廃止されて村には与長が置かれた後、九月九日にかつて庄屋の下におかれていた根割・肝煎・丁頭が罷免される。ただし彼らは一度は罷免されたものの、村落運営のため、出張所側は次のような布達を出し、再度の設置を認めた。

【史料2】

口達

一、従前之肝煎者廃止、以来者里正宅江小者壱人公私用兼抱置、小前々々江触出候儀者右小者ヲ組頭々々江差廻、組頭ヨリハ御用筋直ニ組下江無洩可致沙汰事

但火急之御用筋ニ無之節ハ里正ヨリ方角之組頭江触出候ヲ組頭ヨリ次々無滞順達致シ可申事

右之通ニ而御用之緩急ニ随ひ小者を差廻候と組頭ヨリ順触之儀者里正見込次第ニ候間、前条之通相改可申事

九月十九日　　　　　　　　　　　　　　　久住出張所

小国郷村々里正中[27]

この「口達」により、里正が公私用を兼ねて小者を抱え置き、布達伝達のさいには小者から改革後村落に置かれた十戸組の頭へ、十戸組の頭から組下へ伝達するようにされた。史料中の「公私用兼抱置」という文言は前掲「恕斎日録」中の「帳書肝煎は里正手雇也」という文言とも一致し、実際に彼らの給料は「村帳書并肝煎給、且村役務炭薪油等之費用、本行里正給米之内より相償可申事[28]」と、里正の給料から他の雑費と併せて支払われたようである。なお史料2の布達を受けた西里村里正の阿南は、九月中に受持組の村よりそれぞれ一名ずつを肝煎として雇っており[29]、他にも里正手雇筆生（帳書）として旧庄屋を雇用した事例もある[30]。このように村方の雑務を担う人物についてはすべて里正の責任・裁量での設置となっており、言いかえれば、改革前に設置されていた各村の役人の「役人」としての側面が否定されたもの、あるいは村方に関する雑務が公的な雇用から私的な雇用へ変化したものといえるであろう。

(2)在御家人制度の廃止

本項では近世熊本藩における在御家人制度が、三年改革によってどのように変化していったかについて、地方行政の変化と絡めて明らかにしていきたい。

まずは簡単に在御家人制度についてふれておこう。

在御家人とは主に宝暦の改革以後に制度化された熊本藩の武士身分の一つである。苗字・帯刀を許されており、村に居住しながらも「村人数離れ」として、年貢負担はするが農業経営は名義人としての高主をたてて行うなど、百姓身分から離脱した存在であった。またその身分はさまざまな特権・待遇の組み合わせにより細分化されていたが、こうした諸待遇を得た者のうち、在御家人とは特に郡代から直接触れを受ける「郡代直触」以上の者を指す名称であった。

この在御家人制度は、近世地方行政の根幹をなした手永制度が三年改革によって廃止されたと同時に廃止されることになった。

はじめに、次の布達を確認しておきたい。


【史料3】

今度依改革従前之手永唱を被改以来郷と唱可申事
一、従前之在御家人を郷士と唱可申事
一、今所并今所役人都而被廃候事
一、諸御沙汰筋以来里正ヨリ通達ニ相成候条左様可被相心得候事
一、諸書付等差出候節は久住出張所当中ニ〆懸里正手元江可被差出候事
右之通御布告ニ相成候条左様相心得組合中へも可有通達候事

八月廿二日　　　　久住出張所

郷士　伍長中(31)

これは史料1の前日に在御家人宛に出されたものである。この布達によって手永が郷と改められることにともない、在御家人は郷士と改められた。

同時に、布達の通達経路が変化する。もともと在御家人とは郡代直触以上を指すものなので、手永に居住しながらも実際には郡代の支配下にあった。それが改革によって以後の布達は里正から受け取ることとされ、また郷士たちが上部組織に書付を提出する場合は、里正を通じて行うものとなったのである(32)。

なお、在御家人制度の廃止は、それまで勤功や寸志によって進席が可能であった在御家人内部での身分も否定

していった。

【史料4】

志らへ書

郷士之面々依勤功進席申立之儀、当春以来郡宰より達有之候内ニは年限津《ママ》ク御取扱難相成候分は差戻、又は郡宰手元ニ留置研究有之、未夕達込無之分茂有之、或は郡監付横目見聞ニ被差廻置、其侭手数出来兼候分茂有之候処、今度惣庄屋ゟ相達置候写を以御賞美催促之ヶ所茂御座候処、先般御改正之始ニ七等官以下足軽段以上、有官無官之別無惣而士族ニ被仰付候ニ付而は、下る程結構之進席ニ相当申候、尤有官無官之別を以幸不幸之論茂可有御座候得共、是等之差障は独在中而已ニ無之、御府中之面々江茂数多有之候得共、藩制御布告前後を以御切分ケニ相成候儀は勿論之筋ニ而、今日ニ至旧式ニ立戻り御取扱之遠近は素ゟ可有之様茂無之候ニ付、右等之儀は弥以其侭可被聞候哉

郡務掛

右僉議之趣を以十二月十三日達之、達振ハ布告扣ニアリ[33]

これは明治三年一二月、郡務掛において提出された「志らへ書」である。史料中にあるように、郷士が提出していた進席申し立てに対する裁許が明治三年春からストップしていたため、郷士の面々は賞美を催促していた。しかし、地方行政を統括した藩の部局の一つ、郡務掛はそれを断っている。郡務掛は改革によって有官無官にかかわらず総じて士族となったことを持ち出し、身分が下の者ほどかなりの進席に相当するはずなので、郷士間の身分は皆平等である、と身分内部での優劣をつけることを否定している。ここでは「在中」(＝地方)だけでなく「府中」(＝城下)においても同様の事態であることが持ち出され、今更旧制度に戻すつもりはない、ということが述べられている。また、史料の末尾に「右僉議之趣を以十二月十三日達之」とあるが、実際に十二月十三日

に出された布達においても、「郷士之面々依勤功進席申立之儀、…（中略）…今般席之等級被廃候ニ付、外ニ御取扱は無之候」[34]と郷士間の等級を廃止し、格別の取扱いはしない、ということを明言する。

こうして里正の支配下に置かれ、内部での身分の上下も否定された在御家人たちは、他にもさまざまな特権を剝奪されていった。そのうちの一つで、もっとも顕著なものが以下にとりあげる「空名高主」の廃止である。

【史料5】

郡政大属仮触以下郷士之面々向後空名高主を廃小前ニ而一帳編制いたし組を立村々申談ニ茂出席いたし候様申付候条、左様相心得此段可被相達候事

十月七日　　民政局

内牧久住鶴崎出張所[35]

すでに文久期には布田手永の在御家人・赤星伊兵衛によって、藩の軍備拡大政策のために一般百姓から寸志を徴収した結果、帯刀特権を獲得する者が増加したため、これに反比例して夫役を務める「役男」が減少し、村落共同体の維持が困難になってきている、ということが指摘されている。[36]また、玉名郡惣庄屋の木下初太郎も「以前と違夥敷人数ニ相成」っている在御家人の把握が困難であることを懸念していた。[37]こうした幕末期の村落共同体維持の困難さを解決するためか、史料5では郷士たちの空名高主（年貢負担はするが名義人としての高主を立てるという在御家人特有の農業経営の在り方を指すものであろう）を廃して小前帳に名前を記載されること、十戸組に入り村寄合へ参加することが定められた。この布達によって郷士たちがかつて特権として有していた「村人数離れ」が否定されたといえる。

【史料6】

しかし郷士たちはこの布達には簡単に応じなかった。

覚

郷士卒伍列組之儀従前流懸之侭罷在候処、空名家代を廃シ小前一帳編制被仰付候ニ付而は一身両様ニ有之、身分ニ係候儀も其懸里正并親類ヨリ預り、且非常患雑は十戸組ニ而互ニ相助候得は伍列組は於方今無用之儀ニ付、御解放被仰付度奉存候事

明治四年五月

菊池出張所

郡務掛

郷士卒従前伍列組解放之儀ニ付菊池出張所より本紙之通相達、相当之事ニ付、右解放之儀は郡中一統江も及達可申哉と奉存候事

郡務掛

菊池出張所ヨリ之書置ニ付札

聞届候

五月十九日

郡務掛

出張所各所江之達

郷士卒従前伍列組は解放候条此段可達也

五月十九日

郡務掛

千葉城木倉一切、松山高田一切、高瀬一切、内牧久住鶴崎一切

山㊞

郡務掛(38)

郷士たちは史料5の布達をうけて、空名高主を廃して小前帳に編成された。にもかかわらず、伍列組という旧在御家人特有の組編成が問題となっていることがこの史料6中からうかがえる。伍列組とは、通達等の伝達など

のために在御家人五名から一〇名程度を一組としてまとめて設置されたものであるが、これが「従前流懸之侭罷在」という状態であったことから、菊池出張所は伍列組の解放を藩庁へ願い出た。そしてこの願を受けた郡務掛は、出張所の言い分を「相当」として聞き届けるとともに、同じような弊害が生じていると考えられる藩内各出張所へも伍列組の解散を命じる布達している。

ここで注目できるのは、非常時には十戸組で相互に助け合えば良いのであって、そうすると伍列組はもはや必要ないのではないか、と出張所が主張してある点である。つまり、行政側は旧身分の枠を超えたところにある組によって地域社会を把握しようとしており、そのとき、伍列組のような旧制度に則った枠組みは、邪魔者以外何者でもなかったのである。

そして藩側だけでなく、村落側も郷士たちに夫役の負担を求めるようになっていく。その一例として、次の史料があげられる。

【史料7】

覚

養水出夫之儀地方係り候事柄ニ付、去冬郷士家代被廃候処ニ而ハ都而平民同様一戸十人之働男有之候得者其分不残出夫可仕方ニ而可有御座、勿論往還造リ且自他藩通行之立人馬ハ相省キ、平民役男ヨリ相勤不申候得共、村道造リ竈掛リハ平民並是迄出夫相勤候事ニ付、郷士たり共相勤候儀至当歟ト奉存候、尤出夫役男年齢之儀是迄之処ニ而ハ十五以上六十才已下相勤来候得共、些ト当リ立候様御座候間、働男ハ十七才已上五十才迄ニ而相勤候方と私共集儀仕候間、向後其通被仰付、自他村無差別養水ハ四民打混相勤申候、割賦規則之儀者畝ニ七歩、人員ニ三歩と定メ置申度、此儀御存寄不被為在候ハヽ、郷士之面々江者被及御達被下候様奉願候、此段書附を以御達仕候事

明治四年七月　　内牧郷里正中
　内牧出張所

上ニ付紙
可為願之通候、尤年齢之儀者僉議之上可相違候事
　八月六日　　内牧出張所

右之通ニ而社寺者郷士之部ニ入居申事(39)

ここにあるように、里正たちは往還造や自他藩の通行時の立人馬のような夫役については一部免除を認めているものの、養水出夫のような直接自分たちの生活にかかわるようなことについては、郷士・家代は廃されたのだから「都而平民同様、一戸十人之働男有之候得者、其分不残出夫可仕方ニ而可有御座」と、郷士たちにも出役するように求めている。そして出張所側は年齢の条件以外は里正中の願を聞き入れた。

以上のことから、改革によって在御家人が郷士と改められることにより、彼らは村落共同体の中に組み込まれる存在となり、また、村側も空名高主の廃止によって彼らに直接の夫役負担を求めるなど、村落共同体の中に位置づけていこうとしていたといえる。

(3)三年改革後における「郡」と「郷」

以上述べてきたように、三年改革を地域社会に即して見た時、地域運営における人的な面は、一部では旧制度を引き継ぐ面が見受けられるものの、実際にどのレベルでどういった事柄に従事しているかという面では大きく異なっており、手永が郷にそのままスライドしたとは言い難い。従来の郡宰（郡代）の多くが罷免されて安田のような新たな層が郡政大属へ抜擢されたことや、旧惣庄屋層が郡役人たる郡政少属となり、旧庄屋層が里正とし

て数か村を取りまとめてかつての惣庄屋的役割を担うようになったという事実は、これを顕著に示しているといえる。

このように郡宰以下地方行政に携わる人物が選抜された理由を考えるに、永年地域行政と密着していた役人たちの不正という側面があったのではないかと考えられる。例えば吉村豊雄は慶応期の飽田・詫摩郡代岩崎物部が接待・賄賂によって罷免されている事実を紹介しているが[40]、この岩崎の例にあるように、不正は転勤制の郡代であっても起こり得た問題であった。ましてや、より地元との密着度の高い会所役人や村役人において不正が起こらなかったはずがない。明治四年に仁一をはじめとする矢部居住の百姓が座談しているという形式で書かれた「仁一噺[41]」では、三〇年来の出来事を回顧して、庄屋や会所役人がみずからの私利私欲のために不正を働き、結果、村落が零落していったと述べている。そして座談の中で物庄屋になるほどの者は学問や役筋巧熟か先祖の申し立てがあるか、とにかく人並の人物では勤まらないのに「穢ナク」なったのはなぜであろうかとの問いが出されたことに対し、村落を救おうとする惣庄屋もいるけれど「同役ニハサマレ帳口ノ権ニ恐レ、時ノ勢ニ随フガ上分別ト薄情ノ方ニ落テ仕舞ウ」という状態であったため、村々が自然と衰えたのだと指摘する。このような地方役人に対する不信感が根底にあったため、如何に民政経験があろうと、地域社会との繋がりが深く、不正が起こりやすい人物よりも、藩政府の意図をよく汲みとれる者を郡政機構に送り込み、郡以下の地域社会役人には選抜された有能な人物のみを残した方が、地域社会にとっても、集権化を推し進める藩政府にとっても都合がよかったのではないかと思われる。

しかし一方で改革によって地域運営を担うことになった里正の民政経験不足から、地域運営が混乱するのではないかとの指摘もあった。

【史料8】

権少属の面々手永々々受持なしにて寄合勤の様子に候処、右の通にては当座の軽事急迫の事柄所分を衆議し、即埒を付候方に取候ては却て得便利可申かに候得とも、一手永の利害得失永久に亘候仕法筋等、身を委取起候事件に至候ては余所事に成行、或は銘々当座人の意外に出候珍説を主張いたし、後来に弊害を不省事柄なと行連可申哉と竊に相考申候事(42)

これは改革後、玉名郡惣庄屋を罷免されて玉名郡の十戸長となった木下初太郎が、改革を主導したとされる竹下律次郎に宛てた書簡の一部である。木下は、三年改革ののち玉名郡には三人の権少属が任命されたが、彼らにはそれぞれに担当の郷があるわけではなく三名で五つの郷運営を担っており、一見便利に見えるが、誰に責任があるわけではないので、のちのち弊害が起こるのではないか、と心配している。こうした見解から、木下は同年閏一〇月から四年五月までの間に「口上之覚」において養水・洪水防方その他悪田の手入・零落所成立などの非常事態にあたって、里正の力では不十分であるとして老練の人物を任命することを進言している(43)。

さきに見たように、改革の趣旨においてこうした事業は里正の職掌の範囲内とされている。改革後、里正となったのはほとんどが元庄屋層で、中には表2中の長谷部源吾のように在御家人役しか勤めたことのない人物も含まれていることや、村政レベルにおいても「公」レベルでの役人が設置されず組を統括する里正が置かれただけであったことを考えると、確かに木下初太郎が進言するように、地方の事業を恙無く執り行い得たとは言い難い。

では行政官の責任の所在が不明瞭であり、里正の手に余る事項も多いという事態を実際に地域社会はどのように乗り越えたのか。改革後以後に行われた事業の事例として、小国廨舎（手永会所に代わって置かれた郷を単位とする役所）の日記の抜粋である表4と、小国郷における会談の記録を抜き出した表5より、明治四年六月の小国郷から日田までの通船のため行われた川筋見分を例にあげてみていこう。

表4では、見分に大属と権少属がやってきて、廨舎側として諸務児玉九内と里正北里帰一が同行した、と記述されていることから、川筋見分は地方役人の案内のもとで、出張所役人が出張して行われたものであることがわかる。また表5中、七月二六日の「頭書」において、出張所は見分の結果について川筋通船を行うことが決定したため、小国・久住両郷の諸産物について十分話し合うようにと里正中に指示をし、両郷里正は話し合いの結果を同月付「御受申上覚」で返答している。つまりここから、事業のための見分は地方役人の同席のもとに行われるが、実際に指示をしているのは出張所側であって、里正たちは出張所の指示に対して同意できるかできないかを自分たちの申談で決し、納得できれば「御受申上」として請け負う、という構図が見えてくる。

ここで注目できるのが、廨舎の存在である。廨舎は一郷に一つ置かれた。しかし表1からわかるように、改革後の布達は郡から直接組へなされている。では郷・廨舎はどのような意味を持ったのか。

【史料9】

一、里正之儀両人完日々輪点を以小国詰所江出勤之事
　但御布告筋且廻状等其日々出勤之面々ヨリ仕出方取計之事
一、湯所見締之儀受持之里正ヨリ相勤可申事
一、官山道橋普請堤井手養水産物等之世話悉皆委任之事

　詰所出勤輪点

八月廿二日踏出　（北里帰一 阿南昌三郎）
同廿三日　（北里唯七 佐藤吉三郎）

表4　小国郷廨舎記録中における出張所—地方間の動き

月	日	日記記述内容
1	13	里正中会談
2	3	林大属が久住より来る。少属管淳蔵・諸務馬場寛太・工藤孫次郎も同道。
2	4	林大属は内牧へ帰還。この日里正・与長と対面。
2	20	里正中会談
5	20	小国・久住里正中人馬賃銭取扱振等について集会のため、久住郷里正が小国へやってくる。井権少属が当廨舎へ出張。
6	4	里正中会談
6	10	井権少属出在。
6	13	林大属が内牧より来る。
6	14	里正中定日会談
6	17	林大属・井権少属は土田瀧下夕より利筋見分のため杖立・志屋・黒渕を廻村。また、廨舎より児玉九内・北里帰一が同行。
6	18	林大属以下廻村。杖立を出立し、黒渕へ止宿。
6	19	林大属以下は黒渕を出立し、帰館。黒渕組のうち、本村小屋下鶴山角方面で疫邪病人の見分を行う。黒渕組疫邪流行につき、病院より医師派遣の迎えとして下城徳次郎が出立。
6	20	林大属は内牧へ移る。
6	21	宮原町成立申談として井権少属・児玉九内・北里帰一が出役。
6	22	当利境御算用一巻免帳など持参のため、北里帰一が久住出張所へ行く。
6	24	井権少属久住へ帰る。
6	26	里正中が久住において両郷会談のため出立。
6	27	山田小参事が今夕久住出張所に止宿。
6	28	山田小参事衆が星和村到着、井寿平太宅へ行く。また、満願寺北里逞平宅へ六つ半時分到着。
7	1	山田小参事は宮原村を六時に出発、廨舎へ。昼からは内牧に移る。
7	4	里正中会談
7	6	里正中会談

「明治四年　諸達日記　辛未正月　小国」(小国町役場蔵)より作成

宛　先	大属等による僉議							備　　考
	年	月	日	表　　題	内　　容	差　出	宛　先	
久住出張所								
久住出張所								
出張所								
出張所								
久住出張所								「覚」(出張所へ報告)、「奉窺覚」(他村上高証文について)あり

表5　小国郷における地方会談及び内容

年	月	日	表　　題	会議内容	会議出席者
3	9	6	申談書		黒渕村、宮原村、西里村、北里村、満願寺村、上田村、下城村、赤馬場村、扇村、中原村
3	10		覚	村々惣小前并郷士高主共々人員并受持田畑・所持の牛馬・貸借米銭など取調	村々里正中
3	10	10	（なし）	御救籾	阿南昌三郎、笹原敬造、石松淳、長谷部源吾、北里唯七、満願寺、佐藤吉三郎、北里帰一、北里又衛
3	閏10		奉伺覚	会所村請出銀、里正役宅賃并取繕料・床上納、小前帳、村役人以下給米、久住越人馬宿、諸山御初穂、役所抱夫給米	里正共
3	11		覚	宮原駅より所々へ継立人馬村々より出夫について	組々里正共
4	1	13	覚	明治三年平常公役については御一新の砌につき振方差止	阿南昌三郎、笹原敬造、満願寺、佐藤善三郎、長谷部源吾、北里唯七、石松淳、北里又衛、松崎四郎
4	1	23	正月廿三日会談	質地譲地証文、川堀井樋堤普請、往還道路普請、赦免開建山、養蚕倡、往還筋并村道の役男召仕、村々産物出来高調出、字割	
4	2	8	二月八日会談	従前惣庄屋直触帯刀免、治療所での薬種代上納、極難渋の者への農具并牛代拝借、諸書付当先、桑苗世話筋の人選、士卒相続願、大津運送より出懸出馬、去秋倉廩米、宮原上田組穀類代上納、影踏帳并惣人数一紙目録調達、御客屋、茶楮生産、椎茸生産、馬口労取締、状持抱夫并小走極方、出張所抱夫出替代柄、暦配当、鶏糞他へ売出方禁止、肥、塵芥・すくねの利用、湯などの廃棄禁止	
4	3	13	三月十三日申談之稜書	滞陣夫御繰出、給米・銭渡下、塩・味噌自身々々持参、今晩此処元迄差出、郷士頭の事	
4	3	17	小国郷社寺郷士卒族役男扱此節法則相改左之通	社寺郷士卒族の役男扱い	里正共
4	3	17	未三月十七日会談	証文手数	里正共
4	5	14	五月十四日衆議	当年免帳仕立方、証文認方、赦免開調	

宛　先	大属等による僉議							備　　考
	年	月	日	表　　題	内　　容	差　出	宛　先	
久住郡務出張所	4	5	21	頭書	質地譲地請取証文、野方草場、出坐達、小久人馬賃銭非常備、久住小国両郷里正受持の村々人員戸数等調、筆生人体選択	久住出張所	両郷里正中	
久住郡務出張所	4	7	26	頭書	改革にともなう御制度見締廃止以後の心得達、小国郷土田瀧下より日田迄の川筋通舩、貧民成立筋、諸書付并諸調筋日限物、官山繁茂且諸手入など、道路に猥に牛馬を繋がないこと	久住出張所	両郷里正中	
								戸籍法改正について、五年二月に副戸長中より阿蘇出張所へ「奉願覚」あり

年	月	日	表　題	会議内容	会議出席者
4	5	21	五月廿一日小久里正中会談	人馬賃銭割戻分、証文印形	権少属井孫平次、諸務児玉九内・下条徳次郎、久住里正志賀安三・渡辺藤平・皆口善一・佐藤量作・秦啓次郎・猪志鹿国・首藤修八・工藤孫策・城小十郎、小国里正満願寺・北里又衛・北里帰一・阿南昌三郎・松崎四郎・笹原敬造・長谷部源五・石松淳・北里唯七・佐藤吉三郎
4	5		覚	質地譲地受取証文、野方草場入用、出坐達、小久人馬賃銭非常備、久住郷村々新田上畝徳米、小国郷人馬補徳米納、小久両郷里正受持の村々戸数など調	両郷里正共
4	5		（なし）	養水出夫扱、遣人馬足賃銭、手永受橋懸方出夫、定例神事等の諸入目銭取扱、風鎮并晴雨五穀成懸の神事諸出銭、神武帝御祭典、諸社諸山配札、村繿夫扱	両郷里正共
4	7	4	七月四日会議之稜々	農具作牛馬代等拝借・鶏仕立払方の取扱、官山根渡輪地焼夫積、郷士心得方沙汰、砂糖製法道具など	
4	7		御受申上覚	小国郷土田瀧下タより日田迄の川筋通船、貧民成立、諸書付日限物調達、官山繁茂等のこと、牛馬を猥に道路へ繋がざるようとのこと	小久里正共
4	11	25	十一月廿五日会談	宮原駅立人馬一件	
5	1		戸籍法調申談稜書	貸屋、郷中縁組の者送籍、脱籍人、徘徊・物貰躰の者送立方、他県下より入込相滞居候者、五十日以上滞留の一季奉公人、無宿無頼の者送方、戸籍調に関係の事件の取扱人規定など	
5	2	14	申二月十四日会談	春道造では社寺郷士卒当代壱人は役男差除	
5	2	25	申二月廿五日会談	犬の始末・飼方	
5	3	10	三月十日会談	両神社月並祭担当・献供	

宛　先	大属等による僉議							備　　　考
	年	月	日	表　　題	内　　　　容	差　出	宛　先	
	5	4	27	四月廿七日大少属伺	廨舎より上達定日究、戸長詰所、廨舎名称変更、十戸長引高、取次所給料并入費、士族卒家長譲、戸籍に関する事件の取纒め、訴訟の者の扱い、迷子・捨児の扱い			

年	月	日	表　　題	会議内容	会議出席者
5	4	13	壬申四月十三日申談候条	各郷人馬継所規則、郷社村社の氏神守札、官林調、大少属以下廻在の節の宿料、新聞紙閲覧、里正宿所、里正集会日限場調出、諸官宅并床地諸道具共不要分売払につき調出、里正中出張所にて会議の定日変更、貧民一時救助規則	
5	5	8	五月八日於内牧議定	諸願伺等認方、博奕等吟味の節郷中取締召方、十人長引高、十人長繰替の節司令、証文前書戸長副名前、送籍証径紙	
5	5	10	五月十日会談	上達の諸書付の差出、日限物達方の提出日、迅速の御布告筋の取計、贖金の差出、郷中取纏一紙を取る事件のほかはすべて庁へ直当で仕出	
5	5	15	五月十五日会議	官藪・私藪の笋掻き禁止、藪の笋窃盗過料、牛馬野飼、田根付仕舞、田根付日雇賃	
5	6	10	六月十日十一日会談ニ而決議	杉平作弥小豆谷小屋詰方について賞賜、引離銭取扱、種痘謝礼	
5	7	4	壬申七月四日衆会申談稜書	盆踊一切差止、細工の燈籠一切差止、雨乞神酒上取計、茶代銀代取立、官林根渡夫積方	
5	7	17	来ル十七日衆会申談稜書	戸籍伺書差出、夏成茶代銀について県庁へ直談、郷中橋受持の村について、郷中取締他郷他県での扱い、郷士中役男の振合	
5	7	25	七月廿五日集会申談稜書	郷内二十か所の橋の郷中割合懸方、郷中往還筋出夫、大津運送馬差給	
5	8	17	八月十七日集会申談稜書	戸籍清書差出、本方新地田畑高反貢米調出	
5	9	10	九月十日戸長中会談	角力心附、御祭礼見締につき郷中取締出役、古鉄砲札廃止の達、貢米一条小前申談、天朝節会惣休日、勤労寸志等による苗字帯刀等解放、組頭等脇差免桑苗望みのもの取調、十二月十八日行列立	
5	10	25	壬申十月廿五日会談	教導師扶持米誘引置分取立、貢米手札渡方、銃猟願紙取扱、従前猟師にて札を受居人物について、芝居床仮屋床上納、来年八十八歳の者急速届達、皆済目録銀代越取止、地租帳以下調	

宛　先	大属等による僉議							備　　考
	年	月	日	表　　題	内　　　容	差　出	宛　先	
								結果は「地券ニ付小前々々江演舌振」として記録

年	月	日	表　題	会議内容	会議出席者
5	11	25	十一月廿五日衆議	戸籍総計表・職分表・寄留表并牛馬数・田畑惣畝取調差出、地米入実は貢米通申付、僧侶苗字改方、医生中薬札のこと、置籾蔵郷備願受、利米取引、御取立日限、旧暦十二月三日は新年一月一日に相当のため元旦の式について、旧暦の式日廃止、戸長宅にて十戸長へ年酒・年玉禁止、当年中の取引日限、奉公人出替、役男惣竈割	
6	1	26	一月二十六日会議	長寿の者申渡日、郷中教導師極、官地を有する村の徳米取立、取次所給米余銭、宮原倉廩運送、馬口労鑑札、銃猟跡願分検査、神武天皇即位祝賀	
6	2	11	二月十一日会談	廨舎へ仰付けの地券調の会議、牛馬売買取締、諸職人賃銭、道路手入、不埒の儀につき質屋締申付のもの、出高上畝畑成田調、米穀以下諸産物調、奉公人洗濯障、奉公人勤方	
6	2	20	二月二十五日衆議二十日引上	戸籍帳出生死亡以下届達、休暇につき御布告、皇太神宮大麻破封の見分、産物調請書	
6	2	23	二月廿三日地券一条ニ付会談	本方新地野開数種一筆の分を従前の種類に分けること、官地山の入札	
6	2	23	二月廿三日地券一条ニ付衆議	三月十五日上田組より取掛、本方新地野開数種一筆の件、絵図出来等入費一切民費	
6	3	7	三月七日会議	土田瀧下通舟開拓、地券調代価、来る26日の川浚、日曜日休暇の廃止、天朝節神武天皇即位祭典休暇、三月二十六日会談	
6	8	26	酉八月廿六日宮地組ニ而隼(集)会議定	列居のものへ証券渡方、地価、地代価帳調、地主取究が難しい分、地券証本家に渡す分について別居の者の扱い、用聞以下の出夫省きと受持田畑畝懸の扱い、戸長筆生官俸	
7	2	28	甲戌二月廿八日旧郷戸長集会議定	田・畑・山の出来高・地価計算	

「明治三年　御改正後会談一巻　庚午八月　里正」「明治六年　会談一巻　一月　戸長」「明治五年　酉里　御布告筋一巻　里正　石松」「明治五年　御布告一巻　申正月ヨリ　上田組」(小国町役場蔵)より作成

同廿四日　満願寺
　　　　　笹原敬造
同廿五日　北里又衛
　　　　　石松淳
同廿六日　松崎四郎
　　　　　長谷部源五

右之通ニ輪点を以五日越ニて腰弁当ニ而詰方之事
右稜々及達候事
　八月廿一日　　　　　　　　久住出張所
　　里正中[44]

この布達より、里正たちに対して八月二二日より小国詰所へ交代で詰めるようにとの指示がなされていることがわかる。ここでいう小国詰所とは、小国廨舎のことを指すと思われる[45]。布達の日付は手永が廃止される二日前のものであり、「踏出」が手永廃止の前日であること、また但し書きの部分にあるように、郡から回されてきた廻状等の仕出について取り計うようにとされていることから、廨舎とは手永廃止（＝会所廃止）にともなって、郡と組をつなぐための業務を行うための機関として設置されたものであろう。

さらに表4から、ここに詰めたのは里正たちだけでないことがうかがえる。先に述べた利筋見分が行われた六月一七日条には「廨舎ヨリ児玉九内、北里帰一本行同断」と記述されているが、里正の北里帰一だけでなく、当時出張所諸務を勤めていた児玉九内も大属の出在にさいして廨舎から同行していたことから、児玉も廨舎に詰めていたといえる。この他『続小国郷史』[46]によれば、出張所諸務補助として、加藤直太郎も小国郷を担当していた。

児玉は北里会所見習いから手代へとなった人物であり、加藤は元小国郡代付物書見習（父は元郡宰手附横目）であった。これらのことより、出張所から地方運営に精通した人物を廨舎に派遣し、里正とともに地方運営に携わらせることで、史料8で指摘されるような問題の解決を図るとともに、地域社会の実情に即した民政を目指したのではないか。

以上のことから、改革後の民政は基本的には郡政大属をトップとする郡政機構を中心とし、これが地域運営の責任者たる里正集団と連携して行われたものであると評価できる。そして、その具体的運営方式として近世期の村寄合と訴願・献策活動がより整理されたかたちである、「会議」が登場すると考えられるのである。

二　地域社会運営の転換

(1)近世熊本藩における地域運営

近年の熊本藩研究において、高い行政能力を有する地域社会の実態が明らかになりつつある。例えば吉村豊雄は、藩庁文書「覚帳」（このうち特に民政担当部局である郡方の帳簿）の分析から、地域行政は村方における原案取りまとめを起点とし、郡代・惣庄屋による村方・地域調整と藩庁部局（郡方）への政策提案、藩庁部局における稟議処理、先例にもとづく政策検討、郡奉行による決議・通達、といった諸過程を経て執行されていたことを明らかにした[47]。また三澤純は、庄屋たちが寄合を開いて連名で出した意見書には相当の効力があること、藩側がそれを警戒していること、こうした会議は村レベルだけではなく手永・郡それぞれのレベルでも確認できるものであること、同等位の役人たちの意見がまとめられてより上位の役人集団へ伺・訴願として提出し得る構造があったことを指摘している[48]。

しかし、こうした手永制を基礎とした前近代地方行政は、これまで検討してきたように、三年改革によって手

表6　正院郷会所仕立講解放についての僉議課程

	年　月　日	差　　出	宛先	内　　容	備　考
①	4年4月	正院郷里正	菊池出張所	旧冬以来民食備講の解放を願い出ていることについて、難渋のため再度解放願	
②	4年4月	菊池出張所	郡務掛	正院郷は旧会所官銭を余計に支払っているため、急いで返すようにとの願	
③	—	—	—	付紙にて先書・講帳写を差出すよう指示	①の付紙
④	4年5月	正院郷里正共	—	付紙の指示を受けて、講の概要を説明	①の付紙
⑤	4年6月	正院郷里正共	—	差し出した講帳の記載内容説明・書き間違え部分訂正	④の付紙で他に2枚あり
⑥	4年6月	正院郷里正共	—	講帳に付けられていた別の写における質問（会所官銭引受の元銭の利銭について）への返答	「明治元年正院手永民食備講帳」写の付紙
⑦	4年7月	里正	菊池出張所	会所仕立講解放について会談を行い、元銭三百貫の返還を要求	
⑧	4年7月晦日	郡務掛	—	⑥の内容について「聞届候」と返答	山・会計掛・郡務掛などの印あり

「明治四年　覚帳　菊池合志四」（熊本県立図書館蔵））より作成

永・物庄屋が廃止されることに代表される地方行政の転換、在御家人制度の廃止と郷士の村落共同体への編入、そして藩そのものの行政機構の改編といった現実の中で、転換を迫られたはずである。先に述べた吉村・三澤両氏の主な分析の対象となっている「覚帳」は、三年改革以後にも存在しているため、[49] まずは改革以後の「覚帳」から見えてくる地域運営の側面を確認しておこう。

表6は明治四年の「覚帳」における地方からの上申の一例として、正院郷の会所仕立講の元銭返還願の詮議過程をまとめたものである。[50] ここで問題になっている講とは、明治元年一一月に「近年諸物価高直（値）ニ付而貧富之境間隔ニ相成、正院手永下段以下之者共粮物取続兼及困窮候ニ付、今度民食粟五千俵御取興ニ付官銭講組立被仰付候」として物庄屋江上安太

の名の下に手永内で行われたものであった。しかし三年改革によってこの講が解散となったことで、このように「覚帳」に綴られるような問題へと発展したのである。

詮議課程は以下のように示される。①まず、正院郷里正中から「民食備講」を解放して掛金を返還してほしいとの願が出され、次に②里正中の願いを受けて、菊池出張所が正院郷は旧会所官銭とともに講出資金も納めてしまったため、出資金分を返還してくれるよう郡務掛に上申する。これに対し、③先書ならびに講帳を差出すようにとの指示があったため、④里正たちは講帳を差し出し、これまでの講の概要と利銭について説明する。さらに⑤訂正等を経て、⑥出張所へ再度正式に講解放を求める「覚」を出張所へ提出、この「覚」の書式のまま郡務掛へ回され、郡務掛・会計掛とこれらを統括した権少参事山田武甫[51]の裁許を経て、願通りに講金は返還された。

このように、三年改革以後の「覚帳」からは、里正集団―出張所―藩庁と重層的に積みあがる詮議の在り方が確認できる。裏を返せば、この詮議の過程ではそれぞれのレベルにおいて何らかの方法で合意が得られていたといえる。

そこで本節では、三年改革以後、かつて政策の立案・取りまとめを行った惣庄屋や在御家人層の代わりに地域行政を担った里正中が、地域運営のなかで如何なる役割を果たしたのかについて、さまざまなレベルで行われた会議の形態から検討を加えたい。

(2)三年改革以後における諸会議

まず、藩の役職に就いている者によって行われた会議について見ていこう。藩レベルで行われた会議として、①郡政大属会議があげられる。これは郡政大属衆が集まって行った会議で、現在確認できているのは、改革が行われている最中の明治三年八月に行われたもののみである[52]。ここでは手永を郷と改めること、在御家人を郷士と改めること、旧会所囲米、貢米納など、改革後の地方運営について話し合われていることから、この会議は改革後の地方行政の方針を決めるものであったといえる。

次に、②郡政少属会議があげられる。これは明治四年一月に行われたものが確認できている。この会議では、質地証文・譲地証文の書式やこれまでの分の取扱い、出張所備えの馬、与長・坊長の帯刀、里正官俸、従前惣庄屋直触の者の扱い、旧陪臣の扱いなどの他、大きく分けて八つの議題にわけて審議が行われた。その一例を以下に掲げる。

【史料10】

正月十四日権少属会議稜書

一、質地譲地証文之事

此儀里正割印ニ而案文左之通

（中略）

一、是迄之証文改方之事

此儀一切有懸之侭ニ而被閣段御評定相決候事

一、是迄取遣いたし置候質譲地証佐無之不分明ニ而糺明願出候分之事

此儀二十ヶ年来請持作廻懸之者を永地主と相定可申段御評定相決候通ニ付、其段一統御布告被仰付可被下候事

一、川塘堤井樋道橋等普請筋之事

此儀夫方は所柄之力役、入目銭ハ官府之出方、尤村道作道等纔之ヶ所者是迄之通

附、海辺新地普請筋之儀者一切是迄之通

一、赦免建山海辺新地之事
　此儀出張所々々ニ而研究いたし、見込之趣当月廿五日限相達可仕事
一、駅之人馬取扱之事
　此儀朝廷御布告之趣を以適宜ニ取計可申事
以上（以下略）(53)

会議の結果はこのようなかたちで議題ごとにまとめられ、それぞれ「諸郡権少属」より「郡務掛大属」へ提出され、郡務掛で裁許された分については「可為書面之通候」と議題ごとに付紙がなされた。この会議記録は藩庁記録のみならず小国郷の里正の記録中に上記文面のまま集録されていることから、会議内容が地方へそのまま伝えられたことがうかがえる。なおこの時の会議について付言しておくと、前年一二月二八日に郡務掛大属から各出張所宛に「来正月十三日於御前御会議有之候間、権少属前日迄ニ相揃候様可被達事(54)」との通達が出されていることから、会議には藩知事をはじめとする藩主脳部も出席する場合もあったようである。

こうした郡政大属・郡政少属といった役職別の会議のほか、大属・少属が集まっての会議も行われた。これを便宜的に③出張所間会議とする。出張所間会議の事例として、明治四年六月に行われたものをあげる。この時の会議では、在中居住の卒の者の戸籍のこと、官山藪御用取や養水などの運上のこと、郷士族の別居のこと、在宅藩士や社寺抱の僕丁の役男務めのこと、馬医のこと、官山取締のこと、潰竈地方のこと、新規に築立の海辺新開のこと、空野開拓地のこと、の九項目について話し合われた(55)。この会議内容は先にあげた少属衆の会議と同様、会議内容の文面のまま千葉城出張所より各出張所へ回達された(56)。また、場合によっては直接会議を開かずとも、廻状形式での意思確認を行った事例も見受けられる(57)。

以上のような藩組織における会議の下に、里正をはじめとする地方役人の会議があった。地方レベルの会議と

上記藩レベルでの会議の関係については後で分析することとし、まずは地方においてどのような会議があったのかを確認しておく。

地方会議の代表例としてまず④里正中会議があげられる。その名の通り里正たちが集まっての会議であるが、会議の規模はさまざまであった。表5は小国郷の里正中の会談記録をまとめたものであるが、ここから里正中の会議は月に何度も行われており、その内容は多岐にわたっていたことがわかる。また会議出席者を見てみると、一郷単位でも行われていた場合もあれば、久住・小国両郷の里正、つまり出張所単位で行われている場合もあることがわかる。

さらに次の史料から、会議の形態の一つがうかがえる。

【史料11】

里正中会談月番

七月 黒渕　北里　下城

八月 宮原　満願寺　赤馬場

六月勤 西里　上田　中原

図2　改革後における各会議

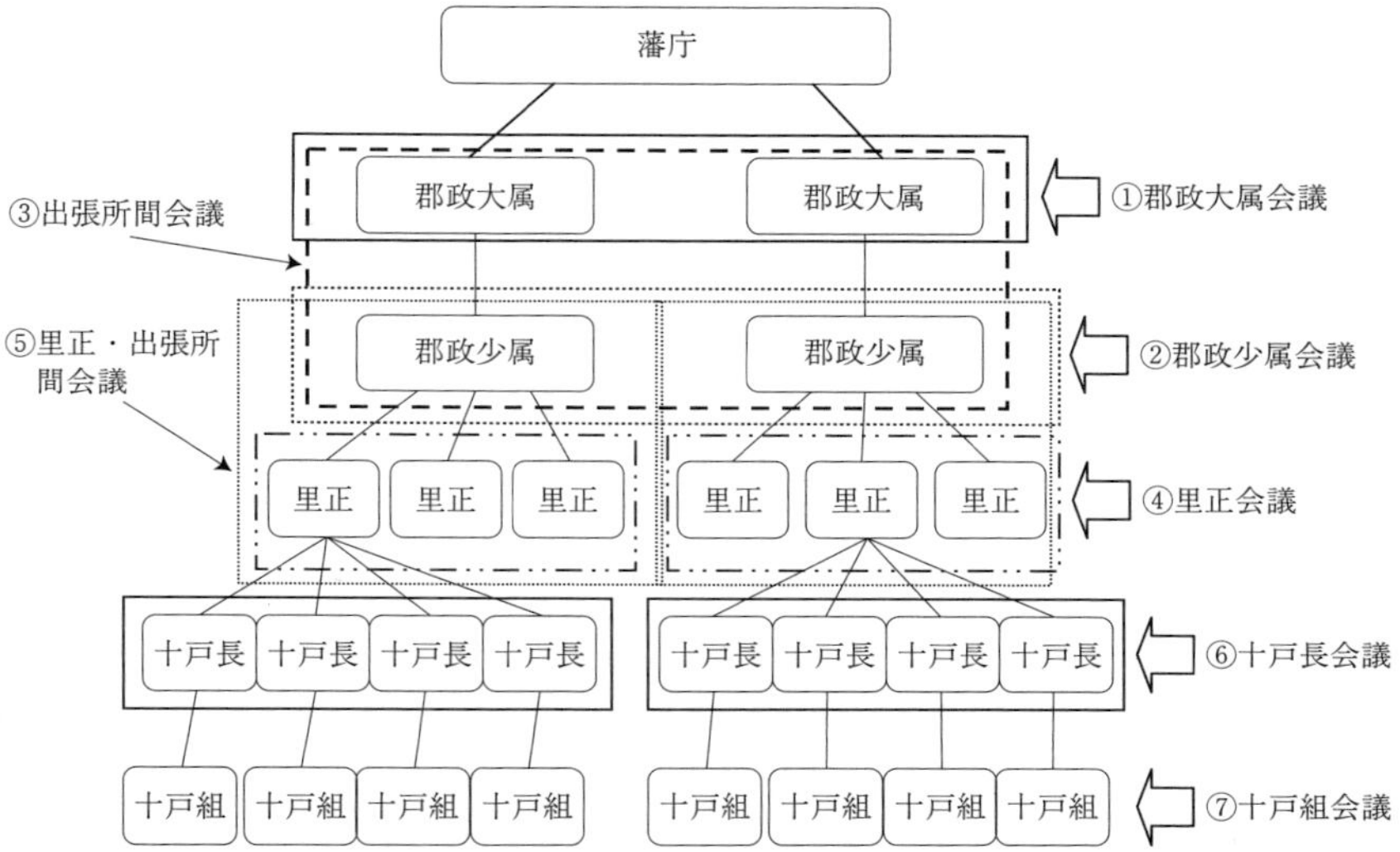

右之通元ヨリ之究ニ候事
未七月廿七日調出候事　石松[58]

このように、明治四年六月段階では小国郷里正たちは月番で会談を行っていたようである。なお明治五年一月には「毎月里正会談日ニは筆生も出勤可致事」と、里正中が毎月会議を行っていたことのほか、のちにその会議には筆生が参加することが求められたことがわかる。

また、この里正中会談に出張所役人が参加する場合もあった。これを⑤里正・出張所間会議とする。里正・出張所間会議は表5中の明治四年五月二一日の「五月廿一日小久里正中会談」に代表される。この時の会議には郡政権少属と諸務が同席して行われた。また矢部郷においても「梅田大属来ル十三日中嶋組入込ニテ往還筋通行濱町着、翌十四日廨舎ニ而各対面、正四ツ時揃可被申談……」[59]と、里正中が大属とともに廨舎で会議を行ったという事例も見られることから、こうした会議は藩内各地で行われたものと思われる。

上記のような里正中会議の下にある会議として、⑥十戸長会議があげられる。これは各村におかれた十戸組の長による会議で、おそらくこの下にある⑦十戸組会議で出された各組の意見を調整する場であったと考えられる(60)。

以上のように改革後の地域社会は重層的に積み重なった会議によって運営されており、各会議の形態は図2のように示される（図の番号は本論中の番号と対応）。そこで次項では改革後の地域運営の担い手であり、表6においても上申の起点となっている里正中の動向に着目し、彼らの行った会議の内容および他の会議とのかかわりから、地方運営の在り方について見ていきたい。

(3)会議による地方の運営

里正とは改革後における数か村組の長として置かれたが、かつての惣庄屋的な役割をも求められた存在であり、彼らが改革直後から会議を行ってきたことはこれまで述べてきた通りである。

それでは里正たちはどこで、どのように会議を行ったのか。まずはこの点について確認しておこう。

これについては、小国郷廨舎の日記である表4に着目できる。表中において、里正中会談が行われたとの記述が多く残っているが、他郷での会談の場合はどこで行ったかとの記載があることから、特に注記もなく「里正中会談」と記載されているものは、小国郷里正中が小国廨舎で行った会談と判断してよいと思われる。

また、菅尾郷においては次のような願が里正中より出された。

【史料12】

奉願覚

里正御用談之節之集会所無之候而は甚タ不弁利ニ御座候処、幸イ中央菅尾村ニ監察被差置候官宅当時不用ニ相成居候間、集会所ニ被為拝領被下度、尤家根壁相損居候ニ付取繕料三四貫目無之而ハ被行兼候得共、御時節柄ニ付其分は私共割合を以自勘ニ取繕候筈ニ申談候、然ル所、右床地之儀山村四郎家代受持之内ニ付、是

迄之会所長屋附菜園畑替季ニ差出、当分替合之申談仕、内輪証書取為書置可申候間、右畑之儀茂里正附ニ被為拝領被下候様、夫々宜敷奉願候、別床地并替地之坪附帳別紙相添御達申上候事

明治三年九月　　　　　　　　菅尾郷里正中

内牧出張所

（付紙）「本紙会談所取立之儀願之通存寄無之候条、替地等之儀後年中分等無之様可被申談置事

九月十四日　　　　　　　　出張所

菅尾郷里正中（以下略）(61)」

改革によって郡代・物庄屋以下の役人が廃止されるのと同時にかつての手永運営の拠点である手永会所や惣庄屋の官宅も払い下げとなる(62)。史料12を見ると、菅尾郷里正中は会談を行うにあたって、かつての官宅を集会の場所として使用することの許可を求めている。これに対し内牧出張所は、修築費を自費とし、菅尾郷惣庄屋山村の家代が受け持ちとなっていた床地についても里正中附とする、という条件で許可を出している。この菅尾村官宅とは、地理的条件からおそらく菅尾村に置かれていた菅尾手永の惣庄屋宅を指すものであろう。

以上のように、里正中の会議は郷運営の拠点である廨舎や旧官宅で行われていたことが確認できる。

さて本題に戻ろう。表4・5からは里正中会談が月に何度も開催されていたことがわかるが、この里正中会談は図2で示したような重層的に積みあがる会議のなかで、どのような役割を果たしたのか。

まず第一にあげられるのが、出張所・藩庁との関係性である。

例えば、表5中の明治四年の「正月廿三日会談」は、その会議内容を見ると、史料10としてあげた郡政少属会議における議題との類似点が多い。これをさらに詳しく見てみると、小国郷下城村の記録「諸達綴」中においては「正月十四日権少属会議稜書」として史料10の会議内容がそのまま記されており、その表題の脇には「同廿三

日小国役所ニ而会議稜書」と朱書きがなされ、条目によっては里正中の会議の結果を朱で書き加えてある。(63)

他にも表5中には明治四年五月二一日に久住出張所から里正中へ出された「頭書」と同年五月に里正中から出張所へ出された「御受申上覚」のような事例がいくつか見られる。ここではまず出張所から六項目が「右稜々篤ト及衆議可相達候、尤各持出候稜々も有之候ハ、稜書を以可差出候也」として小国・久住両郷の里正にあらかじめ議題が提示されており、その求めに応じて里正たちが会議を開き、結果を「今度両郷衆会被仰付御頭書被渡下候ニ付申談之趣此儀を以御達仕候」と報告する、という形態をとっている。

これらのことより、里正中会談を出張所や藩庁との関係で見た時、里正中会談とは藩から下されてきた政策を地域社会の実情に即しているのかどうかを審議する場であったといえよう。

第二にあげられるのが、十戸組以下地域社会との関係性である。

【史料13】

一、地方買入造酒仕入方等ニ振替置候稜々之外新古借財一切捨方可仕事

但惣高百五拾貫目程有之見通ニ御座候

一、貧院病院等御取起料として恩米三拾俵取丈之地方差出可下事

一、組内十家ニ災難御座候節一切御役方ニ御雑題を懸不申様取計可申、尤子孫貧窮ニ流候儀も御座候節は本行之通ニ茂行れ申間敷と被改事

以上

閏十一月

右明治三年閏十一月廿九日里正福田宅ニ而、今川、荒木、内田、杢尾列会合咄合之上、銘々引切書を福田ニ差出候を、即夜同人ヨリ出張所江相達候由ニ候事

但是迄年越之粮物餅米等六俵程致配当、来分当年已後は本行之内ヨリ取計ニ相成候様申談、且又此節ヨリ楮茶取計候分茂同様之事[64]

これは玉名郡で十戸長を務めた木下初太郎の日記からの抜粋である。日記から、里正福田の家で地域社会の運営方針等についての十戸長会議が行われていたこと、ここで話し合われた内容がその日のうちに里正を通じて出張所へ提出されたことがうかがえる。出張所が民意を得るために里正中に会議で是非を問うたように、里正中も施策について十戸組の代表たる十戸長から意見を求め、それを出張所へ地方の意見として通達するという、里正を媒介として地域と出張所の密接な相互意思伝達が行われていたといえる。

また、こうした十戸組単位での会議の必要性について、明治五年の矢部郷の記録「壬申三月廿五日会儀頭書[65]」中では「一、十戸組寄合一躰之咄合いたし候儀絶候而は万端不取締ニ相成、心之垢付モ可有之、休日雨天等之節ニ打寄は咄合之儀専一之事」と、十戸組寄合での話し合いが絶えてしまっては全く何の取り締まりもなくなってしまい、心に垢がつくようなことになってしまうから、休日・雨天などのさいには集会をするようにと議決されている。

よって、里正中は十戸組の意見を重要視しており、これをまず里正と十戸長中で検討し、場合に応じて里正中で調整した上で、地方の総意として出張所や藩・県に意見を提出していたといえる。

以上から、三年改革以後の地域運営は里正を中核として各レベルで行われた会議結果を諮問・上申するというかたちでなされていたものと評価できるだろう。

(4)里正中会議の変化

前項で明らかにした、藩の求めに応じて里正中会議を中心として地域社会としての意見が提出され、地域社会からの要望があれば里正を通じて藩庁・出張所へ意見が上申される、という相互の関係にはある程度の評価を下すことができるが、一方で、改革後の会議内容の制限という側面は見落とせない問題である。

表5は明治三年秋から明治七年初頭まで、つまり、藩政改革や廃藩置県を経て、大区小区制が施行されていく間の地方会談の議題を簡単に記したものだが、表中の会議内容を見てみると、大きな特徴として、近世期の惣庄屋がなし得たような藩政中枢に食い込むような献策や、地域社会の要望による大きな予算をともなう、橋梁建設のような独自のプロジェクトは含まれなくなることが指摘できる。

表全体を通して多く見られる議題は、産業、年貢・税といったもので、これは改革後であれ、廃藩置県後であれ、大区小区制施行以後であれ、どの時期を通じても会議の主な議題となっている。これらの議題が多く含まれる理由を考えるに、村落共同体の維持、あるいは日常生活の根幹にかかわる、地域社会の成立にとって最も基本的な議題であったからであろう。

しかし、同じ生活の根幹にかかわるような問題であっても、窮民救恤、普請・夫役に関するような事柄のほとんどは大区小区制以前に集中している。ここに、三年改革を経て大区小区制にいたるまでの地方行政の特徴が見出せる。

その具体例としてあげられるのが、三年改革による窮民救恤仕法の転換である。これには改革によって会所官銭が藩政府に一気に集められてしまうことと大きくかかわっている。(66)

そもそも会所官銭は備米銭ともいわれるように、地域社会に何らかの問題が起こった場合の備えとしてプールされた財源である。よって窮民に対する救済策として成立仕法付や質地請戻等のために貸し付けられたりと、地域社会が救済を行うにあたっての重要な財源であった。(67)しかしこの会所官銭が三年改革によって藩政府に集められることになり、地域社会はそれまで官銭で行っていた対窮民対策が行えなくなるという事態に直面する。藩政府は各手永から集めた会所官銭による成立仕法付のための養豚場・貧院の設立などの対策をとってはいたが、これは各地域の窮民への直接的・即自的救済とはなり得なかった。また、各地域には改革にともない会所備蓄の粟籾が割り渡されてはいるものの、実際にはそれだけでは不十分であったため、里正の統轄の下で富家による出資によって救済が行われていた(68)。そのため、里正中の会談において窮民救恤について話し合われているものと考えられる。

しかし、表5では、明治五年四月一三日以後は窮民救恤関係のことが里正中会談に登場することはなくなる。なぜこれ以後は議題にならないのか、四月一三日の会議記録から見ていこう。

【史料14】

壬申四月十三日申談候条

一、各郷ニ於而人馬継所有之候分此節一躰之規則相定候間、従来徳米之取計人給米共詳細調達之事

一、郷社村社相定候ニ付、氏神守札速来可致事

一、官林調ハ先般相達置候通取調候様尤植継差継其他之入費官ヨリ出方有之分并ニ郷中出夫追々而相弁候分之差別認分イタスへき事

一、大少属以下廻在之節宿料之儀は時ノ双場を以仕払いたし候筈ニ付宿亭之心配ヲ以酒肴取設之儀ハ一切無用タルベシ

一、新聞紙ヲ閲シスルハ当今之其勢ヲ知ル要ニ付此度出張所官員自費を以取下ケ候筈ニ候度尤一時之新聞多ク一通看過スレハ再スルニ及ハサルコトナレハ一ト通リ人数催合ニ而出立致シ候筈ニ付加入望之向ハ其旨申出有之候様一冊価金太略熊本札拾匁位之見直ニ候

一、同数并ニ高森ニおゐて里正止宿所之事ハ一ヶ所或は二ヶ所従前所を相定可申事

一、郷々ニ而毎月里正集会日限場所共此節改而調出之事

一、諸官宅并床地諸道具共不用分売払等売払等行付未夕手残ハ無之哉、調出之事

一、里正中出張所ニ於て会議之儀先般相達置候儀者取消、十八日定日ニ相究、五月踏出、一ヶ月越し惣会談之事窮民一時救助規則

一、水火難ニ逢ヒ家蕩燼流失シ目下凍餒ニ迫ル者ハ男一人一日米三合（麦六合雑穀八九合）女一人一日米二合ノ（麦四合雑穀以上十五歳ハ六合六十歳以下ハ女ノ部ニ入ル）積クヲ以テ十五日分連救助スヘシ但身元可ナクシテ自存スル者ハ此例ニ入ルヲ許サス

一、同断家屋自ニ営ム能ハサル者ハ一軒金五両充五ヶ年賦返納ノ積ニテ貸渡スヘシ（六月以前ハ其年ヨリ七月以後ハ翌年より）返納ノ積リ其災一等軽キハ一軒金三両充前同様貸渡スヘシ者他ニ異ル事情アラハ其処置見込取調伺出スヘシ

一、類焼致シ農具差支ノ者ヘハ鍬鎌鋤馬鍬稲扱肥桶等其土地相当之價取調代金貸渡スコト前條之例ノ如スヘシ

以上ノ諸件々ハ伺出ニ不及第二常備金ノ内ヲ以テ速ニ施行スハシ但一ヶ月毎ニ届出ツヘシ

一、水旱非常ノ天災ニテ夫食糧籾貸渡之儀ハ其節々可伺出事

右之通相心得可取計事

辛未十月　　大蔵省(69)

記録中における他の議題の記述と比べればはっきりと違いがわかるが、この会議において、実際に救済について何か里正中で話し合われているわけではなく、大蔵省の「窮民一時救助規則」が布達されたために、そのまま心得として掲載されているだけである。規則の末尾に「辛未十月」とあることより、この規則が政府が廃藩置県後に制定した「県治条例」中の「県治官員並常備金規則」と同じ時期に出されたものであることが指摘できる。そのためか、「窮民一時救助規則」において、救済に充てる費用は、「県治官員並常備金規則」で新たに設定され

た第二常備金から出すように定められている。第二常備金とは「管下堤防・橋梁・道路等難捨置急破普請等ノ入費ニ可充事」と定められており、毎年、大蔵省より各府県へ石高に応じて割渡されることになっていた。「窮民一時救助規則」においては第二常備金を救恤費用として充てるとされているが、これは政府から県に下されるという性格上、地域社会の裁量で使えるとは考えられない。よって、里正中の会議に救済についての項目が登場しなくなるのは、廃藩置県後、県財政が政府の下に置かれることになったため、県行政の転換は必至であり、ゆえに会所官銭のような地域財源が存在しないとはいえ、改革後もある程度地域社会に委任されていた救済は県の管轄におかれることになったためではないかと考えられる(70)。

一方で、大区小区制期以降に戸長の会議記録に登場するようになるものがあることにも留意しておきたい。それは戸籍調査、土地関係の調査、神武天皇即位祝賀などに代表される、政府レベルで政策として行われているものである。このことより、里正中会議が戸長中会議へと変化することは、改革直後のようないわば藩の政策を吟味して地域の実情にあったものとして実行するための会議から、政府レベルの政策を地域社会で実行するためのものへと変質したものととらえうる。

以上から、三年改革後の地域運営の中核を担った里正中会議は、改革から廃藩置県までは近世期地方行政の財源であった会所官銭の藩政府集中のために、廃藩置県以後、特に大区小区制以後はより一層浸透してくる政府の政策によって県政そのものの裁量が狭められたために、地域社会が独自の運営を行うには財源を中心として権限が限定的なものとなり、よって里正中の会議も限定的にならざるをえなかったといえる。ただし、改革後の地域社会が全く何の権限も持たなかったというわけではなく、こうした地域内合意を形成して出張所、藩庁へと反映されていくシステムそのものは評価すべきものである。

そこで、次節では熊本藩の民政改革を重層的に積みあげられた会議という側面から考察していく。

三　民政改革が目指したもの

これまで明らかにしてきたように、三年改革は近世期の行政システムを、藩行政機構レベルのみならず、地方行政機構レベルにおいても大幅に改変するものであったが、これはどのような意図で行われたのか。まずは、その要因を再度確認しておきたい。

改革が行われた要因の第一として、幕末からの熊本藩の立場の問題があげられる。明治二年六月一七日の版籍奉還は「広ク公議」を集め、「政令帰一」の「思召」にもとづく結果として勅許されたもので、これによる諸侯の廃止は武家政治の否定を意味し、知藩事は府県と同じ地方官に位置づけられる[71]。また、これを民政という視点から見た場合、版籍奉還後の藩政改革というものは、「封建」から「郡県」への移行という文脈の中にあり、これを支えたのが「兵農一致」であり、軍事改革・禄制改革を行うことによって、藩は府県と同一の、軍事的性格を払拭した「民政」組織へと転化し、また、この藩政部局の中枢に民政部局を位置づけることによって、藩政組織はそのまま「朝廷民政の出張所」とみなされるようになる、と評価されている[72]。つまり熊本藩にとって、藩政改革によって集権化を志向する体制をつくることは危急の課題であった。

また、熊本藩内部が抱える問題もあった。これが第二の要因である。前述の、地方行政と密着して不正を働く役人たちの存在や、増加する訴願・献策の煩雑さ、在御家人把握の困難等身分秩序の問題を中心として派生してきた幕末以来の混乱がこれにあたる。これが地方運営に支障をきたしていたため、藩政にとっても大きな問題となっていた。

明治三年の熊本藩藩政改革はこのような問題を解決するために行われたものと考えられるが、これと本稿で述べてきたような地方行政機構を改めること、特に重層的に積みあがった会議によって地方を運営することとはどのように結びつくのか。これについては、まず三年改革の目玉の一つである雑税廃止・会所官銭の藩政府集中問題との関係から考えていかねばならない。

注目したいのは、竹崎律次郎・徳富一敬が起草したとされる藩政改革案中の会所官銭集中についての一条である。

【史料15】

一、会所々々備銭、現有一切政府に集、手数閑散に相成会所役人減少之事。但し窮民取救、並農具代拝借等、是迄出方いたし来り候稜々有之、御一新に付而は、農工商生産を第一之務といたし候へば、夫等些細之事、論ずるに不及事に候へ共、臨時急場之事も候間、戸数に応じ米銭を備置可申事。(73)

藩政府への集権化のために、手永中心で行ってきた行政を藩―郡出張所中心のものに変えるということは、それまで地方行政において大きなウェイトを占めていた手永の実態をなくすということでもあった。そもそも手永が地方行政の実態を持ち得たのは、会所役人の行政能力もさることながら、会所官銭という強力な地域財源があり、これが手永独自の公共事業を成し得た、という点によるところが大きいだろう。しかし裏を返せば、会所官銭を藩政府に集中してしまえば、手永会所で処理できることはほとんどなくなり、史料15中にあるように「手数閑散」となるのである。よって、改革による会所官銭の藩政府集中は、吉村豊雄が指摘するような、地域社会の立案にはじまる公共政策、あるいは手永備による窮民の救済といった近世的地方行政の在り方を否定することとなる。

そのため、郷の運営は里正といったこれまで特に広域行政に携わったことのないような人物でも行い得るようになったといえる。その代わり、郡政少属には民政経験に通じている旧惣庄屋が多く採用したことにあらわれているように、それまで手永の運営、官銭の運用に携わってきた手永役人を藩の郡政出張所へと移管し、あるいは組以下の役人とすることで、郡を中心として円滑に地方行政を行おうとした。このとき財源の問題から近世ほど地域社会は独自に公共事業等を行い得なかったが、藩庁—郡政出張所—廨舎（組）—十戸組とそれぞれに連関し合う会議によって、民意をともなったかたちでの地域運営が目指された。

そして、熊本藩がこのように会議でもって地域運営を行おうとしたのは、次のような理由からであったと考えられる。

【史料16】

覚

民政局江

今般御一新ニ付而者於藩内之官長者知事様より外無之、其他は職掌之次第有之迄ニ而惣而朝官之事ニ候得者、大属より村吏ニ至迄郡政一部之職掌ニ付、応接辞宜合等ニ至迄尊大卑屈之旧習を脱、申談筋等聊無遠慮充分ニ心緒を尽し、諸事手を分勉励可相勤事

七月十二日[74]

これは改革にさいして藩が民政局へ達した覚であるが、ここでは熊本藩の長官は知事のみであり、その他は官吏として職掌が与えられているだけである、そして全員が藩ではなく朝廷の官吏であり、大属から村吏にいたるまでが郡政を担うべき存在であるとしている。さらに、郡政を行うにあたっては「応接辞宜合等ニ至迄尊大卑屈之旧習を脱、申談筋等聊無遠慮充分ニ心緒を尽し」と、旧習にとらわれず忌憚なく心緒を尽して申談などを行うようにとしている。つまり、本稿で述べてきたような改革後の重層的に開かれる会議とは、熊本藩が版籍奉還後の中央政府プランにそったかたちで集権化を行うためのシステムとして取り入れたものであったといえる。[75]

おわりに

以上のことから、三年改革を特に民政改革としての側面から見た場合、地域社会では管理の難しくなった民政の煩雑な状況を整理し、集権化を推し進めるために行われたものであると評価できる。そしてこれを地域社会運営に広げるさい、システムとして取り入れられたものが会議による地方運営であった。

ただしここで一つ強調しておきたいのは、この会議が三年改革によって全く新しく創られたものではなかったという点である。近世熊本藩における地方行政システムは、本論で縷々述べてきたように、確かに改革によって大きく組み替えられているものの、これは吉村・三澤両氏の研究で明らかになったような近世期の高い地方行政能力を有する地方官吏の存在、村寄合や惣庄屋衆中による会議などが地方運営を成し得たことを前提として初めて採用し得たシステムであろう。

しかしながら、こうして改革によって新たに構築された地方行政システムが廃藩置県、大区小区制期以後にさらなる中央集権化が進むことによって変化していっていることも見逃せない問題である。

例えば阿蘇出張所においては、明治五年三月に郡の出張所から各郷廨舎に派遣されていた庶務が廃止され、旧廨舎は里正が兼任して担当することとなり、阿蘇出張所管下の四郷分の事務は、新たに廨舎となった高森町の里正宅に庶務を派遣して四郷分を一括して行うことになった(76)。さらには四月に里正が戸長に、筆生が副戸長と改められることが県庁において定められ、実際に五月七日をもって戸長・副戸長が設置されることとなるが、これと並行して県と地方を取り次ぐ機関であった出張所が廃止されて廨舎となる(77)。

【史料17】

去ル三日出張所会議之砌布告ニ相成候件々至急僉議不仕而難相成稜々多有之候間、明後七日四ツ時揃ニ而下

馬尾廨舎江御打揃相成度奉存候、尤諸出張所被廃候、県庁江直付ニ相成候ニ付而ハ種々談判仕度奉存候間、無欠席御出方可成事

五月五日

木原保太

美濃部一太

里正衆中

尚々堤石磧井樋修築之ヶ所も有之候ハ、右ニ係り候諸帳面御持参可成候事[78]

これは上益城郡矢部郷のものであるが、ここでは出張所が廃され、今後は県庁の直轄となることについて談判したいとしている。このときの「談判」が出張所の廃止をマイナスととらえてのものなのか、ただ単に事務引き継ぎ等についてのものであったのかは文面からは判断し難いが、「無欠席御出方可成事」と呼び掛けていることから、これまでは地域の実情を把握し、藩庁とかけあう機能を有していた機関がなくなるという事態が地域社会に衝撃を与えたことは、想像に難くない[79]。

また、三年改革において各郷には廨舎が置かれたが、この郷とは近世の手永と異なり、地方行政を運営するだけの人員も財源も置かれなかった。しかし明治二三年に政府が制定した郡制に反対するさい、熊本県は近世期の熊本藩に「郡」としての実態はなく、むしろ地方行政を担ってきたのは手永であるとして郡制に反対する[80]。このことから、明治三年段階で熊本藩が地方行政改革を実行して郡に行政の実態を置こうとしたにもかかわらず、その後、実際の運営は郷を基礎単位としてしか成し得なかったということが推察される。

しかし、短期間とはいえ、集権化を志向する藩庁が郡を単位とした地方行政を行おうとし、そのために地方官吏を精選し、在御家人のような地方に居住する武士身分の者を平民と同じ会談に参加させるなど、徹底的に近世的地方行政からの脱却を図ろうとしたこと、またここで選抜された地方官吏が、その後、県の重要な役職に就い

ていくという事例も見られることから、これまでの研究が述べてきたように、ただ単に近世期の発達した地域社会が近代社会を内から準備した、との評価を下すべきではないだろう。明治初年から大区小区制にいたるまでの数年間の分析を行い、そこから大区小区制へ如何に繋がるのかを明らかにすることによって、改めて「近代化」への道程をとらえ直す必要があると思われる。その意味においては、本稿で扱った事例はまだ改革の一側面にすぎない。今後より幅広い視野で検討を行っていくことが課題である。(81)

(1) 例として奥村弘「近代地域権力と『国民』の形成」(『歴史学研究』六三八号、一九九二年)、谷山正道「近世後期の地域社会の変容と民衆運動」(『展望日本歴史一七　近世から近代へ』、東京堂出版、二〇〇五年。初出は『歴史学研究』六二六号、一九九一年)、平川新『献策と世論』(東京大学出版会、一九九六年)を挙げておく。

(2) 松沢裕作「『大区小区制』の形成過程」(『歴史学研究』七七二号、二〇〇三年)。

(3) 代表的なものとして大江志乃夫「熊本藩における藩政改革」(堀江英一編著『藩政改革の研究』、御茶の水書房、一九五五年)、森田誠一「幕末・維新期における肥後熊本藩」(九州文化論集三『明治維新と九州』、平凡社、一九七三年)、三澤純「一九世紀の藩社会と民衆意識――「肥後の維新」考――」(『日本史研究』四六四号、二〇〇一年)、松尾正人『廃藩置県の研究』(吉川弘文館、二〇〇一年)があげられる。

(4) 羽賀祥二「領知権の解体と『民政』」(『日本史研究』二八九、一九八六年)、同「明治維新論」(歴史学研究会・日本史研究会編著『日本史講座7・近世の解体』、東京大学出版会、二〇〇五年)や池田勇太「維新期民政改革の再検討――熊本藩から――」(『明治維新史研究』第二号、二〇〇五年)。

(5) 地方行政機構の変化については自治体史等でわずかにふれられる程度にとどまっている。最新のものとして、『新熊本市史』通史編第五巻　近代Ⅰ(熊本市、二〇〇一年)が、個別の研究としては、瀬崎正治「明治三年の郡政機構」(『玉名市立歴史博物館紀要』第二号、玉名市立歴史博物館こころぴあ、一九九七年)があげられる。

(6) 『熊本県市町村合併史』(熊本県総務部総務課、一九七九年)。

(7) 「明治三年　恕斎日録　午正月元旦」(熊本大学文学部日本史研究室所蔵)。

(8) 西山禎一『熊本藩役職者一覧』(細川藩政史研究会、二〇〇七年)。なお、郡代がどのような基準で選抜されたのかについては、今後の課題である。
(9) 前掲注(8)『熊本藩役職者一覧』および「改正一件」(熊本県立図書館所蔵)。なお安田市助の家格は、天保一二年以降に作成されたとされる「御家中知行附」(松本寿三郎編『熊本藩侍帳集成』、細川藩政史研究会、一九九六年)によると一〇〇石の知行取であった。
(10) 「マイクロフィルム版 内閣文庫所蔵 府県史料」より「熊本県史料I」(雄松堂フィルム出版)。なお安田はこの後、熊本県大属・八代県大属を経て、熊本区区長となる。
(11) 吉村豊雄『幕末武家の時代相』上巻(清文堂、二〇〇七)。原出典は前掲注(7)「恕斎日録」。
(12) 花立三郎「熊本実学党の研究――列伝篇――」(『熊本史学』八五・八六号、二〇〇六年)。ただし、花立氏は「安田源は未詳、小楠の弟子のなかには見当たらない」と評価している。
(13) ただし前掲注(8)『熊本藩役職者一覧』は熊本藩役職のうち知行取から任命される役職者一覧であり、中小姓組脇以下の役職はとりあげなかったとしていることから(「凡例」)、安田が中小姓組脇以下として何らかの役についていた可能性も全くないわけでない。よって罷免された郡代の問題と併せて、安田のような郡政大属に任命された人々の任命基準についても今後明らかにする必要がある。
(14) 「明治三年 郡政改革一巻 午六月 出張所」(小国町役場所蔵)。
(15) なお、まだ村政機構の改革にはいたっていなかったため、黒渕村と城村には庄屋が不在となり、当座山ノ口を勤める傳左衛門が庄屋聞継として任命された。
(16) 前掲注(6)『熊本県市町村合併史』。
(17) 前掲注(7)「明治三年 恕斎日録 午正月元旦」。
(18) 岩崎家文書C―二「岩崎奇一翁傳」(個人蔵)。
(19) 『菊鹿町史』資料編(菊鹿町、一九九六)。ただし、自勘見習については勝手たるべし、とされた。
(20) 以下、岩崎仁平・奇一親子については岩崎家文書C―一「岩崎仁平傳」、C―二「岩崎奇一翁傳」(個人蔵)より。なお、岩崎仁平は明治四年に出張所諸務を辞職している。岩崎奇一はのちに八代県・白川県・山梨県・和歌山県出仕などを経て明治三〇年代には広島税務監督局長、同四〇年代には京都税務管理局長にまで上り詰める。
(21) 「明治三年 郡政改革一巻 午六月 出張所」「明治三年 諸記録 下城村 北里帰一」「明治三年 御布告筋扣 庚午八月 西里邑」(小国町役場所蔵)、北里惟景著・高本隆綱編『小国郷名簿録』(私家版、二〇〇七年)、熊本近世史の会編集『肥後国郷村明細帳(二)』(青潮社、一九八四年)。
(22) 前掲注(21)「明治三年　郡政改革一巻　午六月　出張所」。
(23) 前掲注(19)『菊鹿町史』資料編。
(24) 前掲注(7)「明治三年　恕斎日録　午正月元旦」。以後、改革後の各役職についての記述は特に注記しない限り「恕斎日録」から抜き出したものである。
(25) ただしこれは近世における一例であり、他にもさまざまなかたちでの救済が行われていた。また、改革後の救済は会所官銭の藩への集纏政策とも大きくかかわるため、実際のやりとりはより複雑である。
(26) 吉村豊雄『藩政下の村と在町』(一の宮町、二〇〇一年)。
(27) 前掲注(21)「明治三年　郡政改革一巻　午六月　出張所」。
(28) 前掲注(19)『菊鹿町史』資料編。
(29) 前掲注(21)「明治三年　御布告筋扣　庚午八月　西里邑」。
(30) 前掲注(21)『小国郷名簿録』。
(31) 前掲注(21)「明治三年　郡政改革一巻　午六月　出張所」。
(32) なお、郷士たちへの布達と同時に里正たちにも以下のように布達がなされた(前掲注21「明治三年　郡政改革一巻午六月　出張所」)。

　　諸御沙汰筋郷士中江達方之儀以来里正ヨリ可有通達候事
　　一、郷士中ヨリ諸書付差出候節は久住出張所当ニして以来里正手元江差出候様及達候間取次可被差出候事
　　　　八月廿二日　　　　　　　　　　　　　　　　　　久住出張所
　　　　　　　　　里正中

(33)「覚帳　口坐　明治三年　二」(熊本県立図書館所蔵)。史料中には日付は見当たらないが、前後の関係より、一一月晦日から一二月一三日の間のものといえる。
(34) 前掲注(21)「明治三年　郡政改革一巻　午六月　出張所」。
(35) 同右。
(36) 三澤純「熊本藩郷士・赤星伊兵衛――「平均」という社会変革論――」(佐々木克編『それぞれの明治維新――変革期の生き方――』、吉川弘文館、二〇〇〇年)。

(37) 木下文庫「御内意之覚」(熊本県立図書館所蔵)。
(38) 「明治四年　覚帳　菊池合志四」三三号(熊本県立図書館所蔵)。
(39) 「明治三年　御改正後会談一巻　庚午八月ヨリ　里正」(小国町役場所蔵)。
(40) 吉村豊雄『幕末武家の時代相』下巻(清文堂、二〇〇七年)。
(41) 水野公寿校訂・解説「仁一噺」(『熊本史学』第四八号、一九七六年)。
(42) 前掲注(5)「明治三年の郡政機構」。原出典は木下文庫「覚綴」(熊本県立図書館所蔵)。
(43) 同右。
(44) 前掲注(21)「明治三年　御布告筋扣　庚午八月　西里邑」。
(45) なお瀬崎氏は、明治三年九月段階では布達に廨舎の名称が登場することから、廨舎は会所廃止から日を置かずに設置されたものではないかとの見解を示している。
(46) 禿迷盧『続小国郷史』(一九六五年)。
(47) 吉村豊雄「日本近世における津波復興の行政メカニズム」(『文学部論叢』熊本大学文学部、二〇〇七)、同「近世地方行政における藩庁部局の稟議制と農村社会」(国文学研究資料館編『藩政アーカイブズの研究――近世における文書管理と保存――』、岩田書院、二〇〇八年)。
(48) 前掲注(26)「幕末維新期熊本藩の地方役人と郷士」
(49) ただし「覚帳」が存在するのは明治四年までであり、廃藩置県以後のものは存在しない。また三年改革以後の「覚帳」が、それまでのものと比して分量的に明らかに減っている点は看過できない問題である。
(50) 「明治四年　覚帳　菊池合志四」四一号(熊本県立図書館所蔵)。
(51) 前掲注(9)「改正一件」。
(52) 前掲注(19)『菊鹿町史』資料編。
(53) 「熊本県公文類纂」一八―三(熊本県立図書館所蔵)。
(54) 前掲注(8)「改正一件」。
(55) 前掲注(53)「熊本県公文類纂」一八―三。
(56) 「先日於此元会議稜書相達置申候処……」と文面中に「於此元」とあることから、会議は各郡出張所を統括する千葉城出張所で行われたことがわかるが、これは近世期に千葉城において開かれていた惣庄屋会議に相当するものではないかと思われる。
(57)　前掲注(21)「明治三年　郡政改革一巻　午六月　出張所」。
(58)　前掲注(39)「明治三年　御改正後会談一巻　庚午八月ヨリ　里正」。
(59)　藤岡文書一―四五（熊本県立図書館所蔵）。
(60)　さきに郷士が村落共同体に組み込まれ、村の寄合に参加するように求められたことを述べたが、その村の寄合がこの⑦にあたるものと考えられる。
　ところで、本来は村の統括者として置かれたはずの与長による会談は見受けられない。与長は明治四年一〇月に廃官されており、瀬崎正治はこれを、改革の進展により郷組制を取り入れた行政機構が定着するに従い、与長の存在意義が薄れたため、あるいは時期的には廃藩置県にともなう改革の一環かもしれないと評価しているが、筆者は前者の論におおむね同意したい。というのも、十戸組とは与長をも含めて構成されるものであり、よって十戸組の寄合の結果は与長の意見をも含むものである。与長は庄屋的役割を期待されて置かれたものであるが、本節でとりあげたように、地域運営が段階的に積み重なった会議によって担われたものであると評価できるため、改革後の与長の存在意義というものが薄れてしまったために廃官となったと考えるのが妥当であろう。
(61)　原田家文書一〇七（熊本県立図書館所蔵）。
(62)　なお、官宅払下げの問題については前掲注(33)「覚帳　口坐　明治三年　一」（熊本県立図書館所蔵）等に詳しい。本来は本稿でとりあげるべき問題であるが、紙幅の都合から割愛することを断っておく。
(63)　「諸達綴　明治四年辛未年　下城村」（小国町役場所蔵）。
(64)　木下文庫「諸達控（木下初太郎辞令関係）」（熊本県立図書館所蔵）。
(65)　前掲注(59)藤岡文書一―四五。
(66)　会所官銭については主に前田信孝「郷備金の研究覚書」（『市史研究くまもと』第八号、一九九七年）、同「続郷備金の研究覚書」（第九号、一九九八年）を参照。
(67)　『新熊本市史』通史編第四巻　近世Ⅱ（熊本市、二〇〇三年）。
(68)　河原文書三―八「明治三年　沼山津郷河原組貧民取救米銭受払根帳」（熊本県立図書館所蔵）、柏原家（新糀屋）文書七―一「安政六年町方出銀備根帳　未七月庄屋敬治」、同七―五「庚明治三暦　貧家撫育帳　午閏十月　小川町西小川村北小川村」（柏原利武氏所蔵）。

(69)「明治五年　御布告一巻」(小国町役場所蔵)。なおこの「窮民一時救助規則」は矢部郷の前掲注(59)藤岡文書一―四五中の「壬申三月廿五日会儀頭書」にも登場するが、ここにおいても地方の会議と一緒に記述されているのみで、実際にこの規則に対する地方の意見等は見受けられない。

(70) なお明治四年一〇月の府県改正にともなう熊本県官吏の任命は明治五年二月ごろに本格的に始まるが(前掲注10「府県史料」)、これはこの会議が行われた時期と近い。そのため、この規則は県庁が「県」の行政庁として機能し始めたため、この段階で地域社会に布達されたのではないかと考えられる。

(71) 前掲注(3)『廃藩置県の研究』。

(72) 前掲注(4)「領知権の解体と『民政』」、同「明治維新論」。

(73)『新熊本市史』史料編第六巻　近代Ⅰ(熊本市、一九九七年)。

(74) 前掲注(9)「改正一件」。

(75) ただし、こうした会議は熊本藩だけのものではなく、岡山藩においては「仕官ノ議員」(藩士。議事進行役や藩庁部局代表)、「郷市ノ議頭」(人民代表の議員)で構成される藩議院が開設されていた。前者は毎月、後者は春秋二度それぞれ会議が行われ、「時宜ニ寄リテ」開催される全体の合同会議があった(『岡山県史』第一〇巻、一九八六年)。

(76)「明治五年　御布告筋控　壬申正月　北里組」(小国町役場所蔵)。

(77) 同右。

(78) 前掲注(59)藤岡文書一―四五。

(79) ただしその後も八代出張所・人吉出張所・天草出張所のような県庁から離れた地域、あるいは旧熊本藩領以外の地域には出張所が置かれてはいるが、これは今回とりあげたような各郡にある出張所とは全く異なる機能を有するものと考えられる。

(80) 前掲注(66)前田「続郷備金の研究覚書」、稲葉継陽「日本中世・近世史研究における『地域社会論』の射程」(『七隈史学』第八号、二〇〇七年)。

(81) 前掲注(17)(24)参照。

第八章　近世地方役人から近代区町村吏へ――地方行政スタッフの明治維新――

今村直樹

はじめに

本稿は、明治維新後の地域社会で近代化政策の遂行を支えた区町村吏の実態について、熊本藩領という藩領国地域（熊本地域）の事例を通じて明らかにしようとする試みである。ここでとりあげる区町村吏とは、具体的に明治四年（一八七一）廃藩置県後の「大区小区制」期から明治二二年（一八八九）市町村制施行までの明治前期の区町村に設置された、戸長・副戸長・筆生・村用掛などの戸長役場構成員をさしている。本稿では主に「大区小区制」期に焦点を絞り、近世後期の村役人層のあり方や地域社会の動向をふまえた上で、区町村吏の歴史的性格について考察してみたい。

まず、『日本帝国統計年鑑』の数値に区町村吏の性格を考える手がかりがあるので確認しておこう[1]。第二回の『日本帝国統計年鑑』によると、明治一四年（一八八一）段階の戸長役場構成員（戸長・戸長役場傭）は総数で七八、六九九人、そのうち約一一％にあたる八、六三五人を士族、残りの九割弱を平民が占めている。このことから、明治前期の末端地方行政や小学校建設・地租改正事業などの近代化政策は、町・村などの地域団体における百姓層が実質的な担い手となり、各地で遂行されていったことがわかる。さらに区町村吏の約一一％を占めた「士族」に関しても、本稿でとりあげる旧熊本藩領の事例などをふまえれば、その多くが百姓層の出身であった可能性も浮上する。

従来の研究史で、明治前期の区町村吏にどのような評価が下されてきたかを確認しよう。一九六〇年代の始めまでに大石嘉一郎や大島美津子らを中心にまとめられた明治前期の地方制度史研究では、主に「大区小区制」期の戸長に対して、官僚的支配機構の末端を担う行政吏としての位置づけがなされてきた(2)。廃藩置県後の明治政府は、旧幕藩制下の地方制度に代わって中央集権的な「大区小区制」という地方区画を設定したが、大区小区に設置された戸長は、政府が推し進める国家行政事務の忠実な実行者とされたのである。これらの見解は現在の研究状況にいたるまで強い影響力を有しており(3)、近代移行期の地域社会論にも少なからぬ影響をおよぼしている。一九八〇年代には、石川一三夫が市町村制による名誉職自治制度導入の歴史的前提として、明治一〇年代には全国的に無気力・無責任な戸長や、名望家による戸長職忌避の動向が多数存在したことを明らかにした(4)。石川が描き出す戸長像は、国家権力を背景にした権威主義的な戸長像とも、地域の文明開化や自由民権運動を先導した開明的な地方名望家像とも異なるものである。

そのなかで論者がとくに注目したいのは、近年の高久嶺之介と鈴木淳の成果である(5)。高久は、明治前期の短期間のうちに小学校建設や地租改正事業が完遂されていった事実から、地域社会でそれらの事業を主体的に推進した区長や戸長役場構成員を、その地域振興に果たした役割の大きさから正当に評価すべきだと提言する。鈴木も同様の立場から、布令の廻達・郵便制度の導入・徴兵令の徹底など、地域における「維新の担い手」として戸長を積極的に評価している。この研究をふまえた上で本稿では、近世後期の村役人層との関係に注目しながら、近代区町村吏の歴史的性格へ迫ってみたいと考える。前述したように、明治前期の区町村吏の大半は平民で占められていたのだが、果たして彼らは近世後期の村役人とどのような関係にあったのだろうか。

近世後期の村役人について、一九六〇～七〇年代の佐々木潤之介らによる「世直し状況論」では、地主・商人・高利貸の三位一体型である豪農が担う村役人は、半プロや小前たちと根底的に対立する反動的存在として否定的な評価が下されていた(6)。これに対し、一九八〇年代以降の藪田貫・久留島浩・谷山正道・平川新らによる近世地域社会論研究では、「国訴」に代表される広域的民衆運動や幕領組合村の運営にかかわるなど、近世後期村役人の村・地域「惣代」的な活動面や領主への訴願・献策の立案主体としての側面から、彼らの政治的力量が高く評価された(7)。佐々木が「変革主体」としての役割を否定した豪農に対し、平川らは逆に村役人としての政治的側面から「静かな変革主体」と位置付けて、近世村役人に対する評価は大きな転換をみせたのである(8)。

しかし、かかる近世後期の村役人と区町村吏の評価に関しては研究史上で以下の問題点がある。それは、近世村役人研究ではその性格を「惣代」の機能に力点を置いていたが、戸長をはじめとする区町村吏の研究では「行政吏」としての評価が根強く、両者の議論に大きな溝があったことである。だが、そもそも近世の村役人自体が「村惣代」であるとともに、領主支配機構の行政吏である性格を密接不可分に有するものである。さらに近年の松沢裕作の成果によれば、県庁から「惣代」性を期待される「大区小区制」期の戸長の事例も明らかになっている(9)。「惣代」か「行政吏」か、という二者択一的な理解方法では、近代移行期の彼らの実態を把握する上で問題があるのではなかろうか。

それに代わって本稿で重視したいのは、近年の近世史研究で明らかになってきた、「集団」「仲間」化して再生産されていく近世後期の村役人層の存立構造である。戸森麻衣子は、近世後期の幕領代官所に勤務した代官所役人（手附・手代・書役）の採用・相続の側面に注目し、手附たちが独自の集団論理と共通利害を有する一種の「社会集団」だと論じた(10)。代官の属僚である彼らは、実務能力のある現地の有力百姓から採用される場合が多かったが、近世後期には所属の代官所を越えて各地へ転勤するようになり、また彼ら自身も相互に姻戚関係や交際関係を結びながら、代官所役人としての「集団」「仲間」形成を行っていたという。岡山・熊本藩の藩領国地域を分析した定兼学と吉村豊雄は、近世中後期の地域社会（組や手永などの地方支配機構）を単位に、高度な民政能力を有して任地を転勤する百姓出身の大庄屋・村庄屋たちの実態を解明した。(11) 定兼は彼らが親戚・交際関係を通じて役人集団を再生産していくことを指摘し、吉村は藩領内を転勤して民政専門官としての性格を強める彼らを「地方官僚化」した存在と論じた。こうした近世後期村役人層の存在形態・再生産構造・地方官僚化の論点は、近世村役人論のみならず近代初期の区町村吏の性格を考える上でも看過できない意義を持つだろう。

近世後期の村役人と近代初期の区町村吏の関係については、先行研究で両者の連続性を指摘する成果はみられる。(12) しかし、その具体的な実証は十分に行われておらず、加えて彼らの存立構造をふまえた研究は存在しない。さらに先行研究では、大庄屋層から区長・郡長への転化、(13) 維新後の大庄屋の動向など、(14) 大庄屋層の分析に偏っている傾向がある。その下の村庄屋や戸長・戸長役場構成員たちを含め、維新前後の地方行政の担い手の変容を包括的かつ長期的に実態分析することは、未だ必要不可欠な課題といえる。

以上の課題を受けて本稿では、近世後期の熊本藩領における村役人集団の存立構造をふまえた上で、旧村役人たちが度重なる維新期の地方制度改編過程でいかに変容したのか、そして地域社会の近代化を下支えした区町村吏として形成されていったのかを考察する。表1は、明治一〇年（一八七七）の阿蘇郡小国郷（当時は第一一大区四・五小区）の小区・村吏員一覧である。ここから、彼らの大半が旧熊本藩の村役人（地方役人）経験者で占められていることがわかる。近代移行期旧熊本藩領の末端地方行政では、旧藩時代の地方役人層の根強い連続性がうかがえるのである。よって本稿では彼らの連続性について、維新期の地方制度改革と絡めて実証的に解明することを第一の課題とする。次に、近代移行期地方行政における旧熊本藩地方役人の集団性（これまで熊本地域では未解明であるが、本稿を通じて明らかにする）と連続性とが、地域社会における他の社会集団（本稿では、熊本藩領に多く

表１　明治10年小国郷（第11大区４・５小区）における小区・村吏員一覧

①４小区

役　　職	人　名	族　　籍	北里手永での役職（３年改革直前）	地方役人経験（注１）	明治10年後の主な履歴
４小区詰所戸長	松崎雅	無禄士族（元郷士）	御山支配役	○	
〃　副戸長	北里惟信	平民	西里村庄屋	○	連合村戸長、学務・衛生委員
〃　〃	石松永義	平民	萩原村庄屋	○	郡会議員、小国銀行取締役
〃　雇用掛	北里惟倫	無禄士族（元郷士）	会所小頭	○	連合村戸長、北小国村長
〃　〃	佐藤恒喜	平民			
〃　〃	北里勇	平民		○	
〃　〃	山部義満	平民			
満願寺村用掛	北里義親	平民			
〃	田北栄	平民			連合村戸長、南小国村長
〃	井平作	平民			
赤馬場村用掛	下城安熊	無禄士族（元郷士）		○	
〃	佐藤吉三郎	平民	扇村庄屋	○	
中原村用掛	室原甚太郎	無禄士族（元郷士）		○	南小国村長、郡会・県会議員
〃	村上庄八	平民			
黒渕村用掛	波多野理喜太	無禄士族（元郷士）		○	
〃	室原彦四郎	平民			

②５小区

役　　職	人　名	族　　籍	北里手永での役職（３年改革直前）	地方役人経験（注１）	明治10年後の主な履歴
５小区詰所戸長	北里唯義	無禄士族（元郷士）	会所下代	○	連合町村会議員
〃　副戸長	北里義正	無禄士族（元郷士）	下城村庄屋	○	連合村会議員・郡連合会議員、大阪へ移住
〃　〃	大塚良三	平民		○	郵便取扱役
〃　雇用掛	北里惟喜	平民	上田・蔵園村庄屋	○	九州横断道路建設に尽力
〃　〃	笹原秀一	無禄士族（元郷士）	中原・坂下湯田村庄屋	○	連合村会議員、連合会議員、郡役所書記
〃　〃	久野範三	平民			
〃　〃	田代義信	平民			
宮原村用掛	原田諌吉	無禄士族（元郷士）	幸野・万成寺村庄屋	○	
〃	松岡敬作	平民		○	
上田村用掛	北里惟景	無禄士族（元郷士）	赤馬場・馬場村庄屋	○	
〃	長谷部信次	無禄士族（元郷士）		○	連合村議員、衛生委員、大阪へ移住
北里村用掛	北里逸平	無禄士族（元郷士）	黒渕村庄屋	○	連合町村会議員、北小国村会議員
西里村用掛	佐藤仙平	無禄士族（元郷士）		○	
下城村用掛	山部義房	平民			

＊禿迷盧『続小国郷史』（1965年）、『無禄名録　第十一大区』（県政資料8-117／熊本県立図書館蔵）、北里惟景著・高本隆綱編『小国郷名簿録　全』（私家版、2007年）などで作成。
注１：旧藩時代における手永三役・会所役人・村庄屋の経験。

存在する金納郷士をとりあげる）との関係のもとで、「大区小区制」期の地域運営をめぐる諸問題（戸長への不正疑惑、戸長職忌避の動向）にいかなる影響をおよぼしたかについて、粗い見通しをたてることを第二の課題としたい。

なお、近世後期熊本藩領の村役人層で、郡と村との中間支配機構である手永の責任者である惣庄屋、その執務機関である手永会所に詰めたスタッフである手永三役と会所役人、会所役人を兼帯する場合も多い村庄屋たちは、郡政の最高責任者である郡代の下で一本の人事ラインを形成しており[15]、まさに「役人集団」としての性格を有する。本稿では、領主支配機構かつ自律的な地域団体たる手永の民政を担う彼らを一括して、「地方役人」と総称する。なお、本稿では村落部（在）を主要な分析対象とすることから、区町村吏を考察対象と掲げながらも、いわゆる都市部（町）に関する分析は極めて不十分なものとなっている。予めご了承いただきたい。

一　近世後期熊本藩における地方役人の存在形態

(1)近世後期熊本藩における地方役人の概要

かつて、一八世紀後半以降の幕領・非領国地域における郡中―組合村―村といった重層的な行財政組織の成立と、非領主身分による自律的・自治的な「地域管理体制」の形成を論じたのは、近世地域社会論をリードした藪田貫や久留島浩らであった[16]。かかる地域管理体制が藩領地域でも確認されるか否かについては議論もあるが、最新の吉村豊雄と稲葉継陽の成果によると、熊本藩領でも非領主身分を主な担い手とした地域管理体制の存在が確認されている[17]。すなわち、一八世紀後半の宝暦改革を契機に藩政府主導型であった熊本藩の地方支配は、奉行所の郡方分職の奉行の統括下で、藩領内の一四の「郡」に置かれた郡代、郡と村との中間支配機構である「手永」（藩領全体で約五〇、各郡には二～六の手永が存在、平均四〇か村で構成）の責任者である惣庄屋らを担い手とした、地方主導型のものへ変容したとされる。郡―手永―村という地域管理体制の形成である。

吉村の成果[18]によれば宝暦改革期には、戦国期以来の小領主的な存在で、近世初期の藩政開始時から代々惣庄屋を勤めてきた世襲惣庄屋家の多くが解職される。代わって惣庄屋には民政に通じた有力百姓が抜擢され、彼らが最大でも一〇年程度で任地を転出・転勤する体制に転換する。同様に、惣庄屋の執務機関（手永会所）に詰める惣庄屋・郡代手附横目・山支配役の手永三役や手代・下代・小頭などの会所役人も、専門的な行政処理能力を有した百姓層によって構成されることになる。惣庄屋や手永三役・会所役人たちは、郡・手永を越えて藩領各地を転勤する存在だった。また、宝暦改革期には村庄屋に関しても、手永領域内の村を一定期間で転勤する体制へと変化する。転勤を経て経験を積んだベテランの村庄屋が会所役人の幹部である手代・下代に任命されたり、手代・下代が手永三役や惣庄屋に登用されたりする場合も多く、彼らの人事権は郡代の手に委ねられていた。つまり、惣庄屋以下の地方役人は、郡代の下で「地方官僚化」した存在だったのである。かかる地方役人の変質と、一八世紀後半以降における自律的な地域管理体制の形成とが軌を一にしていた点は注目されるだろう。さらに、一九世紀初めに手永が年貢収納の請負・責任主体となる制度（請免制）が実施されると、藩政府の役人による手永への在地出張は一切停止され、地域管理は名実ともに百姓出身の地方役人たちに一任される[19]。請免制の実施後には手永ごとで自主的な財源基盤である「会所官銭」が設けられ、ここに郡代や惣庄屋、ひいては手永主導による自律的な地方民政制度が確立した。

以上の一八世紀後半以降の動向は、社会の推移とともに複雑化・肥大化する地方民政の場で、旧来の藩政府主導型や世襲家による固定的な役人体制では対応できない段階が到来したことを如実に示している[20]。近世後期熊本藩の地方役人が遂行しなければならない実務内容は多様化しており、基本的な業務である年貢・諸役の収納や手永内の紛争・トラブル解決に加えて、安定的な年貢徴収を可能にするための諸種の民政が彼らには求められていた。具体的には、農業用水路開削・新田開発など農業インフラ整備（土木水利事業）の立案と実行、窮民の救済、零落所・災害の救済、民衆教化などである。加えて請免制の実施にともなって手永用の民政基金である会所官銭が設けられると、惣庄屋たちは官銭を運用しながら諸種の民政を実行していくが、かかる資産の運用・管理も彼らの重要な任務となった(21)。近世後期の地方役人らが地方官僚として栄達するかどうかは、藩政府内の部局である「選挙方」から評価される民政実務の遂行状況、すなわち地域的課題への対応実績如何にかかっており(22)、彼らはそれぞれの職分・立場に応じながら、手永という地域社会における多様化・複雑化した民政に向き合っていったのである。

(2)地方役人の地方官僚化と集団性

「はじめに」で述べたように、近世後期の藩領国地域の村役人を考える上で重要な論点は、第一に吉村が指摘する転勤制・実務能力重視にみられる「地方官僚化」と、第二に定兼が指摘する姻戚・交際関係を通じて形成された「集団」性である。第一の地方官僚化に関しては、まず近世後期の絵図に記載される「官宅」が注目される。図1は近世後期の阿蘇郡野尻手永を描いた絵図であるが、ここには寺社・道・川などの色分けされた凡例のなかに、「諸官宅」と記された項目が存在する。この官宅とは転勤する村庄屋用の居宅をさしている。つまり、転勤族である村庄屋に対応した施設が在地側でも整備されていたのである。官宅の付近には高札場が設けられ、郡代や惣庄屋の在地巡見のさいには休息所として使用されることも多かった。この他、手永絵図のなかには手永会所に隣接して「会所官宅」という施設が記載される事例も確認されるが、この場合は惣庄屋の居宅と考えられる。かかる官宅という執務役所兼住居施設が、地域側で公的施設として整備されていた点からも、地方役人らの地方官僚化という事態は強く裏づけられる。

次に、地方役人の給与待遇・勤務日数を確認しておこう。惣庄屋は知行取であり、会所役人・村庄屋には職務

図１　近世後期の手永絵図にみられる「官宅」(矢印部分)

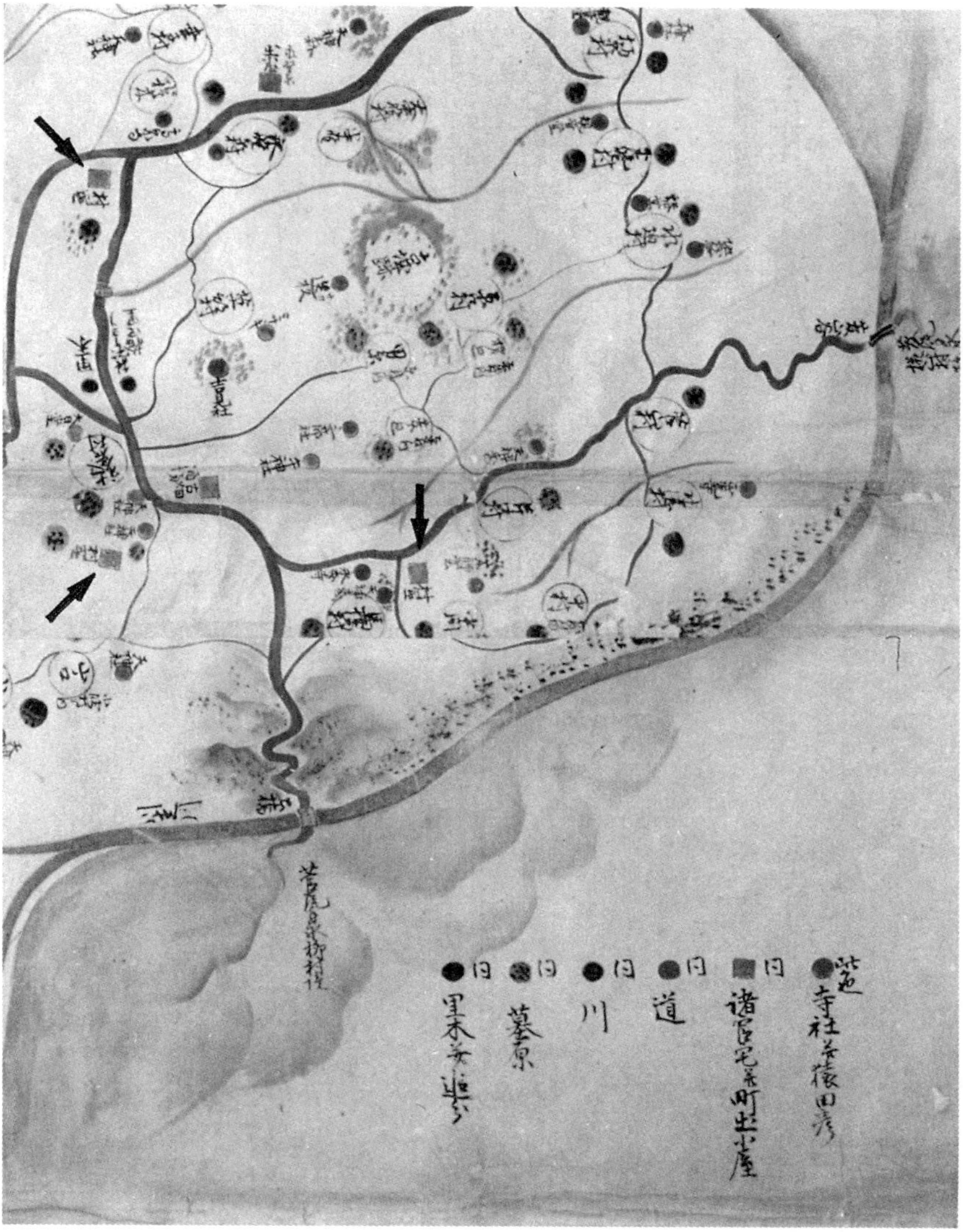

注：「阿蘇郡野尻手永の絵図」(『熊本県古地図目録』〔熊本県立図書館、1954年〕21ページ、肥後藩絵図目録番号330、熊本県立図書館蔵)。

や村高に応じた給米・筆墨紙代が支給され、引高があった。[23]勤務日数に関しては残された史料[24]から天保期玉名郡の会所役人のものが判明するが、それによると手代・下代・会所詰（小頭）たちの休日は一か月あたり六日と決められており、それ以外の日数は会所への出勤が強く義務づけられていた。

第二の「集団」性に関しては、個々の地方役人たちの生涯を通して検討したい。表2は、阿蘇郡の坂梨手永で会所役人（手代・下代）や村庄屋を務めた山部武三右衛門の経歴である。彼は一〇代前半で「会所見習」として採用され手永会所に出仕し、二〇歳前後で父親の務める村庄屋の代役となって現場経験を積み、父親の庄屋職を継承して手永内の村々を転勤した後、三〇代後半で村庄屋と会所役人の幹部（下代）とを兼務し、四〇代後半で会所役人のトップである手代に就任している。吉村が述べるように、会所見習（会所詰小頭）→父の庄屋代役→父の跡の庄屋職継承→手永内村々の庄屋歴任→会所役人というキャリア形成のルートが、近世後期には形成されていたのである。[25]もちろん、同じ坂梨手永で代々村庄屋職を務めた表3の岩下家の事例もあるように、会所役人に転じずに村庄屋のみを歴任した家も存在していたが、いずれにせよ村庄屋と会所役人が人事的に密接な関係性を有していること、近世後期には各々の役人としての職務内容が父から子へと継承されていることがわかる。

ここで注目したいのは、惣庄屋の執務機関たる手永会所は役人を志望する若者たちが民政実務を学ぶ場でもあった点である。地方役人にはその職務上、筆算・事務能力が強く求められ、会所はそれらを学ぶ教育機関であった。才力ある若者が採用される会所見習とは、地方役人としてのキャリア形成の出発点である。見習には「自勘（自費負担で見習となる）」と「呼出（依頼によって見習となる）」の二種類が存在した。[26]見習の採用では若者個人の才能が重視されているが、実際の会所見習の多くは地方役人の子弟で占められており、その基準が縁故や情実にもとづいていた可能性も否定できない。なお、数は少ないが在中で出色の才能を有する若者の場合、郡代直属の秘書官（郡代附見習）に採用される事例も確認される。阿蘇郡の北里手永で村庄屋などを務めた大塚英磨

表2　会所役人・山部武三右衛門（十四蔵）の事歴

年　　月	役　　　職	褒賞・進席
天保3年（1832）	坂梨会所見習（14歳）	
〃 7年（1836）2月	手野村庄屋父代役（18歳）	
〃 9年（1838）		御用出精、御間聞届
〃 11年（1840）6月	手野村庄屋当分（22歳）	
〃 13年（1842）		鳥目1貫文
嘉永6年（1853）11月	尾籠村庄屋・坂梨会所下代兼帯（35歳）	
安政元年（1854）		御用出精、御間聞届
万延元年（1860）11月	手野村庄屋・坂梨会所下代兼帯（42歳）	
元治元年（1864）9月		地士召出し
慶応3年（1867）5月	坂梨会所手代・手野村庄屋後見兼帯（49歳）	
〃 4年（1868）2月	坂梨会所手代、手野村・分西宮地村庄屋後見兼帯（50歳）	
〃 4年（1868）10月		御作紋麻上下一具拝領
明治10年（1877）3月	（農民一揆で打ちこわし被害〔破毀被害1等〕〔59歳〕）（次男映平〔第11大区2小区用掛〕も被害）	

表3　村庄屋・岩下家の事歴

①岩下直七の事歴

年　　月	役　　　職	褒賞・進席
寛政9年（1797）3月	内牧会所見習	
〃 11年（1799）12月	中原村庄屋代役（父の代役）	
文化元年（1804）10月	中原村庄屋本役	
〃 10年（1813）5月		（父代寸志）郡代直触
文政11年（1828）4月	宮地村庄屋に所替	
天保元年（1830）8月	西下原村庄屋に所替	
〃 3年（1832）11月		鳥目1貫500文
〃 13年（1842）9月		作紋上下一具
〃 13年（1842）12月		鳥目1貫文
弘化2年（1845）12月	（病死）	

②直七子、岩下忠次郎の事歴

年　　月	役　　　職	褒賞・進席
天保7年（1836）2月	西下原村庄屋代役	
弘化2年（1845）12月	西下原村庄屋本役	
〃 3年（1846）2月		（継目寸志）郡代直触
明治初年	中原村庄屋	地士

③忠次郎子、岩下専右衛門（農夫也）の事歴

年　　月	役　　　職	褒賞・進席
明治初年	会所詰小頭	地士倅
明治8年（1875）2月	第11大区3小区副戸長辞職	
明治9年（1876）4月	第11大区3小区会議員選出	
明治32年（1899）11月	第2期阿蘇郡会郡参事会員・郡会議員	

＊表2・3ともに、吉村豊雄『一の宮町史3　藩制下の村と在町』（一の宮町、2001年）119・126ページ掲載の表を、熊本女子大学郷土文化研究所編『熊本県資料集成⑬　西南役と熊本』（図書刊行会、1985年）190〜192ページ、熊本県教育会阿蘇郡支会編『阿蘇郡誌』（1925年）223ページなどで補訂して作成。

表4　村庄屋・大塚磨(英磨)の事歴

年　　月	役　　　職	褒賞・進席
天保3年(1832)	(誕生)	
	室原孫兵衛(地方役人)に習字および四書を学ぶ(幼年期)	
嘉永5年(1852)6月	御郡代附物書見習(20歳)	
安政2年(1855)1月	北里手永村々勧農唱方(23歳)	(当役中)御郡代仮支配
安政3年(1856)12月	御制度見〆並武芸唱方兼帯(24歳)	
安政4年(1857)8月	黒渕村の内、小藪奥山両村零落成立受込(25歳)	
文久元年(1861)3月	武芸唱役・小藪奥山成立受込持懸りで、坂下村庄屋(29歳)	(寸志)地士、御郡代支配
文久3年(1863)10月	御買上楮密出見締当分兼帯(31歳)	
元治元年(1864)7月	役持懸りの上、赤馬場・馬場村庄屋(32歳)	
明治3年(1870)4月	黒渕村庄屋(38歳)	
〃　3年(1870)7月	小国久住出張所郡政少属試補(38歳)	
〃　4年(1871)6月	小国郷里正(黒渕村)(39歳)	
〃　6年(1873)3月	第31大区小1・5・9区戸長(41歳)	
〃　7年(1874)4月	依願免職(42歳)	
〃　7年(1874)5月	日田地通舟の用掛(42歳)	
〃　7年(1874)10月	学校誘掖方(42歳)	
〃　9年(1876)6月	第11大区4小区県会議員当選(44歳)	
〃　9年(1876)7月	(46歳)	学資金107円寄附に付、熊本県から銀盃1個下賜
〃　11年(1878)3月	蓬莱学校世話掛(46歳)	
〃　11年(1878)5月	熊本県第2課紅茶製造事務阿蘇郡小国出張所事務(46歳)	
〃　12年(1879)3月	県会議員当選(47歳)	
〃　12年(1879)8月	第14番中学区蓬莱・志屋・室原小学校々務掛(47歳)	
〃　15年(1882)11月	(50歳)	明治14年中阿蘇郡各所道路開削等に合計625円差出に付、熊本県から銀盃1個下賜
〃　16年(1883)9月	熊本県から大阪府に移住(51歳)	
〃　21年(1888)2月	大阪商船会社副頭取(56歳)	

＊北里惟景著・高本隆綱編『小国郷名簿録　全』(私家版、2007年)69〜81ページをもとに作成。

（磨）の場合（表4）、二〇歳で御郡代附物書見習に採用されている。会所見習・郡代附見習のいずれにせよ、郡―手永―村という地域管理体制のなかで民政の担い手である地方役人が教育され、再生産されている構造は極めて重要だろう。

また、大塚英磨が長女を北里手永御山支配役の松崎四郎兵衛の長男に嫁がせている事実[27]や、その松崎が同列の手永三役である郡代手附横目に長女を嫁がせたり、長男の嫁を村庄屋の娘から娶ったりしている事実[28]からわかるように、地方役人たちは同列に近い役人同士で姻戚集団化する傾向が強かった。表5は、明治三年（一八七〇）時の阿蘇郡北里手永の地方役人一覧であるが、判明している姻戚関係の分だけでも、多くの役人同士が婚姻を通じて親戚化している事実がわかる。また、地方役人は各地を転勤する性格を有するがゆえに、郡や手永を越えた遠隔地の家と婚姻・養子関係を結ぶことも日常的であった。幕末維新期の政治思想家・横井小楠の門弟として著名な下益城郡中山手永の矢島直方・葦北郡水俣手永の徳富一敬・玉名郡坂下手永の竹崎律次郎らは、小楠を交えて密接な婚姻関係を結んでいたことで知られている[29]。ここで、矢島家の子女の婚姻をまとめた表6を参照すれば、矢島・徳富・木下（竹崎律次郎の実家）家は代々惣庄屋を輩出している点で役職上の家格が一致しており、この場合も同列の役人同士（惣庄屋家同士）での婚姻と読み解くことができる。さらに表6をみると、矢島家の子女は他にも三村伝・河瀬典次といった惣庄屋家に嫁いでいることがわかる。

ここで小括すると地方役人たちは、①役人に必要な筆算・事務能力を養成する教育機関（手永会所）を基盤とし、②広範な姻戚・交際関係を役人同士で相互に展開することによって、地域の内外でみずからが所属する役人集団を再生産していたのである。

姻　戚　関　係	維新後の族籍	区長村吏経　験（注１）	明治10年時の社会的地位
葦北郡田浦助兵衛（惣庄屋）二男、長女は北里義正妻	有録士族		
長女は加藤谿川妻	無禄士族（元郷士）	○	４小区戸長
	無禄士族（元郷士）		
長女は佐藤憩（地方役人）妻	無禄士族（元郷士）		
	平民	○	５小区副戸長
	平民	○	
妻は佐藤憩（地方役人）長女	無禄士族（元郷士）	○	14番中学区誘導方
	平民		
	平民		
	平民	△戸籍用掛	
	平民		
	平民		
	平民	○	
	無禄士族（元郷士）		
妻は原田諫吉妹	無禄士族（元郷士）	○	５小区戸長
	無禄士族（元郷士）	△戸籍用掛	
妻は松崎雅長女、二男は松崎雅二男（茂）の養子	無禄士族（元郷士）		
	平民	○	５小区巡査
	平民	○	４小区興学誘導方
	無禄士族（元郷士）		
	平民	○	５小区雇用掛
	無禄士族（元郷士）		
北里惟宗分家	平民	○	４小区副戸長
妻は北里惟宗長女	無禄士族（元郷士）	○	５小区副戸長
	平民	○	４小区副戸長
妹は北里唯義妻	無禄士族（元郷士）	○	宮原村用掛
	平民	○	
妻は田北栄（郷中取締・のちに村長）長女	無禄士族（元郷士）	○	上田村用掛
	無禄士族（元郷士）	○	５小区用掛
	無禄士族（元郷士）	○	万昌小学校教員
	平民	△戸籍用掛	赤馬場村用掛
長女が松崎雅長男（操）の妻	無禄士族（元郷士）	○	

注１：廃藩置県後から明治10年までの里正・戸長・副戸長・町村用掛・筆生の経験。

表5　北里手永地方役人の構成(明治3年藩政改革直前)

	北里手永役職名	人　名	改名後	席　次	家　族　関　係
手永三役	惣庄屋	北里伝兵衛	伝、惟宗		
	御山支配役	松崎四郎兵衛	四郎、雅	郡代直触	
	横目役	松崎文兵衛	文衛、文平	一領一疋	盛治の実兄・養父
	〃　(兼書役)	加藤恒右エ門	丈二	諸役人段	谿川の父
会所役人	書役	大塚直作	良三		
	〃	河津磧平		郡代直触	
	〃	松崎森次郎	盛治		文衛の実弟・養子
	書役見習	有住甚之祐			
	〃	河津庄九郎			
	〃	北里俊吾	秀喜		健平の子
	〃	原田市次郎			
	〃	河津範平			
	〃	北里甚太郎			
	会所手代	児玉謙左エ門	九内、義鑑	郡代直触	
	会所下代	北里平左エ門	唯七、唯義	郡代直触	健平の子
	会所免方	北里助之丞	文三	郡代直触	
(久住詰)	久住詰　人馬横目	加藤直太郎	谿川	一領一疋	丈二の子
	〃　総代	北里吾治			
	〃　助勤	下城徳次郎			
村庄屋	宮原・土田村庄屋	橋本純左エ門	順太、純一	一領一疋	
	上田・蔵園村庄屋	北里泰七	惟喜	郡筒	
	北里村庄屋	北里健平		郡代直触	唯義・秀喜の父
	西里村庄屋	北里賢之助	賢二、惟信		
	下城村庄屋	北里熊之助	帰一、義正	一領一疋	
	萩原村庄屋	石松淳之助	淳、永義		
	幸野・万成寺村庄屋	原田諫吉		郡代直触	
	杉田・関田村庄屋	北里平兵衛	清	郡筒	
	赤馬場・馬場村庄屋	北里又右エ門	又衛、惟景	一領一疋	
	中原・坂下湯田村庄屋	笹原敬之丞	敬造、秀一	一領一疋	
	満願寺村庄屋	阿南昌三郎	一	郡代直触	
	扇村庄屋	佐藤吉三郎			
	黒渕・城村庄屋	大塚英磨	磨	地士	

＊禿迷盧『続小国郷史』(1965年)、『無禄名録　第十一大区』(県政資料8-117／熊本県立図書館蔵)、北里惟景著・高本隆綱編『小国郷名簿録　全』(私家版、2007年)、「明治三年　小国北里手永手鑑　午七月」(熊本近世史の会編『肥後國郷村明細帳(二)』、青潮社、1984年)などで作成。

表6　下益城郡中山手永惣庄屋・矢島忠左衛門(直明)の子女

矢島忠左衛門との続柄	名　前	配　偶　者	出身階層・地位	横井小楠との関係	維新後の主な地位・事績
長女	にほ子	三村伝	惣庄屋		熊本藩大属
次女	もと子	藤島又八	中小姓格		
長男	源助(直方)		惣庄屋家	門下	福岡県大参事
次男	五次郎				夭折
三女	順子	竹崎律次郎(茶堂)	在御家人(律次郎の実家木下家が惣庄屋家)	門下	熊本藩大属
四女	久子	徳富太多助(一敬)	惣庄屋	門下	白川県七等出仕
五女	つせ子	横井小楠	藩士200石		新政府参与
六女	楫子	林七郎(※離婚)	在御家人		楫子は婦人矯風会創設者
七女	さだ子	河瀬典次	惣庄屋家	門下	政府への出仕後、養蚕業・織物業・製茶業の発展に寄与

＊熊本県議会事務局編『熊本県議会史』第1巻(熊本県議会、1963年)163・164ページ掲載の表を補訂して作成。

(3)近世後期地域社会における地方役人と金納郷士

手永という地域社会での地方役人の位置づけを、金納郷士である在御家人との関係を通じてみていこう。表7-aは、明治初年の阿蘇郡坂梨手永における全ての行政関係者を示したものである。ここから、実際の手永運営が手永三役・会所役人・村庄屋の地方役人によって担われている事実が確認できる。注目したいのは、表中に記された「在御家人」という存在である。近世中後期の熊本藩では、寸志と呼ばれる献金によって百姓に苗字帯刀や各種の特権や格式を付与する在御家人制度(金納郷士制度)が整備され、それが社会的な広まりをみせていた。在御家人には、「御家人」としての武術の稽古が義務づけられ、主要な任務として「見締」と呼ばれる手永内の警備活動のほか、表7-aのような手永行政における各種の役職(番号39の「社寺方横目」以下)を務めていた。

しかしここで留意すべきは、在御家人と地方役人との両者の性格には明確な差異がある点である。

表7-a　坂梨手永の行政構成員(明治元年～2年時)

番号		役職名	人名	改名後	席次	旧藩役付30年以上(※注1)	備考(親族関係など)
1	手永三役	惣庄屋	今村次八				玉名郡坂下手永から転任
2		郡代手附横目	藤井平助	平二	独礼		藤井規平父
3		山支配役	山内才蔵		一領一疋		
4	会所役人	会所手代	山部武三右衛門	武三	地士		手野村・分西宮地村庄屋後見
5		会所下代	山部勘次郎	経治	地士		下野中村庄屋、山部豊喜父
6		会所詰	佐藤仙助	仙平	地士	○	北宮地村庄屋
7		〃	岩下寿一郎	経一	地士跡目		井手村庄屋岩下藤右衛門息子、井手村庄屋添
8		会所詰小頭	高木清四郎		郡筒		
9		〃	井手新兵衛	義敬	一領一疋跡目		
10		〃	内山田敬右衛門	登、敬蔵	郡代直触		
11		〃	岩下助一	新一	郡代直触		
12		〃	岩下専右衛門	農夫也	地士跡目		中原村庄屋岩下忠次郎息子
13		〃	吉田半平	鋤男	地士		
14		〃	上村爐平		郡代直触上席		
15		〃	家入己角		地士倅		
16		〃	岩下太七郎		地士倅		中原村庄屋岩下忠次郎倅、内牧人馬小頭兼帯
17		〃	内山田次郎平		郡代直触養子		会所詰小頭内山田敬右衛門養子
18		〃	佐藤勝蔵		郡代直触倅		佐藤勝左衛門息子、権兵衛弟
19		〃	山部映平		地士倅		会所手代山部武三右衛門子息
20		〃	佐藤熊彦		郡代直触倅		佐藤勝左衛門息子、権兵衛弟
21		手永横目	佐藤権兵衛	方一	郡代直触倅		佐藤勝左衛門息子、坂梨町別当兼帯
22	村庄屋	井手村庄屋	岩下藤右衛門	藤門	地士		会所詰岩下寿一郎父
23		西宮地村庄屋	後藤理一		〃		後藤屯(孫太郎)・敬四郎父
24		宮地村庄屋	家入宅左衛門	多久馬	〃		家入宅次郎(丑平)父
25		中原村庄屋	岩下忠次郎		〃		会所詰小頭岩下専右衛門(農夫也)父
26		北坂梨村庄屋	渡辺庄三郎		郡代直触	○	
27		東宮地村庄屋	井手源四郎		〃		井手義武(武平太)父
28		馬場村庄屋	志賀丈右衛門	丈八	〃	○	
29		古閑村庄屋	市原円四郎		〃		
30		坂梨町庄屋	江藤伝之允		〃		
31		下三ヶ村庄屋	後藤丈平		惣庄屋直触		
32		上三ヶ村庄屋	古閑五郎平		地士	○	
33		尾籠村庄屋	山部甚之允		〃		

34		上野中村庄屋	志賀格助		郡筒		
35		西下原村庄屋	志柿武右衛門	直治	郡代直触		
36		東下原村庄屋	江藤章平		〃	○	
37		手野村庄屋	山部文助		地士倅		会所手代山部武三右衛門子息
38		分西宮地村庄屋	衛藤善左衛門		地士		
39	在御家人(役付)	社寺方横目	市原弥一郎	惟渡	独礼		市原蘇平父
40		農業倡方並ニ人参方受込	藤井規平		〃		藤井平助子息、藤井常八養子
41		制度方并ニ道方定役、文武芸倡方・寺社堂守改方受込	江藤七左衛門	七郎	諸役人段		江藤彦平養父
42		文武芸倡方	白石文左衛門		〃		白石文治(文治兵衛)父
43		道方農業方人参受込、御手当受持	大塚二八郎		〃		
44		農業方	渡辺鎚太		〃		
45		硫黄山御用掛	武田源四郎		〃		
46		郡並御用受持	高森金平		〃		
47		内牧人馬所横目役	古閑太兵衛	太直	一領一疋		
48		制度方寺社堂受込、御手当受持	田島茂十		〃		
49		制度方寺社堂受込、新抜流指南方	加藤理三次		〃		
50		制度方	加久徳太		〃		加久守農父
51		武芸倡方並ニ宮地町御高札見〆、御手当受持	村田軍助	武	〃		村田武算兄
52		武芸倡方、御手当受込	藤井又太郎	徳策	〃		
53		道方定役	山本太一郎		〃		
54		御手当受持	高宮常之允	常一郎	〃		高宮序平父
55		〃	梅野松右衛門	好太	〃		梅野又市父
56		〃	坂梨正右衛門	政衛	〃		
57		〃	佐藤金三郎		〃		佐藤藤平父
58		御山見〆、武芸倡方	坂梨瀬左衛門	惟重	地士	○	
59		道方定役	蔵原栄喜		〃		
60		御仮屋見〆	畠中喜久馬	宗武	〃		
61		郡並御用受持	古閑猪之八		〃		
62		〃	岩本恒右衛門	恒平	〃		
63		〃	藤井新太郎		〃		
64		〃	山部彦左衛門	彦喜	〃		
65		〃	渡辺藤吉		郡代直触		渡辺常太郎(弥兵衛)父
66		〃	小山立蔵		〃		小山康次(弥兵衛)父

＊吉村豊雄『藩制下の村と在町』114〜116ページ掲載表を、『無禄名録　第十一大区』(県政資料8-117／熊本県立図書館蔵)、『郷士役附調　明治十一年仝十二年』(県政資料8-103／熊本県立図書館蔵)、『職制任免　区戸長』(県政資料9-60〜63／熊本県立図書館蔵)、『布告編冊　明治十二年』(阿蘇郡小国町役場蔵)、『明治九年　民会議員名簿　第十一大区』(阿蘇市栗林家文書／熊本大学附属図書館蔵)、熊本女子大学郷土文化研究所編『西南役と熊本　熊本県資料集成⑬』(図書刊行会、1985年)などで補訂して作成。

注１：明治３年藩政改革までに熊本藩の地方役人(手永三役・会所役人・村庄屋など)を30年以上務めた人物。

表７－ｂ　廃藩置県後における旧地方役人の履歴

番号	族籍(明治９年)	明治９年県民会選挙	区町村吏経験(注２)	明治10年阿蘇一揆時における立場・行動
1				
2	無禄士族(世襲、元郷士)		△(規平)	
3	無禄士族(二代、元郷士)	２小区会議員	○	
4	無禄士族(世襲、元郷士)		△(映平)	１等被害
5	無禄士族(世襲、元郷士)		○	１等被害
6	無禄士族(一代、元郷士)		○	３小区副戸長
7	無禄士族(世襲、元郷士)		○	
8	平民			
9	無禄士族(永世、元郷士)		○	３小区副戸長(３等被害)
10	無禄士族(一代、元郷士)		○	
11	無禄士族(一代、元郷士)		○	３小区用掛(２等被害)
12	無禄士族(世襲、元郷士)	３小区会議員	○	
13	無禄士族(一代、元郷士)	３小区会議員	○	官軍探偵となり横死
14	無禄士族(一代、元郷士)		○	
15	平民			
16	平民		△(農夫也)	
17	平民		△(登)	
18	平民	４小区会議員	△(方一)	一揆参加(附和随行)
19	平民		○	２小区用掛
20	平民		△(方一)	
21	平民		○	
22	無禄士族(世襲、元郷士)		△(経一)	
23	無禄士族(一代、元郷士)〔屯〕		△(屯)	
24	無禄士族(世襲、元郷士)			
25	無禄士族(世襲、元郷士)		△(農夫也)	
26	無禄士族(世襲、元郷士)	３小区会議員		
27	無禄士族(世襲、元郷士)〔義武〕			
28	無禄士族(一代、元郷士)			
29	平民			
30	平民			
31	平民			
32	無禄士族(一代、元郷士)			
33	平民			

34	平民			
35	無禄士族(一代、元郷士)			
36	無禄士族(世襲、元郷士)			
37	平民		△(映平)	
38	平民			
39	無禄士族(世襲、元郷士)			
40	無禄士族(世襲、元郷士)	3小区会議員	○	
41	無禄士族(世襲、元郷士)	県会議員	○	彦平3小区戸長
42	無禄士族(世襲、元郷士)			
43	無禄士族(世襲、元郷士)			
44	無禄士族(世襲、元郷士)			
45	無禄士族(世襲、元郷士)			
46	無禄士族(世襲、元郷士)			
47	無禄士族(世襲、元郷士)			1等被害
48	無禄士族(世襲、元郷士)			
49	無禄士族(世襲、元郷士)			
50	無禄士族(一代、元郷士)			
51	無禄士族(世襲、元郷士)		△(武算)	
52	無禄士族(二代、元郷士)			
53	無禄士族(世襲、元郷士)			
54	無禄士族(一代、元郷士)〔序平〕			
55	無禄士族(世襲、元郷士)			
56	無禄士族(二代、元郷士)			
57	無禄士族(世襲、元郷士)〔藤平〕			
58	無禄士族(世襲、元郷士)			
59	無禄士族(世襲、元郷士)			
60	無禄士族(一代、元郷士)	3小区議員		
61	無禄士族(一代、元郷士)			
62	無禄士族(一代、元郷士)			
63	無禄士族(一代、元郷士)			
64	無禄士族(一代、元郷士)			
65	無禄士族(世襲、元郷士)			
66	無禄士族(世襲、元郷士)			

注2：廃藩置県後から明治10年までの区町村吏(里正・戸長・副戸長・村用掛・筆生)経験者。

表8　在御家人の席順

（高）↑	歩使番列
	独礼
	士席浪人格
	諸役人段
	一領一疋
	地士
	郡代直触
	郡筒
	苗字御免惣庄屋直触
↓（低）	無苗惣庄屋直触

＊松本雅明監修『肥後読史総覧』（鶴屋百貨店、1983年）より作成。

例えば、経済的に有力な上層百姓は、寸志献金や武芸への出精などを通じて表8のような序列化された在御家人としての席次を取得すること（進席）ができたが、いくら寸志献金を重ねて席次を上りつめても、手永三役・会所役人・村庄屋などの役職には就けない仕組みとなっていた。一方、地方役人もほとんどの場合、「地士」や「郡代直触」などの在御家人としての格を有している。彼らの場合も、役職の勤続年数や勤功に応じて藩政府から金銭・礼服が与えられ、ときには進席も認められた（褒賞）。しかし、地方役人としての褒賞のみでは上層百姓たちの高額寸志による進席にはとてもおよばなかった。事実、表7-aにおける地方役人と在御家人の席次のランクを表8を参照して比較すれば、おおむね在御家人のほうが高い席次（独礼・諸役人段など）を占めていたことがわかる。すなわち、実務能力が重視される地方役人の役職と寸志献金による進席とは、明確に分離されていたのである。近年の近世地域社会論では、地域社会の権力主体を村役人層のみに一括するのではなく、政治的権力主体と経済的権力主体とに区分する必要性が叫ばれているが[30]、この提起は妥当であろう。なぜなら、この提起を熊本藩領の地域社会に即して考えるならば地方役人が政治的有力者であり、高額の寸志献金によって進席を重ねる在御家人が経済的有力者だと、大枠では把握できるからである。もちろん、前述したように地方役人の多くも実は在御家人の格を有するなど経済的には上層に位置し、地方役人でありながら寸志献金や武芸出精によって進席する事例も少なくない。実態では両者を峻別することが困難な事例も存在するのだが、実務能力なしでは地方役人になれない仕組みである点で、両者の性格に明確な差異があった点は重要である。

さて、地方役人と在御家人とは地域社会でいかなる関係にあったのだろうか。手永の統括者である郡代や惣庄屋にとって、地域で経済的・社会的実力を有する在御家人と協力関係にあることは、安定的な地域運営を行う上で必要不可欠な課題だった。したがって、郡代は前掲した表7-aの寺社方横目や文武芸倡方などの多種多様な役職を在御家人に与え、地方役人も有力な在御家人とは婚姻を結ぶなどして関係を深めた。地方役人と在御家人との協力関係が、円滑な手永運営を実現していく上で要点となっていたのである。しかし、実務能力を継承しながら集団性を強める地方役人と、経済的・社会的な実力で身分格式を高めていく在御家人とは、相互に対立する要素を潜在的には有していた。

慶応期、軍制改革や幕長戦争の影響から大量の寸志銭が募集されて、身分格式の「安売り」に拍車がかかると、寸志に応じた一般百姓によって在御家人数は飛躍的に急増する。(31) すると、新規に採用された大量の在御家人と、手永内で彼らと対峙しなければならない地方役人との関係は一気に険悪化した。三澤純によると幕末維新期、藩の軍制改革により在御家人が「郷兵」の担い手として重んじられると、役職の勤務中は帯刀できない地方役人の「役威」不足を侮《あなど》って、帯刀を許可された在御家人たちが増長するようになり、手永内では惣庄屋の通達がないがしろにされる事態まで起こったという。(32) つまり、地域社会における地方役人と在御家人とは、幕末維新期の情勢のなかで緊張関係にあったのである。この両者の関係は、第四節で後述する維新後の展開にも影響をおよぼすものであるため、この点は留意されておきたい。

二 維新期の地方制度改革における旧地方役人

本節では、藩政改革・廃藩置県・「大区小区制」の実施など維新期の度重なる地方制度改革過程で、前節で論及した旧地方役人層がいかなる位置を占めたかを論じたい。

(1)熊本藩明治三年藩政改革における旧地方役人の位置

明治二年（一八六九）の版籍奉還後、維新政府は「諸務変革一一か条」や「藩制」などを通じて諸藩への統制を本格的に強めていく。それを受けた諸藩側でも当該期、軍制・禄制面などで藩政改革が試みられ、軍事的性格を払拭した藩の「民政」機構化が進展し、府県との同質化が進んだ。(33) 熊本藩でも明治三年六月以降、横井小楠の思想的系譜をひく実学党豪農派を担い手とした大規模な藩政改革（以下、三年改革とする）が断行される。

熊本藩では主に明治二年以降、藩政機構・地方支配機構の改編や軍制・禄制面の改革などが進められてきたが、三年改革は従前よりも大規模かつドラスティックなものだった。実行された改革政治では、本年貢の三分の一におよぶ約九万石の雑税廃止策、熊本城の民衆への一般開放などが研究史上で注目されているが、(34) 本稿でとりあげる地方役人との関連で述べれば、六月の改革開始当初から進められた郡政改革（地方制度改革）が大きな意味を有していた。明治三年二月、府藩県の公廨は「庁」と改めることが新政府から命じられ、熊本藩では四か月遅れの六月一五日にようやく奉行所が「藩庁」と改称されるが、(35) 郡政改革はここから矢継ぎ早に進められていく。熊本藩の郡政改革とは「王政」「王化」の名の下で、制度・財源・人材の全ての面で地方民政の中心的役割を果たしていた手永を解体し、民政を藩庁（地方官）のもとで一元化しようとする試みであり、(36) 藩庁内の民政局が直轄する「郡」に地方行政的権能の集中をはかるものだった。ゆえに、六月末には従来の郡代（郡宰）とその属吏（附属録事）以下二〇〇名強の人員が廃止、七月初めには新たな郡政役人である郡政大属・少属・権少属・権少属試補の設置と任命が行われ、二～三の郡ごとに郡政出張所が設置された（藩領内で全九か所）。(37) 七月初旬には惣庄屋をはじめとする手永三役が、八月下旬には手永の組織自体（会所などの施設を含む）が廃止されて、手永は郷へと改称されていく。(38)

この郡政改革は、従来の地方役人たちにも大きな転換を迫るものだった。七月一二日に民政局に出された

「覚」では、「大属より村吏ニ至迄、郡政一部之職掌」であり、今後は「惣而朝官」の心得をもって実務に臨むべきと記されている。[39]具体的な役人配置について述べると、まず新設された郡政権少属試補の三九名に、現職の惣庄屋一六名を含む二〇名の惣庄屋関係者が採用された。[40]新郡政を担う人材として、有能な旧惣庄屋が採用されたのである。新設の郡政出張所には大属・少属の他に、実務役人として諸務(一〇人余)・出仕(三～四人)・筆生(二人)・小遣(五～六人)が設置されたが、ここにも精選された地方役人が採用された。下益城郡河江手永で会所小頭を務めていた岩崎直平(奇平)は、明治四年二月付で宇土郡松山出張所の小使に登用されるが、彼はこの経緯について後年、「下益城・宇土二郡七会所ノ凡ソ二百ノ役人中ヨリ、二十人ノ庶務・小使」が「抜擢」されたと述懐している。[41]出張所の実務役人の大半が、従来の会所役人から採用されたのである。しかし、父子そろって出張所の役人に登用された岩崎直平が、その父に対して「近属職ヲ失シ多数ノ会所役人ニシテ、一家二人ノ栄ヲ羨マサル者ナカルヘク、或ハ娼嫉スル者アリテ、福却テ禍トナルヤモ図ルヘカラス」[42]と懸念を示したように、多くの会所役人側からすれば郡政改革が大規模なリストラをともなっていた側面も押さえるべきである。

次に、郡政改革における村庄屋の位置について述べよう。改革では手永惣庄屋制とともに村庄屋も廃されたが、それに代わって旧来の五か村組を基礎にした新たな行政単位である「組」と、組の統括者である里正が新設された。[43]表9は、改革直後の阿蘇郡小国郷の里正一覧

表9　阿蘇郡小国郷の里正一覧（3年改革直後）

担当村	名前	改革直前の役職
黒淵村・城村	松崎四郎	北里手永山支配役
宮原村・土田村	石松　淳	萩原村庄屋
北里村	長谷部源吾	(在御家人)
西里村	阿南昌三郎	満願寺村庄屋
下城村	北里義正	下城村庄屋
赤馬場村・馬場村	北里又衛	赤馬場・馬場村庄屋
中原村・湯田坂下村	笹原敬造	中原・湯田坂下村庄屋
扇村	佐藤吉三郎	扇村庄屋
満願寺村	満願寺隆全	

＊禿迷盧『続小国郷史』(1965年)14・15ページ掲載表を補訂して作成。

（明治三年八月）であるが、注目されることにその大半が旧村庄屋や手永役人で占められている。改革直前の小国郷の村庄屋数は一三名なので、ポスト数は四つ減らされているが、主に旧村庄屋の人材が里正に採用されたことがわかる。[44]

つまり、手永三役・会所役人・村庄屋で構成される旧地方役人の一部は、大枠ではそれぞれの役職や地位に応じて、改革後は出張所の役人や里正などに採用された。地方行政職における旧地方役人の「連続」である。但し、それまで目立った地方行政経験がないにもかかわらず郡政大属に抜擢された藩士の安田退三、小国郷の村庄屋から郡政権少属に抜擢された大塚英磨（表4）、地方役人未経験ながら小国郷の里正に採用された在御家人の長谷部源吾や僧籍の満願寺隆全（表9）も存在するなど、郡政改革が「王政」の名の下で「旧習」の破壊を意図していたのも事実である。そして、それは一方で旧地方役人の大規模なリストラも生んでいたのである。[45]

（2）近世身分制解体期における旧地方役人の位置

末端地方行政における旧地方役人の連続性は、近世身分制解体の画期とされる廃藩置県前後や「大区小区制」期ではいかなる展開をみせたのだろうか。既述の通り熊本藩領では、三年改革での手永廃止後（八月）に新たな行政単位の「組」と里正が設置されたが、実はこの「組」はすでに、身分的編制によらない純粋な地理的空間にもとづく「十戸組」で構成されていた。十戸組とは、その名の通り村で十戸程度の家を基準に設けられた、いわゆる近世期の五人組的な存在であるが、寺社・郷士（旧在御家人）・平民という身分の別を問わず編制されている点で、五人組とは性格を大きく違える。通達方法を例にとって説明しよう。近世期の熊本藩の場合、村の百姓が寸志献金によって在御家人身分を獲得すると、彼らには村庄屋からではなく、物庄屋・郡代から直接通達が回されるようになる（ゆえに、「惣庄屋直触」「郡代直触」といった名称が在御家人の格を示すものとして使用される）。しかし、[46]

三年改革により十戸組で構成される「組」と里正が設置されると、郷士に対しても平民に対しても、里正が一括して通達を行うことになった。つまり、里正が統括する「組」とは、廃藩置県を前にして身分的編制を克服した行政単位だといえる。ゆえに、明治三年の小国郷里正には僧籍の人物（満願寺隆全）がみられる（表9）。

明治四年四月、戸籍法が制定され、七月には廃藩置県が断行される。しかし廃藩置県後も旧熊本藩領の地方行政に関しては、新設された熊本県の首脳部が依然として旧藩出身者で占められていたこともあり[47]、政策基調に大きな変化は見られない。明治五年（一八七二）四月、太政官布告第一一七号で従来の庄屋・名主・年寄などの呼称は廃され、戸長・副戸長へと改称される。これにもとづき熊本県は翌五月、従来の里正を戸長に改称し、郷（旧手永）を大区に、組を小区に一致させた「大区小区制」を実施した[48]。この時点での大区は、その上部機構に郡政を司る郡政出張所（「大区小区制」の実施とともに「解舎」へ改称）が存在していたため、吏員・機構を有さない形式上の存在だった[49]。一方、小区行政は里正から改称された戸長が担当することになる。その後は小区に副戸長・助勤（のちに筆生と改称）、町に坊長（のちに町用懸）、村に村用聞（のちに村用掛）がそれぞれ設置された。

表10　明治5年小国郷における戸長・副戸長

組　名	戸長（旧名）	副戸長（旧名）	助　勤
宮　原	○北里唯義（唯七）	○大塚良三（良作）	△佐藤恒雄
下　城	○阿南　一（昌三郎）	○北里逸平（姓佐藤）	北里今喜
西　里	○石松永義（淳）	○北里惟信	穴井　浅
北　里	△北里惟景（又衛）	○北里惟喜	○北里陣太郎
上　田	長谷部信次（源吾）	△北里惟倫（金作）	○北里五治
満願寺	満願寺隆全	△北里　勇	○河津碩平
赤馬場	○松崎　雅（四郎）	○波多野彦也	○松崎荘太郎
中　原	○笹原秀一（敬三）	石松為吉	久野範三
黒　渕	○大塚　磨（英磨）	△北里清（平兵衛）	大塚　源

＊禿迷盧『続小国郷史』（1965年）20ページ掲載表を、北里惟景著・高本隆綱編『小国郷名簿録　全』（私家版、2007年）で補訂して作成。
※○印は旧藩時代の地方役人経験者、△印は父親が村庄屋経験者。

　さて、表10は「大区小区制」の実施当初の小国郷における戸長・副戸長・助勤の一覧である。表によると、この時点でも旧地方役人もしくは彼らの子弟で、小区吏員の大半が占められていた事実がうかがえる。末端地方行政における旧地方役人の連続性は、廃藩置県後も「大区小区制」の実施後も確認されるのである。

なお、以上は阿蘇郡小国郷を主対象にした検討であるため、分析結果の普遍化に関しては異論もありえよう。そこで、前掲した表7-bの「区町村吏経験」という項目を参照されたい。これをみると阿蘇郡では旧坂梨手永域でも、旧地方役人本人やその親族らが、廃藩置県後から「大区小区制」期にかけて里正・戸長などの区町村吏職を務めていた事実がわかる。旧坂梨手永域には、古代以来の長い伝統を誇る肥後国一の宮・阿蘇神社が存在しており、「大区小区制」期には阿蘇神社（阿蘇家）の有力社家・家来である黒田・宮川氏などが小区吏員を務めている事例も散見されるが、総体的にみれば区町村吏の大半はやはり旧地方役人層である。よって、明治初年の阿蘇郡では身分制解体後も旧地方役人を中心にして、末端地方行政が担われていたといえる。

以上の検討の結果、維新期の地方制度改革過程における旧地方役人の連続性が明らかになった。そこで次節では、近世期の地方役人が有していた集団性や存立構造が、「大区小区制」期にどのような展開をみせたかについて検討しよう。

三　「大区小区制」期における区町村吏の選出過程と集団性

（1）「大区小区制」期における区町村吏の性格と選出方法

「大区小区制」期の戸長を地域における「維新の担い手」と捉え、彼らを積極的に評価する鈴木淳は、戸長の階層について「鹿児島や福岡のように旧藩の士族があてられた例もあるが、多くは地元の有力農民であった」[50]と述べる。確かに、「大区小区制」期の福岡県では旧藩士層の士族が戸長を務めた事例が明らかであるが、[51]「はじめに」で既述したように明治前期の区町村吏の九割強が平民である事実からも、鈴木の指摘には首肯できよう。[52]もっとも熊本地域でも、前掲した表1・5・7-bの「族籍」項目にあらわれるように戸長が「士族」である場合が多い。しかし、この士族は近世期に金納郷士（在御家人）身分を取得した百姓たちをさす「無禄士族」であり、福岡の旧藩士層の事例とは大きく性格が異なっている。

研究史上でたびたび指摘されているが「大区小区制」を考える上で重要な点は、政府が地方制度に関する包括的な法令を打ち出すことができず、その制度運用に関しては地方官の裁量に委ねられていたことである。したがって、戸長をはじめとする区町村吏に関しても、地方の実情に対応した幅のある制度が全国的に展開された。「大区小区制」期の戸長の選任方法では、茂木陽一の研究により官選と公選の二種類があること、全国的には公選の事例が多かったことが明らかである[53]。ちなみに「大区小区制」期の熊本県は官選戸長制度である。茂木は、官選が「戸長の選任が県の一方的な意志によって行われるもの」と論じる一方、戸長が地域住民や町村吏員などの入札結果にもとづき、最終的に県により任命される公選方法を、「官選に比して、住民の意志が反映し得る」ものと評価する[54]。しかし、ここで問題なのは、茂木は「官選」の基準を「県の一方的な意志」と論じるのみで、その具体的な選出過程・内実に関しては全く問題にしていない点である。戸長ら区町村吏の「官選」の内実に関しては、従来ほとんど明らかにされていない課題であり[55]、以下では熊本地域を事例に検討していきたい。「官選」の具体的な過程・内実の検討を通じることで、旧地方役人たちが有していた集団性や存立構造が、維新期を経てどのように変容したかという課題にも迫ることができるからである。

「大区小区制」期の熊本県が戸長に関して定めた規則には、区戸長の心得を説く「区戸長心得書」、その職務内容や職権を規定した「戸長取扱事務概則」「区戸長手限取扱条件」が存在する（いずれも明治七年制定[56]）。「区戸長心得書」によれば、区戸長の職掌は「区内万般ノ事務ヲ担任シ、人民ノ総代トモ可相立職掌」と明記されており、行政吏であるとともに人民総代である性格づけが矛盾なく行われている。しかし、戸長の選任方法に関してはいずれの規則にも記載されていない。

その疑問を解く鍵となるのが、熊本県の区戸長任免に関する行政書類をまとめた県庁文書の『職制任免』（熊本県立図書館所蔵）である。『職制任免』には、区長・戸長・副戸長・筆生・村用聞らにかかわる県からの任免文書や、区戸長たちの上申や願書が含まれている。この簿冊を分析すると戸長の選出方法は大きく分けて、①大区の区長による推選、②戸長前任者による推選の二タイプになると考えられる。次の史料は、②の典型例である。

【史料1】

御内意書

私跡役之儀ハ当区副戸長皆田仲喜え被仰付、仲喜跡役ニハ当組筆生首藤語八ニ被仰付候得ハ、第一当郷諸帳簿之取扱も熟知仕、其上数年当所戸長も相勤居候間、郷中之民情も熟知仕居候間、此段不顧恐存付之趣言上仕候以上

波野郷戸長

黒田小平太㊞

明治六年八月廿七日

白川県権令安岡良亮殿(57)

この文書では阿蘇郡波野郷の戸長である黒田小平太が、自らの後任の戸長や副戸長の具体的な人選について、県（権令）に対して上申している。ここでは、同小区の副戸長（皆田仲喜）を後任者に推選しているが、その理由として当地で長らく副戸長を務めてきた皆田による、「当郷諸帳簿之取扱」「郷中之民情」への熟練・熟知をあげている点は興味深い。

なお、この直後の九月二日に皆田は病気を理由に副戸長辞職を願い出て、それが九月二七日に県より許可されたため、黒田の推選は結果的に実現していない。この場合は被推選者の辞退により不成立に終わったが、戸長選

出が前任者や区長の推選によるものである以上、県は最終的な任免権を有するとはいえ、彼らが推選する人物を不適格として拒否することは少なかっただろう。前任者や区長の推選であれば、戸長選任には行政実務能力の有無はもちろんのこと、区町村吏間での縁故や情実が絡む可能性も否定できない。ちなみに、新たな戸長・副戸長に推選された皆田と首藤は旧地方役人であった[58]。かかる地域の区戸長の意向が反映される戸長の選任実態に即して考えれば、「官選」とはいえ「県の一方的な意志」によるものとは、必ずしも評価できないのである。

副戸長以下の人選になると、『職制任免』を通じてその様相はより明らかになる。結論から述べると、副戸長・筆生・村用聞などの人事異動や人選は、ほぼ戸長裁量に一任されていた。以下、その具体例をあげて検証しよう。まず、筆生からみていきたい。

【史料2】

筆生転所願

第十三大区大川組筆生
美濃部敬蔵

右之者儀第十三大区小原組え転所被仰付度、此段御内達仕候事

明治六年五月廿四日

大川組戸長　岩男善七郎㊞
小原組戸長　荒木　正作㊞

白川県権参事嘉悦氏房殿[59]

右の史料は、上益城郡第一三大区内の大川組と小原組との間での筆生異動願であるが、この願いは五月二七日に許可されている。かかる小区（組）間での筆生の人事異動願は、村用聞の場合を含めて『職制任免』では枚挙に遑がなく、彼らの人事異動では各小区の戸長間による意思決定が常態化していたと考えられる。大区内での吏員

の転勤は、近世後期の郡・手永内での地方役人の転勤とほぼ同質な性格であり、「近世的」なあり方ともいえる。なお、『職制任免』からは筆生や村用聞の人選自体も戸長が行っていることがわかる。

次に副戸長の事例をみよう。熊本県では明治七年（一八七四）二月から八月に大規模な区画改正が行われ、大区小区の統廃合が行われた(60)。県内全体で従来の五三大区五七四小区体制から、改正後は一六大区一六九小区に再編された。改正と同時に従来の副戸長は全員免職とされ、新しく一小区あたり二名の副戸長が選任されたが、そのさいの人選・人事異動を統括したのは戸長だった。下益城郡の三五・三六大区では戸長四人の協議による「副戸長減員御改正之旨ニ付見込筋御内達」が、四月九日付で県の庶務課宛に提出された(61)。そこでは、従来の副戸長二五名のうち八名が「是迄通被存置度見込」として新副戸長に推選され、残り一七名の免職と、他に二名の新規採用が上申された。副戸長に新規採用された二名の採用理由は、「篤実正直ニ而、筆算茂相応ニ有之」ことだった。阿蘇郡の二五・二六・三二大区では戸長六人が会議を開き、従来の副戸長二四名のうち九名を「残置」くこと、残り一五名を免職し、他に三名新規採用することを、四月一四日に上申している(62)。

以上で検討した副戸長・筆生・村用聞の人選にあたり、彼らの推選文書で共通して明記されているのは、本人の「筆算」「事務」能力である。「大区小区制」期の区町村吏には、地租改正や学校行政など新たな行政実務の遂行が求められており、筆算・事務能力は彼らにとって必要不可欠であった。筆算・事務能力が重視されるのであれば、必然的に区町村吏に推選されるのは、それらの優れた能力を備えた旧地方役人の場合が多くなる。明治七年区画改正で玉名郡の二二大区では、新副戸長として日永熊蔵という無禄士族が戸長から推選されるが、彼は玉名郡南関手永の会所手代や南関郷廨舎の筆生を歴任した人物であった(63)。つまり、区町村吏には高い行政処理能力が求められることから旧地方役人経験者が採用されることが必然的に多くなり、ゆえに彼らもまた旧藩期の地方役人と類似した集団性を有することになったのである。かかる区町村吏の集団性が、旧藩期と同様に縁故や情実をも含んでいた点は想像に難くない。前掲した表7-bの旧坂梨手永域で、旧地方役人本人やその親族らが明治初年の区町村吏を務めている事実の背景には、彼らの集団性自体がある程度「大区小区制」期にも維持されていたという、存立構造面での連続性が考えられるのである。

(2)「大区小区制」期における区町村吏の教育機関

さて、近世期の地方役人の子弟たちは手永会所で行政実務を学んでいたが、すでに会所が廃止されていた「大区小区制」期、区町村吏の実務教育の場はどのようなかたちで存在したのだろうか。次に掲げる史料は、この疑問を考える上で示唆的である。

【史料3】

戸長詰所自勘見習出仕御届

杉島郷著町村
東矢善次二男　東矢辰二郎

右者杉島郷著町組戸長詰所、諸事務自勘見習出仕内望ニ付呼出置、追々本庁ニ茂差出申度奉存候事

著町組戸長
阪井小一㊞

明治六年十月廿二日

権参事　嘉悦氏房殿(64)

この史料によると、東矢辰二郎なる人物が「諸事務自勘見習」を希望したため、戸長は彼を戸長詰所に呼び出して事務教育を施し、追って本庁へも「差出」したいと上申している。つまり会所が廃止された後、区町村吏職を志望する人々は、戸長詰所に「自勘（自費負担）」での「見習」として出仕していたのである。ちなみに、杉島郷の東矢家とは地方役人を歴任した家柄であり、辰二郎の兄にあたる九郎助も幕末期に各地の惣庄屋を転任して

いる(65)。この他、戸長詰所が整備される以前には郡政出張所で「見習」を受け付けている事例も確認されており(66)、手永会所廃止後の時期でも、行政機関がそのまま教育機関としての役割を果たしていた事実が明らかである。三年改革期には郡政大属会議で、「自勤見習之儀者旧秀《ママ》を捨、人員ハ勝手次第たるべき事(67)」と、旧慣によらない見習の採用が目指されているが、現実には東矢の事例からもうかがえるように、依然として旧地方役人の子弟が区町村吏の「見習」には数多く採用されていたと考えられる。この教育機関の存在も、彼らの集団性を維持させた要因の一つとして注目されるだろう。

以上、「大区小区制」期の末端地方行政における旧地方役人の連続とともに、彼らが有した集団性や教育機関など存立構造面での連続性も明らかになった。しかし、末端地方行政の担い手である彼らは、維新による社会変容のなかで多くの課題にも直面していた。既述した大規模なリストラもその一つであるが、次節では旧地方役人たちが「大区小区制」期に直面した課題の内実と、彼らの集団性が当該期の地域社会運営にいかなる影響をおよぼしたのかについて、それぞれ検討することにしたい。

四　「大区小区制」期における地域運営の混乱と区町村吏

(1)区町村吏が直面する大幅なリストラと待遇悪化

三年改革での郡政改革以降、「大区小区制」期にいたる熊本地域は、毎年の如く大なり小なりの地方制度改革を経験してきた。これは熊本に限らず、当該期には全国的にみられた動向であったが、こうした地方制度改革にともなって大規模な人員整理が行われたことは研究史でもあまり注目されていない。第二節でふれたように、郡政改革では大規模な人員整理が行われ、例えば下益城・宇土二郡で七か所存在した手永会所の役人約二〇〇名のうち、郡政出張所の役人へ採用されたのはわずか二〇名であった。このような人員削減は、続く「大区小区制」期にも継承されていく。

「大区小区制」期には各府県で頻繁な区画の編制替えが行われた。それは全国的な統一基準のない「大区小区制」を、より地域の実情や財政状況と対応させていく上で必要な作業だったが、熊本県でも大区小区の区画改正は明治六・七年と立て続けに実施された。とくに大規模だったのは明治七年である。かつて拙稿[68]で明らかにしたが、熊本県ではとくに明治六年以降に財政状況が悪化し、県財政を逼迫する区戸長給料の削減が急務となっていた。明治七年二〜八月に区画改正は実施され、従来の五三大区五七四小区は一六大区一六九小区へと再編された。改正にともなって従来の区戸長数は大きく削減され、小区の広狭に関係なく一小区あたり戸長一人・副戸長二人と戸長定員が規定された。この区画改正により、各地で従来の副戸長の半数以上がリストラされたことも既述の通りである。

熊本県の場合、この区画改正と区戸長の人員整理とは、各地で地域運営上での矛盾をもたらした。大区小区の大幅な統廃合により区戸長が管轄する一大区・一小区の範囲は拡大するにもかかわらず、一小区の吏員数はむしろ従来よりも削減されたため[69]、当然ながら改正後の戸長・副戸長一人あたりが担うべき職務量は従来よりも格段に増大した。折しもこの時期は地租改正の実施時期にもあたっており、ゆえに当該期の『職制任免』をみれば、各小区からの副戸長・筆生の増員願の頻発が確認される[70]。さらに、繁忙化する改正後の小区行政を担う戸長らを待ち受けていたのは、給与面の待遇悪化であった。職務量の増大にもかかわらず、戸長の月給は改正前の一〇円から七円へと大幅にカットされ、副戸長の月給も四円から五円へと微増にとどまった[71]。もちろん、戸長らはおおむね経済的には上層に位置し、戸長給料の他にも農業収入などはあったが、戸長の行政職務は激務であり、家業の片手間でできるものではなかった[72]。筆生職でさえ、「筆生被仰附置候処、家内老幼数多ニ而、農業専ニ相営専蔵儀、戸主ニ而子供モ未タ幼少ニ有之、家事難相勤御座候ニ付[73]」という理由で辞職願が出され、実際に認められている。戸長らにとって、職務面のみならず給与面での待遇悪化は少なからぬ衝撃であったろう。

かかる待遇悪化もあり、幾度のリストラの危機をくぐり抜けてきた区町村吏たちのなかにも辞職を希望する人物が増加していく。明治一〇年代の全国的な戸長辞職数の多さは石川一三夫が指摘しているが(74)、熊本県では区町村吏の辞職願は明治五年時点から『職制任免』上で多く確認され、また「依願免」の事例数も多い。例えば阿蘇郡小国郷の戸長である大塚磨の場合、明治六年八月・一一月と病気を理由に二度も辞職願を提出しながらもその度に慰留され(75)、翌七年四月にいたってようやく辞職が認められている（表4）。区町村吏職忌避の動向は、すでに「大区小区制」期から確認できるのである。

しかし、区町村吏職が忌避されたのは待遇面の問題のみであったのか。そこには、「大区小区制」期における地域運営の困難さも存在していたと考えられる。次項で検討しよう。

(2)戸長「不正疑惑」の構造と地域運営の困難さ

「大区小区制」期には全国的に、地域住民の区戸長に対する不正疑惑が頻発したことでも知られる。区戸長の不正疑惑に関して奥村弘は、①旧大庄屋出身の彼らは地主であり個別利益追求者としての性格を有していること、②彼らは県から一定の独自性を示していること、③彼らが区町村費用支出入を行うさいに私費と公費の明確な分離が行われていないことを、その基本的要因としてあげる(76)。しかし、①に関しては大庄屋＝地主＝個別利益追求者という単純化された理解に疑問が残る。第一節でふれたように、惣庄屋たち地方役人が官僚として栄達するかどうかは地域的課題への対応如何にかかっており、個別利益追求者としての側面のみを強調することはできない。②の見解に関しては「独自性」の内実が明らかでない点に不満が残る。そこで以下では、地域社会における戸長ら区町村吏の集団性や存立構造、地域社会における他の社会集団（旧在御家人）との関係に注目するという新たな視点から、「不正疑惑」の問題に迫ってみたい。なお、大区小区の会計システムに関しては本稿では分析が不十分であるため、③の論点を検討することはできない。

「大区小区制」期の熊本地域で最も有名な戸長の「不正疑惑」は、明治七年一〇月に飽田郡の五町郷鶴羽田・鹿子木・糸山の三組の「平民共」「士族中」から県宛に訴えられた、「戸長笹原堅勝、副戸長木村定雄、長谷川清連、諸事不正ノ取計稜々」である[77]。この訴状では一三か条にわたり、県から与えられた地券調費の詐取、地価算定における不正、土地論争をめぐる収賄、職務のサボタージュなど、彼らの不行跡を連ねている。そのなかで注目したいのが、村用掛の選任をめぐる戸長への不満である。関係箇条を抜粋しよう。

一、村用掛之面々、五町郷ニ限人撰と申かたく、無筆無算之福家を撰、何事も戸長気儘ニ而善悪とも不弁、下モニ到御主意筋大ニ間違、恐入たる事共ニ奉存、此後士族歟又者平民ニ仕候ハヾ、御政事者不及申、五倫之道を弁候者ニ人選を以被仰付度、左候得者上下共逸稜御為筋弁利之儀と奉存候事

ここでは、「無筆無算之福家」を村用掛に選んだ笹原戸長による人事を、「人撰と申かたく」と厳しく断じ、「何事も戸長気儘ニ而善悪とも不弁」と戸長の専断に批判を集中させている。別の箇条では、副戸長が戸長に頼み入って「東西も不分邪人鈍物」である実兄を村用掛にさせたとも記されており、戸長専断による人事が「不正疑惑」の中核の一つをなしている。このように戸長は副戸長以下の人事権を掌握しており、戸長の資質によって地域運営が私物化される可能性は大いにあった。つまり、区町村吏の人事権など地域運営における戸長権限の大きさが、ときに「不正」の構造を拡大化させていく要因であったといえるのである。この点に即していえば前掲した奥村の②の評価は、地域社会における戸長権限の大きさという具体性から裏づけることができる。訴状は七年区画改正後の時期であり、笹原らは戸長職の待遇悪化もあって、実際に「不正」を行ったのかもしれない。

しかし、一方で注目していただきたいのは、訴状を提出した「士族中」の存在である。鶴羽田ほか二組は地理

的に熊本城下からは離れており、いわゆる旧藩士層のまとまった居住が考えにくい点からも、この「士族中」とは旧在御家人（元郷士）集団をさすと考えられる。彼ら「士族中」は、「当月以後笹原列之指揮、決而受申間敷候」と笹原らの地域運営へのボイコットを表明しているが、かかる地域社会での元郷士集団の存在が、逆に戸長ら区町村吏の立場からすれば、地域運営の大きな障壁になっていたのではなかろうか。

事実、戸長側の史料に眼を転じれば事態は明瞭となる。明治九年（一八七六）一二月、三大区一〇小区戸長の金子和蔵は県宛に提出した「副戸長用掛増員上願」のなかで、「竹宮神水如キ因循固陋之士族集合、方向ヲ失詰所之困難申迄も無之、続テ学事不起開化之何物タルヲ不知輩多、旧弊ニ沈泥シテ却而方今ヲ妨候様成件々有之」と述べ、「因循固陋之士族」が集合する村々を含んだ地域運営の困難さを上申している。(78) つまり、身分制解体後の「大区小区制」期の地域社会で、士族（とくに元郷士）集団の存在を意識して行わなければならなかった戸長らの地域運営には、一定の困難さが孕まれていたのである。

ところで、ここで想起されたいのは幕末期に急増した在御家人と、彼らと対峙する立場にあった地方役人との緊張関係である。この緊張関係は、「大区小区制」期にも継承されていたのではなかろうか。身分制の解体過程で元郷士らはかつて獲得した特権（名字帯刀・乗馬権など）を剝奪されており、しかも彼らは他の平民一般と同様に区町村吏の管轄を受ける存在となっていた。(79) 元郷士の養子・隠居家督願に関しても、六年一一月以降は戸長の許可が必要となった。(80) 一方、地域における区町村吏は、多くが旧地方役人で占められている。かかる点から、元郷士らの不満は高まっていたのではなかろうか。折しも「大区小区制」期の熊本地域では民費が鰻上りに増徴され、徴税官たる戸長には厳しい眼が向けられている状況であり、元郷士の一部が「不正疑惑の追及」というかたちで、かねて不満を抱いていた戸長らを攻撃した可能性は十分に考えられるのである。

明治一〇年一月から三月にかけて、西南戦争の影響を受けた熊本県内では各地で大規模な農民一揆が発生する。

県北部では戸長の不正疑惑摘発・戸長公選要求を目的とした「戸長征伐」が、阿蘇郡では戸長らの不正疑惑追及や彼らの居宅打ちこわしをともなった阿蘇一揆が展開された。戸長征伐・阿蘇一揆ともに中下層民を主体とする民衆運動であるが、この両運動の指導者層がほぼ元郷士で構成されている事実[81]は、この時期の区町村吏と元郷士との関係を考える上で興味深い。身分制解体後の地域社会の展開は、区町村吏と元郷士との緊張関係を強めた可能性が高いのである。

おわりに

明治初年の熊本地域において明治政府が推進する近代化政策は、旧地方役人を母体とする区町村吏（集団）を受け皿として地域社会で実現されていった。地租改正事業や学校行政などの短期間での遂行にあたり、旧藩制下から培われてきた彼らの行政処理能力の蓄積が大きな役割を果たしたことは間違いない。旧地方役人は地域社会の「維新の担い手」となり、地域近代化を下支えした存在であった。表4の大塚磨は維新後も阿蘇郡小国郷の里正・戸長を歴任しているが、木槻哲夫によれば「学制」の趣意に強く賛同した彼は、戸長在職中に学校誘掖方として蓬莱・志屋・室原の三公立学校の設立に奔走した[82]。彼は旧藩時代に形成された手永・村所有の資産（郷備・村備）やみずからの寄附金などを元手に、学校資本金の蓄積・増殖に努めたという。さらに彼は明治九年の熊本県民会で県会議員に当選した後、小国を通って九州を横断し、熊本から大分・別府・鶴崎にいたる幅三間の車道（九州横断道路建設）の建設や、煙草の品種改良事業に取り組むなど、地域振興に大きく貢献した。この大塚の事例からわかるように、明治期における旧地方役人の活動は区町村吏の範囲のみにとどまらない。熊本藩の三年改革案（「改革綱要」）を起草した徳富一敬（葦北郡水俣手永惣庄屋）、廃藩置県後に東京府大属を務め、帰熊後は玉名郡の耕地改良や治水事業に尽力するとともに県会議員を歴任した木下助之（玉名郡内田・南関手永惣庄屋[83]）、明治政府への出仕後、熊本県で養蚕業・織物業・製茶業の発展に寄与した河瀬典次（表6、惣庄屋の息子）、文久期の下益城郡河江手永の会所見習を皮切りに、明治期には熊本・山梨・和歌山・愛知・広島などの各府県で土木・租税関係の行政職を歴任し、最終的には京都税務監督局長を務めた岩崎奇一（表11）など、地域振興のみならず県政・国政レベルで活躍をみせた旧地方役人も数多く存在している。旧藩時代、彼らは地方役人として居村や地域を越えて活動するなかで、在地性にとらわれない幅広い視野や能力・知識を獲得し、それが明治期の彼らの活躍に繋がっていったと考えられる。

以下、本稿での主張点をまとめたい。第一点目は、近世後期から「大区小区制」期にかけた末端地方行政における旧地方役人の連続性である。三年改革では「王化」を目指した郡政改革により大規模な人員整理や役人の配置転換が行われ、同様の地方制度改革は「大区小区制」期まで継続して行われていく。しかし、かかる幾度の制度的改編を経ても、末端地方行政で旧地方役人が根強い連続性を示し続けたことは、近代日本成立期の地方行政の内実を考えるにあたり極めて示唆的な事実であろう。また熊本藩の旧地方役人が有した集団性に関しては、地方制度改革による人員整理で絶えず縮小を加えられながらも、「大区小区制」期まで維持されていた。彼らの集団性が維持され続けたゆえに、幕末に急増した在御家人（郷士）との緊張関係も「大区小区制」期へと継承され、当該期の元郷士主導による戸長の「不正疑惑」追及や戸長征伐などの民衆運動の発生に繋がったと考えられる。地方役人と在御家人という旧藩時代の地域社会を構成する構造的特徴が、明治初期の地域社会の展開を規定する点を、本稿では仮説的な見通しとして提示しておきたい。

それでは、末端地方行政における旧地方役人らの連続性は、明治一一年（一八七八）以降の地方三新法体制期や市町村制施行後ではどのように展開していたのか。この点に関しては展望にならざるをえないが、表12で明治一二年阿蘇郡の公選戸長のうち、その大半が「大区小区制」期の区町村吏経験者（旧地方役人が多く含まれると想定さ

表11　下益城郡河江手永の会所役人・岩崎奇一の事歴

年　月　日	年齢	役職・叙位叙勲	任　命　者
嘉永5年(1852)1月28日	0	(誕生　幼名喜一郎)	
文久2年(1862)⑧月1日	10	会所見習	下益城郡河江手永
明治2年(1869)2月21日	17	会所小頭	下益城郡河江手永
〃 4年(1871)2月	19	小使	宇土郡松山出張所
〃 5年(1872)5月7日	20	等外3等附属	八代県庶務課
〃 6年(1873)4月8日	21	等外2等	白川県
〃 7年(1874)1月20日	21	庶務課	白川県
〃 8年(1875)3月10日	23	等外1等出仕	白川県
〃 9年(1876)2月9日	24	等外1等出仕	山梨県
〃 9年(1876)3月28日	24	補山梨県15等出仕	山梨県参事従六位西村亮吉
〃 10年(1877)6月20日	25	任山梨県8等属	山梨県大書記官従六位西村亮吉
〃 11年(1878)8月27日	26	任熊本県9等属	熊本県
〃 11年(1878)8月27日	26	第1課土木科担当	熊本県
〃 12年(1879)1月25日	26	任熊本県芦北郡書記　但11等相当	熊本県大書記官従六位松本鼎
〃 13年(1880)5月26日	28	任熊本県5等属	熊本県大書記官従六位松本鼎
〃 14年(1881)7月6日	29	任熊本県4等属　土木課長	熊本県大書記官従六位松本鼎
〃 15年(1882)1月26日	29	任熊本県3等属	熊本県大書記官従六位松本鼎
〃 15年(1882)3月31日	30	任大分県3等属	大分県大書記官従六位佐々木千尋
〃 15年(1882)10月12日	30	任和歌山県2等属　庶務課調査部兼務	和歌山県大書記官従六位松本鼎
〃 16年(1883)11月15日	31	任和歌山県1等属　庶務課長租税課御用掛	和歌山県少書記官従六位秋山恕卿
〃 17年(1884)6月	32	和歌山県収税長	
〃 17年(1884)10月	32	叙従7位	
〃 19年(1886)8月	34	叙奏任官4等	
〃 24年(1891)1月	39	愛知県収税長	
〃 29年(1896)11月	44	任司税官　叙高等官3等　補名古屋税務管理局長	
〃 31年(1898)6月	46	叙勲5等　瑞宝章	
〃 31年(1898)11月	46	金沢税務管理局長　叙高等官4等　2級俸下賜	
〃 32年(1899)1月	47	広島税務管理局長	
〃 35年(1902)1月	50	任広島税務監督局長　叙高等官3等	
〃 39年(1906)4月	54	叙勲3等　旭日小綬章	
〃 40年(1907)5月	55	任京都税務監督局長　塩務局長兼務	
〃 44年(1911)8月	59	叙勲2等　瑞宝章	
大正2年(1913)5月	61	依願免本官	
大正2年(1913)6月	61	叙正4位	
昭和6年(1931)4月23日	79	(死去)	

*「岩崎奇一翁伝(昭和10年)」(宇城市小川町岩崎家文書・目録番号C－2)ほか、岩崎家文書中の岩崎奇一宛辞令により作成。
注：○印の月は閏

表12　明治12年阿蘇郡公選戸長の前歴

	総数	区町村吏経験者（注1）	区町村吏未経験者	不明	地租10円以上納税者（注2）
阿蘇郡（但し、旧第11大区域に限定）	31	25	1	5	15

*『布告編冊　明治十二年』（阿蘇郡小国町役場所蔵）、『職制任免　区戸長』（県政資料9-60～63／熊本県立図書館所蔵）より作成。
注1：明治5～11年の戸長・副戸長・町村用掛・筆生の経験者。
注2：明治12年時点による。

表13　「民属金下戻願」に署名した市町村長委員の前歴

	総数	区町村吏経験者（注1）	地方役人経験者（注2）	元郷士
市町村長委員（熊本市、飽田・託摩・上益城・下益城・宇土・八代・葦北・山本・山鹿・菊池・玉名・阿蘇・合志・直入〔大分県〕の各郡）	31	15	9	19

*「民属金御下戻願」（『公文類聚　第一八編　明治二十七年』、マイクロフィルム番号011000-1342／国立公文書館蔵）、『職制任免　区戸長』（県政資料9-60～63／熊本県立図書館蔵）、『明治十八年　尾崎議官出張之節取調書類一～三』（県政資料37-1～3／熊本県立図書館蔵）、『戸籍　先祖帳』（県政資料45-1～45／熊本県立図書館蔵）などで作成。
注1：明治5～8年の戸長・副戸長・町村用掛・筆生の経験者。
注2：旧藩時代における手永三役・会所役人・村庄屋の経験者（但し、史料的制約から飽田・宇土・八代・山鹿・山本・合志・阿蘇郡に限定）。

れる）で占められていることから、地方三新法期の戸長役場構成員でも旧地方役人の連続性はみられるのではないか。また、熊本藩領の手永が所有した民政基金（会所官銭）などの地域資産は、廃藩置県後にその大半が大蔵省に接収されてしまい、明治二〇年代の旧熊本藩領ではそれらの資産返還を請願する「民属金下戻運動」が展開される。(84) 表13は、明治二四年（一八九一）大蔵大臣宛の「民属金御下戻願」に署名した町村長委員の前歴であるが、ここでも「大区小区制」期の区町村吏経験者の名前が半数近くみられ、現時点の判明分ではあるが地方役人経験者も全体の三割ほど確認される。すなわち、明治憲法体制下の町村長の一部を旧地方役人が占めていた歴史的事実も明らかなのである。

本稿で最も強調したい第二点目は、広域的な領主支配機構であり近世後期には自律的な地域団体としての性格を強めていた手永から、百姓出身の区町村吏が大量に創出された歴史的意義である。近世後期に地方官僚としての集団化を果たしていた地方役人は、その多くが区町村吏として採用された。つまり、明治維新期に誕生した近代行政権力である「官」権力は、百姓出身である在地の行政役人集団への依存・吸収をはかることなくして、地域社会での近代化政策を遂行することができず、みずからも「官」としての存立基盤を地域社会に築けなかったのである。[85] また、本稿の内容を一九世紀史の観点から位置づけるならば、地方役人や区町村吏は一九世紀を一貫した「地方行政スタッフ」と評価することも可能だろう。

もとより本稿には、仮説的に提示した「大区小区制」期の区町村吏と元郷士との関係など、今後より一層の検証を求められる点も少なくない。しかし、本稿で明らかにした官僚化・集団化した百姓出身の区町村吏が、とくに一九世紀を通じて成熟をみせていた広域的な地域団体から創出されてきた事実を、幕末維新期における錯綜した熊本地域史の展開と絡めて見極められた意義は、これからの近代移行期地域社会論や地方制度史研究の進展にとっても大きな意義を有しているはずである。

（1）『日本帝国統計年鑑』第二回（統計院、一八八三年）。

（2）大石嘉一郎『日本地方財行政史序説』（御茶の水書房、一九六一年）、大島美津子「明治前期地方制度の考察」（原口宗久編『論集日本歴史九　明治維新』、有精堂、一九七三年。初出は一九五七年）など。

（3）例えば最近の井上勝生『シリーズ日本近現代史①　幕末・維新』（岩波新書、二〇〇六年）でも、「大区小区制」の施行と戸長の設置により「町村の惣代としての役割をになう社会の伝統的慣行」が「否定」されたと論じる（一九九ページ）。

（4）石川一三夫『近代日本の名望家と自治』（木鐸社、一九八七年）。
（5）高久嶺之介『近代日本の地域社会と名望家』（柏書房、一九九七年）、鈴木淳『日本の歴史20　維新の構想と展開』（講談社、二〇〇二年）。
（6）佐々木潤之介『幕末社会論』（塙書房、一九六九年）、同『世直し』（岩波新書、一九七九年）。
（7）藪田貫『国訴と百姓一揆の研究』（校倉書房、一九九二年）、久留島浩『近世幕領の行政と組合村』（東京大学出版会、二〇〇二年）、谷山正道『近世民衆運動の展開』（高科書店、一九九四年）、平川新『紛争と世論』（東京大学出版会、一九九六年）。
（8）平川新「転換する近世史のパラダイム」（『九州史学』一二三、一九九九年）。
（9）松沢裕作「『大区小区制』の構造と地方民会」（『史学雑誌』一一二―一、二〇〇三年）。
（10）戸森麻衣子「近世後期の幕領代官所役人」（『史学雑誌』一一〇―三、二〇〇一年）。
（11）定兼学『近世の生活文化史』（清文堂出版、一九九九年）、吉村豊雄『一の宮町史三　藩制下の村と在町』（一の宮町、二〇〇一年）。萩藩の地方支配機構（宰判）の担い手である「勘場役人」を実態解明した矢野健太郎の成果（「幕末維新期における萩藩の『勘場』と『勘場役人』」、『九州史学』一三七・一三八合併号、二〇〇三年）も注目される。なお、狭義の行政所詰役人（幕藩の代官所役人など）と地域役人（幕領の郡中惣代・惣代庄屋、藩領の大庄屋・庄屋など）を二項的にとらえてきた従来の研究に対し、近年の高野信治は両者を統一的にとらえる視角を提唱しているが（「対馬藩田代領の扶持人と村役・町役」、『地方史研究』三三九、二〇〇七年）、本稿では主に百姓層の行政能力獲得を評価する観点から、従来の見方を踏襲していることをお断りしておく。但し、郡代と地方役人との関係性や役人内部の利害基盤を重視する点で、本稿は高野論文と問題関心を共有していることを付言しておきたい。
（12）奥村弘「『大区小区制』期の地方行財政制度の展開」（『日本史研究』二五八、一九八四年）、同「三新法の歴史的位置」（『日本史研究』二九〇、一九八六年）、同「地域社会の成立と展開」（『日本史講座七　近世の解体』、東京大学出版会、二〇〇五年）、山中永之佑『日本近代地方自治制と国家』（弘文堂、一九九九年）など。
（13）前掲注（12）奥村論文「『大区小区制』期の地方行財政制度の展開」。
（14）木越隆三「加賀藩十村の明治維新」（渡辺尚志編『近代移行期の名望家と地域・国家』、名著出版、二〇〇六年）。
（15）前掲注（11）吉村書『藩制下の村と在町』。
（16）前掲注（7）藪田書『国訴と百姓一揆の研究』、久留島浩「百姓と村の変質」（『岩波講座日本通史一五』、岩波書店、一九九五年）。

（17）前掲注（11）吉村書『藩制下の村と在町』、稲葉継陽「日本中世・近世史研究における『地域社会論』の射程」（『七隈史学』八、二〇〇七年）。

（18）同右吉村書。

（19）西村春彦「宝暦～天保期における肥後細川藩の農政と請免制」（『熊本史学』八二、二〇〇三年）。

（20）当該期の転勤型の庄屋に関しては岡山・熊本藩のほか、志村洋「幕末期松本藩組会所と大庄屋・『物代庄屋』」（久留島浩・吉田伸之編『近世の社会的権力』、山川出版社、一九九六年）が松本藩、小宮睦之「唐津藩に於ける転村庄屋について」（『日本歴史』一一六、一九五八年）が唐津藩の事例を、それぞれ明らかにしている。また全国的な大庄屋の転勤は、志村洋「序章」（渡辺尚志編『近世地域社会論』、岩田書院、一九九九年）に詳しい。

（21）拙稿「近代移行期の地域資産をめぐる官と民」（『史林』九一―六、二〇〇八年）。

（22）前掲注（17）稲葉論文「日本中世・近世史研究における『地域社会論』の射程」。

（23）山田康弘『熊本の近世用語事典』（私家版、一九八六年）一六・七一～七二・八六～八七ページ。

（24）天保七年九月付玉名御郡代衆中宛玉名御惣庄屋共「御内意之覚」（玉名市史編集委員会編『玉名市史』資料篇五古文書、玉名市、一九九三年、三九五～三九六ページ）。

（25）前掲注（11）吉村書『藩制下の村と在町』一二五～一二八ページ。

（26）前掲注（23）山田書『熊本の近世用語事典』一五ページ。

（27）北里惟景著・高本隆綱編『小国郷名簿録　全』（私家版、二〇〇七年。原著は一九〇〇年刊）七一ページ。

（28）同右『小国郷名簿録　全』一四六ページ。

（29）森田誠一他『熊本県の百年（新訂版）』（山川出版社、一九八七年）一五ページ。

（30）小野将他「近世地域社会論の現在」（『歴史学研究』七四八、二〇〇一年）。

（31）森田誠一は、飽田・託摩郡における延享期から明治期にかけた郷士身分取得者数を明らかにしているが、それによると総取得者六四九人の三六％にあたる二三四人が、慶応期に郷士身分を取得している（「近世の郷士制、特に金納郷士の性格」、熊本大学法文会『法文論叢』二〇、一九六六年、八八ページ）。

（32）三澤純「幕末維新期熊本藩の地方役人と郷士」（平川新・谷山正道編『近世地域史フォーラム③　地域社会とリーダーたち』、吉川弘文館、二〇〇六年）。

(33) 羽賀祥二「領知権の解体と『民政』」(『日本史研究』二八九、一九八六年)、同「明治維新論」(『日本史講座七　近世の解体』、東京大学出版会、二〇〇五年)。
(34) 例えば、三澤純「19世紀の藩社会と民衆意識」(『日本史研究』四六四、二〇〇一年)。
(35) 熊本県議会事務局編『熊本県議会史』第一巻(熊本県議会、一九六三年)二一九ページ。
(36) 池田勇太「維新期民政改革の再検討」(『明治維新史研究』二、二〇〇五年)。
(37) 前掲注(35)『熊本県議会史』第一巻二二八ページ。
(38) 瀬崎正治「明治三年の郡政機構」(『玉名市立歴史博物館紀要』二、一九九七年)。
(39) 前掲注(36)池田論文「維新期民政改革の再検討」。池田氏のご教示による。
(40) 熊本県総務部地方課編『熊本県市町村合併史(新訂版)』(一九九五年)八〇ページ。
(41) 「岩崎奇一翁伝(昭和一〇年)」(宇城市小川町岩崎家文書・目録番号C―2)。
(42) 同右「岩崎奇一翁伝」。
(43) 前掲注(38)瀬崎論文「明治三年の郡政機構」。
(44) 禿迷盧『続小国郷史』(一九六五年)一四～一五ページ。
(45) 安田退三については、本書所収の上野平真希論文を参照のこと。
(46) 前掲注(38)瀬崎論文「明治三年の郡政機構」。
(47) なお廃藩置県で誕生した熊本県は、明治五年六月に白川県と改称され、明治九年二月に再び熊本県と改称されるが、本稿では煩雑さを避けるため「熊本県」と表記を統一する。
(48) 前掲注(40)『熊本県市町村合併史(新訂版)』一一六～一一七ページ。
(49) 同右『熊本県市町村合併史(新訂版)』一二〇ページ。なお、明治六年三月の廨舎廃止後、大区小区の区画改正を経た翌七年九月になって、全県域の大区に区長が設置される。
(50) 前掲注(5)鈴木書『維新の構想と展開』八九ページ。
(51) 梶嶋政司「大区小区制と地域秩序」(『七隈史学』創刊号、二〇〇〇年)。
(52) なお、前掲注(5)鈴木書『維新の構想と展開』では大区の区長について「地域の士族、とくに維新後に藩官僚として地位の高かった者が選ばれた例も多い」(八九ページ)とするが、この指摘も熊本地域と合致する。「大区小区制」期の熊本地域の区長を概観すると旧藩士層が中心であり、他には旧惣庄屋関係者の名前がみられる(前掲注40『熊本県市町村合併史(新訂版)』一二一ページ)。
(53) 茂木陽一「大小区制下における町村の位置について」(『社会経済史学』五二―四、一九八六年)。
(54) 同右茂木論文五〇ページ。
(55) 前掲注(5)高久書『近代日本の地域社会と名望家』によると、「大区小区制」期の滋賀県神崎郡金堂村では戸長・副戸長の選出に関して完全な予選体制が存在しており、山形隆司は明治五年堺県河内国の戸長・百姓惣代選挙で、彼らの選出にさいして区長が大きな役割を果たしていた事実を明らかにしている(同「『大区小区制』成立期の区長と戸長・百姓惣代選挙」、藪田貫編『近世の畿内と西国』、清文堂、二〇〇二年)。しかし、いずれの場合も民選戸長制度についての分析であり、官選戸長制度下における戸長選出の具体的過程に関しては、管見の限りほとんど明らかにされていない。
(56) 前掲注(40)『熊本県市町村合併史(新訂版)』一二二ページ。
(57) 『職制任免　自明治六年八月至仝十二月　区戸長』(県政資料九―六一)。
(58) 『明治三年　御改正後会談一巻　里正』(阿蘇郡小国町役場所蔵)。
(59) 『職制任免　自明治五年十一月至仝六年七月　区戸長』(県政資料九―六〇)。
(60) 前掲注(40)『熊本県市町村合併史(新訂版)』一二〇～一二一ページ。
(61) 『職制任免　明治七年　区戸長』(県政資料九―六二)。
(62) 同右『職制任免　明治七年　区戸長』。
(63) 明治七年四月一二日付白川県権令安岡良亮宛第二二大区戸長荏原拓「副戸長撰挙名録」(同右『職制任免　明治七年　区戸長』)。
(64) 前掲注(57)『職制任免　自明治六年八月至仝十二月　区戸長』。
(65) 花岡興輝『近世大名の領国支配の構造』(図書刊行会、一九七六年)六五五～六五七ページ。
(66) 「維新録」(菊鹿町史編纂委員会編『菊鹿町史』資料編、一九九六年、七〇六ページ)。
(67) 同右「維新録」七〇三ページ。
(68) 拙稿「明治九年熊本県民会考」(『熊本歴史科学研究会会報』五五、二〇〇四年)。
(69) 同右拙稿。
(70) 前掲注(61)『職制任免　明治七年　区戸長』、『職制任免　明治九年　郡区戸長』(県政資料九―六三)。なお、明治八年の区戸長に関する『職制任免』は現存していない。

(71) 前掲注(40)『熊本県市町村合併史(新訂版)』一一九～一二一ページ。
(72) 前掲注(5)鈴木書『維新の構想と展開』九〇～九一ページ。
(73) 明治六年一二月二二日付白川県権参事嘉悦氏房宛第三大区河内組戸長長谷川清弘「筆生進退願」(前掲注57『職制任免　自明治六年八月至仝十二月　区戸長』所収)。
(74) 前掲注(4)石川書『近代日本の名望家と自治』。
(75) 前掲注(57)『職制任免　自明治六年八月至仝十二月　区戸長』、前掲注(61)『職制任免　明治七年　区戸長』。
(76) 前掲注(12)奥村論文「三新法の歴史的位置」二五～二六ページ。
(77) 『雑款　自明治六年至仝七年』(県政資料一七―三／熊本県立図書館所蔵)。
(78) 前掲注(70)『職制任免　明治九年　郡区戸長』。
(79) 身分制解体過程における在御家人の動向に関しては、現在別稿を準備中である。
(80) 前掲注(40)『熊本県市町村合併史(新訂版)』一二二～一二三ページ。
(81) 水野公寿編『西南戦争期における農民一揆』(葦書房、一九七八年)。但し、農民一揆に参加した元郷士のなかには区町村吏経験者も散見され、全てが区町村吏集団対元郷士集団という構図で割り切れるものではない。例えば、民権思想の影響を受けた区町村吏経験者である富永謙蔵(元郷士)は、公選戸長要求を掲げて戸長征伐を指導している。身分制解体後の地域社会が抱えた構造的問題と民権思想との「接合」に関しては、今後追及すべき課題であろう。なお、区町村吏が一揆で攻撃された理由については、彼ら自身の資質に問題があったというよりもむしろ、当時の彼らが立たされた社会的立場によるところが大きいと考えている。
(82) 木槻哲夫「村の成功者と学校」(和歌森太郎先生還暦記念論文集編集委員会編『明治国家の展開と民衆生活』、弘文堂、一九七五年)。
(83) 『木下助之日記(一)』(玉名市立歴史博物館こころピア、二〇〇一年)七ページ。
(84) 「民属金下戻運動」に関しては、前田信孝「続郷備金の研究覚書」(『市史研究くまもと』九、一九九八年)、拙稿「明治20年代旧熊本藩領における『民属金下戻運動』の歴史的意義」(『明治維新史研究』五、二〇〇九年)を参照のこと。
(85) 明治七年三月の太政官布告第二八号によって区戸長は官吏に準じることが定められ、区戸長は名実ともに地域社会における「官」を代表する存在となった。

【付記】　本稿作成にあたって、熊本県立図書館・阿蘇郡小国町教育委員会・同町文化財保護委員西原稔氏・高本隆綱氏には、資料の閲覧・複写で大変お世話になりました。また、本稿のもとになった九州史学研究会近現代史部会での筆者の報告（二〇〇八年四月五日）では、参加者の方々から有益なご意見をいただきました。末筆ながら厚く御礼申し上げます。
なお、本稿は二〇〇七・二〇〇八年度の日本学術振興会科学研究費補助金（特別研究員奨励費）による研究成果の一部である。

終章

三澤　純

(1)はじめに

私たちが本書で取り組んだテーマを、簡潔に表現すれば、「近世地域社会論の成果と課題を踏まえて、西国大藩としての熊本藩領内の地域社会像を描き出す」ということになろう。熊本藩領域内の「地域」を、中世・近世移行期と近世・近代移行期の双方を視野に入れて描こうとする、このテーマ設定の背景には、近年の近世地域社会論の諸成果を、近世期、特に一八世紀半ば以降の日本社会全体に共通した現象として把握しようという、私たちの研究史に対する理解と批判が存在する。ここでは、序章で示した、私たちの問題関心を再整理して、改めて私たちのスタンスドットを明確にしておきたい。

周知のように、近世地域社会論は、一九七〇年代に大きな成果を生み出した世直し状況論を、いかにして批判的に継承するかという課題に応えようとしたものである。これにより、それまで村請制や村方騒動を主題にして論じられてきた近世期の地域は、広域的地域の行政課題という問題群を包摂したことで、「自治」性をクローズアップして語られることが多くなった。

その一方で、「自治」「自律」「公共」等をキーワードとするこの研究潮流は、地域社会の階層構造や矛盾関係を捨象しており、一面的な歴史像になっているという強い批判が出されるようになった。ここにいたって、近世地域社会論の中に二つの潮流が顕在化することになり、現在では、前者を地域運営論、後者を社会的権力論と呼ぶことが一般化している(1)。

両者の相互批判の中で浮き彫りにされてきた諸論点のうち、私たちが直接的に受け止め、克服しようとしたものは、第一には近世地域社会論と藩領域との関係性についての問題であり、第二には藩領域についての新しいとらえ方にかかわる問題であり、第三には近世地域社会論研究における「領主支配」の理解にかかわる問題である。以下、上記の各論点について、まとめておきたい。

(2)近世地域社会論と藩領国地域

第一点について、例えば、一九九九年度歴史学研究会大会における近世史部会運営委員会は、「従来の地域社会論は、主に非領国地域を題材とした関係上、領主支配の枠組みから相対的に自律した地域社会像を描き出した傾向があるが、ここでは藩領国地域の検討を併せて行い、地域社会の多様性を踏まえた上での総合的な把握を目指したい(2)」と提起していた。この文章からは、藩領国地域を含めれば「自律した地域社会像」は一般化できない、という委員会の意図が透けて見えるが、このように当時においてはのちに地域運営論としてまとめられる潮流の成果は、領主制の領域的展開が見られない非領国地域で、領主制の機能を肩代わりしたものとして極めて限定的に理解しようとする見方が強かった。こうした見方にそって、松本藩・越後高田藩・和歌山藩などいくつかの藩領域をフィールドとした研究が行われ(3)、いずれも「自律した地域社会」の成立を否定的に描く結論が導き出された。

その後、社会的権力論の立場から非領国地域の分析が行われ始め(4)、また地域運営論の立場からも非領国地域における「支配実現のメカニズム」を重視する分析もあらわれるようになり(5)、先のような見方は修正されていった。

しかしその過程でも、「主戦場」はやはり非領国地帯に求められ続け、「自律した地域社会像」を、藩領国地域で検出しようという発想は、社会的権力論の側はもちろん、地域運営論の側からもあらわれなかった。結果として、藩領国の地域社会は領主権力の統制力・支配力の強さを強調する紋切り型の結論ばかりが目立つことになった。

私たちは決してバランス論を主張するものではないが、藩領国地域を対象とする地域社会史研究の現状、特に地域運営論の諸成果を継承した藩領研究の手薄さを眼前にして、巨大な藩領国を形成・展開する熊本藩をフィールドとした共同研究を行うことにした。それは、中世後期に村共同体相互が実力行使をともなう紛争を自己規律することで創出された領域を「地域社会」と規定しようとする中世史の地域社会論研究の到達点を踏まえても[6]、重層的に存在し機能する自律団体による地域管理体制の発展こそが、日本社会の世界史的特徴であると説く近年の中国史研究の成果から見ても[7]、非領国地域か、藩領国地域かという分類はあまり意味をなさないと思われたからである。このことは今日の近世地域社会論研究が、東アジア史レベルの議論はおろか、中世後期の議論でさえ、目配りされないまま展開しているという問題点をあぶり出すことになった。

このような見通しの下で、私たちの共同研究は開始されたが、熊本藩領にかかわる永青文庫細川家文書という膨大な領主側史料と、これまた豊富な地方史料は、近世地域社会論にどのような新しい風を巻き起こすことになるのか、これまで長く、この地域を研究対象としてきた私たちも知的好奇心をかき立てられた。また現段階では数は少ないが、幕領を中心とする非領国地域の社会構造と、藩領国地域のそれとを架橋して理解しようとする諸研究が、当然のことではあるが推測的・展望的であったことも[8]、私たちの研究意欲を発酵させてくれた。

(3)新しい「藩」研究の波との関係

第二点目についても、これまでの近世地域社会論をめぐる議論にできるだけ焦点を合わせるように努力したつもりであり、そのことは以下の諸点に示されていると思う。

先述したように、中世・近世移行期の地域社会をめぐる諸問題は、私たちの共同研究の重要な契機でもあったから、これを概説的・前置き的な記述にとどめず、熊本藩領の地域社会の特質を、戦国期から見通すようにした（第一章）。また分析の素材が伝統的な農村部に偏りすぎないように、都市や海辺干拓地を視野に置き、農村が都市化していく時、あるいは巨大な干拓地が造成され、新しい村が組成される時、地域社会がどのように対応するのかという問題を追究しようとした（第二章・第三章）。

一方、視線を転じて、藩政府側が民間社会をどのように見ていたのかという方向性も重視した。藩領域に住む数万人に昇る人々の評価・褒賞記録である「町在」からは、従来までの研究で、この分野の基本史料とされてきた「孝子伝」レベルをはるかに超えて、藩が領域住民の社会貢献活動を注視し、その結果を積極的に藩政に反映させていた事実が浮かびあがる（第四章）。

さらにこれまでの研究史とのかかわりからいって、近世・近代移行期に重点を置いたことは当然のことだが、その際、近世の地域社会の中で生み出され、培われたもののうち、近代へ向けて、何が断ち切られ、何がどのように変質しながら引き継がれていったのかという問題を、身分・行政・軍事の視点から浮き彫りにしようとした（第五～八章）。その結果、熊本藩領の場合、近世期の村共同体を基盤とした重層的な地域管理システムは、維新変革の過程で破壊され、集権化された民政機構に置き換えられたことが明らかとなった。そのさい、こうした措置の必要性を訴え、そのための具体的プログラムを提唱したのが、旧システムを中心的に担った惣庄屋層に属する人々であったことが重要であろう。しかしその後、旧システムを担った多くの「人」と、そこで形成された「ノウハウ」は確実に引き継がれ、彼らは民会や三新法期の地方議会議員になっていく傾向が確認された。

ちなみに第一章と第二章以下の小さくないタイムラグを埋めるべく、もう一本の論文掲載を企図したが、最終的に実現できなかったことを附記しておく。

このように、研究対象の時期と分野とを具体的に絞っていくさいに、二〇〇〇年前後から相次いであらわれ始めた、「藩世界」「藩社会」「藩地域」をキーワードとする研究動向には大きな刺激を受けた[9]。これらは、それぞれ独自の主張を行いつつも、これまで長く、領主の支配対象としてのみ見られていた地域社会や諸社会集団を、逆に「藩」の構成要素と位置づけて、藩領域を総合的に描こうとしている点で共通している。本書も、基本的にそのような認識を共有しており、ことに第四章などは、この研究動向の中の文脈に置いた方が、その成果がかえって際立つと思われるほどである。ただ本書は、熊本藩領内の地域社会の実態を描くことを主眼としたため、家中内部の問題や江戸や上方との関係、さらには藩内のさまざまな社会諸集団に絡む問題は当初から捕捉しようとしておらず、その意味で「総合的」な叙述にはなっていない。

但し、本書がこのような構成をとった背景についても説明しておかなければならないだろう。序章でも少しく言及されているが、本書の前提となった私たちの共同研究は、熊本藩庁文書としての永青文庫細川家文書のうち、民間社会の動向を詳細に知りうる、郡方の「覚帳」と選挙方の「町在」という二つの基幹帳簿の件名目録（細目録）を作ろうという事業が出発点となった[10]。本書所載の各論文が、これら二つの史料群を多用しているのは、このことにかかわるが、逆にいえば、私たちの共同研究は最初から永青文庫史料を網羅的に活用する方針ではなく、「覚帳」「町在」を通して、民間社会と領主権力との関係性の分析に特化して進められたといえる。

私たちがこうした研究方針を立てるにいたった要因には、もう一つ、熊本地域における研究史上の要請もあった。熊本藩領の総合的分析を主題とした先行研究としては、森田誠一編『肥後細川藩の研究』[11]があるが、別表に、この本に収録されている論文タイトルと、本書収録の論文タイトルとを掲出してみた。『肥後細川藩の研究』は、①〜③が「支配構造」、④〜⑦が「農村構造」、⑧〜⑫が「経済展開の諸相」、⑬〜⑮が「文化・宗教の諸問題」と

別　　表

『肥後細川藩の研究』	本　書
①鎌田　浩 熊本藩の支配構造	①稲葉継陽 熊本藩政の成立と地域社会
②花岡興輝 近世初期の手永の諸問題	②松崎範子 城下町の土地台帳にみる都市運営の特質
③西山禎一 肥後細川藩初期の給地の分布について	③内山幹生 海辺干拓地における村の組成
④森山恒雄 「地方知行」の一考察	④吉村豊雄 日本近世における評価・褒賞システムと社会諸階層
⑤森田誠一 近世の郷士制、特に金納郷士の性格	⑤木山貴満 幕末維新期における軍制改革と惣庄屋
⑥松本寿三郎 肥後藩農村における名子	⑥三澤　純 幕末維新期熊本藩の「在地合議体制」と政策形成
⑦城後尚年 肥後国芦北郡農村の家族構成と隷属農民	⑦上野平真希 明治三年熊本藩民政改革と地域社会
⑧森田誠一 在町における商業資本展開の一形態	⑧今村直樹 近世地方役人から近代区町村吏へ
⑨井芹千賀子 熊本における寄生地主制の展開	
⑩蓑田勝彦 肥後藩の干拓新田(一)	
⑪佐藤郁夫 肥後藩の干拓新田(二)	
⑫野口喜久雄 熊本藩における藩営製蝋業	
⑬森田誠一 肥後細川藩における西欧文明の摂取と対応	
⑭圭室文雄 肥後における浄土真宗の展開	
⑮池上尊義 肥後における日蓮教団の展開	

いうふうに編成されている。この編成からは、まず「構造」を描き出すことができる分野を「支配」と「農村」に求め、この段階で「構造」を描き出すにいたっていない「経済」「文化・宗教」は「諸相」等にとどめるという、編者の意図を汲み取ることができる。すなわち、一見、網羅的・全般的に見えても、「支配」と「農村」とを主柱にしていることが明らかである。

既発表論文を再編集して刊行されている『肥後細川藩の研究』と、共同研究の成果として書き下ろされた本書とを単純に比較することはできないが、別表からは、この三五年の間に研究者の関心が、明らかに「構造」や「制度」から「社会」や「関係性」に移ってきたことがわかる。後者はもちろん前者の成果の上にあることを忘れてはならないが、この変化から戦後歴史学の流れを読みとることも大切なことであろう。また今、新しい「藩」研究の動向に学んで、新しい熊本藩研究を進めなければならない時期になっているという見方も可能である。

しかし永青文庫細川家文書の利用者にはよく知られたことだが、同文庫の量は膨大であり、閲覧の条件や利便性も決して良好とは言い難い。このような状況の下、私たちは永青文庫を寄託されている機関の関係者として、その社会的責任を、まず熊本県内の自治体史の執筆者をはじめとする地域史研究者に利用される頻度が極めて高い「覚帳」「町在」の件名目録を作ることで果たそうと考えた。その過程で形成された問題関心を、関連する地方文書と突き合わせながら編みあがったものが本書である。

(4)領主支配のとらえ方をめぐって

第三点目について考察するにあたって、社会的権力論の立場から、今後の研究方針を要領よくまとめた志村洋の主張を手かがりにしてみたい。

現在のところ、近世後期に地域行政主体・訴願運動主体・政策立案主体などとして成長した村役人層が、武士の政治独占を食い破り国家・領主の支配を相対化していく、と想定する研究動向が有力視されているが、そうした過程についてはいまだ具体的に明らかにされていない。村役人層の「行政」への関与が「政治」への関与と直結して理解されていること自体が検討を要するものであり、その動向が身分制国家の支配構造をいかなる点で解体に導いたのかが十分に明らかにされていない。重要なのは村役人をはじめとする中間層の行政機構への食い込み現象そのものではなく、その食い込み（あるいは組み込まれ）方の特徴を、中間層の集団化の特徴やその論理とともに明らかにしていくことではないだろうか[12]。

志村はここで、地域運営論の立場に立つ研究は、「村役人層が、武士の政治独占を食い破り国家・領主の支配を相対化していく」という想定の下で行われているととらえ、これを批判して、中間層の行政機構への「食い込み（あるいは組み込まれ）方の特徴を、中間層の集団化の特徴やその論理とともに明らかにしていくこと」が重要だと述べている。例えば、久留島浩も「一八世紀後半以降における村の変質のメルクマールは、まずもって村―組合村―郡中という、下から構築された重層的な行政組織が成立し、領主支配を相対化し始めることにあると考えた[13]」と述べているように、「領主支配の相対化」は、それを積極的に評価するか、しないかにかかわらず、これまでの近世地域社会論におけるキー概念であったといえよう。しかし、そもそも近世中後期に目立ってくる中間層の政治的活動と領主支配の関係は、「食い破ったり」、「食い込まれたり」するものなのであろうか。

この問題を考える時、その関係性を、一貫して、「非領主的身分を直接の担い手とする権力の領域が、それまでの領主支配を変質させながら拡大している」という視角でとらえようとする奥村弘の主張[14]は非常に示唆的である。領主身分と非領主身分との間に中間層が生成され、そこに新しい権力領域が生まれていること、領主権力が支配を実現しようとする上で、その権力領域を活用していく側面を見せることで、新しい権力領域はもとより、領主権力自身も変質していっていることは、本書収録の各論文からも看取することができた。

この点にかかわって、平川新も、典型的な非領国地域で、研究蓄積も多い出羽国村山郡の郡中議定にふれて、「……郡中議定体制は自治的か国家主導かいうことではなく、三者一体（領主と住民と物代ら中間層――三澤注）となった新しい地域秩序の構築にほかならない[15]」と述べ、同様の見方を示している。近世中後期以降、現象的に、中間層の活動によって、領主支配が「食い破られたり」、「食い込まれたり」するように見えるのは、さまざまな民政課題の処理にさいして、領主層・中間層の双方が、従前までとは異なる、新しい解決方法を模索しあったからである、という理解が、現段階における研究史の到達点である。

そして、それを可能にする条件は、朝尾直弘の、次のような指摘に求めることができると考える。

……幕藩体制のもとにおいては、主従制が被支配階層にまで貫徹せず、領主と領民との個別人身的な結びつきが兵農分離によって兵と農との間で切り離され、たがいに領主集団と領民集団として相対し、それぞれの集団は内部に幕府と藩、郡奉行―代官―給人、あるいは郡―組合村―村などの階層組織をもち、公権は各階層に法的、事実的に分有されていたのである[16]。

公儀権力の末端を担う村役人の権力と村共同体の公権とは別のものであるという理解から展開された、上記の主張は、地方役人を中核とする中間層が、政治に向けた発言を活発化させる正当性と背景とを説明してくれると思われる。

公権が法的、事実的に分有されているという状態は、非領国地域、藩領国地域を問わなかったことは明らかだから、こういう見方をすれば、非領国地域と藩領国地域の歴史展開の差異を本質的・決定的なものと見ることなく、そこから両者を連関して把握しようとする視角を切り開くことが可能となるのではないだろうか。またそうすることで、「近年の地域社会論は、領主権力を相対化する場としての地域という問題意識からなされる場合が多いが、ここではむしろ領主・民衆関係の質と変化を明瞭に検証できる場としての地域という視角を強調したい[17]」

という、渡辺尚志の地域運営論批判にも、十分に応えることができると考える。

(5)むすびにかえて以上のような背景と構成を持つ本書は、地域の経済的側面の検討が欠如していることも含めて、とても十全な地域社会史研究にはなり得ていないことは自覚している。

今後、私たちが目指すべき課題は、本書の成果を足がかりにして、熊本藩の重層的行政機構を、より下方へたどっていくことである。本書が多用した藩庁文書のうち「覚帳」は、村・手永・郡で解決できなかった民間社会の紛争案件が、最終的に藩庁内の郡方に持ち込まれた時の詮議記録である。このことは、「覚帳」に記載されている案件については、手永や村にもその関連史料が残されていることを示しているし、同時に手永や村には、その段階で解決し得た紛争案件の記録も残されていることを示している。もちろん各史料の散逸・処分状況からして、特定案件の記録が、村・手永・郡（郡代）・藩庁の全てで確認されることは稀有なことであろうが、このような問題視角から庄屋文書・惣庄屋文書等が精査されていけば、より緻密な歴史像を復元することが可能になると思われる。「町在」についても、藩が褒賞・評価した人々の行動や思想を、その理由や背景も含めて、地域社会の中に求めることで、分析は一層深みを増すことになるだろう。

このように、私たちは今後、藩庁文書から地方文書へと視線を降ろしていきつつ、真の意味での地域社会史研究を推進していきたいと考えている。近年の地域社会論研究は細かな実証を競っている観が強いが、「藩政」全体を見渡す大枠の検討をおろそかにしたままで、地域社会に網の目のように張り巡らされた「支配」のメカニズムをいかに微細に解析しても、質の高い成果は望み得ないであろう。

こうした分析手法は地域社会の階層構造や矛盾関係の究明にさいしても、大きな威力を発揮するだろうと予測される。一例を、民衆運動にとってみよう。熊本藩領内の民衆運動、特に百姓一揆は数的に少ないとされ（森田誠一氏の研究では僅か八件）、その要因は、本書も光を当てた手永制をはじめとする地方支配機構の確立に求められた。[18]手永や村が、藩の統治の受け皿として強く機能していたがゆえに、百姓一揆は抑え込まれたのだという理解である。

しかしその後、小規模ではあるが、熊本藩領内にも多数の一揆・騒擾があったこと（菱田勝彦氏の研究では九〇件）が指摘され始めた。[19]しかもその約三分の一は、惣庄屋・庄屋の排斥を要求したものであるということもわかってきた。このことと、本書で重視してきた村や手永の自律的側面とは背反するものではない。むしろ村や手永の自律的運営の結果として、それを妨げようとする者たちが一揆・騒擾で排斥されたと考えられる。本書の場合には、今後の課題として掲げざるを得ないが、このように地域運営論的な視角と、百姓一揆に象徴される地域の矛盾関係とがリンクし合うこと、その意味で、こうした視角をとることで、世直し状況論において打ち出された変革主体論を、地域運営論が包摂しうることを強調しておきたい。

私たちの次の目標は、「地域」と「民政」とを主要なテーマとした本書の成果を足がかりとして、熊本藩の重層的な行政機構に対応して、重層的に残存している地方史料を駆使して、地域社会史研究を進化させていくことである。そしてこれは、近年、隆盛になりつつある新しい「藩」研究の動向を踏まえながら、熊本藩の有り様を総合的に研究していく基盤になると考える。

（1）　平川新「なにが変わったのか／九〇年代の近世史」（『歴史評論』六一八号、二〇〇一年）。
（2）　近世史部会運営委員会「問題提起」（『歴史学研究』七二九号、一九九九年）。
（3）　志村洋「近世後期の地域社会と大庄屋制支配」（『歴史学研究』第七二九号、一九九九年）の参考文献欄に列記された、志村の一連の研究を参照のこと。

(4) 岩田浩太郎「豪農経営と地域社会」(『歴史学研究』第七五五号、二〇〇一号)等。
(5) 山崎善弘『近世後期の領主支配と地域社会』(清文堂、二〇〇七年)。
(6) 例えば、『歴史学研究』第六七四号(一九九五号)所載の「小特集　シンポジウム　日本中世の地域社会」を参照のこと。またこのシンポジウム企画者の一人であり、本書の執筆者でもある稲葉継陽が近世期までを見通した「日本中世・近世史研究における『地域社会論』の射程」(『七隈史学』第八号、二〇〇七年)も併せて参照のこと。
(7) 足立啓二『専制国家史論』(柏書房、一九九八年)、伊藤正彦「中国史研究の『地域社会論』」(『歴史評論』第五八二号、一九九八年)。
(8) 久留島浩は、「藩領でも重層的な行政組織が形成され独自の入用を持つようになるところがあることを考慮するならば、このメルクマールを一般化することは十分可能である」と述べる(「百姓と村の変質」、『岩波講座日本歴史一五・近世五』、岩波書店、一九九五年)。また非領国地域で一八世紀半ばに郡中議定が結ばれ始めることと、諸藩領で大庄屋等の機構が新設・改廃される動きとを関連させて考察しようとした籠橋俊光「近世中間支配機構の歴史的展開」(『東北大学文学部研究年報』四九、一九九九年)からも示唆を得た。
(9) 岡山藩研究会編『藩世界の意識と関係』(岩田書院、二〇〇〇年)、岸野俊彦編『尾張藩社会の総合的研究』(清文堂、二〇〇一年)、渡辺尚志編『藩地域の構造と変容』(岩田書院、二〇〇五年)等。なおこれらの研究動向の成果と課題をまとめたものとして、高野信治「『藩』研究のビジョンをめぐって」、渡辺尚志「藩地域論と地域社会論」(ともに『歴史評論』第六七六号、二〇〇六号)がある。
(10) この事業の概要については、吉村豊雄「永青文庫細川家文書の史料学的解釈による近世民衆生活・行政実態の比較史的研究」(『日本歴史』第六九三号、二〇〇六年)を参照のこと。なお、『永青文庫細川家旧記・古文書分類目録』は、正編が一九六九年に続編が一九八三年に刊行されている。
(11) 森田誠一編『肥後細川藩の研究』(一九七四年、名著出版)。
(12) 小野将・志村洋他「近世地域社会の現在」(『歴史学研究』七四八号、二〇〇一年)。
(13) 前掲注(8)久留島論文。
(14) 奥村弘「近代日本形成期における地域社会把握の方法について」(『日本史研究』三二六号、一九八九年)、同「地域社会の成立と展開」(歴史学研究会・日本史研究会編『日本史講座七』、東京大学出版会、二〇〇五年)等。
(15) 平川新「『郡中』公共圏の形成」(『日本史研究』第五一一号、二〇〇五年)。

(16) 朝尾直弘「『公儀』と幕藩領主制」(歴史学研究会・日本史研究会編『講座日本歴史五近世一』、東京大学出版会、一九八五年)。

(17) 渡辺尚志「終章」(同編『近世地域社会論』、岩田書院、一九九九年)。そしてこうした視角は、氏の「地域社会のダイナミックな展開を描くことが大事」(同『百姓の力』、柏書房、二〇〇八年)という主張とも共鳴しあうであろう。

(18) 森田誠一は「肥後の細川藩政下二三〇余年間に本格的な百姓一揆はなかった。少なくとも記録のうえからそう考えざるをえない。といって藩の統治がとくに善政であったというわけでもない。むしろある意味ではその反対ともいえる」と述べ(『熊本県の歴史』、山川出版社、一九七二年)、その主な要因を①手永・惣庄屋制、②在中御家人制、③横目制などの強固な統治組織に求めている。

(19) 蓑田勝彦「肥後藩の百姓一揆について」(『熊本史学』第四九号、一九七七年)、同「民衆の抵抗・百姓一揆」(『新・熊本の歴史5近世(下)』、熊本日日新聞社、一九八〇年)。

執筆者一覧(収録順)

稲葉継陽(いなば　つぐはる)
1967年生．立教大学大学院文学研究科博士課程後期単位取得退学．熊本大学社会文化科学研究科准教授．
『戦国時代の荘園制と村落』(校倉書房，1998年)『日本近世社会形成史論』(校倉書房，2009年)

松崎範子(まつざき　のりこ)
1957年生．熊本大学大学院社会文化科学研究科博士課程修了．同左研究生・荒尾市史編纂委員．
『新熊本市史』通史編　近世Ⅰ・Ⅱ(共著，2001年・2003年)『街道の日本史51　火の国と不知火海』(共著，吉川弘文館，2005年)「文化期の他国商人政策と城下商人」(『熊本大学社会文化研究』3，2005年)

内山幹生(うちやま　みきお)
1948年生．九州大学大学院比較社会文化学府博士後期課程修了．熊本大学学術資料調査研究推進室研究員．
『肥後宇土郡亀尾村御新地方記録全釈』(熊本県宇城市教育委員会，2005年)『横島町史』(共著，2008年)『新修志摩町史』(共著，2009年)

吉村豊雄(よしむら　とよお)
1948年生．広島大学大学院文学研究科博士課程後期単位取得退学．熊本大学文学部教授．
『近世大名家の権力と領主経済』(清文堂，2001年)『藩制下の村と在町』(熊本日日新聞情報文化センター，2001年)『幕末武家の時代相』上・下巻(清文堂，2008年)

木山貴満(きやま　たかみつ)
1983年生．熊本大学大学院文学研究科修士課程修了．熊本県地域振興部文化企画課嘱託員．

三澤　純(みさわ　じゅん)
1963年生．広島大学大学院文学研究科博士課程後期単位取得退学．熊本大学文学部准教授．
「19世紀の藩社会と民衆意識――『肥後の維新』考――」(『日本史研究』第464号，2001年)『安場保和伝』(共著，藤原書店，2006年)「幕末維新期熊本藩の地方役人と郷士」(平川新・谷山正道編『近世地域史フォーラム3　地域社会とリーダーたち』，吉川弘文館，2006年)

上野平真希(うえのひら　まき)
1982年生．熊本大学大学院文学研究科修士課程修了．熊本大学60年史編纂室学術研究員．
「警察機構の創出と違式詿違条例――明治初期熊本を舞台として――」(『熊本史学』第85・86合併号，2006年)

今村直樹(いまむら　なおき)
1979年生．名古屋大学大学院文学研究科博士課程満期退学．日本学術振興会特別研究員．
『街道の日本史51　火の国と不知火海』(共著，吉川弘文館，2005年)「農民一揆と地方民会――西南戦争期における熊本県民会を事例に――」(『ヒストリア』第212号，2008年)「近代移行期の地域資産をめぐる官と民――熊本藩領を事例に――」(『史林』第91巻6号，2008年)

熊本藩《くまもとはん》の地域社会《ちいきしゃかい》と行政《ぎょうせい》―近代社会形成《きんだいしゃかいけいせい》の起点《きてん》―

2009（平成21）年３月25日発行

定価：本体9,000円（税別）

編　者　吉村豊雄・三澤　純・稲葉継陽編

発行者　田中周二

発行所　株式会社　思文閣出版

〒606-8203 京都市左京区田中関田町2-7

電話 075-751-1781（代表）

印　刷
製　本　株式会社 図書印刷 同朋舎

ISBN978-4-7842-1458-7　C3021

◎既刊図書案内◎

渡辺尚志編

畿内の豪農経営と地域社会

ISBN978-4-7842-1385-6

18世紀末以降、河内国丹南郡岡村（現藤井寺市）の庄屋を世襲した豪農・地方名望家が岡田家であり、近世・近代において同家が作成・授受した「岡田家文書」は、1万数千点にもおよぶ。近年整理が進められている岡田家文書を多角的に分析し、畿内における村落と豪農の特質を経済・社会構造の観点から解明する。

▶A5判・508頁／定価8,190円

西村幸信著

中世・近世の村と地域社会

ISBN978-4-7842-1353-5

大和を中心とした中世・近世の村落構造に関しての諸論考を集成。第一部には、村落中間層のあり方に注目し、学界で支配的な「自力の村」論に真っ向から異論を唱えたものなど主要論文を収め、第二部では、松波勘十郎と郡山藩領についての新発見など『広陵町史』近世篇に結実した業績を収める。

▶A5判・404頁／定価6,510円

渡邊忠司著

近世社会と百姓成立
構造論的研究
[佛教大学研究叢書1]

ISBN978-4-7842-1340-5

近世社会において零細な高持百姓はいかにして自らの生活や農耕の日常をしのいでいたのか、経営の自立と再生産を可能としていた「条件」は何か。近世社会における「百姓成立」について、領主権力による「成立」の構造を再検証し、百姓の観点から彼らが創出した「成立」の条件と構造を年貢負担と村内の組編成、質入の検討により解明。

▶A5判・310頁／定価6,825円

木村政伸著

近世地域教育史の研究

ISBN4-7842-1274-4

近世農村社会に存在した多様な内容・水準を持つ教育の構造と、その構造がいかなる社会的背景、過程を経て変容していったのかを明らかにする。[内容] 近世の社会構造と分限教育論／吉武法命の学問観と彼の教育活動／峯平蔵と信斎塾／法命系私塾の教育内容とその性格／村役人層における文化・教育構造の変容　ほか

▶A5判・290頁／定価5,985円

白井哲哉著

日本近世地誌編纂史研究
[思文閣史学叢書]

ISBN4-7842-1180-2

日本近世の領主支配における文化行為の意義に着目し、地誌編纂を一つの政治的文化行為と位置づけ、その機能や実態について明かし、また日本の地方史・地域史研究に対する歴史的考察の観点から、さまざまな地誌の具体的な編纂活動をとりあげる。東アジア地域の歴史認識・地理認識を全体的に考察する可能性を拓く一書。

▶A5判・386頁／定価9,660円

佐々木克編

明治維新期の政治文化

ISBN4-7842-1262-0

19世紀における国際環境の中で、明治維新を考える”という京都大学人文科学研究所の共同研究「明治維新期の社会と情報」の研究成果をまとめたもの。政治史、文化史、思想史、精神史を融合した“政治文化”という視点から、明治維新期の諸問題にアプローチを試みた一書。

▶A5判・390頁／定価5,670円

思文閣出版　（表示価格は税５％込）